Uni-Taschenbücher 1963

W0108379

UTB
FÜR WISSEN
SCHAFT

Eine Arbeitsgemeinschaft der Verlage

Wilhelm Fink Verlag München
Gustav Fischer Verlag Jena und Stuttgart
A. Francke Verlag Tübingen und Basel
Paul Haupt Verlag Bern · Stuttgart · Wien
Hüthig Fachverlage Heidelberg
Leske Verlag + Budrich GmbH Opladen
Lucius & Lucius Verlagsgesellschaft Stuttgart
Mohr Siebeck Tübingen
Quelle & Meyer Verlag · Wiesbaden
Ernst Reinhardt Verlag München und Basel
Schäffer-Poeschel Verlag · Stuttgart
Ferdinand Schöningh Verlag Paderborn · München · Wien · Zürich
Eugen Ulmer Verlag Stuttgart
Vandenhoeck & Ruprecht in Göttingen und Zürich

Monika Schmitz-Emans

Die Sprache
der modernen Dichtung

Wilhelm Fink Verlag · München

Die Deutsche Bibliothek – CIP-Einheitsaufnahme

Schmitz-Emans, Monika:
Die Sprache der modernen Dichtung / Monika Schmitz-Emans. –
München: Fink, 1997
    (UTB für Wissenschaft: Uni-Taschenbücher;1963)
    ISBN 3-8252-1963-1 (UTB) kart.
    ISBN 3-7705-3168-X (Fink) kart.

© 1997 Wilhelm Fink Verlag GmbH & Co. KG
Ohmstraße 5, 80802 München
ISBN 3-7705-3168-X

Printed in Germany
Einbandgestaltung: Alfred Krugmann, Freiberg am Neckar
Herstellung: Ferdinand Schöningh GmbH, Paderborn

UTB-Bestellnummer: ISBN 3-8252-1963-1

INHALT

EINLEITUNG: SPRACHE - EIN PROBLEM

Was ist der Mensch, daß er Worte macht?

"Ein philosophisches Problem hat die Form: 'Ich kenne mich nicht aus.'" So schreibt Ludwig Wittgenstein (1889-1951) in seinen "Philosophischen Untersuchungen" (Nr. 123). In diesem Sinn ist gerade die Sprache seit der Antike ein philosophisches Problem gewesen: Sie hat denjenigen, die über sie nachdachten, stets das Bewußtsein vermittelt, sich nicht auszukennen - oder jedenfalls doch nicht so gut, wie man es naiverweise bei einem scheinbar so selbstverständlichen Alltagsphänomen erwarten mochte. Dies mußte als umso befremdlicher und skandalöser empfunden werden, als sich der Mensch seit der Antike über seine Sprachfähigkeit zu definieren pflegte - als "Tier, das Worte hat" ("zoon logon echon"). Die für eine De-Finition entscheidende differentia specifica liegt hier im Besitz des "Logos". Freilich hat das Wort "Logos" eine hochkomplexe Bedeutung, die durch das deutsche Wort "Sprache" nur teilweise wiedergegeben wird - und jene Komplexität hat die Arbeit derer, die nach dem Wesen von Wort und Rede fragten, keineswegs erleichtert. Und wenn bestimmte Grundfragen gelöst oder einer Lösung nähergerückt zu sein schienen, so drängten sich an anderer Stelle weitere auf, deren Brisanz nicht zuletzt darauf beruhte, daß sie mit der Frage nach dem Wesen des Menschen stets eng verknüpft waren. Dieser unterscheidet sich einem alten Konsens zufolge durch seine Sprachfähigkeit von allen anderen Geschöpfen. (Die Frage, wann und mit welchem Recht man von "Tiersprachen" reden kann, sei einmal ausgeklammert.)

In der Antike schon wurden die Zentralthemen entdeckt, welche auch für die Sprachphilosophie späterer Zeiten wegweisend blieben - vor allem das Thema der Beziehung zwischen Sprache und Wirklichkeit. Man versuchte, beide als analog zu begreifen. Bei Heraklit (550 - 480 v. Chr.), von dem nur Fragmente überliefert sind, bezeichnet "Logos" sowohl eine die Welt selbst durchwaltende Vernunft als auch die vernünftige Rede der Menschen. Der "Lo-

gos" organisiert sowohl Denken und Sprache als auch die außersprachliche Wirklichkeit; diese unterliegen also demselben Ord-
nungsprinzip, so daß sich in vernunftgemäßer Rede (gedacht ist
bei Heraklit wohl nicht an einzelne Wörter, sondern an sprachliche
Zusammenhänge) das Universum widerspiegeln kann.

Doch dieses Vertrauen in die Sprache wird auch schon in grie-
chischer Zeit erschüttert. Die Schule der Eleaten sowie vor allem
die Sophisten erörtern die Frage nach der Wahrheit von Wort und
Rede skeptisch, wobei sie vor allem über den Ursprung der Sprache (und das heißt auch in tieferem Sinn: über ihren "Grund")
nachdenken. Sind die Wörter willkürliche Institutionen, oder leiten
sie sich aus dem Wesen der benannten Dinge selbst ab, so daß sie
dieses zum Ausdruck bringen können? Anders gefragt: Wenn die
Wörter schon von den Menschen "gemacht" sind - sind sie "richtig" gemacht, so daß sie die Wahrheit über die Dinge auszusagen
vermögen, oder sind sie willkürliche, beliebige Spielmarken ohne
jede Beziehung zum Wesen der Dinge? Im letzteren Fall wäre die
Sprache eher ein Instrument der Täuschung und Selbsttäuschung
als eines der Wahrheitsvermittlung, während umgekehrt eine dem
Wesen der bezeichneten Wirklichkeit gemäße Sprache natürlich
als bedeutsames Hilfsmittel der Erkenntnis gelten müßte. Die Alternative: 'im Wesen der Dinge gegründet' oder 'willkürliche Setzung' (die sogenannte "physei-thesei"- oder auch "physei-nomo"-
Alternative), verbunden mit der Frage nach der "Richtigkeit" der
Namen, wird etwa in Platons (427 - 347 v. Chr.) Dialog "Kratylos"
zwischen Vertretern unterschiedlicher Positionen erörtert.

Die weitere Geschichte sprachphilosophischer Reflexion, welche über Aristoteles und die mittelalterliche scholastische Philosophie, über Humanismus, Barock und Aufklärung bis hin zu moder-
neren Auffassungen führt, kann und soll hier nicht skizziert werden; sie ist von anderen Autoren im Zusammenhang oder in Aus-
schnitten dargestellt worden, ohne daß es allerdings bisher eine
umfassende und alle wichtigen Autoren berücksichtigende Geschichte der Sprachphilosophie von der Antike bis zur Gegenwart
gäbe.[1]

---

[1]   Einige Literaturhinweise in Auswahl: Theodor Benfey: Geschichte der
Sprachwissenschaft und orientalischen Philologie in Deutschland seit dem
Anfange des 19. Jahrhunderts mit einem Rückblick auf frühere Zeiten.

Die alte Frage nach der "Wesenhaftigkeit" der Sprache (also nach ihrer Verankerung in den bezeichneten Dingen selbst) ist deshalb so wichtig, weil man Sprache seit der Antike als System von Zeichen, also von Repräsentanten außersprachlicher Dinge und Sachverhalte, begriff. Der menschliche Geist operiert mit solchen Repräsentanten, er ist an Zeichen gebunden. Dies liegt schon daran, daß die Gegenstände, auf welche er sich bezieht, nicht immer gegenwärtig sind.

Ein abstruses Gegenbeispiel hat sich Jonathan Swift (1667-1745), der Verfasser von "Gullivers Reisen", einmal ausgedacht: Im Phantasieland Lagado, das Gulliver besucht, entwickeln einige Gelehrte diverse unsinnige Projekte, zu denen das einer Abschaffung der Sprachzeichen gehört. Statt sich der verbalen Stellvertreter zu bedienen, sollen die Dinge selbst vorgezeigt werden. Die Stelle ist ein illustratives Beispiel für die Thematisierung von Sprache in literarischen Kontexten. Sie macht indirekt - auf dem Weg der Umkehrung - deutlich, wie notwendig Zeichen sind und

---

München 1869. - Ernst Cassirer: Philosophie der symbolischen Formen. Erster Teil: Die Sprache (zuerst 1923). Fotomechan. Nachdruck: Darmstadt 1956. Hier insbesondere: Erster Teil / Kapitel II: Das Sprachproblem in der Geschichte der Philosophie. - Arno Borst: Der Turmbau von Babel. Geschichte der Meinungen über Ursprung und Vielfalt der Sprachen und Völker. Bd. I-IV. Stuttgart 1957-1963. - Hans Arens: Sprachwissenschaft. Der Gang ihrer Entwicklung von der Antike bis zur Gegenwart. Freiburg/München, 2. Aufl. 1969. - Karl-Otto Apel: Die Idee der Sprache in der Tradition des Humanismus von Dante bis Vico. Bonn 1963. - R. H. Robins: A short history of linguistics. London 1967. - Siegfried J. Schmidt (Hg.): Sprache und Denken als sprachphilosophisches Problem von Locke bis Wittgenstein. Den Haag 1968. - Eugenio Coseriu: Die Geschichte der Sprachphilosophie von der Antike bis zur Gegenwart. Tübingen 1969/1972 (2 Bde.) - Pierre Juliard: Philosophies of language in eighteenth-century France. Den Haag 1970. - Helmut Gipper/Peter Schmitter: Sprachwissenschaft und Sprachphilosophie im Zeitalter der Romantik. Tübingen 1979. - Manfred Geier: Das Sprachspiel der Philosophen. Reinbek 1991. - Dirk Göttsche: Die Produktivität der Sprachkrise in der modernen Prosa. Frankfurt 1987. - Hans-Joachim Mähl: Die Mystik der Worte - Zum Sprachproblem in der modernen deutschen Dichtung. In: Wirkendes Wort 13 (1963). S. 289 - 303. - Cecil A. M. Noble: Sprachskepsis. München 1978. - Günter Saße: Sprache und Kritik. Untersuchungen zur Sprachkritik der Moderne. Göttingen 1977. - Wolfgang Schemme: Die Sprache zwischen Versagen und Aussagen. In: Wirkendes Wort 19 (1969). S. 115 - 125.

wozu man ihrer bedarf. Da Texte aus Zeichen bestehen und weitere Zeichen hervorbringen, enthält sie zudem eine spielerisch-groteske Reflexion über die Grundlagen des "Gulliver"-Romans selbst. Verführe dessen Verfasser wie die Weisen von Lagado, so könnte er über diese Weisen nicht berichten. Er müßte sie dem Leser persönlich präsentieren - was mit einigen Schwierigkeiten verbunden wäre. Unterbliebe solche Präsentation, so fände keine Kommunikation zwischen dem Schreibenden (respektive: dem Text) und dem Leser statt.

"Das zweite Projekt war ein Plan zur völligen Abschaffung aller Wörter überhaupt, und man machte geltend, daß das außerordentlich gesundheitsfördernd und zeitsparend wäre. Denn es ist klar, daß jedes Wort, das wir sprechen, in gewissem Maße eine Verkleinerung unserer Lungen durch Abnutzung bedeutet und folglich zur Verkürzung unseres Lebens beiträgt. Es wurde deshalb folgender Ausweg vorgeschlagen: da Wörter nur Bezeichnungen für Dinge sind, sei es zweckdienlicher, wenn alle Menschen die Dinge bei sich führten, die zur Beschreibung der besonderen Angelegenheit, über die sie sich unterhalten wollen, notwendig seien. Und zur großen Bequemlichkeit und zur Erhaltung der Gesundheit der Untertanen hätte diese Erfindung sicherlich Eingang gefunden, wenn nicht die Weiber im Verein mit dem Pöbel und den Analphabeten gedroht hätten, einen Aufstand anzuzetteln, falls man ihnen nicht erlaubte, nach Art ihrer Vorfahren mit ihren Zungen zu reden."[2]

Wer auf den Gebrauch von Zeichen verzichtet, dies wird bei Swift indirekt deutlich, der kann sich nur auf eine sehr beschränkte Auswahl von Gegenständen beziehen, und dazu auch bloß auf sinnlich-konkrete. Völlig unmöglich wäre die Kommunikation über Nichtgegenwärtiges, über Vergangenheit und Zukunft sowie über räumlich Fernes, über das, was nur "möglich", nicht aber "wirklich" ist, über das Imaginäre in seinen vielfältigen Spielarten, über die reichen und weitläufigen Welten gedachter oder phantasierter "Gegenstände". Die Weisen von Lagado selbst wären ja nicht vorzeigbar, da sie ja fiktive Wesen sind - und so heben diese denn gleichsam durch ihren abstrusen Plan hypothetisch ihre eigene Existenz auf. Naiverweise interpretieren die Gelehrten von Lagado die Wörter zudem als Surrogate einzelner Dinge; Allgemeinbegrif-

---

[2]   Jonathan Swift: Gullivers Reisen. Übers. v. Franz Kottenkamp. Frankfurt/M. 1975. S. 262f.

fe und Abstrakta kann man ja nicht mit sich herumtragen. Damit ist aus dem Lagado-Diskurs auch das Allgemeine gänzlich ausgeklammert. Die - von jenem "gelehrten" Projekt völlig unberührte - Frage nach der Beziehung der Wörter zu Ideen und anderen Abstrakta hat die Sprachtheorie aber stets besonders beschäftigt. Wo nach der Wahrheit von Namen oder Sätzen gefragt ist, da geht es immer auch um die Frage nach der möglichen Wahrheit von Zeichen überhaupt - und diese ist mit der Frage nach möglicher *Erkenntnis* aufs engste verknüpft, je nach Sehweise sogar mit ihr identisch. Falls alle Zeichen willkürliche, täuschende, ja lügenhafte Setzungen sind - wie sollte man je die durch Erkenntnis erfaßte Wahrheit über Dinge oder Sachverhalte aussagen können? Und wenn - gemäß einer gerade in der jüngeren Geschichte des Denkens explizit vollzogenen Einsicht - das Denken unauflöslich an sprachliche Zeichen und Formen gebunden und gleichsam ein inneres Sprechen ist: Wie soll dann auf der Basis einer "falschen" Sprache überhaupt "wahre" Erkenntnis möglich sein? Die Tatsache, daß sich mit sprachlichen Mitteln nicht nur Gegenwärtiges, sondern auch Abwesendes, nicht nur Wirkliches, sondern auch Mögliches thematisieren läßt, daß Worte dem Imaginären Gestalt geben, dem Fiktiven und Hypothetischen einen "Raum" verschaffen, ist ambivalent und seit der Antike schon als ambivalent gewürdigt worden. Die Freiheit, etwas zu erfinden, wurde als Lizenz zum Lügen denunziert, die Rede über das Nicht-Wirkliche der Unwahrhaftigkeit verdächtigt.

Hinter die prinzipiellen Fragen nach der Beziehung der Wörter zur Wahrheit und nach ihrer Funktion im Erkenntnisprozeß mag die nach der "Wahrheit" bestimmter Einzelsprachen als zweitrangig zurücktreten, obwohl auch sie die Sprachtheoretiker immer wieder beschäftigt hat. Das Vermögen besonders sachgerechten Ausdrucks wurde verschiedenen alten und neuen Sprachen zugeschrieben, so dem Hebräischen, dem Griechischen und Lateinischen, aber auch dem Deutschen und dem Französischen - sei es nun, daß diese Sprachen dabei als Spiegel der Dinge selbst oder aber als Spiegel des rationalen Denkens, als Entsprechung rationaler Strukturen, galten. Die Ansprüche des Verstandes wären befriedigt, wenn es auch nur eine einzige den Dingen gemäße und das Universum widerspiegelnde Zeichensprache gäbe, in deren Medium wahre Erkenntnis möglich wäre; Philosophen und Wissenschaftler müßten diese dann eben lernen. Oder müssen sie sich eine solche allgemeingültige Sprache am Ende selbst schaffen? Überlegungen zur Erfindung einer "universalen" Sprache, zur Abbildung der Wesenheiten oder der Begriffe und ihrer Ordnungen durch ein völlig homologes Zeichensystem, reichen zurück bis ins Mittelalter, bilden aber auch den Hintergrund der modernen Bemühung um mathematische und logische Kalkülsprachen.[3]

Sprach-Zauber

Nicht allein die Philosophie hat sich mit dem Problem Sprache auseinandergesetzt. Das mythisch-magische Denken steht seit jeher im Zeichen des Glaubens an die magische Kraft von Wörtern, zumal von Namen, an Namenszauber, an wortgebundene Magie. Wörter gelten hier als Schlüssel zum Wesen der Dinge, die Dinge als durch Namensnennung beeinflußbar und beherrschbar. Der Fall Rumpelstilzchen illustriert den volkstümlichen Namensglauben besonders gut: Wer den Namen des bösen Geistes kennt, unterliegt dessen Macht nicht mehr, sondern übt selbst Macht über ihn aus. Zumal in der romantischen Literatur spielt das Gedankenmotiv von "wesenhaften" Namen als den Schlüssel- und Losungsworten zu den natürlichen Wesenheiten eine wichtige Rolle. Aber auch die volkstümliche Praxis von Zauber- und Bannsprüchen, Beschwörungsformeln, Fluch- und Segenssprüchen steht im Zeichen magisch-mythischer Vorstellungen über die Sprache. Der naiv Wortgläubige meint, im Wort das Genannte selbst zu kennen und zu besitzen, er verläßt sich auf die evokative Kraft von Namen - ja er differenziert letztlich gar nicht zwischen diesen und dem Wesen der Dinge selbst. Sprache erscheint als mächtiges Instrument - wozu auch gehört, daß man die Namen solcher Geister besser nicht nennt, die man nicht heraufbeschwören möchte. Wer den Teufel nennt, dem erscheint er; darum bedient sich der Abergläubische für solche unwillkommenen Besucher vorsichtiger Decknamen. Die Bedeutung sprachlicher Formeln in der magi-

---

[3] Zum Thema Vielheit und Wahrheit der Sprachen vgl. etwa: Umberto Eco: Die Suche nach der vollkommenen Sprache. Übers. v. Burkhart Kroeber. München 1994.

schen Praxis der verschiedensten Kulturen beruht auf einem vielleicht niemals ganz zu eliminierenden Glauben an die Macht der Namen und an die Macht dessen, der sich ihrer zu bedienen weiß. Märchen, Mythen und Legenden berichten von dieser Macht. Man sagt "Sesam öffne dich" und erhält Zutritt zu verborgenen Schätzen; das rechte Wort macht dem Kundigen allerlei Geister dienstbar, bannt die Mächte des Übernatürlichen, bewirkt das Außerordentliche. Eine einzige Frage ist es, mit deren Hilfe der Gralskönig erlöst werden könnte - und mit einem einzigen Wortspiel entzieht sich Odysseus der Rache des Polyphem. Ein Rest naiver Wortgläubigkeit steckt wohl in jedem noch so "vernünftigen" Zeitgenossen, der sich von Ausdrücken und Formeln in deren Bann schlagen läßt. Für die suggestive Kraft sprachlicher Wendungen spricht die alltäglichste Erfahrung; in Kommunikationssituationen verschiedenster Art wird darauf gesetzt. Hans Blumenberg hat nach den anthropologischen Ursachen des Glaubens an die Kraft der "Namen" gefragt; er sieht sie in der Bedrohlichkeit, mit der das Unbenannte dem Menschen gegenübertritt und in dem komplementären Bedürfnis, auf das Namenlose und darum als gefährlich Empfundene durch Benennung zu reagieren. Die Welt ist zunächst schrecklich, weil namenlos; sobald die Dinge dann aber einen Namen haben, läßt sich mit ihnen umgehen - und Geschichten, die Erweiterungen der "Namen", bezeugen, daß und wie sich der Mensch der Dinge bemächtigt.

"Archaisch ist die Furcht nicht so sehr vor dem, was noch unerkannt ist, sondern schon vor dem, was unbekannt ist. Als Unbekanntes ist es namenlos; als Namenloses kann es nicht beschworen oder angerufen oder magisch angegriffen werden. Entsetzen, für das es wenig Äquivalente in anderen Sprachen gibt, wird 'namenlos' als höchste Stufe des Schreckens. Dann ist es die früheste und nicht unsolideste Form der Vertrautheit mit der Welt, Namen für das Unbestimmte zu finden. (...) Alles Weltvertrauen fängt an mit den Namen, zu denen sich Geschichten erzählen lassen. Dieser Sachverhalt steckt in der biblischen Frühgeschichte von der paradiesischen Namengebung. Er steckt aber auch in dem aller Magie zugrunde liegenden Glauben, wie er noch die Anfänge von Wissenschaft bestimmt, die treffende Benennung der Dinge werde die Feindschaft zwischen ihnen und dem Menschen aufheben zu reiner

Dienstbarkeit. Der Schrecken, der zur Sprache zurückgefunden hat, ist schon ausgestanden."[4]

"Im Anfang war das Wort"

Die Einstellungen einzelner Kulturkreise zum Wort differieren gleichwohl. In der griechischen und römischen Antike dominiert die relativ nüchterne Einstellung zum Wort als Instrument und Medium zur Verfolgung verschiedener Zwecke. Judentum und Christentum hingegen sind Religionen des Worts; der jüdisch-christliche Gott ist ein Gott des gesprochenen und geschriebenen Wortes, ein Gott auch der sprachlich fixierten Gesetze und Gebote. Die neutestamentarische Logoslehre des Evangelisten Johannes setzt Gottes Wort an den Anfang aller Dinge; die Welt ist aus ihm hervorgegangen, und das schöpferische Gotteswort liegt in den Geschöpfen als deren wahres Wesen beschlossen. Der Erlöser und Gottessohn selbst ist fleischgewordenes Gotteswort:

> "Im Anfang war das Wort, und das Wort war bei Gott, und Gott war das Wort. Dieses war im Anfang bei Gott. Alles ist durch es geworden, und ohne es ist nichts geworden. (...) (Das Wort) war das wahre Licht, das jeden Menschen erleuchtet; es kam in die Welt. (...) Und das Wort ist Fleisch geworden und hat unter uns gewohnt (...)." (Joh. 1, 1-14)

Das schöpferische göttliche Wort ist Inbegriff aller Wahrheit. Wichtig erscheint vor diesem Hintergrund nicht zuletzt die Frage nach der Beziehung zwischen Gottes- und Menschenwort, nach der Übersetzbarkeit des göttlichen Logos in die Sprachen der Menschen. Immerhin sollen diese das Gotteswort ausbreiten (vgl. Markus 16, 15) und sind damit zunächst einmal legitimiert. Auf alttestamentarischer Grundlage beruht der in späteren Zeiten von vielen Sprachdenkern herbeizitierte Mythos von der "Adamitischen" Sprache: der Sprache Adams im Paradies, der auf Gottes Geheiß allen Geschöpfen ihren Namen gab (Genesis, 2, 19-20). Diese "Adamitische" Sprache gilt mythischem Glauben zufolge als eine

---

[4]   Hans Blumenberg: Arbeit am Mythos. Frankfurt/M. 1979. S.40f. (Kap. II: "Einbrechen des Namens in das Chaos des Unbenannten")

wahre Sprache, deren Namen das Wesen der Dinge selbst ausdrücken. Adams Autorisierung als erster Namengeber ist Ausdruck der Verfügungsgewalt, welche ihm Gott über die Dinge zu-
billigte. Mit dem Mythos vom namengebenden Adam wurde eine
wichtige Frage beantwortet, welche neben den Philosophen auch
die Theologen, die Geschichtswissenschaftler, Anthropologen und
Schriftsteller seit der Antike beschäftigt hat: eben die nach dem
Ursprung der Sprache. Ähnliche Bedeutung wie die oben erwähnte
physei-thesei-Alternative hatte die Alternative um einen paradiesischen (von Gott angeregten und autorisierten) oder einen "nur"
menschlichen und historisch-beliebigen Sprachursprung. War Gott
der erste Sprachlehrer der Menschheit und ist Sprache, selbst in ihren spätzeitlichen Entwicklungsstufen, im Grunde eine göttliche
Institution? Wären die Menschen in ihrer Endlichkeit und Beschränktheit überhaupt je in der Lage gewesen, sich Sprache zu
erfinden? Wie sollten sie sich über die Bedeutung von Zeichen einigen, wenn sie nicht immer schon Sprache besaßen? Noch im 18.
Jahrhundert wird die Frage nach dem Ursprung der Sprache heftig
diskutiert. Johann Gottfried Herder (1744 - 1803) widmet ihr eine
berühmt gewordene Preisschrift.

Zwei wichtige biblische Mythen, die um das Thema Sprache
kreisen und dabei Grundfragen der Sprachreflexion betreffen, seien
noch genannt, da sie als Bezugstexte auch und gerade poetischer
Sprachreflexion gelten können: Der Bericht über den Turmbau von
Babel als mythische Begründung für die - seit jeher als skandalös
empfundene - Vielheit der Einzelsprachen (Genesis 11, 1-9), sowie
der komplementäre Bericht über das Pfingstwunder, bei dem die
Verständigung zwischen den unterschiedlichen Sprachgemein-
schaften durch göttliche Intervention ermöglicht wurde - zum
Zweck der Verkündigung der wahren christlichen Lehre (Apostelgeschichte 2, 1-16).[5]

Die Einstellungen zum Wort sind in der Geschichte der Sprachreflexion also höchst vielfältig und spiegeln ein weites Spektrum
von Motiven; sie liegen etwa im Spannungsfeld zwischen extremer
Auslieferung ans Wort und dem Bemühen um Distanz. Aber kann
man zur Sprache überhaupt auf Distanz gehen? Die Kritiker des
Sprachgebrauchs haben es zumindest immer wieder versucht. Als

---

[5] Vgl. dazu das Kapitel über "Babel und Jerusalem".

Gegenposition zur mythisch-atavistischen Naivität im Umgang mit dem Wort ist die Skepsis des philosophisch Aufgeklärten zu betrachten, der zwischen Dingen und ihren Namen, zwischen Wirklichkeit und Sprache klar zu differenzieren sucht und auf dieser Differenz beharrt, um der Macht der Wörter eine Grenze zu setzen. Als zwei Parteien treten schon im Mittelalter die "Nominalisten" und die "Realisten" gegeneinander an: Letztere betrachten die Ordnung der Sprache, zumal die der Allgemeinbegriffe (um deren Aussagekraft und Wahrheit sich die Diskussion letztlich drehte) als Abbild der Ordnung der Wesenheiten, erstere dagegen als willkürliche Institution. Für den Nominalisten verbirgt sich hinter einem Allgemeinbegriff nichts als eine Konvention, einzelne Dinge oder Wesenheiten zusammenzufassen. Der Realist dagegen glaubt an Wesenheiten, welche den Allgemeinbegriffen korrespondieren. Noch in der modernen Sprachtheorie kann man zwischen "nominalistischen" und "realistischen" Positionen differenzieren. Der "Nominalist" wird gegenüber der Sprache eher zu Vorsicht und Mißtrauen neigen als der "Realist". Wo schließlich - auf der Basis eines avancierten Sprachkonzepts - der Befund erhoben wird, daß Sprache zwar keineswegs das Wesen einer an sich und unabhängig von ihr bestehenden Wirklichkeit abbilde, wohl aber die Macht habe (zumal in Form geschriebener Texte), die Wirklichkeit - respektive das, was uns als "Wirklichkeit" erscheint - zu prägen, ja sogar zu begründen, da bekommt die Formel vom Wort, das "am Anfang" war, eine ganz neue Bedeutung. Vor allem die Literatur interessiert sich für dieses Thema: für Erfahrungen, die durch Lektüren gesteuert werden, für Identitätsentwürfe auf der Grundlage literarisch vermittelter Muster, für "Geschichte", die so abläuft, wie es im Buche steht.

Mit der Frage nach dem Wesen der Sprache ist die nach ihrem Ursprung stets eng verknüpft gewesen, wobei sich zumindest für das christliche Abendland vor allem die Frage stellte, welchen Anteil Gott an der Entstehung der Sprache und der Einzelsprachen gehabt habe. Zwischen den beiden Extrempositionen, welche mit der Theorie eines ausschließlich göttlichen oder eines ausschließlich menschlichen Sprachursprungs bezogen wurden, gab es eine Fülle vermittelnder Antworten. Mit dem 18. Jahrhundert wurde, wie oben angedeutet, die These vom göttlichen Sprachunterricht jedoch schrittweise obsolet. In eben dem Maße, als sich seitdem der Sprachbenutzer dessen bewußt wird, daß seine Sprache nicht von Gott stammt und nicht in den Dingen selbst gründet, sondern ein menschliches Instrument, eine historisch-relative Institution ist, wird er dazu neigen, den Wörtern skeptisch zu begegnen. Er wird sich nicht mehr auf ihre "Offenbarungen" verlassen, wird überdies ein geschärftes Sensorium für ihre Geschichtlichkeit - und das heißt eben auch: ihre relative Beliebigkeit - bekommen. Es ist kein Zufall, daß die Frage nach göttlichem oder menschlichem Sprachursprung in der Epoche der Aufklärung so aktuell wurde, bis sich aus der einschlägigen Diskussion das Bewußtsein von der Geschichtlichkeit aller Sprache und ihrem Status als Spiegel des endlichen menschlichen Verstandes in seinen jeweils historischen und nationalen Ausprägungen entwickelte.

Die Spannung zwischen Sprache und Schweigen

Neben dem magisch-volkstümlichen Wortglauben und dem philosophisch-kritischen Sprachdenken verdient auch das Interesse der Mystik an der Sprache Erwähnung, welches Affinitäten zu beiden Denk- und Vorstellungshorizonten besitzt. Der Mystiker (wenn denn vereinfachend von einer spirituellen Tendenz gesprochen werden darf, welche von der Spätantike bis in die Gegenwart sowie in verschiedenen Kulturkreisen viele Gesichter zeigt,) ist vor allem charakterisiert durch ein Streben, mit sprachlichen Mitteln solche Erfahrungen auszudrücken, die jenseits des Alltäglichen sowie jenseits des wissenschaftlich-kritisch Überprüfbaren liegen: etwa die Begegnung mit Gott sowie die Erfahrung einer inneren, unbegreiflichen Vereinigung des Ichs mit der Natur oder mit einem Du. Das Wort gerät gerade in der Mystik immer wieder an seine Grenzen. Daher wendet sich die mystische Reflexion über Sprache dem Schweigen als deren notwendigem Gegenstück zu: Was nicht gesagt werden kann, mag vielleicht durch ein ausdrucksvolles Schweigen angedeutet werden.

Da das Schweigen als Antagonist der Rede gelten kann, verknüpft sich die Reflexion über Sprache oft mit der über das

Schweigen.[6] Das Schweigen kann als der Rede überlegen oder
unterlegen erscheinen. Es kann als Ausdruck unmöglicher Artikulation oder aber als selbstbewußt-überlegener Verzicht auf diese
interpretiert werden, als der Zielpunkt aller Worte oder auch als
der Hintergrund, vor dem sich alles Gesprochene abhebt und vor
dem es seine Bedeutung bekommt. Das Schweigen kann als bedeutsam gelten, aber auch als "nichtssagend", als reinste Form di-
rekter Kommunikation, aber auch als Ausdruck für deren Scheitern. Daß das Schweigen niemals "nichts" sage, hat Christiaan L.
Hart Nibbrig in seinem Buch mit dem aufschlußreichen Titel "Die
Rhetorik des Schweigens" behauptet.[7]

Die Literatur ist am Schweigen als dem großen Antagonisten
der Rede besonders interessiert, vor allem am "beredten", am aus-
drucksvollen Schweigen, das komplementär oder in Konkurrenz
zum Wort, Dinge und Sachverhalte ausdrücken mag, welche nicht
in Worte zu fassen sind. Bis ins Mittelalter hat Volker Roloff das
Motiv des Schweigens als literarisches und Märchenmotiv zurück-

---

[6] Vgl. dazu: Raimar Zons: Beredtes Schweigen. In: Norbert Bolz/ Willem
van Reijen (Hg.): Ruinen des Denkens - Denken in Ruinen. Frankfurt/M.
1996. S. 147ff.

[7] "In der Tat, Schweigen kann vieles sein: Indiz für Einverständnis sowohl wie von völligem Mißverstehen, Ausdruck der Kommunikationsver-
weigerung sowohl wie Modus der Ansprechbarkeit und des Vernehmens.
In jedem Falle aber ist es, in den verschiedensten Erscheinungsweisen, eine
Mitteilungsform. Das ist, im Rahmen einer Rhetorik des Schweigens, die
den Gegenstandsbereich bloßer Sprechwissenschaft um seinen Schatten ergänzt, zu beschreiben: in der Aufmerksamkeit auf das, was vor, während
und nach der Rede ungesagt wirksam ist. Sie hat nicht nur, semantisch, das
verschluckte Wort, die verdrängte Bedeutung zu erhalten, syntaktisch, das
Einstürzen ganzer Satzbaupläne zu erläutern, sondern, pragmatisch, das intendierte Nicht-Reden aus der Situation, in der Rede ausbleibt, und aus
dem Partnerbezug, in dem sie erwartet wird, verstehbar zu machen. Man
kann bekanntlich nicht nicht kommunizieren (...) Wer verstummt, bleibt
beredt und entzieht sich der Situation nicht, die er mit anderen teilt. Die
Situation, in der geschwiegen wird, wo man Rede erwartet, fängt selbst zu
reden an, nicht so freilich, daß, was sie sprachlos sagt, in sprachliche Inhalte einfach rückübersetzbar wäre." (Christiaan L. Hart Nibbrig: Rhetorik des
Schweigens. Versuch über den Schatten literarischer Rede. Frankfurt/M.
1981. S. 40f.)

verfolgt.[8] In seiner Einleitung macht er eine Bemerkung, welche nicht nur auf die von ihm untersuchten mittelalterlichen Märchen und Epen zutrifft, sondern bei der Untersuchung des Schweigemotivs in literarisch-poetischen Kontexten grundsätzlich zu bedenken ist:

"Die Möglichkeit des Schweigens hat den Glauben des Menschen an die Notwendigkeit und Ursprünglichkeit der Sprache niemals ernsthaft in Frage gestellt - mag auch ein Ungläubiger wie Faust bei der Übersetzung des Johannesevangeliums 'Im Anfang war das Wort' ins Stocken geraten, da er das Wort so hoch unmöglich schätzen kann; dem über den Ursprung der Dinge Grübelnden bleiben immer nur die Worte der Sprache, um den 'Sinn' oder die 'Tat' des Anfangs zu beschreiben. An das Schweigen als den Grund und Abgrund der Sprache hat er nicht gedacht.

Auch das Lob des Schweigens ist an die Sprache gebunden, und alle skeptischen Einwände gegen die Sprache widerlegen sich in dem Maße, in dem sie in der Sprache Gestalt und damit Überzeugungskraft gewinnen - man bedenke nur, wie kunstvoll etwa Hölderlin seinen Zweifel an der Sprache ausdrückt (...)."[9]

Zu Recht weist Roloff auf das dialektische Spannungsverhältnis zwischen Rede und Schweigen hin. Die Bedeutsamkeit beider resultiert daraus, daß sie gleichsam aneinander "angrenzen". Das Wort gewinnt in der Nachbarschaft des Schweigens an Gewicht, aber umgekehrt kann das Schweigen auch nur als Nachbar und Gegenstück der Rede etwas "besagen". Wer nach der "Bedeutung" von Rede und von Schweigen fragt, muß sie beide in den Blick nehmen, muß das Schweigen vor dem Hintergrund des Sagbaren und Gesagten, das Gesagte wiederum vor einem Hintergrund aus Schweigen interpretieren.[10]

---

[8]   Volker Roloff: Reden und Schweigen. Zur Tradition und Gestaltung eines mittelalterlichen Themas in der französischen Literatur. München 1973.
[9]   Roloff: Reden und Schweigen. S. 7.
[10] "Gerade in der Nähe des Schweigens scheint die Sprache ihr Prestige und ihre Beredsamkeit zu entfalten, und jedes Schweigen, das beachtet sein will, kehrt zwangsläufig zur sprachlichen Form zurück (...). Das Schweigen selbst gehört in einem weiteren Sinne zu den Mitteln des sprachlichen Ausdrucks. Doch mit dem Hinweis auf die 'logische' Überlegenheit und umgrei-

Zugleich mit der Sprache erkundet die Literatur das Schweigen, setzt es oft als Bedeutungsträger ein.[11] Die dramatische Literatur kann das Schweigen förmlich "in Szene setzen", aber auch lyrische und epische Texte können Schweigepausen aufweisen, das Schweigen also "inszenieren" - ein Schweigen, das zur Deutung provoziert, und zwar immer mit Blick auf die Beziehung zum Gesagten. Was die Worte "sagen", erschließt sich umgekehrt allenthalben auch nur unter Berücksichtigung des Verschwiegenen und des Schweigens.[12] Das Schweigen gehört zu Rede und Text immer schon hinzu. Also hat der Literaturinterpret, hat vor allem die Literaturwissenschaft immer auch nach dem Schweigen und dem Verschwiegenen zu fragen; notwendiges Gegenstück von Poetik ist eine "Anti-Poetik".[13]

Obwohl das Schweigen seit jeher Gegenstück der Rede war und als solches literarisch reflektiert wurde, hat sich die Aufmerksamkeit auf Schweigen und Verschwiegenes im 20. Jahrhundert in-

---

fende Bedeutung der Sprache ist das Phänomen des Schweigens nicht abgetan. (...) [Und so] existiert das Schweigen in der Mitte der Sprache selbst, dennoch dem Sprechenden Maß und Grenzen setzend, wie eine Mauer, an der die Nichtigkeit der Worte abgleitet. / An der Ohnmacht der oft versagenden und verstummenden Sprache zeigt sich die im wahrsten Sinne des Wortes irrationale, dem Verstand unfaßbare Macht des Schweigens. Ohne das Schweigen, die dialektische Antithese, ist menschliches Sprechen nicht zu begreifen. Wer wie der Dichter die Grenzen des Sagbaren abtastet, rührt am ehesten an die als 'eisig' empfundene Grenze des Schweigens." (Roloff: Reden und Schweigen. S. 8)

[11] Vgl. dazu Monika Schmitz-Emans: Schrift und Abwesenheit. Historische Paradigmen zu einer Poetik der Entzifferung und des Schreibens. München 1995.

[12] "Die grundlegende Frage nach der Funktion der Sprache in einem dichterischen Werk ist mit der Frage nach der Bedeutung des Schweigens in derselben Dichtung unlöslich verknüpft." (Roloff: Reden und Schweigen. S. 9)

[13] "Literaturwissenschaft, die sich ausschließlich dem verschreibt, was im 'Wortkunstwerk' aus Sprache gemacht ist, verfehlt, wenn sie sich als Rede über Phänomene der Rede verfestigt, den Schatten, den die Texte werfen. Als ästhetischer Mehrwert zumal spricht das Schweigen ihrer Textur. Was sie als ganze sagen, ist mehr, als was in ihnen gesagt wird, und was sie als ganze schweigend mitteilen, ist mehr, als was in ihnen explizit verschwiegen oder durch Rede implizit zugedeckt wird." (Hart Nibbrig: Rhetorik des Schweigens. S. 42)

tensiviert. Dies kann zum einen mit dem gleichfalls verstärkten allgemeinen Interesse am Thema Sprache erklärt werden, zum anderen aber auch damit, daß gerade die Grenzen der Sprache, das Scheitern der Worte, das Aussetzen der flüssigen Rede zu den maßgeblichen Erfahrungen des modernen Bewußtseins gehören.[14] Am großen Themenkomplex Sprache und Schweigen ließe sich exemplarisch aufweisen, daß das Denken über Sprache oftmals ein Nachdenken über Sprach-Grenzen ist. Dies kann zu höchst divergenten Beurteilungen des Wortes führen, wie denn aus dem Bewußtsein, daß Sprache ein "Problem" ist, ja grundsätzlich verschiedenartige Konsequenzen gezogen werden. Gerade die Beziehung zwischen Wort und Schweigen als ein wichtiges Thema *und* ein prägendes Strukturmoment moderner Literatur wird uns in mehreren der folgenden Kapitel noch beschäftigen. Vorerst bleibt festzuhalten, daß Schweigen mehr ist als ein bloßes Nicht-Reden. Das "Ende" der Worte, die "Grenze" der Sprache: sie ist auf vielfältige Weisen auslegbar. Nur eine Möglichkeit davon, allerdings eine wichtige, ist die Interpretation des Schweigens als Ablehnung oder Verweigerung einer als "unzulänglich" und "schlecht" empfundenen Sprache.

Wahrheitssuche als Suche nach der "wahren Sprache"

Insgesamt darf über die Geschichte der Sprachreflexion gesagt werden, daß diese im Spannungsfeld zweier widersprüchlicher Tendenzen steht: Auf der einen Seite die Hochschätzung, ja Verehrung des Wortes als (zumindest potentielles) Medium der "Wahrheit", als unabdingbares Vehikel der Erkenntnis und der Mitteilung von Erkanntem - auf der anderen Skepsis und Kritik, ja Verurteilung der Sprache als "unwahr", als schlechtes und womöglich noch nicht einmal verbesserungsfähiges Instrument. Sowohl der Adamitische als auch der Babylonische Mythos, sowohl sprach-

---

[14] Vgl. zum Thema: George Steiner: Sprache und Schweigen. Essays über Sprache, Literatur und das Unmenschliche. Frankfurt/M. 1969. - Hans Mayer: Das Geschehen und das Schweigen. Aspekte der Literatur. Frankfurt/M. 1969. Ferner: Max Picard: Die Welt des Schweigens. München 1988 (Erstausgabe 1948).

magische und mystische als auch philosophisch-kritische Vorstellungen über Wesen und Funktion des Wortes sind vor diesem Hintergrund zu sehen. Sprache erscheint vor allem denen, die an Absolutes glauben, als unzulänglich - unzulänglich gemessen am Ideal eines "reinen" Denkens, einer "un-bedingten" Wahrheit. Dieser Richtwert freilich ist in seiner Gültigkeit radikal bezweifelt worden. Der wohl radikalste Angriff bestand (und besteht) darin, die sogenannte "Wahrheit" selbst als eine von Sprache erzeugte Fiktion zu betrachten. Wo hingegen an der Existenz einer sprachunabhängigen und der Sprache zugleich übergeordneten Wahrheit festgehalten wurde, dort betrachtete man das Problem Sprache aus der Perspektive verschiedener möglicher "Lösungsversuche" (M. Geier):[15]

Da war *erstens* die Hoffnung auf eine "wahre", eine "göttliche" Sprache der Offenbarung, eine "vorbabylonische", "paradiesische" oder "reine" Sprache, in der das Wesen der Dinge aufscheint und die dem Inneren des Menschen samt seinen mystischen Erfahrungen einen ungebrochenen, authentischen Ausdruck verleiht.

Zweitens haben die Menschen immer wieder versucht, sich durch sprachfreies Denken aus den Fesseln der Wörter zu lösen, sich über die Sphäre des Sprachlichen zu einer "reinen" Vernunft, zu außer- und übersprachlichen "Ideen" oder zum Göttlichen zu erheben.

Drittens sollte der unzulänglichen Alltagssprache immer wieder eine vernunftgemäße philosophische Kunstsprache entgegengesetzt werden.

All dem stehen solche Ansätze gegenüber, welche auf die Konzeption einer "besseren" Sprache verzichten, den gegebenen Sprachgebrauch nicht an einem ihm externen Maßstab bemessen wollen - ausgehend von der Einsicht, daß es einen solchen Maßstab nicht geben kann. Erwähnt seien die Bestrebungen Wittgensteins, die im Umgang mit Wörtern und Redeweisen sich ergebenden Probleme vom Fundament der Alltagssprache und ihres Gebrauchs aus anzugehen. Auf diesem Weg können Probleme nicht "gelöst", sondern nur als Probleme transparenter gemacht werden. Sprache und ihr Gebrauch sind auf diesem Weg nicht begründbar -

---

[15] Zum folgenden vgl. Manfred Geier: Das Sprachspiel der Philosophen. Von Parmenides bis Wittgenstein. Reinbek 1989. S. 22ff.

sind nicht einmal aus irgendeiner Distanz beschreibbar; man kann sie nur vorführen in der Hoffnung, dadurch Un-Ausdrückliches deutlicher zu machen.

Kann man die Wortsprache mit anderen Medien der Kommunikation überhaupt vergleichen - und wenn ja: inwiefern? Die Überzeugung von der Unzulänglichkeit der Sprache hat immer wieder das Interesse an nichtsprachlichen Ausdrucksmitteln geweckt - sei es, daß man diese für "natürlicher" oder für "ausdrucksvoller" hielt als die Wörter, sei es, daß man ihre ästhetischen Qualitäten höher schätzte. In übertragenem Sinn nannte und nennt man auch nonverbale Ausdrucksmittel oft "Sprachen". Zu den "anderen Sprachen", welche mit der Wortsprache, oft zu deren Nachteil, verglichen worden sind, gehören die der Töne und die der Bilder - also die Ausdrucksmittel der Musik und der Malerei. Aber auch die (angeblich) natürliche "Sprache" der Gesten, Mienen und sonstigen Körperzeichen wird oft mit den Wörtern verglichen und diesen vorgezogen. Gelegentlich wurde die Wortsprache unter dem Aspekt bewertet, wie nahe sie den Ausdrucksmitteln jener "anderen" Sprachen komme. In der Romantik etwa kam es zu einer Aufwertung der klanglichen Dimension von Sprache, deren "Musikalität" ihr besonders hohen Ausdruckswert zu sichern schien. Oder man forderte - mit einer freilich interpretationsbedürftigen Wendung - von der Sprache "Bildhaftigkeit". Die Diskussion um das sogenannte sprachliche "Bild" datiert in der Geschichte der Poetik weit zurück und nimmt ihren Ursprung mindestens schon bei Horaz (65 - 8 v. Chr.). Den "gestischen" Charakter vieler, zumal unreflektierter Sprachäußerungen sowie die Beziehung zwischen mimisch-gestischen und verbalen Ausdrucksmitteln hat vor allem die Vorromantik als faszinierendes Thema entdeckt. Von der philosophischen Diskussion über Wort, Rede und Sprechakte scheinen derlei Spekulationen über "andere" Sprachen und die "Andersheit" von Sprache weit ab zu führen. Und doch sind sie mit ihr verknüpft: nämlich über das gemeinsame Interesse an der Frage nach der "Wahrheit" von Zeichen.

Sicher ist: In eben dem Maße, als das Denken der Menschen seine eigene Sprachgebundenheit durchschaute, vertiefte sich das latent immer schon wirksame Bewußtsein davon, daß Sprache kein Thema wie jedes andere ist. Denn das Denken, das über Wörter und ihren Gebrauch reflektiert, das die Sprache kritisieren, das ihre Bedingtheit und Zufälligkeit durchschauen mag, vollzieht sich ja selbst im Horizont der Sprache, auf sprachlicher Grundlage. Es kann also nie hinter die Sprache zurückgelangen, sondern bleibt - und sei es widerwillig - in ihr befangen. Die moderne Sprachphilosophie hat sich dazu bekannt und eingesehen, daß sie sich nicht gegen die Sprache auflehnen kann, sondern sich ihr anvertrauen muß, um den Leitfäden der Sprache entlang zu denken. Ein solches Bekenntnis zur eigenen Sprachlichkeit bedeutet zugleich ein Bekenntnis zur eigenen Geschichtlichkeit und zur Bindung an eine Gemeinschaft von Sprechern. Wer der Sprache nach-denkt, wird sich bald der Abhängigkeit und Relativität seines Denkens bewußt, er erfährt aber immerhin auch Wichtiges über sich selbst als einen Abhängigen. Die von den Wörtern gewiesenen Wege mögen nicht geradlinig und keine absolut richtigen Wege sein. Aber sie können nie gänzlich verlassen werden. Vielleicht kann man sie immerhin ausbauen - dann aber nur von bereits zugänglichem Gelände her. Manfred Geier hat die Sprache (wie vor ihm schon Wittgenstein) mit einem Labyrinth verglichen, das dem Denkenden seine Wege vorgibt oder besser: anbietet. Der Gang durch dieses Labyrinth ist der Vollzug des Denkens.

"Denken heißt ins Labyrinth der Sprache eintreten, in der Hoffnung, an ihrem Leitfaden zugleich einen Ausweg zum Licht der Erkenntnis zu finden. Sprache als Irrgarten und als Öffnung in der Wand, zugleich verführerisches Netz des Scheins und führender Faden zur Erkenntnis: Mit dieser paradoxen Doppeldeutigkeit der Sprache wird seither jede philosophische Diskussion eröffnet. Unübersehbar ist hier die obskure Antinomie, die uns verwirrt: Sobald das menschliche Subjekt am Leitfaden der Sprache zu denken versucht, erfährt es sich in seiner Sprachlichkeit als unvollkommen. Der überzeitliche Anspruch richtigen Denkens und Erkennens prallt gegen die begrenzten Möglichkeiten, über die der Mensch als Mitglied einer kulturgeschichtlichen Sprachgemeinschaft verfügt."[16]

Trotz einer unübersehbaren Konstanz einzelner mit dem Problem Sprache verknüpfter Fragestellungen verschieben sich die Blickwinkel und Positionen doch jeweils, sobald sich das Grundkonzept von "Sprache" wandelt. Um die Bedingungen zu begreifen, unter

---

[16] Geier: Das Sprachspiel. S. 21.

denen moderne Literatur über Sprache reflektiert, sollte man sich den wichtigsten Sprachkonzepten der Moderne zuwenden. Daher sei der Blick jetzt noch einmal gezielt auf ein Stück Geschichte der Sprachphilosophie gelenkt, die sich nicht zurückdrehen läßt, hinter deren Einsichten die jüngere Sprachreflexion nicht zurückgehen kann.

Sprach-Welten zwischen Leitbild und Trugbild: Zu wichtigen Themen und Positionen der Sprachphilosophie

In der zweiten Hälfte des 18. Jahrhunderts kommt es zu neuen und für die Zukunft wegweisenden Anstößen in der Geschichte der Sprachreflexion; sie gehen vor allem aus von J. G. Herder und Johann Georg Hamann (1730 - 1788), die sich aber nicht auf völliges Neuland begeben, sondern Ansätze früherer Sprachtheoretiker fortführen. Sprache gilt ihnen nicht als ein Zeichensystem, das der Gesamtheit der Erfahrungsinhalte und -daten nachträglich zugeordnet würde, so wie man eine Serie von Etiketten auf ein Warenlager von Gegenständen klebt, sondern als eine Instanz, welche selbst die Bedingungen menschlicher Erfahrung erst schafft. Ohne solche Fundierung in der Sprache fände der spezifisch menschliche Erkenntnisprozeß nicht statt. Erfahrung vollzieht sich demnach nicht zunächst außersprachlich und wird "danach" auch noch ausgedrückt, sondern sie kommt in der für den Menschen spezifischen Weise überhaupt erst durch die Vermittlung der Sprache zustande. In kritischer Auseinandersetzung mit zeitgenössischen theologischen Lehren über den göttlichen Sprachursprung erklärt Herder die Sprachfähigkeit zum entscheidenden geistigen Vermögen des Menschen. Es habe keines göttlichen Sprachunterrichts bedurft, sondern der Mensch sei von Natur aus ("schon als Tier", wie es Herder provokant formuliert) zur Sprachbildung disponiert. Auf jeden sinnlichen Reiz reagiere er mit der Bildung von "Merkworten". Und das Wahrgenommene werde eben durch solche Merkworte erst festgestellt, werde zum identifizierbaren Gegenstand der Erfahrung. Benennung ist also kein zweiter Schritt nach der Erfahrung, sondern stets unauflöslich mit dieser verknüpft. Über die Prägung von Merkworten identifiziere der Mensch nicht nur seine Gegenstände; als Subjekt der Erkenntnis distanziere er sich zugleich von ihnen als von seinen Objekten. Und Sprache schaffe die Voraussetzung dafür, daß Erfahrenes sich dem Gedächtnis einprägen könne. Sprache ist für Herder also ein "Erkenntnisapriori": etwas, das der Erkenntnis schlechthin bedingend vorausgeht. Dies bedeutet, daß die menschliche Sprache die Wirklichkeit, wie sie dem Menschen erscheint, maßgeblich mitkonstituiert: Die Wirklichkeit gestaltet sich für das sprechende Subjekt so, wie es sie durch seine Benennungen interpretiert und strukturiert hat. Denken und Sprechen sind für Herder letztlich identisch; es gibt kein außer- oder vorsprachliches Denken. Zugleich gilt ihm die Sprache als authentischer und notwendiger Ausdruck des Menschen; wie dieser ein leiblich-seelisch organisiertes Doppelwesen ist, ist auch die Sprache zugleich eine Gesamtheit von sinnlich wahrnehmbaren Klängen und eine geistige Form. Sprachfähigkeit ist weit mehr als ein Vermögen unter anderen. Sie drückt in ihren Aktualisierungen das Wesen des Menschen, seine "Natur", aus - insbesondere seine "Besonnenheit", also die Disposition, sich durch Reflexion von den direkten sinnlichen Eindrücken so weit zu lösen, daß er sich überhaupt einen Begriff von Gegenständen machen kann. Darin liegt ihre "Wahrheit".

Im Grundsätzlichen stimmt Hamann mit Herder überein, was die Einschätzung der Sprache als Möglichkeitsbedingung menschlicher Erfahrung angeht, wenn er auch dessen Ansatz zur Begründung von Sprache in der Natur des Menschen kritisiert. Sprache läßt sich aus seiner Sicht gar nicht erschöpfend begründen, da man dann gleichsam "hinter sie zurück" denken müßte. Einen außersprachlichen "Grund" für die Sprache kann es für Hamann aber gar nicht geben. Stattdessen bleibt sie ein letztes und unhintergehbares Fundament für jede Tätigkeit des menschlichen Geistes. Ihrem Ursprung und Wesen nach ist Sprache für Hamann bildhaft-konkret und "sinnlich"; sie kann und sollte daher nicht den Maßstäben abstrakter Rationalität unterworfen werden. Am Anfang aller Sprache standen bildhafte Wörter; entsprechend wurzelt alle Erkenntnis in der sinnlichen Wahrnehmung. Als ein zugleich sinnliches und geistiges Ausdrucksmittel stellt die Sprache ein Bindeglied zwischen sinnlich-anschaulicher Welt (samt dem Menschen in seiner Körperlichkeit) und geistiger Wirklichkeit dar. Alles Denken ist auch für Hamann sprachgebunden; einen Verstandesgebrauch ohne Sprache gibt es nicht. Was immer der Mensch zum

Gegenstand der Erfahrung und des Denkens macht, ist ihm durch Vermittlung der Sprache gegeben.[17]

Die Sprachauffassung diverser romantischer Autoren ist durch diese Anschauungen geprägt. Ihre Fortsetzung und Vertiefungen finden sie mehr als eine Generation später durch den Sprachtheoretiker Wilhelm von Humboldt (1767 - 1835). Wie Herder und Hamann lehnt dieser die Vorstellung einer nachträglichen Erfindung sprachlicher Zeichen zur Benennung außersprachlich erfaßter Gegenstände ab und betont, daß der Mensch nur durch Sprache Mensch sei. Denken und Sprechen sind auch für Humboldt so eng miteinander verknüpft, daß von einer inneren Identität gesprochen werden kann.

"Durch die gegenseitige Abhängigkeit des Gedankens und des Wortes voneinander leuchtet es klar ein, daß die Sprachen nicht eigentlich Mittel sind, die schon erkannte Wahrheit darzustellen, sondern weit mehr, die vorher unerkannte zu entdecken. Ihre Verschiedenheit ist nicht eine von Schällen und Zeichen, sondern eine Verschiedenheit der Weltansichten selbst."[18]

Humboldts besondere Leistung ist eben diese Lehre von der "sprachlichen Weltansicht" oder "Weltanschauung", verbunden mit dem Konzept einer "inneren Sprachform". Den sprachfähigen Subjekten ist ihre "Welt" in den sprachlichen Organisationsformen gegeben, und in jeder besonderen geschichtlichen Sprache wird Welt auf je besondere Weise zum Gegenstand der Erkenntnis. Der Organisation und Strukturierung aller Erfahrungsinhalte liegen Grammatik, Morphologie, Syntax und Semantik der Einzelsprachen zugrunde. Man könnte auch von einer sprachlichen "Zwischenwelt" reden, die sich zwischen das menschliche Subjekt und die Welt seiner Gegenstände schiebt. Das Wort ist nicht "Abdruck" des Gegenstandes selbst, sondern eines Bildes, das sich der Mensch auf sprachlicher Grundlage von diesem Gegenstand macht. Jeder einzelne Mensch besitzt letztlich einen "eigenen

---

[17] Vgl. Johann Georg Hamann: Schriften zur Sprache. Hg. u. eingel. v. Josef Simon. Frankfurt/M. 1967.
[18] Wilhelm von Humboldt: Über das vergleichende Sprachstudium. § 20.

Standpunkt der Weltansicht".[19] Struktur und Gebrauch der Sprache spiegeln die Art und Weise, *wie* das einzelne Subjekt die Gegenstände wahrnimmt - und das heißt letztlich: als *was* es sie
wahrnimmt. In den Einzelsprachen haben sich Weltauslegungen
niedergeschlagen, und ihre Wörter und Wendungen geben nicht
den Dingen "an sich" Ausdruck, sondern den Vorstellungen, welche sich die Sprecher von diesen Dingen machen. Mit dieser Deutung der Sprache als einer grundlegenden Vermittlerin aller Erfahrungsinhalte sowie als eine Instanz, welche der "Welt" des Menschen ihre eigene sprachliche Form aufprägt, hat Humboldt der
jüngeren Sprachreflexion den entscheidenden Weg gewiesen. Eine
Reihe von Sprachtheoretikern dieses Jahrhunderts, so Ernst Cassirer, Leo Weisgerber und Benjamin Lee Whorf, können in dieser
Hinsicht als seine Schüler gelten. Insofern die Reflexion über die
Möglichkeitsbedingungen von Erkenntnis und ihren Gegenständen
seit Kant als "transzendentale" Reflexion bezeichnet wird und eine
Lehre von der Sprache als der Auslegerin der Wirklichkeit "herme-
neutisch" genannt werden kann, hat man bei Humboldt, aber schon
mit Blick auf Herder und Hamann, von einem "transzendentalhermeneutischen" Sprachkonzept gesprochen.[20] Benjamin Lee Whorf
proklamiert ein sprachliches "Relativitätsprinzip". Nicht die gegenständliche Welt ist das primäre, sondern die Sprache, durch deren Vermittlung jene erst zu dem wird, als was sie dem Menschen
erscheint. Das Sprachlose fällt aus jeglichem Welt-"Bild" heraus
und entzieht sich dem Verstehen. Die Wirklichkeit, auf welche
sich die Sprechergemeinschaften beziehen, ist eine wortgegründete
Konvention.

Wie aktuell die Humboldtsche Sprachtheorie auch in jüngster
Vergangenheit noch ist, belegt eine Überlegung Helmut Heißenbüttels von 1963. Allerdings sind hier auch schon die Konsequenzen angedeutet, welche sich aus der Lehre vom jeweils sprachge-
gründeten "Weltbild" ergeben: Die "Welt" kann dissoziieren in
konkurrierende Entwürfe:

---

[19] Wilhelm von Humboldt: Gesammelte Schriften. Hg. v. Albert Leitzmann. Berlin 1903ff. Bd. VII. S. 60.
[20] Karl-Otto Apel: Die Idee der Sprache in der Tradition des Humanismus
von Dante bis Vico. Bonn 1963. S. 19.

"Die Sprache, in der ich lebe, bedeutet die Welt, in der ich lebe. Nur soweit die Welt der einen Sprache der der anderen vergleichbar ist, findet
Verständigung statt. Allmählich setzt sich ein Bewußtsein multipler
Sprach- und Auffassungswelten durch. Religiöse, kulturelle, philosophische, wissenschaftliche, politische Erscheinungen werden nicht mehr
von dem Sprachstand getrennt gedacht, in dem sie sich manifestieren,
sondern in unlösbarer Verbindung mit ihm."[21]

Entscheidend ist an der Interpretation der Sprache als ein die Welt
organisierendes und interpretierendes "Erkenntnisapriori", daß die
alte Frage nach der "Wahrheit" der sprachlichen Zeichen aufgegeben oder doch zumindest anders gestellt werden muß. Es kann
nicht mehr darum gehen, daß die Zeichen den Dingen "nachtönen"
oder diese auf andere Weise "abbilden". Der traditionelle Begriff
von "Wahrheit" der Sprache war der einer "Richtigkeit" der Namen
im Sinne ihrer Angemessenheit an die als außersprachlich begriff-
enen Gegenstände. Unserem neuen Modell zufolge gibt es nun
aber gar keine außersprachlich erfaßbaren Gegenstände, denn
"Welt" insgesamt ist ja immer schon sprachlich vermittelt und
strukturiert.

Die "Welt" richtet sich - insofern sie Gegenstand des Begreifens
und der Kommunikation ist - nach dem "Wort". Das alte Johanne-
ische Diktum "Am Anfang war das Wort" erhält gerade damit eine
neue Auslegung. Sprachphilosophie wird zum maßgeblichen Bestandteil erkenntnistheoretischer Reflexion, einer verbreiteten
Auffassung gemäß sogar zur "ersten Philosophie".[22] Einen End-
punkt dieser Entwicklung markiert etwa Wittgenstein mit seiner
Feststellung, alle Philosophie sei Sprachkritik. Die Betrachtung
der Sprache unter genetischem Aspekt, die Erörterung ihrer
"Wahrheit" durch ihre Rückführung auf einen letzten "Grund",
wird schon bei Hamann preisgegeben, und die modernere Sprachphilosophie schließt hier an. Sprache erscheint als unbegründbar -
sie muß immer schon da sein, wenn gesprochen und gedacht werden soll. Humboldt hat dies betont:

---

[21] Helmut Heißenbüttel: Über Literatur. München 1970. S. 86.
[22] Karl-Otto Apel: Art. "Sprache". In: Handbuch philosophischer Grundbegriffe. Hg. v. Hermann Krings, Hans Michael Baumgartner u. Christoph
Wild. München 1974. Bd. 5. S. 1385.

"Damit der Mensch nur ein einziges Wort wahrhaft, nicht als bloßen sinnlichen Ausdruck, sondern als artikulierten, einen Begriff bezeichnenden Laut verstehe, muß schon die Sprache ganz und im Zusammenhange vor ihm liegen. (...) So natürlich die Annahme allmählicher Ausbildung der Sprache ist, so konnte die Erfindung nur mit einem Schlage geschehen. Der Mensch ist nur Mensch durch Sprache; um aber die Sprache zu erfinden, mußte er schon Mensch sein. So wie man wähnt, daß dies allmählich und stufenweise (...) geschehen; durch einen Theil mehr erfundener Sprache der Mensch mehr Mensch werden, und durch diese Steigerung wieder mehr Sprache erfinden könne, verkennt man die Untrennbarkeit des menschlichen Bewußtseins und der menschlichen Sprache, und die Natur der Verstandeshandlung, welche zum Begreifen eines einzigen Wortes erfordert wird, aber hernach hinreicht, die ganze Sprache zu fassen."[23]

Deutlich wird hier vor allem eines: Sprachlichkeit gehört zum Wesen des Menschen. Und es hängt von der Sprache ab, ob und in welchem Maße sich dieser in der Welt orientiert.

Die "Wirklichkeit" als sprachgebundene Fiktion: Nietzsche und die Folgen

Für Friedrich Nietzsche (1844 - 1900) ist die Differenz zwischen Wahrheit und Lüge kein absoluter Kontrast, sondern selbst etwas Fiktives.[24] Daß sich der Blick auf Sprache damit verschiebt, leuchtet ein: Es geht nicht mehr an, nach der Richtigkeit von Ausdrücken, der Wahrhaftigkeit sprachlicher Äußerungen zu fragen; man kann Sprache nur noch genetisch und funktional betrachten. Warum haben die Menschen die Sprache nötig? Wie kommt es zur Entstehung der Wörter? Jedes Wort ist für Nietzsche bloß die "Abbildung eines Nervenreizes in Lauten" und steht in keinem Zusammenhang zu den "ursprünglichen Wesenheiten", die es angeblich bezeichnet (N III 312f.). Fiktional im Sinne von trügerisch ist vor allem die Beziehung zwischen Wort und Ding, an welche man

---

[23] Die sprachphilosophischen Werke Wilhelm's von Humboldt. Hg. u. erklärt v. Heymann Steinthal. Berlin 1884. S. 51.
[24] Vgl. zum folgenden: Friedrich Nietzsche: Über Wahrheit und Lüge im außermoralischen Sinne (1873). Zitiert nach der Ausgabe: Friedrich Nietzsche: Werke. Hg. v. Karl Schlechta. München, 6. Aufl. 1969. Bd. III.

gemeinhin glaubt. Tatsächlich ist es unmöglich, sich irgendwelcher "Dinge" zu vergewissern. Auch das Wahrnehmungsvermögen des Menschen "lügt" hier, "macht" sich buchstäblich etwas "vor". Nietzsche betrachtet es als illegitim, von einem Nervenreiz auf eine Ursache "außer uns", also außerhalb des wahrnehmenden Subjekts selbst, zu schließen. Und dabei suggeriert die Sprache doch gerade, daß es solche feststellbaren Ursachen gebe und daß diese mit den Wörtern zum Ausdruck kämen. Sprache spiegelt die Existenz von "Wesenheiten" vor, wie sie dem wahrnehmenden, dem empfindenden Subjekt jedoch keineswegs faßlich und keineswegs als gegeben voraussetzbar sind: Mit der Beurteilung eines Steins als "hart" wird die Existenz von so etwas wie "Härte" suggeriert, das Wort "Blatt" läßt an eine gemeinsame substanzielle Eigenschaft aller möglichen "Blätter" glauben, obwohl diese doch durchaus verschieden sind. (Nietzsche steht gerade mit diesen Überlegungen in nominalistischer Tradition.) Eine sprachlich erzeugte Illusion wie das "Ding" ist auch jegliche "Eigenschaft", welche durch Adjektive den "Dingen" beigelegt wird. In derlei Adjektiven - etwa dem Wort "hart" - drücken sich "subjektive Reizungen" aus, aber nichts, was den Dingen selbst wesentlich wäre.

Sprache hat also insgesamt diverse Funktionen: Erstens dient sie der fiktiven Behauptung, es existierten feststellbare und benennbare "Dinge". Zweitens erfindet der Sprachbenutzer "Eigenschaften", die er diesen Dingen zuordnet. Drittens dienen Wörter der Einteilung und Klassifizierung jener vorgeblichen "Dinge". Und viertens gehört zu den folgenreichsten sprachbedingten Suggestionen der Anthropomorphismus: Die Dinge werden betrachtet, als seien sie den Sprachbenutzern ähnlich. Die Sprachen - es gibt deren viele, was allein schon als Indiz gegen ihre "Wahrheit" zu werten ist - erzeugen jeweils eine "Ordnung" der Dinge, innerhalb welcher diese dann ausgelegt und gedeutet werden. Aber all diese Ordnungen sind nicht absolut, sondern relativ. Sie korrespondieren nicht irgendeinem Wesen der Dinge, sondern nur dem Intellekt und seinen Bedürfnissen.

Insgesamt ist Nietzsches Einstellung zur Sprache ambivalent: Einerseits lügt der Sprachbenutzer zwar mit jedem Wort, das allein schon durch seinen Gebrauch die Existenz eines imaginären Signifikats vorspiegelt; andererseits bedarf es solcher Vorspiegelungen aus praktischen Gründen, und der Mensch ist angewiesen darauf, sich das Chaos der Wirklichkeit so zurechtzulegen, daß er in ihm agieren und es seinen Bedürfnissen gemäß einrichten kann. Dazu ist die Sprache ein unverzichtbares Hilfsmittel. Aus der sprachlich zurechtgemachten Welt blickt den Menschen ihr eigenes Spiegelbild entgegen. Auf ihre "Bedürfnisse" gehen vor allem die Anthropomorphismen zurück, welche die Sprache allenthalben prägen. Die Sprache macht die "Dinge" um der leichteren Faßlichkeit willen dem Menschen gleich, etwa durch Einteilung nach Geschlechtern. Die sprachliche Projektion menschlicher Eigenschaften auf die Dinge ist - als Angleichung der Erfahrungsinhalte ans eigene Wesen des "Erkennenden" - ein Prozeß der Besitzergreifung. Indem sich der Mensch durch die Art und Weise seiner Bezeichnung zum "Maß aller Dinge" macht, sorgt er dafür, daß es in "seiner" Welt nur Dinge gibt, die er begreifen und beherrschen kann. Daß er sich dieses Verfahrens nicht bewußt wird und auch seine Sprache nicht als Vehikel der "Assimilation" durchschaut, ist Ausdruck seiner Beschränktheit, aber auch seiner Vitalität. "(...) der Wille zur Gleichheit ist der Wille zur Macht (...)".[25]

Alle sprachlichen Abgrenzungen zwischen den Dingen durch differenzierende Benennungen sind ontologisch betrachtet willkürlich, alle damit implizierten Wertungen beliebig. Jenes Gleichsetzen von "Nichtgleichem" im Prozeß der Begriffsbildung ist einerseits ein Selbstbetrug der Sprecher; das Unbestimmbare, das die Nervenreize auslöst, bleibt unbestimmbar, und an seiner Stelle besitzt das Ich nur ein "bewegliches Heer von Metaphern, Metonymien, Anthropomorphismen" (N III 314), die ihm von der Sprache als "Wesenheiten" untergeschoben werden. Andererseits manifestiert sich aber gerade im Sprachbildungsprozeß das Vermögen des Menschen, sich seine Welt zurechtzumachen - sie seinen Vorstellungen anzugleichen. Was bei Nietzsche als Betrugsmanöver reflektiert wird, könnte man ebensowohl als kreative Leistung würdigen. Wie der sprachlich etablierte Fundus von Begriffen ist auch die durch Begriffe geschaffene "Wirklichkeit" letztlich ein künstliches Konstrukt. Die Sprachbenutzer haben dies nur vergessen. Übrigens ist der Glaube an die Sprache für Nietzsche deckungsgleich mit dem - illusorischen - Glauben an "Vernunft" und

---

[25] Friedrich Nietzsche: Werke. Hg. v. Karl Schlechta. Bd. III. S. 500. (Aus dem Nachlaß der Achtziger Jahre)

"Logik". Denn die Vernunft operiert ausschließlich mit sprachlichen Konstrukten - mit Allgemeinbegriffen und Abstrakta.

Daß Nietzsches sprachkritische Reflexionen bei aller Radikalität doch keinen völligen Neuansatz darstellen, liegt auf der Hand: Er steht nicht nur in einer Linie mit jenen Theoretikern, welche die "transzendentale" - also die die Wirklichkeit und deren Erkenntnis begründende - Funktion von Sprache schon deutlich erfaßt hatten, sondern auch mit den zahlreichen Sprachskeptikern, welche seit der Antike immer wieder auf die unüberwindbare Distanz zwischen den Wörtern und dem (wie auch immer verstandenen) "Wirklichen" hingewiesen hatten. Mit seiner Kritik an der Begriffsbildung als Gleichsetzung von Verschiedenem und als Suggestion einer allgemeinen Qualität dieser verschiedenen Dinge bezieht Nietzsche eine späte und radikale nominalistische Position.

Gegenüber der transzendentalen Sprachreflexion der Humboldt-Linie markiert Nietzsches Denken insofern einen Wendepunkt, als bei ihm der Akzent auf der Künstlichkeit und Falschheit der Sprache liegt. Der Mensch stelle, so wird an anderer Stelle ausgeführt, mittels der Sprache förmlich eine zweite Welt neben die wirkliche - keine vermittelnde "Zwischenwelt" wie bei Humboldt, sondern eher eine Gegen-Welt. Nietzsches einschlägige kritische Reflexion hatte schon mit den späten 70er Jahren des letzten Jahrhunderts eingesetzt. In einem der ersten Aphorismen aus der Schrift "Menschliches, Allzumenschliches" (zuerst erschienen 1878) denunzierte er damals die Sprache als "vermeintliche Wissenschaft".

> "Die Bedeutung der Sprache für die Entwicklung einer Kultur liegt darin, daß in ihr der Mensch eine eigne Welt neben die andere stellte, einen Ort, welchen er für so fest hielt, um von ihm aus die übrige Welt aus den Angeln zu heben und sich zum Herren derselben zu machen. Insofern der Mensch an die Begriffe und Namen der Dinge als an aeternae veritates [ewige Wahrheiten] durch lange Zeitstrecken hindurch geglaubt hat, hat er sich jenen Stolz angeeignet, mit dem er sich über das Tier erhob: er meinte wirklich in der Sprache die Erkenntnis der Welt zu haben. Der Sprachbildner war nicht so bescheiden zu glauben, daß er den Dingen eben nur Bezeichnungen gebe, er drückte vielmehr, wie er wähnte, das höchste Wesen über die Dinge mit den Worten aus. (...) Sehr nachträglich (...) dämmert es den Menschen auf, daß sie einen ungeheuren Irrtum in ihrem Glauben an die Sprache propagiert haben."[26]

---

[26] Friedrich Nietzsche: Werke. Hg. v. Karl Schlechta. Bd. I. S. 453.

Gerade das Bewußtsein, mittels sprachlicher Strukturen die Welt, dieses ursprüngliche Chaos der Erfahrungsdaten, überhaupt erst zu ordnen, kann den tiefen Zweifel an der Gültigkeit solcher Ordnung provozieren. Die sprachbedingte "Wirklichkeit" ist relativ und außerdem instabil: Sie wandelt sich ja mit jeder neuen Auslegung. Übrigens bestreitet Nietzsche, daß sich alles Erlebte von der Sprache vereinnahmen und ihrer Ordnung unterwerfen läßt. Die "eigentlichen Erlebnisse" sind für ihn dem sprachlichen Zugriff entzogen. Diese Überzeugung verhält sich stimmig zu weitaus älteren Auffassungen von der "Unsagbarkeit" des menschlichen Inneren und variiert die schon lange zum Topos geronnene These, gerade das Eigentliche und Wichtigste im menschlichen Erleben sei verbal nicht mitteilbar. Unsagbarkeitstopoi haben in der Dichtung seit der Antike eine wichtige Rolle gespielt, und es mag nicht zuletzt an Nietzsche liegen, daß es dabei auch in der literarischen Moderne bleibt. Was sich sagen läßt, so scheint es, ist schon nicht mehr das authentische Erlebnis selbst; gewandter oder gar redseliger Umgang mit dem Wort gilt förmlich als Indiz der Verfälschung von Innerem und der Täuschung des Hörers - oder der Trivialität des Mitgeteilten.

Nietzsches Sprachreflexion sollte gleichwohl nicht als einseitigkritisch verstanden werden. Immerhin wird die produktive Leistung des Sprachbildners, der damit zugleich "Welt"-Bildner ist, betont. Und mehr noch: Die Schöpfung von "Metaphern" für Bilder und Nervenreize erscheint ihm als ein künstlerischer Prozeß, der Sprachbildner als ein "künstlerisch schaffendes Subjekt", das sich dessen allerdings selbst nicht bewußt ist - spätestens dann nicht mehr, wenn es an Begriffe zu glauben beginnt und die Metaphorizität seiner Sprachschöpfungen vergißt. Man könnte die Menschheit im Sinne Nietzsches wohl mit einem Architekten vergleichen, der bewundernswürdige Bauten zustandebringt - um sich dann selbst in ihnen gefangenzusetzen. Die Neigung zur "Metaphernbildung" wird als "Trieb", also als vitaler und grundlegender Impuls charakterisiert - so wie für Nietzsche künstlerische Schöpfungen eben nicht auf bewußtes Wollen zurückführbar sind.

Die Beziehung des Menschen zu seiner Umwelt ist für Nietzsche "ein ästhetisches Verhalten", und er beschreibt die sprachliche Reaktion auf diese Umwelt mit einem Vergleich aus der ästhetisch-literarischen Sphäre als "eine nachstammelnde Übersetzung in eine ganz fremde Sprache". Gliedert sich der Prozeß der Sprach-bildung und Wortverwendung in eine metaphernschöpferische und eine begriffsgläubige Phase, so ist die erste die eigentlich künstle-rische, während nach Errichtung des Begriffsgebäudes die leben-dige Kreativität geknebelt wird. Gegen die Welt der Begriffe als die "Begräbnisstätte der Anschauungen" begehren allerdings im-mer wieder Impulse auf, die sich nicht dem Regiment der Ab-straktion unterwerfen wollen; ihre Zeugnisse sind der Mythos und die Kunst. Auch die sprachschöpferischen Impulse sind nie gänz-lich zu ersticken. Einen endgültigen Abschluß findet die Produk-tivität des Sprachbildners also nie, oder anders gesagt: Die Spra-che bleibt zumindest als Medium für Mythos und Kunst in Bewe-gung, sie bleibt "lebendig" und begehrt dabei gegen eben jene Be-griffsbauten auf, welche mit ihren eigenen Mitteln errichtet wur-den.

Auffällig ambivalent erscheint Nietzsches Einschätzung von Täuschung und Illusion - je nachdem, ob es sich um den Selbstbe-trug des "Wahrheits"-Suchers oder die Freude des kreativen Men-schen am Spiel der Bilder und Metaphern handelt. Gegen die Do-minanzansprüche der *einen* Illusion möchte Nietzsche ein Spiel der Illusionen setzen, gegen die Arroganz der *einen* Scheinwelt ei-ne Pluralität der Scheinwelten. Dadurch würden die Dinge nicht "wahrer", aber die Gefahr einer Vereinnahmung des Menschen von einer *einzigen* Chimäre, die des Hereinfallens auf *einen* Betrug, wäre immerhin entschärft. Kunst und Dichtung sind dadurch ge-rechtfertigt, daß sie das Spiel der Illusionen in Gang erhalten, daß sie Trugbilder durch neue Trugbilder ablösen und dem Wahn einer "absoluten" Erkenntnis so mittelbar entgegenwirken.

Literatur und Sprachreflexion

Sprachreflexion darf insbesondere als ein Haupt-Motiv literari-schen Schreibens gelten. Fast selbstverständlich erscheinen uns heute die Gleichsetzung von Literatur mit Sprach-Kunst sowie die Deutung des literarischen Prozesses als sprachliches Geschehen. Eine Episode um den impressionistischen Maler Edgar Degas und den mit ihm befreundeten Dichter Stéphane Mallarmé illustriert diese - nicht jedermann einsichtige, für Mallarmé allerdings ent-

scheidende - Gleichsetzung von "Dichtung" und "Arbeit mit Wörtern": Degas hätte neben seinen Bildern gern auch ein dichteri-
sches Werk geschaffen, quälte sich aber mit den Versen, die er
dichtete, ab und empfand sein wortkünstlerisches Unternehmen als
gescheitert. Gegenüber Mallarmé beklagte er sich einmal über die
Unbegreiflichkeit solchen Scheiterns: "Ich kann mir nicht erklären,
warum es mir nicht gelingt, mit meinem kleinen Gedicht fertig zu
werden, denn schließlich bin ich voll von Ideen." Mallarmé soll
ihm geantwortet haben: "Aber Degas, nicht aus Ideen macht man
Verse, sondern aus Wörtern." Und Paul Valéry, der uns die Episode überliefert hat, kommentiert letztere Auskunft mit den Worten,
in ihr liege "eine gewaltige Lehre".[27] Gemeint ist die Lehre vom
Wort als *dem* Medium poetischer Arbeit. Man muß es nicht so
radikal sehen wie Mallarmé und Valéry, aber generell darf gesagt
werden: Implizit besitzt moderne Poetik stets eine sprachreflektorische Dimension - oft auch explizit. Oft wird dabei an philosophische, aber auch an theologische und magisch-mystische Gedankenmotive angeknüpft.

Wie schon die Mystiker, so entwickeln zumal die Dichter und
Schriftsteller immer wieder ein Sensorium für die Grenzen der
Sprache, für ein Unsagbares und Unerkennbares, das oft inmitten
des Begreiflichen ahnbar wird. Je entschiedener das Sagbare mit
dem Begreiflichen, dem verstandesmäßig Faßbaren gleichgesetzt
wird, desto größer erscheint die Herausforderung durch das, was
jenseits der Sprache liegt - oder sich dort doch zumindest abzu-
zeichnen scheint. Immerhin ist das Begreifbare auch das zumindest virtuell Beherrschbare, und die Idee von der sprachlichen
Konstitution der Welt durch das sprachfähige menschliche Subjekt
schließt das Vertrauen darauf ein, das solchermaßen selbst "Pro-
duzierte" liege auch intellektuell und praktisch in der Gewalt seines Produzenten. Nicht alles freilich läßt sich begründen und beherrschen, und je pointierter das handelnde sprachliche Subjekt
seine Ansprüche auf Begründung und Beherrschung der Welt an-
meldet, desto schmerzlicher wird es sich an den Grenzen des Be-
greifbaren stoßen, welche als die Grenzen seiner Sprache zu gelten
haben.

---

[27] Zitate aus: Paul Valéry: Werke. Frankfurter Ausgabe. Bd. 3: Zur Literatur. Hg. v. Jürgen Schmidt-Radefeldt. Frankfurt/M. 1989. S. 438.

"Der Mensch hat den Trieb, gegen die Grenzen der Sprache anzurennen. Denken Sie z.B. an das Erstaunen, daß etwas existiert. Das Erstaunen kann nicht in Form einer Frage ausgedrückt werden, und es gibt auch keine Antwort. Alles, was wir sagen mögen, kann a priori nur Unsinn sein. Trotzdem rennen wir gegen die Grenze der Sprache an." (Ludwig Wittgenstein)[28]

Die Erfahrung der Versagens und Scheiterns von Sprache kann im Extremfall in die Aufforderung einmünden, das Unsägliche lieber zu verschweigen als es zu zerreden. An die Dichter gerichtet, deren Metier doch das Sprechen und Schreiben ist, grenzt eine solche Aufforderung allerdings ans Paradoxe.

"Das Letzte, das Letzte geben die Worte nicht her.
    Hingehen sollen die heroisch verstummten einsamen Dichter und lernen, wie man einen Schuh macht, einen Fisch fängt und ein Dach dichtet, denn ihr ganzes Getu ist Geschwätz, qualvoll, blutig, verzweifelt, ist Geschwätz (...) vor den wahren Vokabeln der Welt. Denn wer unter uns, wer denn, ach, wer weiß einen Reim auf das Röcheln einer zerschossenen Lunge, einen Reim auf das Hinrichtungsgeschrei, wer kennt das Versmaß, das rhythmische, für eine Vergewaltigung, wer weiß ein Versmaß für das Gebell der Maschinengewehre, eine Vokabel für den frisch verstummten Schrei eines toten Pferdeauges, in dem sich kein Himmel mehr spiegelt und nicht mal die brennenden Dörfer, welche Druckerei hat ein Zeichen für das Rostrot der Güterwagen, dieses Weltbrandrot, dieses angetrocknete blutigverkrustete Rot auf weißer menschlicher Haut? Geht nach Haus, Dichter, geht in eure Wälder, fangt Fische, schlagt Holz und tut eure heroische Tat: Verschweigt!" (Wolfgang Borchert)[29]

Gerade mit Blick auf die literarisch-poetische Auseinandersetzung mit Sprache gilt, daß die Überzeugung von deren fundamentaler Bedeutung für den Prozeß menschlicher Erfahrung, Mitteilung und Selbsterkundung nicht notwendig sprachoptimistisch gefärbt ist, also nicht zwingend eine Hochachtung der gegebenen oder auch nur irgendeiner erdenklichen Sprache einschließt - oder doch einschließen kann. Sprache gibt dem Denken eine Ordnung vor. Dies

---

[28] Wittgenstein und der Wiener Kreis. Frankfurt/M. 1984. S. 68f.
[29] Zitiert nach: Karlheinz Daniels (Hg.): Über Sprache. Erfahrungen und Erkenntnisse deutscher Dichter und Schriftsteller des 20. Jahrhunderts. Bremen 1966. S. 596.

bedeutet aber auch, daß sie es in ihre Grenzen einschließt. Und wenn sie die Grundlage für die menschliche Interpretation aller Erfahrungsinhalte darstellt, so ist dies auch in dem Sinne verstehbar, daß sie dem Subjekt ihre Deutungen aufzwingt und andere eigensinnig ausschließt. Sprache kann auf Wege führen, deren Nicht-Notwendigkeit der Sprechende womöglich nicht einmal durchschaut. Für Wittgenstein ist die Philosophie daher "ein Kampf gegen die Verhexung unsres Verstandes durch die Mittel der Sprache" (Philos. Unters. Nr. 109).

Literatur und Dichtung sind von solcher "Verhexung" zutiefst betroffen. Zum einen bauen sie selbst auf das suggestive Potential der Wörter, zum anderen stellen sie dort, wo ihr Sprechen vom Alltäglichen und Konventionellen abweicht, immer auch Versuche dar, sich den Suggestionen des geläufigen Sprachgebrauchs zu entwinden und diese zu entlarven.

Ein anderer wichtiger Verbindungspunkt zwischen sprachphilosophischer und dichtungstheoretischer Reflexion ist die Erörterung von sprachlichen Äußerungen über das, was *nicht wirklich ist*. Bezieht sich "wahre" Rede, einem scheinbar selbstverständlichen Übereinkommen zufolge, auf "Wirkliches" - in dem Sinne, daß sie mitteilt, was und wie das von ihr Besprochene ist -, so steht ihr doch die "unwahre" Rede als beunruhigendes Gegenstück, wenn nicht gar als Konkurrentin gegenüber. Die Lüge schafft eine fiktive Wirklichkeit - und seit Platon haben sich gerade die Dichter mit dem Vorwurf auseinandersetzen müssen, sie lögen. Nun ist das "Fiktive" nicht einfach "nichts"; durch den sprachlichen Akt wird hier vielmehr förmlich etwas "aus nichts" geschaffen. Es klingt widersinnig: aber für den, der sich der Sprache bedient, um etwas Nichtwirkliches zu benennen, "gibt" es dieses Nichtwirkliche - nämlich als Gegenstand sprachlicher Darstellung und Evokation.

> "(...) jede Lüge und Täuschung setzt doch etwas in die Welt, dem man sich nicht mehr entziehen kann. Was gesagt worden ist, ist plötzlich da. Es ist zu einem Thema erklärt worden, das jetzt zur Welt (des Gesprächs) gehört und unsere Aufmerksamkeit fordert. Es ist zu einem Etwas geworden, mit dem man zu rechnen hat. Es ist."[30]

---

[30] Geier: Das Sprachspiel. S. 70.

Wie verhält sich nun das Sprechen des Dichters zu dem des bloßen Lügners einerseits, zu dem des gegenstandsorientierten Naturwissenschaftlers oder Historikers andererseits? Wie verhalten sich seine "Gegenstände", die man üblicherweise durch den Begriff der Fiktionalität charakterisiert, zu den "wirklichen" Gegenständen der Erfahrung, wenn für beide doch die Sprache selbst eine unerläßliche Möglichkeitsbedingung darstellt?

Die Literatur des 20. Jahrhunderts bezeugt insgesamt eine Intensivierung des Bewußtseins von der Problematik der Sprache. Und dies auf mehreren Ebenen, nämlich sowohl auf der inhaltlichen (also durch ausdrückliche Thematisierung von Wort und Sprache) als auch durch ihre Sprechweisen selbst: Moderne Dichtung, vor allem Lyrik, erscheint oft "unverständlich", "hermetisch", "rätselhaft", und sie erweckt beim irritierten Leser den Eindruck, mit Sprache könne gar nicht mehr "selbstverständlich" umgegangen werden. Hinter solcher Verrätselung des Sprechens steckt eine Verstörung tieferer Art. Darin, daß Sprache, diese wichtigste Vermittlerin zwischen erkennendem Subjekt und gegenständlicher Welt, nicht mehr selbstverständlich ist, spiegelt sich die Nichtselbstverständlichkeit des menschlichen Weltbezugs in der Moderne. Die Beziehung zwischen Ich und Wirklichkeit ist fragwürdiger und labiler denn je. Der einstige Glaube an eine göttliche Seinsordnung erscheint anachronistisch, und die Welt bildet kein verläßliches Gefüge mehr. Sie droht gleichsam auseinanderzufallen: in eine unüberschaubare, disparate Fülle einzelner Erfahrungspartikel und Erfahrungsdaten, welche von keinem auslegenden Begriff mehr umspannt und zu Einheiten zusammengefaßt werden. In der natürlichen und historischen Wirklichkeit spiegelt sich keine universale Vernunft, kein göttlicher Heilsplan mehr, sondern sie erscheint chaotisch und sinnlos, zumindest jedenfalls rätselhaft. Die "zusammenhängende" Welt, das "geschlossene" Universum - sie gehören einer mythischen Zeit an, welche endgültig als fabelhaft durchschaut ist.

"Die Welt zerdacht. Und Raum und Zeiten
und was die Menschheit wob und wog,

Funktion nur von Unendlichkeiten -
die Mythe log."[31]

Jegliches Vertrauen in die Faßbarkeit und Deutbarkeit der Welt als
Ganzes ist hinfällig geworden; es gibt kein stimmiges Verhältnis
zwischen dem menschlichen Intellekt, dessen Gegenständen und
deren - einst geglaubtem - transzendenten "Grund" mehr. Sprache
spiegelt die Reaktion darauf. In der beweglichen und chaotisch
wirkenden Vielfalt von Welt- und Erfahrungspartikeln schaffen
sich die erkennenden Subjekte wie zur eigenen Notwehr gegenüber
dem schlechthin Unverständlichen vorübergehende Einheiten und
Zusammenhänge. Die Sprache hilft ihnen dabei, ist vielleicht ihr
wichtigstes Mittel bei der Synthetisierung einer an sich partikulä-
ren Wirklichkeit zu Ganzheiten. Aber jede der so geschaffenen
Einheiten, jeder künstliche Zusammenhang ist labil und gefährdet.

Die Demontage fragwürdiger Selbstverständlichkeiten

Wenn es eine erkennbare, begreifbare, interpretierbare Wirklichkeit nicht einfach "gibt", so muß sie gesetzt werden. So zumindest
scheint es, und so sehen es viele Autoren der Moderne auch. Die
Sprache schaffe, so hatte es Humboldt gesehen, "Weltbilder". Was
für das moderne Bewußtsein davon übrigbleibt, sind gleichsam
"Weltbildchen", und zwar viele und gegensätzliche, welche sich
nicht mehr in ein homogenes Ganzes verwandeln lassen. Wirklichkeit wird durch ihre sprachgebundene Auslegung zwar immer
wieder neu erfunden, aber ihr Konstruktcharakter kann eben nicht
vergessen werden. Jede Unstimmigkeit sowie jede Kollision zwischen konkurrierenden Auslegungen können das Gebäude der aus
Einzelbausteinchen errichteten Wirklichkeit zum Einsturz bringen.
Ganz abgesehen davon gibt es stets auch Erfahrungen, welche sich
der Integration in eine begriffliche Ordnung widersetzen, weil sie
einfach unbegreiflich bleiben. Die sprachliche Erfassung und Auslegung von Wirklichkeit produziert - metaphorisch gesprochen -
Inseln des Verstehbaren im Meer des Unbegreiflichen, aber jeder

---

[31] Gottfried Benn: Gesammelte Werke. Hg. v. Dieter Wellershoff. Wiesbaden 1960. Bd. III. S. 215.

Landgewinn ist bedroht, jede Rettung des Ichs auf solche Inseln vorläufig. Dies betrifft schon die einst so selbstverständlich erscheinende Erkenntnis und Benennung von Tatsachen - von dem, was "der Fall ist" (Wittgenstein). Als noch fragwürdiger muß es im Bereich des Ethischen gelten, ob überhaupt sinnvolle Aussagen möglich sind. Ist Sprechen nicht ein Manöver der Selbsttäuschung und des Betrugs? Wie sagbar ist das Sagbare?

Moderne Literatur gibt dem skizzierten Problembewußtsein Ausdruck: der Nicht-Selbstverständlichkeit (der "Künstlichkeit") des Wirklichen bzw. dessen, was einem Sprecher oder einer Sprechergemeinschaft als wirklich erscheint, sowie insbesondere der Nicht-Selbstverständlichkeit von Sprache und ihrem Gebrauch. Und nicht zuletzt auch der Nicht-Selbstverständlichkeit der erkennenden Instanz selbst: auch das "Ich" als zunächst scheinbar fragloses Subjekt wird in Frage gestellt, ja als gleichfalls künstliches Konstrukt entlarvt.

Dichtung weist gerade angesichts des Bedürfnisses, jene Künstlichkeit und Fragilität des "Wirklichen" und des eigenen Ichs zu vergessen, auf die Bruchstellen in allen einschlägigen Konstruktionen hin. Dies geschieht nicht zuletzt dadurch, daß sie mit ihren sprachlichen Gebilden selbst keine geschlossenen Zusammenhänge vorstellt, sondern jeweils Partikuläres, daß sie Fragmente von "Welt" und "Ich" zur sprachlichen Erscheinung bringt und deren Vereinzelung noch unterstreicht. Wo der Alltagsgebrauch der Wörter über Brüche und Unstimmigkeiten der Weltbilder sowie über Abgründe von Unsäglichem hinwegzutäuschen pflegt, akzentuiert Dichtung diese Brüche, läßt das Nicht-Stimmige und Un-Begreifliche in einer irritierenden Weise deutlicher werden. In diesem Sinne ist sie der "Wahrheit" verpflichtet, ist sie Medium einer "Wahrheit": nicht allerdings der illusionären Wahrheit verbindlicher Tatsachen und Behauptungen, sondern der meist schmerzlichen Einsicht in die Nicht-Feststellbarkeit dessen, was "wirklich" ist. Indem sie auf Bruchstellen in den künstlichen Konstrukten aller Welt-Entwürfe aufmerksam macht, gewinnt die poetische Rede ein eigenes und intensiviertes Verhältnis zu den Dingen und Tatsachen. Sie enthüllt, was als Nicht-Stimmiges aus den gängigen Weltdeutungen herausfiel, sie widersetzt sich den beschönigenden Täuschungsmanövern des Alltagslebens und seiner Sprache, ja sie weist andeutend auf das, was auch der wissenschaftlichen Formulierung und Auslegung sich entzieht.

So fragwürdig und hinfällig wie die "Zusammenhänge" der sogenannten "Wirklichkeit" stellen sich in der Moderne die sprachlichen Zusammenhänge dar - was auch nicht wundernimmt, denn jeweils eines spiegelt sich im anderen, und die kohärente Wirklichkeit ist ja letztlich sogar als Produkt sprachlicher Synthesen zu begreifen. Diese nun wollen nicht mehr gelingen. Humboldt bleibt der Ausgangspunkt, nur das Vorzeichen, unter dem seine Einsichten erscheinen, hat sich geändert. Die traditionellen Sprechweisen werden der Vermittlung trügerischer "Weltbilder" bezichtigt, und wer sich auf sprachgegründete "Weltanschauungen" stützt, macht sich selbst etwas vor. Die Sprache scheint ein verhängnisvolles Eigenleben zu führen, einen üblen Eigenwillen zu besitzen: Sie drängt den Sprachbenutzern ihre Vorstellungen auf, wobei diese nicht mehr der Vermittlung zwischen Ich und Welt dienen, sondern das Ich den Dingen entfremden. Welt wird sprachlich nicht enthüllt, sondern verhüllt. Das Wirkliche zu benennen, bedeutet, "es mit Vertrautheit zu bedecken und zu verschleiern, es auf die Stufe dessen zu stellen, was Hegel als 'das Bekannte' bezeichnete: das allzu Bekannte, das unbemerkt bleibt."[32] Sprache selbst ist, so gesehen, ein Gefängnis, ein Welt-Ersatz, ein Gebäude aus Attrappen und Illusionen. Bilder, sprachliche Welt-Bilder, halten den Menschen "gefangen", und er kann nicht aus ihnen "heraus": So wird es noch Wittgenstein in seinen "Philosophischen Untersuchungen" ausdrücken (Nr. 115).

> "Der Dichter erfährt also nachdrücklicher als jeder andere: daß sich im Akt der Bevormundung durch die geschichtlich fixierte Sprachstruktur nicht nur die Sprache ihrer Bestimmung entfremdet hat, sondern daß ineins mit der Sprache auch das Seiende in den Zustand der Selbstentfremdung geraten ist. Daß die Sprache sich selbst fremd geworden ist, bedeutet: daß dort, wo sie vernommen wird, nicht die mit ihr gemeinte Wahrheit vernommen werden kann, sondern ein anderes. Wo aber ein Seiendes nicht mehr als es selbst den Weg in die Sprache findet, sondern nur als ein je anderes, gerät auch das Seiende in die Selbstentfremdung."[33]

---

[32] Jean-Paul Sartre: Situationen. Hamburg 1965. S. 61.
[33] Wolfgang Schemme: Die Sprache zwischen Versagen und Aussagen. In: Wirkendes Wort 19 (1969). S. 119.

Was kann die Dichtung nun, sprachgebunden wie sie ist, mit dem Formel- und Bildreservoir der geläufigen Sprache tun? Ihr bleibt

- *erstens* die explizite Klage über die Falschheit der Wörter und Sätze, verbunden mit gelegentlichem Protest gegen das Eigenleben der Sprache,

- *zweitens* die Bloßstellung der Sprache durch Überzeichnung des scheinbar Selbstverständlichen - dann nimmt die Literatur in ihrer Eigenschaft als Sprach-Kunst einen selbstparodistischen Zug an,

- *drittens* die Verweigerung gegenüber dem "Verständlichen" durch absichtsvolle Rätselhaftigkeit des Ausdrucks, sowie

- *viertens* die Preisgabe, ja Zerstörung sprachlicher Zusammenhänge als Ausdruck des Bewußtseins von deren Künstlichkeit: In einer zersplitterten Rede, einem zu Partikeln zerfallenden Text spiegelt sich die von Zersplitterung bedrohte oder immer schon als zerfallen erfahrene moderne Wirklichkeit.

Gerade mit letzterem Weg ist es auch gut zu vereinbaren, daß sich die Dichtung dem Nicht-Bekannten, dem Rätselhaften und Unbegriffenen öffnen will, denn dieses scheint gleichsam in den Brüchen der zerstörten Zusammenhänge, in den Abgründen der "Textur" auf. (Es kommt, wenn man so will, als Nicht-Dargestelltes zu einer Art "negativer" Darstellung.) Poetische Rede will nicht nützen, nicht informieren, nicht verständigen - sie will alles Feste aufsprengen, selbst um den Preis radikaler Desorientierung. Insofern Sprache von sich her dazu neigt, Zusammenhänge auszubilden, wird sie im Prozeß ihrer Zersplitterung förmlich geopfert. Einzelne Literaturtheoretiker akzentuieren dies mit besonderem Nachdruck:

"Das Durchbrechen und Überschreiten des naiven Bewußtseins und des sicheren Wirklichkeitsgefühls früherer Jahrhunderte hat nicht nur ein schwindelerregendes Existenzgefühl zum oft wiederholten Gegenstand der Literatur gemacht, sondern auch eine dieses begleitende Sprachnot - Skepsis gegenüber der Ausdrucksfähigkeit der überkommenen Sprache, Reflexion über die Diskrepanz zwischen Sprache und Wirklichkeit, Bemühung um eine neue Sprache, die der neuen Wirklichkeit gerecht werden könnte. Der Erschütterung der Sprache liegt der Zerfall des überkommenen und gewohnten Grundmodells unserer Weltinterpretation zugrunde (...). Die Auflösung der imaginären Verbindungslinien zwi-

schen den einzelnen Elementen der Welt, der Zusammenbruch des religiösen und sozialen Ordnungsgefüges, das Fremdwerden der Natur -
solche Erfahrungen spiegeln sich in der Sprache als Zerfall der glatten
zusammenhängenden Diktion wieder [sic]. Auf die Atomisierung der
Welt kann die Sprache nur mit Regression oder Verstummen antworten."[34]

C. A. M. Nobles "nur" ist allerdings eine problematische Verzer-
rung, denn es klingt einseitig-abwertend; immerhin sind Regression und Verstummen erstens kaum die einzig denkbaren Konsequenzen aus der skizzierten Situation, und zweitens könnten sie
beide durchaus als "positive" Ausdrucksmittel gewürdigt werden.

Zu betonen ist, daß das in moderner Dichtung artikulierte Mißtrauen gegenüber vertrauten, geläufigen und unanstößigen Aus-
drucksmitteln nicht nur die Alltagssprache, sondern oft auch die
Sprache der literarischen Tradition trifft. Besonders anschaulich
und modellhaft erfolgt eine Zersplitterung von Sprache im Bereich
der "Konkreten Poesie": Deren Gebilde bestehen oft aus bloßen
Sprachpartikeln, aus Einzelwörtern oder bloßen Buchstaben. Diese
Sprachgebilde (denn das sind sie noch, sonst verdienten sie den
Namen "Poesie" nicht), wollen nichts "aussagen", nicht über etwas
Gegenständliches "informieren". Und doch "bedeuten" sie Wirkliches, denn sie sind - gerade in ihrer Partikularität und Unverständlichkeit - eine Metapher der modernen Realität. Sprachzersplitte-
rung und Sprachzerfall können aber auch bei den wichtigsten Vertretern nicht-konkreter moderner Lyrik beobachtet werden.

Moderne Dichtung wird vielfach zum Demonstrationsfeld be-
schädigter oder zerstörter, sowie versagender und scheiternder
Sprache. Die Rede spiegelt hier keine Ordnung mehr vor; sie läßt
Unordnung offensichtlich werden. Darin besteht, wenn schon nicht
ihre "Wahrheit", so doch ihre "Wahrhaftigkeit". Selbst befremdlich, be-deutet sie dem Leser die Fremdheit der Dinge und der
Welt. Mittelbar läßt sie also das Wirkliche in seiner Unbegreiflichkeit bewußt werden - oft gar in seiner jedem Begreifen wider-
ständigen Absurdität. Die Demontage vertrauter Rede-, Aus-
drucks- und Erfahrungsmuster räumt - und das wäre die positive
Kehrseite des skizzierten Befundes - vielfach auch den Weg frei
für das Neue und bislang Unerhörte.

---

[34] Cecil A. M. Noble: Sprachskepsis. München 1978. S. 9.

In jedem Fall wirkt das poetische Sprechen den Geltungsansprüchen fester Begriffsarchitekturen entgegen. An ihren eigenen Grenzen angekommen, beschädigt und bloßgestellt, bringt Sprache die Dinge - vielleicht, hoffentlich - in Bewegung. Es ist nicht unüblich, die moderne Dichtung als Ausdruck einer Sprach-"Krise" zu interpretieren, wie auch immer die Motive solcher Krise sich im einzelnen darstellen mögen. Zu bedenken ist dabei, daß Krisen Übergangszustände und als solche ambivalent sind: Sie implizieren die Abkehr von falschen Selbstverständlichkeiten, die Preisgabe scheinbar solider Voraussetzungen. Aber sie sind auch Bedingung dafür, daß sich etwas ändert. "Krise" ist der Moment, da differenziert, etwas zerschnitten, eine Entscheidung getroffen wird - der Moment, da etwas auf dem Spiel steht und eine Richtung zu wählen ist.[35]

Die folgenden Studien verstehen sich als Beiträge zur Beleuchtung einer in diesem Sinne verstandenen "Krise" der Sprache - einer Krise, von der im übrigen gefragt werden mag, ob sie wirklich so "neu" ist.[36] Was die dabei untersuchten Autoren verbindet, ist nicht allein die Konzentration ihres Interesses auf Sprache, sondern eine Strategie der Reflexion, welche man schlagwortartig als "Rand-Gang" charakterisieren könnte: Sprache wird gleichsam von ihren Rändern her in den Blick gerückt, und dies in mehrerlei Hinsicht. Wichtig werden diverse Grenzen: die zwischen Sprache und Nicht-Sprache - die zwischen Sprache und Schweigen - die zwischen einer nach "Ursprünglichkeit" und "Authentizität" suchenden und einer alltäglichen, deformierten Sprache - die zwischen "Sinn" und "Unsinn" (wiewohl sich gerade diese Grenze im Zuge des entsprechenden poetischen Prozesses als fragwürdig erweisen mag), ferner die Grenzen zwischen den Einzelsprachen sowie die Grenzen zwischen der Sprache und den ihr benachbarten Medien Bild und Klang. Auf einer anderen Ebene sind es wiederum "Grenzen", um welche es in den untersuchten Dokumenten poetischer Reflexion geht (und die im Zuge des entsprechenden

---

[35] *Krisis:* "1. Scheidung, Zwiespalt, Streit (...). 2. (Aus)wahl. 3. Entscheidung (...)." (Soweit die Auskunft des griechisch-deutschen Schul- und Handwörterbuchs von Wilhelm Gemoll. München/Wien 1965. S. 453)
[36] Die Kontinuität zwischen Spielformen älterer Literatur und den Experimenten der sogenannten "Moderne" betont u.a. Karl Riha: Prämoderne, Moderne, Postmoderne. Frankfurt/M. 1995.

Grenzgangs dann in ihrer Existenz oder Verbindlichkeit in Frage gestellt werden mögen): die zwischen dem "Funktionieren" und dem "Nichtfunktionieren" von Kommunikation etwa, zwischen Gelingen und Scheitern nicht zuletzt des literarisch-poetischen Prozesses selbst. Etwas von den Rändern her zu betrachten und zu thematisieren, kann ein Notbehelf sein, wenn man das "Zentrum" nicht findet oder wo einem der Zugang zu diesem verschlossen bleibt. (Entsprechendes gilt etwa für denjenigen, der sich von der Außenseite eines unübersteigbaren Zaunes aus ein notdürftiges Bild von einem unzugänglichen Gelände innerhalb der Einzäunung machen muß, oder von demjenigen, der durch ein Fenster in ein Haus schauen muß, weil er durch keine Tür eintreten kann oder darf). Ein solcher Blick von den Rändern her kann aber auch eine besonders fruchtbare und ergiebige Taktik sein, weil an den Rändern eines "Geländes" oder "Gegenstandes" (wie stets kann man über die Sprache hier nicht anders als in Gleichnissen reden) ja dessen Gestalt erfaßt werden kann - weil sich das Gelände, der Gegenstand, hier "konturiert", aus-differenziert, zu "Etwas" wird.

Poetische Gänge an die Ränder der Sprache (und der Sprachen!) dürften auf letzteren Effekt setzen - und sie erzielen ihn denn auch: Indem sie dasjenige mit in den Blick rücken lassen, was nicht mehr *Sprache* ist, was von Sprache nicht mehr *erreichbar* ist oder was eine ganz "*andere*" Sprache ist, beleuchten sie auch das scheinbar vertraute Gelände, die Funktionsweisen der Wörter, auf die wir alle immer setzen und setzen müssen, machen sie die Abgründigkeit und Un-Selbstverständlichkeit des scheinbar Selbstverständlichen - und zugleich, auf höherer Reflexionsstufe, dann doch auch wieder die Notwendigkeit solcher Selbstverständlichkeits-Fiktionen bewußt.

Nicht allein das Interesse an Sprache bildet also eine Klammer um die Autoren, Werke und "Experimente", welche im folgenden behandelt werden, sondern die Affinität zum Abseitigen in seinen vielfältigen und faszinierenden Erscheinungsformen. Das Sich-Einlassen auf dieses Abseitige hat in vielen Fällen den - sei es gewollten, sei es unvorhergesehenen - Neben-Effekt, daß die Differenz zwischen Abseitigem und "Normalem" sich selbst als Produkt unhaltbarer Prämissen erweist, sich relativiert und letztlich auflöst. Wer immer spricht, schreibt, sich auf Sprache bezieht, sich auf Sprache verläßt, steht - je nach Blickwinkel - schon im "Abseits":

und darauf machen ihn diejenigen aufmerksam, die solche Wege absichtsvoll und demonstrativ gehen.

Wenn im folgenden verschiedene Typen eines bewußt und absichtsvoll experimentellen Umgangs mit Sprache vorgestellt werden, so unter der Prämisse, daß sie trotz der Unterschiedlichkeit der jeweiligen Versuchsanordnung etwas Gemeinsames haben: Allesamt ausgehend von jenem Fragwürdigwerden von Sprache, das man als Ursache einer "Sprachkrise" bezeichnen könnte (wenn man denn "Krise" nicht einseitig als etwas Negatives versteht), demonstrieren sie die in und durch Krisensituationen freigesetzten Produktivkräfte. Das Nichtselbstverständlich-Werden des Gewohnten und in seiner Vertrautheit Beruhigenden eröffnet Wege für das Unselbstverständliche, das in seiner Unvertrautheit beunruhigen mag, zugleich aber Horizonte erweitert und Sprache wie Sprecher um neue Möglichkeiten bereichert.

BI- UND MULTILINGUALE DICHTUNG: EXPERIMENTE AN SPRACH-GRENZEN UND IHR POETOLOGISCHER SINN

Glossolalie als poetisches Spiel

1986 erschien als 18. LiteraturMagazin des Rowohlt-Verlages eine Sondernummer mit dem Titel "Glossolalie-Magazin"; den Anlaß der Publikation verrät die hintere Umschlagseite:

> "Dieses Heft erscheint zum Tag der offenen Tür im Turm zu Babel (...). Er ist, wie jeder weiß, das lebendigste von allen Bauwerken der Welt, ein Schnauzwerk und den Maurern eine Maultat. Der Turm, längst abgerissen, lebt weiter in den Herzen und Gemütern der Menschen und ihrem Rededrang. (...)"

Das klingt nach Sympathie für den Babylonischen Turm, der als ein Haus der Dichter beschrieben wird, als eine Art poetischer Spielstube und Polterkammer.[1]

Ursprünglich allerdings verbindet sich mit dem Bild des Turms von Babel die Erinnerung an eine der drei großen Katastrophen, welche das Menschengeschlecht nach alttestamentarischem Bericht ereilten - die Vertreibung aus dem Paradies, die Sintflut und die babylonische Sprachkonfusion. Zwei davon sind mit Sprachkatastrophen verknüpft: Die Vertreibung mit dem Verlust der Pa-

---

[1] "Nahe dem Eingang, wo noch etwas Licht hinkommt, lungern Michel Leiris, André Thomkins und Unica Zürn. Sie reden sich den Mund fusselig, damit sie später anhand der Fäden wieder aus dem Turm heraus finden können. Im Stiegenhaus zanken sich König Salomo und Horace Walpole; beide wollen das Hohelied zuerst erfunden haben. An einem offenen Fenster Robert Kelly, er nimmt russische Wörter in den Mund, heraus kommt aber immer nur sein wirres Amerikanisch, von Schuldt höflich verdeutscht. Pleblos! ruft Mauricio Kagel. Unübersetzbares wird auf beste Babel-Qualität von Felix Philipp Ingold ins Deutsche verdreht (...)." (Umschlagtext zu: Glossolalie-Magazin. Frankfurt/M. 1986. Hg.: Schuldt.)

radiesessprache, die Sprachverwirrung mit einer irreparablen Kommunikationsstörung zwischen den Angehörigen der verschiedenen Sprachräume. Letztere Strafe Gottes trifft die Menschen wegen ihres Machtstrebens, das sich gleichermaßen im politischen Projekt der Gründung eines Reiches und im architektonischen Projekt eines Turms dokumentiert, der bis zum Himmel reichen soll. Um die Realisierung der anmaßenden Pläne zu verhindern, verwirrt der Herr die Rede der Bauenden; seitdem gibt es statt einer Sprache viele Sprachen.[2] Erst seitdem? So ganz sicher ist dies nicht, wenn man das vorangegangene Kapitel des Genesisberichts heranzieht, in dem anläßlich der Nachfahren Noahs von deren verschiedenen Sprachen die Rede ist. War demnach das Ereignis von Babel doch kein solcher Einschnitt in der Menschheitsgeschichte? Interessant ist gerade diese Unstimmigkeit innerhalb des Alten Testamentes deshalb, weil in der Babel-Episode die Entstehung der Sprachenvielheit ausdrücklich als Ergebnis eines göttlichen Strafgerichts erscheint, als ein Unheil also, während die Erzählung über die unterschiedlichen Idiome der Noah-Nachfahren jene Vielfalt nicht bewertete.[3] Nicht um die Ursache der Sprachenviel-

---

[2]   Gen. 11, 1 / 6-9: "Es hatte aber die ganze Erde die gleiche Sprache und die gleichen Worte. (...) Und Jahwe sprach: 'Siehe, sie sind *ein* Volk und sprechen alle *eine* Sprache. (...) Wohlan, wir wollen hinabsteigen und dort ihre Sprache verwirren, so daß keiner mehr die Sprache des anderen versteht!' Da zerstreute Jahwe sie von dort über die ganze Erde, und sie mußten aufhören, die Stadt zu bauen. Darum nennt man sie Babel. Denn dort hat Jahwe die Sprache der ganzen Erde verwirrt, und von dort hat sie Jahwe über die ganze Erde zerstreut."

[3]   Auch Umberto Eco (Die Suche nach der vollkommenen Sprache. München 1994. Im folgenden: Suche) geht auf Gen. 11,1ff. als Schlüsselpassage zur Erklärung der Vielheit der Sprachen ein. Meist übergangen werde, so Eco, Genesis 10, "wo die Zerstreuung der Söhne Noahs nach der Sintflut berichtet wird und es vom Stamme Japhets heißt: 'Das sind die Kinder Japhets in ihren Ländern, ein jedes nach ihren Sprachen, Geschlechtern und Völkern' (10, 5), was dann fast gleichlautend für die Kinder Hams und Sems wiederholt wird (10, 20 und 31). Wie erklärt sich diese Vielzahl von Sprachen vor Babel? Die Frage wird verdrängt, Genesis 11 ist in dramatischer und ikonologischer Hinsicht prägend, wie die Fülle der Darstellungen des Turmbaus zu Babel in den Jahrhunderten zeigt. Dagegen sind die Bezugnahmen auf Genesis 10 fast marginal und jedenfalls von geringerer Theatralik. Kein Wunder, daß sich die Aufmerksamkeit im Verlauf der Tradition auf die Episode der *confusio* konzentriert hat und daß die Viel-

heit allein geht es dem Babel-Bericht und seiner Überlieferungsge-
schichte, sondern zugleich um den katastrophalen Charakter dieses
Ereignisses.[4]

Der Mythos vom babylonischen Desaster hat in der Geschichte
der Reflexion über das Wesen, die Funktionen und die Differenzen
der Sprachen stets eine wichtige Rolle gespielt.[5] Insbesondere eig-
nete er sich dazu, via negationis die Bedeutung gemeinsamen
Sprachbesitzes zu illustrieren: Ohne Kommunikation gibt es keine
Gemeinschaft, auch keine Gemeinschaft in der Arbeit. Babel wird
zur Chiffre der Zersplitterung und der zumindest drohenden Isolation. Das scheinbar Selbstverständliche - mit Seinesgleichen sich
verständigen zu können - zeigt seine Unselbstverständlichkeit, was
zur tiefen Erschütterung der Beziehungen nicht nur zwischen den
nunmehr erst sich ausdifferenzierenden Völkerschaften, sondern
auch zwischen dem Menschen und seiner Lebenswelt führt.

Zu einer partiellen Zurücknahme der Katastrophe von Babel
kommt es durch das in der Apostelgeschichte berichtete Pfingstwunder: Die Jünger Jesu treffen in Jerusalem zusammen und beginnen, öffentlich mit Feuerzungen zum Volk zu sprechen. Ein jeder in der aus Angehörigen verschiedener Völkerschaften zusam-
mengesetzten Menge hört die solcherart Inspirierten in seiner eigenen Sprache reden und versteht den Bericht über die göttlichen
Werke. Die Jünger sprechen also eine Vielheit von Sprachen
gleichzeitig, oder vielmehr: Man hört aus ihrer *einen* Rede viele
Sprachen heraus, so daß im Moment des Pfingstwunders die Babylonische Kommunikationsstörung behoben ist.[6] Die Kompensation

---

zahl der Sprachen als tragische Folge eines göttlichen Fluches empfunden
wurde. Genesis 10 ist, wenn es überhaupt Beachtung fand, lange auf den
Rang einer provinziellen Episode reduziert worden, als gehe es darin nicht
um eine Vervielfachung der Sprachen, sondern bloß um eine Differenzierung von Stammesdialekten." (Eco: Suche. S. 23)

[4] Eco entdeckt einen "Riß im Mythos von Babel": "Wenn die Sprachen
sich nicht aufgrund einer göttlichen Züchtigung differenziert haben, sondern aufgrund ihrer natürlichen Tendenzen, warum ist dann die Verwirrung als ein Unglück zu verstehen?" (Eco: Suche. S. 23)

[5] Vgl. dazu: Arno Borst: Der Turmbau von Babel. Geschichte der Meinungen über Ursprung und Vielfalt der Sprachen und Völker. 4 Bde. Stuttgart 1957-1963.

[6] Apostelgeschichte 2, 3-11: "Und es erschienen ihnen Zungen wie von
Feuer, die sich zerteilten, und es ließ sich auf jeden von ihnen nieder. Und

allerdings bleibt partiell (es ist keineswegs so, daß die Jünger die
vorbabylonische Einheitssprache wiederfänden und ihre Zuhörer
diese mit einemmal verstünden), und sie ist vorübergehend: Nur
für die Dauer der Rede sind Sprecher und ihre vielgestaltige Zuhö-
rerschaft vereint, wenn denn überhaupt von einer echten Vereinigung gesprochen werden kann, wo die einen etwas anderes hören
als die anderen - und wiederum anderes, als die Sprecher auf der
Basis ihrer beschränkten Kompetenz zu sprechen meinen.[7] Statt zu
einem Wunder der Wieder-Vereinigung der Sprachen kommt es -
zumindest in der Version der Apostelgeschichte - zu einer Art
wundersamer Simultanübersetzung.[8] Doch ist der Sachverhalt insgesamt nicht so eindeutig, wie die erwähnte Episode aus der Apostelgeschichte suggeriert; im 1. Korintherbrief des Paulus nämlich
stellt sich das Pfingstwunder als ein Fall von Glossolalie dar, als
plötzliche Bekundung in einer universalen Sprache, und nicht als
"Übersetzungs"-Wunder auf dem Niveau der irdischen Sprachen.
Umberto Eco hat auf die unterschiedlichen Implikationen beider
Lesarten der Pfingstepisode hingewiesen: Handelte es sich um

---

alle wurden mit Heiligem Geist erfüllt und begannen mit anderen Zungen
zu reden, wie der Geist ihnen zu sprechen verlieh. Es waren aber in Jerusalem fromme Männer wohnhaft aus jedem Volk unter dem Himmel. Als
aber dieses Brausen entstand, kam die Menge zusammen und ward be-
stürzt, denn jeder hörte sie in seiner eigenen Sprache reden. Sie gerieten
aber außer sich und staunten und sagten: 'Sind nicht alle diese, die da reden, Galiläer? Wie kommt es, daß wir sie hören, jeder in der eigenen Sprache, in der wir geboren sind? Wir Parther und Meder und Elamiter, wir Be-
wohner von Mesopotamien, von Judäa und Kappadozien, von Pontus und
Asien, von Phrygien und Pamphylien, Ägypten und den Landstrichen Ly-
biens gegen Cyrene hin, wir hier weilenden Römer, wir Juden und Prosely-
ten, Kreter und Araber: wir hören sie in unseren Zungen die Großtaten
Gottes reden.'"
[7] Aleida Assmann kommentiert: "Das momentane, nicht in Dauer zu
überführende Pfingstwunder ist eher der Vor-Schein von Einheit als deren
tatsächliche Realisierung. (...) es gibt keinen Weg zurück zur vorbabyloni-
schen Einheitssprache." (Aleida Assmann: Schriftspekulationen und
Sprachutopien in Antike und früher Neuzeit. In: Eveline Goodman-Thau
u.a. [Hg.]: Kabbala und Romantik. Tübingen 1994. S. 25.)
[8] Assmann spricht vom "Wunder der Synchron-Übersetzung, der Spra-
chentransparenz" und interpretiert den Pfingstwunder-Bericht als "Grün-
dungsmythos der Dolmetscher" (Schriftspekulationen und Sprachutopien in
Antike und früher Neuzeit. S. 26.)

Glossolalie, so wären die Apostel momentan vor die Babylonische Katastrophe zurückversetzt worden; im Fall eines Übersetzungs- wunders wäre stattdessen die Konfusion überwunden, ja als Ver- heißung einer Vereinigung der Völker in ihrer Verschiedenheit be- trachtbar gewesen.[9] Was das Pfingstwunder zu bedeuten hat, muß dann übrigens erst Petrus - nachträglich - erklären, indem er es als Realisation göttlicher Prophezeiungen interpretiert.[10]

Die folgenden Überlegungen zu den Stichworten "Babel" und "Jerusalem" gliedern sich in vier Teile:

In einem *ersten* soll es um die Bedeutung des Doppel-Mythos Babel/Jerusalem und der damit assoziierten Sprachen-Ver- und Entwirrung gehen.

In einem *zweiten* Teil möchte ich Beispiele poetischer Spra- chen-Konfusion vorstellen, und zwar durchaus verschiedenartige.

Drittens möchte ich dann auf einige literarische Texte hinwei- sen, in denen die Verwirrung der Sprachen nicht nur vollzogen, sondern auch ausdrücklich thematisiert wird.

Und *viertens* möchte ich die spezifisch poetologische Bedeu- tung des Experiments mit Sprach-Mischungen skizzieren - oder vielmehr dessen Bedeutungspotential, da man sich gerade hier vor Vereinfachungen und Generalisierungen hüten sollte.

Erstens also:

---

[9] "Welcher Art war die Gabe der Sprachen, die den Aposteln zuteil ge- worden war? Bei Paulus (1. Korinther 14) gewinnt man den Eindruck, es habe sich um die *Glossolalie* gehandelt (also die Gabe des Zungenredens, des Redens in einer ekstatischen Sprache, die alle verstehen, als ob es die eigene wäre). In der Geschichte vom Pfingstwunder (Apostelgeschichte 2) heißt es indes, es sei ein Brausen vom Himmel gekommen, es hätten sich feurige Zungen auf einen jeden von ihnen gesetzt, und sie hätten begonnen, in *anderen* Sprachen zu reden - mithin hätten sie, wenn nicht die Gabe der *Xenoglossie* (also der Vielsprachigkeit), wenigstens eine Art mystischer Si- multanübersetzungsanlage bekommen. Wir scherzen nicht: Der Unter- schied ist beträchtlich. Im ersten Fall wäre den Aposteln die Fähigkeit wie- dergegeben worden, die heilige Sprache der Zeit vor Babel zu sprechen. Im zweiten Fall wäre ihnen die Gnade zuteil geworden, in Babel nicht das Zei- chen einer Niederlage und einer Verletzung zu sehen, die um jeden Preis geheilt werden muß, sondern den Schlüssel zu einem neuen Bund und einer neuen Eintracht." (Eco: Suche. 355)
[10] Apostelgeschichte 2, 14ff.

Babel und Jerusalem

Der Weg zurück von der Vielheit der irdischen zur Einheit einer himmlischen Sprache überfordert unsere Einbildungskraft. Doch auch das Übersetzungswunder erscheint nicht so recht vorstellbar. Der Bericht über die allgemeine Verständlichkeit der Apostelrede suggeriert eine Kongruenz der Sprachen, welche sich in der bruchlosen Übersetzbarkeit von Aussagen von der jeweils einen in die andere Sprache bewährt - eine Vorstellung, die späteren Einsichten der Sprachreflexion in die Eigenart national- und regionalsprachlicher Weltbilder nicht mehr gemäß ist. Daß den inspirierten Jüngern die eigene Rede im Mund zur fremd-sprachigen, um nicht zu sagen: zur fremden Rede wird, wird vom Standpunkt eines Denkens her, das die unaufhebbaren Unterschiede zwischen den Einzelsprachen kennt und in den Vordergrund stellt, eher als bedenklich erscheinen. Der pfingstlich Inspirierte mag zwar den Völkern fremder Zunge verständlich klingen - aber in welchem Maße versteht er, auf der Basis eines avancierteren Konzepts von Sprache und Rede gedacht, sich selbst noch? Seine Rede ist nicht die seine, ist entweder von einer ihm selbst unfaßlichen Universalität, oder aber sie verdreht sich in seinem Mund zur fremdsprachigen Rede.

Es kann natürlich nicht darum gehen, die Erzählungen über Babel und über das Jerusalemer Pfingstwunder als Tatsachenberichte zu lesen; folglich ist die Frage, was denn da "eigentlich" in Jerusalem geschah, kaum richtig gestellt. Es kommt stattdessen darauf an, das metaphorisch-gleichnishafte Potential jener Erzählungen zu erfassen. Wie alle Mythen vieldeutig, reflektieren sie Aspekte und Dimensionen von Sprache, deren Wesen und Gebrauch, ohne wohl bruchlos in eine rationale Erklärung übersetzbar zu sein.

Das, was man metaphorisch die "Unhintergehbarkeit" der Sprache genannt hat, reflektiert sich in Mythen, Geschichten, Gleichnissen, die - wiederum sprachlich verfaßt - zugleich weniger und mehr sind als eine abstrakte Konzeption von Sprache.

Ob nun Glossolalie oder Xenoglossie den kurzen Sieg über die Babylonische Konfusion davontrugen: In jedem Fall steht der Spielraum zwischen Babel und Jerusalem als Chiffre für die Spannung zwischen Nichtverstehen und Verstehen, Vielheit und Einheit, scheiternder und gelingender Kommunikation. Dies motiviert

die vielfältigen auch literarisch-poetischen Rekurse auf die Babylonische Katastrophe und deren vorübergehende Kompensation.

Die Bewertung der Sprachverwirrung als menschheitsge-
schichtliche Katastrophe ist nicht so selbstverständlich, wie es zunächst scheinen könnte.

Bis etwa zum 5., 6. Jahrhundert (bis zur sogenannten "Biblia
Cotton") sind - wie etwa Umberto Eco ausführt - keine Darstellungen des Babylonischen Turmbaus bekannt; es folgen dann im 10.
und im 11. Jh. nur je ein Beispiel. Erst danach setze, so Eco, "eine
Flut von Turmbildern ein", deutbar als Ausdruck einer "ausufern-
de(n) theoretische(n) Spekulation" über das Problem der Sprachenvielfalt.

Erst jetzt werde "die Episode der Sprachverwirrung nicht nur
als Beispiel für einen Akt des Hochmuts gedeutet, der von Gottes
Gerechtigkeit bestraft worden" sei, erst jetzt werde "Babel" zur
Herausforderung: zum "Anfang einer historischen (oder metahi-
storischcn) Verwundung, die irgendwie geheilt werden" müsse.
Dies liege daran, daß sich im Mittelalter die babylonische Katastrophe noch einmal ereigne, über mehrere Jahrhunderte hinweg:
mit dem Entstehen der von der "offiziellen Kultur" zunächst noch
ignorierten und schriftlich erst spät dokumentierten Sprachen der
Laien, der Bauern und Handwerker.[11]

Das Bewußtsein von der Vielheit der gebräuchlichen Sprachen
als Ursache der sozialen, politischen, aber auch intellektuellen und
kulturellen Abgrenzung der Sprecher gegeneinander, ja ihrer Entfremdung voneinander, hat sich seitdem vertieft.

Der polyglotte Elias Canetti sieht aus der Vielfalt der Benennungen der Dinge, der Zersplitterung der Namen, eine Zersplitterung der Welt selbst resultieren:

---

[11] "Von der offiziellen Kultur ignoriert, beginnen struppige Barbaren, Bauern, Handwerker, analphabetische 'Europäer', eine Vielzahl neuer Idiome zu
sprechen, von denen die offizielle Kultur noch nichts zu wissen scheint: Es
entstehen die Sprachen, die wir heute sprechen und deren erste bekannte
Dokumente unglücklicherweise viel später auftauchen, wie die *Serments de
Strasbourg* für das Französische (842) oder die *Carta Capuana* für das
Italienische (960). Angesichts von Texten wie 'Sao ko kelle terre, per kelle
fini ke ki contene, trenta anni le possette parte Sancti Benedicti' oder 'Pro
Deo amur et pro Christian poblo et nostro commun salvament' reflektiert
die europäische Kultur über die *confusio linguarum.*" (Eco: Suche. S. 31.)

"Die Tatsache, daß es *verschiedene* Sprachen gibt, ist die unheimlichste Tatsache der Welt. Sie bedeutet, daß es für dieselben Dinge verschiedene Namen gibt; und man müßte daran zweifeln, daß es dieselben Dinge sind. Hinter aller Sprachwissenschaft verbirgt sich das Bestreben, die Sprachen auf *eine* zurückzuführen. Die Geschichte vom Turm zu Babel ist die Geschichte des zweiten Sündenfalls. Nachdem alle Menschen ihre Unschuld und das ewige Leben verloren hatten, wollten sie kunstvoll bis in den Himmel wachsen. Erst hatten sie vom falschen Baum genossen, jetzt erlernten sie seine Art und Weise und wuchsen stracks hinauf. Dafür wurde ihnen das genommen, was sie nach dem ersten Sündenfall noch behalten hatten: die Einheitlichkeit der Namen. Gottes Tat war die teuflischste, die je begangen wurde. Die Verwirrung der Namen war die Verwirrung seiner eigenen Schöpfung, und es ist nicht einzusehen, wozu er überhaupt noch etwas aus der Sintflut rettete."[12]

Weil es die eine und rechte Sprache nicht gibt, müßte jeder kompensatorisch die verschiedensten Sprachen beherrschen, um wenigstens näherungsweise seinem jeweiligen Gegenstand und Anlaß gerecht werden zu können - so die Überlegung Canettis.

"Die verschiedenen Sprachen, die einer haben müßte: eine für seine Mutter, die er später nie wieder spricht; eine, die er nur liest und nie zu schreiben wagt; eine, in der er betet und von der er kein Wort versteht; eine, in der er rechnet und alles Geldliche gehört ihr; eine, in der er schreibt (aber keine Briefe); eine, in der er reist, in dieser kann er auch seine Briefe schreiben."[13]

Frühere Jahrhunderte betrachteten den Wechsel von Sprache zu Sprache als Selbstverständlichkeit; die Idee, der einzelne Sprecher sei in seiner speziellen Muttersprache beheimatet, hatte sich noch nicht herausgebildet, so daß die Überschreitung der Grenze auf ein anderes sprachliches Territorium nur einer Äußerlichkeit gleichkam.[14] In der Verwendung mehrerer Sprachen durch einen Dichter

---

[12] Elias Canetti: Aufzeichnungen 1942-1948. München 1969. S. 17.
[13] Canetti: Aufzeichnungen 1942-1948. S. 17.
[14] Vgl. Leonard Forster: The Poet's Tongues. Multilingualism in Literature. (The de Carle Lectures at the University of Otago 1968). Cambridge 1970. Dt. Übers.: Dichten in fremden Sprachen. Vielsprachigkeit in der Literatur. München 1974. (Übers. v. J.-U. Fechner) - Wie Forster immer wieder betont, ist der Wechsel von Sprache zu Sprache für frühere Jahrhunderte (vor der "sprachhermeneutischen" Phase, wenn man es so ausdrücken

drückte sich einst Gelehrsamkeit und Wendigkeit aus.[15] Nach der vor-romantisch-romantischen Aufwertung der Muttersprache zur "Sprachmutter" (Jean Paul) ist Vielsprachigkeit jedoch ganz anders konnotiert: Sie scheint entweder auf "Untreue" gegenüber der eigenen sprachlichen "Heimat" oder aber auf "Heimatlosigkeit" hinzudeuten. Seit mit der "transzendentalhermeneutischen" Wende in der Geschichte der Sprachreflexion die Bedeutung sprachlich konstituierter und vermittelter Welt-"Bilder" und Welt-"Ansichten", die Abhängigkeit der von einer Sprechergemeinschaft jeweils erfahrenen Wirklichkeit von den sie erschließenden Wörtern und der Grammatik bewußt wurde, stellt sich der Wechsel von einer Sprache zur anderen, stellt sich auch die Kombination von Bestandteilen verschiedener Sprachen als etwas grundsätzlich anderes dar denn als bloßes Spiel mit äußeren Formen.

Zweitens:
Beispiele poetischer Sprach-Verwirrung

Schon im Mittelalter wurden bi- und multilinguale Texte verfaßt;[16] dabei wechseln in der Regel lateinische und volkssprachliche

---

möchte) eine relativ unproblematische Angelegenheit. Sprachen gelten im allgemeinen als äußere Formen des Gedankens oder der Empfindung; welche Form man wählt, hängt von Thema und Anlaß ab, so daß es zum jeweiligen Anlaß besser und schlechter passende Sprachen gibt - aber am vermittelten Inhalt ändert dies nichts. Die verschiedenen Sprachen "sind einfach verschiedene Medien, in denen der Dichter nicht nur arbeiten kann, sondern in denen er auch arbeiten soll." (Forster: Dichten in fremden Sprachen. S. 74) - Polyglott zu sein, bedeutete einfach, wendig hinsichtlich der eigenen Ausdrucksmittel zu sein. "Die Auffassung der Sprachen als Material, das man als Mittel verwendet, hielt sich noch das ganze achtzehnte Jahrhundert hindurch." (Forster: Dichten in fremden Sprachen. S. 80)

[15] Forster (Dichten in fremden Sprachen. S. 68ff.) erwähnt einen viersprachigen Gedichtzyklus Rudolf Weckherlins, der den Tod seines Gönners Trumbull auf Deutsch, Englisch, Französisch und Latein bedichtete. - In Emblembüchern des 17. Jhs. werden ebenfalls unterschiedliche Sprachen nebeneinander verwendet - hier ergänzt um die "Sprache" der Bilder.

[16] Zu diesem Themenkomplex vgl. neben Leonard Forster auch W. Th. Elwert: Fremdsprachliche Einsprengsel in der Dichtung. In: Festschrift Wil-

Textabschnitte miteinander ab.[17] Leonard Forster hat eine Fülle
von Beispielen zusammengetragen und erwähnt unter anderem einen insgesamt sechssprachigen Text des Oswald von Wolkenstein.[18] In der Troubadourlyrik werden manchmal Textelemente
des Provenzalischen, Italienischen, Französischen, Katalanischen
und Portugiesischen miteinander kombiniert. Auch aus der frühen
Neuzeit sind gemischtsprachige Texte überliefert. Jeder kennt das
schon erwähnte aus dem 15. Jahrhundert stammende Weihnachtslied "In dulci jubilo", dessen erste Strophe so lautet:

> "In dulci jubilo
> Nun singet und seid froh!
> Unsers Herzens Wonne
> Leit in praesepio
> Und leuchtet vor die Sonne
> Matris in gremio.
> Alpha es et O!"[19]

Auch ein weiteres deutsches Weihnachtslied aus dem 15. Jahrhundert illustriert das Prinzip des Sprachwechsels, und auch hier geht
es inhaltlich - kaum zufällig - um den Gesang, also um die Musik
als eine über alle Sprachgrenzen sich erhebende Kunst:

> "Ubi sunt gaudia
> Niendert mehr denn da,

---

helm Giese. Hamburg 1972. S. 513-545. - W. Th. Elwert: L'emploi de langues étrangères comme procédé stylistique. In: Revue de Littérature Comparée XLIII (1960). S. 409-437.
[17] So im ahd. Epos "De Heinrico". Vgl. dazu Forster: The Poet's Tongues.
S. 10.
[18] Vgl. George Steiner: Nach Babel. Aspekte der Sprache und der Übersetzung. Dt. v. Monika Plessner u. Henriette Beese. Frankfurt/M. 1981. S.
205, sowie Forster: The Poet's Tongues. S. 17. Textnachweis: Die Lieder
Oswalds von Wolkenstein. Hg. v. K. K. Klein (Altdeutsche Textbibliothek
55). Tübingen 1962. S. 305. Oswald behauptet in einem seiner Gedichte
(Ebda., S. 49), er habe auf seinen Reisen zehn Sprachen gelernt. In sechs
Sprachen verfaßt ist Raimbaut de Vaqueiras' "descort"; vgl. Forster: The
Poet's Tongues. S. 25.
[19] Zitiert nach Forster: The Poet's Tongues. S. 10.

Da die Engel singen
Nova cantica
Und die Schellen klingen
In regis curia
Eia wärn wir da!"[20]

Eine solche Kombination lateinischer und volkssprachlicher Elemente überrascht nicht in einer Zeit, da das Latein als die Sprache
der Gebildeten, des religiösen Kultes und der amtlichen Dokumente neben der jeweiligen Volkssprache allgegenwärtig war. War
letztere auch lange Zeit eher die Sprache des mündlichen Diskurses, während man lateinisch schrieb, so hielt die Volkssprache
doch bereits seit dem Mittelalter sukzessive Einzug auch in die
Welt der Texte. Und Lieder wie "In dulci jubilo" wurden ja ohnehin primär gesungen und nicht gelesen.[21] Die Durchmischung verschiedener Sprachen in der Dichtung erklärt sich nicht zuletzt daraus, daß vom Mittelalter bis ins sechzehnte Jahrhundert hinein die
in einem Kulturkreis nebeneinander existierenden Sprachen verschiedenen Funktionen zugeordnet waren. Bi- oder multilinguale
Texte nahmen unter anderem auf diese Funktionen Bezug, etwa,
indem sie "gelehrte", also lateinische, und "ungelehrte" volkssprachliche Partien miteinander kontrastierten.[22] Nicht die Natio-
nalität des Autors, sondern das gewählte Textgenre und seine
Funktion entschieden darüber, in welcher Sprache zu dichten
war.[23] Galten doch die unterschiedlichen Sprachen als jeweils geeignet für besondere Zwecke und Formen des Diskurses.

In einem Kanon Grillparzers heißt es:

"Zum Singen ist die italienische Sprache,

---

[20] Zitiert nach Steiner: Nach Babel. S. 205.
[21] Daß dieses Lied nicht als gelehrtes Kunst-Stück, sondern als Gebrauchstext zu betrachten sei, betont L. Forster (The Poet's Tongues. S.
11): "(...) the text shows close integration of the two languages, which must
have been valid for the writer, the singers and the audience. This is not a
learned poem but a popular one, which appeals to a large public, not neces-
sarily highly educated, but obviously bilingual in the technical sense."
[22] Dazu ausführlich: Forster: The Poet's Tongues. S. 9ff.
[23] Forster: The Poet's Tongues. S. 16. Vgl. auch H. J. Chaytor: From Script
to Print. Cambridge 1945. Chapter III.

etwas zu sagen: die deutsche,
darzustellen: die griechische,
zu reden: die lateinische,
zu schwatzen: die französische,
für Verliebte: die spanische
und für Grobiane: die englische".[24]

Auch in anderen Sprach-Durchmischungen reflektierten sich unterschiedliche Bildungsgrade und kulturelle Prägungen.

Ein Beispiel aus dem dreizehnten Jahrhundert verdient hier besondere Erwähnung, da es nicht nur für den Sprachhistoriker bedeutsam ist, sondern sich außerdem wie ein interpretationsträchtiger Modellfall ausnimmt:[25] Im moslemischen Südspanien dieser Zeit kultivierte man eine Gedichtgattung namens "muwassaha"; die Texte pflegten in eine Coda namens "harga" einzumünden. Während die "muwassaha"-Texte selbst auf Arabisch oder Hebräisch geschrieben wurden, schienen nun zahlreiche "hargas" zunächst in einer Art Nonsense-Sprache verfaßt zu sein - unverständlich, wenn man sie auf die arabische oder hebräische Substratsprache bezog. Erst 1948 fand S. M. Stern heraus, daß es sich bei den rätselhaften Coda-Partien um altspanische Sprachelemente handelte. Entdeckt waren damit die wohl ältesten lyrischen Textzeugnisse romanischer Volkssprache. Ein wiederkehrendes Kompositionsmuster dieser "muwassahas" ist das des Dialogs: Zunächst spricht ein Liebhaber in der "gelehrten", zuletzt das angesprochene Mädchen in der Volkssprache. Die unterschiedlichen Idiome wurden also eingesetzt, um verschiedene Sprecher zu charakterisieren. Diese Grundidee findet sich innerhalb der bi- und multilingualen europäischen Literatur immer wieder umgesetzt, in lyrischen und epischen wie in dramatischen Texten.[26] Einzelne Sprachen schie-

---

[24] Franz Grillparzer: Sämtliche Werke. Hg. v. Albert Zipper. Leipzig o.J. Bd. VI, S. 195. Vgl. Forster: The Poet's Tongues. S. 18.

[25] Die Darstellung folgt hier Forster, The Poet's Tongues. S. 12.

[26] Forster erinnert an Gedichte, deren Strophen in wechselnden Sprachen verfaßt sind, zumal Dialoggedichte; ein Beispiel ist die "Pastourelle" des Raimbaut de Vaqueiras, in der der erfolglose Verführer, ein Spielmann, provenzalisch, die Frau italienisch spricht. (Dichten in fremden Sprachen. S. 25; vgl. Joseph Kinskill: The Poems of the Trobadour Raimbaut de Vaqueiras. Den Haag 1964. S. 99.) Analog konzipiert ist ein Gedicht aus

nen besser zu bestimmten Figuren oder aber zu bestimmten Anlässen zu passen;[27] die jeweiligen Sprecher und das, was sie taten, mochten schon durch die Sprache, die sie benutzten, charakterisiert werden, wobei die Verwendung mehrerer Sprachen in einem Text eine differenzierende Typisierung erlaubte.[28]

Erwähnt sei als weitere wichtige Station in der Geschichte poetischer Sprach-Vermischung die sogenannte maccaronische Dichtung, wie sie vor allem Teofilo Folengo im sechzehnten Jahrhundert schrieb: Folengo "latinisierte" das Italienisch seiner Texte durch Verwendung lateinischer Syntax, lateinischer Suffixe und Flexionen. Aus dieser Grundidee ist dann im folgenden mancher poetische Scherzartikel entwickelt worden.

Ein großes Zeitintervall liegt zwischen den mittelalterlichen Zeugnissen multilingualer Dichtung und denen aus der jüngeren und jüngsten Vergangenheit; die Frage nach einem gemeinsamen Nenner, der über die bloße Verwendung von Sprach-"Material" verschiedenartiger Provenienz hinausginge, ist reizvoll, aber kei-

---

Flandern, das im 19. Jh. entstand: der Dialog zwischen einem Städter und einem Mädchen vom Land, bei dem wechselweise Französisch und Flämisch gesprochen wird. (Forster: Dichten in fremden Sprachen. S. 25) - Mehrere Sprachen werden auch in Kalidasas "Sakuntala" gesprochen, um die unterschiedliche soziale Stellung der jeweiligen Sprecher zu charakterisieren. Im Drama hat die Verwendung mehrerer Sprachen, wie Forster (Dichten in fremden Sprachen. S. 26) zu Recht registriert, am ehesten komödiantische Effekte.

[27] "Der Gedanke, daß bestimmte Sprachen für unterschiedliche Zwecke besonders geeignet seien, lebte bis ins sechzehnte Jahrhundert fort" (Forster: Dichten in fremden Sprachen. S. 32). -Von Karl V. wird die Meinung kolportiert, Französisch sei die Sprache, die man im Umgang mit Diplomaten benutze, Italienisch hingegen passe zum Dialog mit der Geliebten, Deutsch zum Gespräch mit Stalljungen oder Pferden, Spanisch schließlich spreche man mit Gott.

[28] Ein Beispiel für literarische Grenzüberschreitung zwischen den Geschlechtern: "Eine Handschrift aus dem fünfzehnten Jahrhundert in der Cambridger Universitätsbibliothek enthält ein reizendes, vielsprachiges Gedicht auf Englisch, Anglonormannisch und Latein. Es wird für die Anrede eines jungen Mannes an ein junges Mädchen und deren Antwort in derselben Form gehalten (...). (...) es setzt ein vielsprachiges Publikum in England voraus, das fähig war, diesen Dialog zu würdigen." (Forster: Dichten in fremden Sprachen. S. 31)

neswegs leicht (vielleicht sogar nicht einmal definitiv) zu beant-
worten.

Nicht immer jedenfalls kann die Verwendung heterogener
Sprachelemente als gelehrter Spaß oder auch nur als ein Unternehmen mit bewußten und explizierbaren Intentionen gelten. Nicht
immer steht, anders gesagt, der Verfasser mehrsprachiger Texte
bewußt kalkulierend über seinen Sprachen.

In den "Plänen und Bruchstücken" des späten Friedrich Hölderlin findet sich ein merkwürdiger Text. Er besteht aus Orts- und
Personennamen unterschiedlicher Provenienz; der Text ist, anders
als bei Hölderlins späten Notizen üblich, nicht erkennbar rhythmi-
siert; er liest sich eher wie eine Aufzählung, wogegen allerdings
die Tatsache spricht, daß er nicht einfach linear angeordnet ist.

> "Tende   Strömfeld   Simonetta.
> Teufen   Amyklä   Aveiro am Flusse
> Fouga   die Familie   Alencastro den
> Namen davon   Amalasuntha Antegon
> Anathem   Ardinghellus   Sorbonne   Cölestin
> und Inozentius haben die Rede unter-
> brochen und sie genannt den Pflanz-
> garten der Französischen Bischöffe -
> Aloisia   Sigea   differentia vitae
> urbanae et rusticae   Thermodon
> ein Fluß in Cappadocien   Val-
> telino   Schönberg   Scotus   Schönberg   Teneriffa
> Sulaco   Venafro
>   Gegend
> des Olympos.   Weißbrun in Nieder-
> ungarn.   Zamora   Jacca   Baccho
> Imperiali.   Genua   Larissa in Syrien."[29]

Offensichtlich bewegt sich hier jemand in mehr als einem Sinne an
Grenzen der Sprache - ohne daß freilich eine Intention eindeutig
bestimmbar wäre. Über die Reden des geistig verwirrten Hölderlin
ist ähnlich Merkwürdiges und Widersprüchliches bezeugt; er soll
bald redselig, bald einsilbig gewesen sein, bald äußerst Geistrei-

---

[29] Friedrich Hölderlin: Sämtliche Werke. Stuttgarter Ausgabe. Hg. v.
Friedrich Beissner. Bd. 2,1: Gedichte nach 1800. Erster Teil. Stuttgart
1951. S. 340.

ches, bald Unverständliches, ja Unartikuliertes von sich gegeben haben, und soll dabei insbesondere eine Art Privatsprache benutzt haben, in der das mysteriöse Wort "Pallaksch" soviel wie "Ja" oder auch "Ja" und "Nein" zugleich bedeutete. Auch war seine Rede angeblich oft mit französischen Elementen durchsetzt - ein Fall von Glossolalie, der bestens zum Bild des wirren Dichter-Genies paßte, das übrigens in der Phase geistiger Umnachtung mit dem italienischen Namen Scardanelli zu zeichnen pflegte. In jüngerer Zeit sind diese späten Textzeugnisse Hölderlins unter dem Aspekt ihrer Verwandtschaft zu Sprachexperimenten des 20. Jahrhunderts gewürdigt worden[30] - wobei es sich in letzterem Fall ja um durchaus kalkulierte Experimente handelt.

Damit wären wir im 20. Jahrhundert: Für die konkrete Poesie, aber auch schon für die Dadaisten scheinen Sprachgrenzen nicht zu gelten, was natürlich zur Verwendung sprachlich heterogener Elemente innerhalb einzelner Texte stimuliert.

Mit ihrer Internationalität rechtfertigt Eugen Gomringer die "konkrete" Textgattung der "konstellation", welche wegen ihrer Knappheit über Sprachgrenzen hinaus verständlich sei. Wie gut passe doch die Konstellation auf einen internationalen Flughafen![31] Der Preis solcher Internationalität ist freilich eine weitgehende semantische Reduktion.

---

[30] Vgl. Karl Riha: Prämoderne, Moderne, Postmoderne. Frankfurt/M. 1995. S. 13ff. Riha, dessen Leitthese lautet, daß die Sprachexperimente des 20. Jahrhunderts schon in den vorangegangenen Epochen ihre Vorläufer haben, sieht hier eine Antizipation moderner lyrischer Techniken: "Die Vereinzelung der Worte und ihre Lösung aus dem fixen grammatikalischen Rahmen, der ihre Bezüge regelt, der Versuch, ihnen ihren ursprünglichen Glanz wiederzugeben, die Erfindung einer ganz neuen - bislang noch von niemandem gesprochenen - Sprache, als Protest gegen die allgemein gesprochene und allgemein verorttete, Wort-Collagen aus zerlegten Beständen, Brechungen der Worte im Enjambement, Überlagerungen der verschiedensten Sprachen und ihre gegenseitige - dann sogar simultanistische - Durchdringung, Montagen aus Zitaten und schließlich die Dissoziation der Einzelheiten des Textes gegen den Zwang des Zusammenhangs (...) werden ja hier gerade zum Programm." (S. 15) (Der Unterschied bestehe darin, daß die modernen Experimentatoren absichtlich getan hätten, was bei Hölderlin aus dem Irresein hervorgeht.)

[31] Eugen Gomringer: vom vers zur konstellation. In: konkrete poesie. eine anthologie. Hg. v. eugen gomringer. Stuttgart 1972. Gomringer sieht die

Sprachgrenzen scheinen insbesondere in *dem* Maße an Bedeutung zu verlieren, in dem die Klangdimension des Textes *wichtiger* wird.

Anläßlich der Feststellung einer solchen umgekehrten Proportionalität zwischen der Bedeutung der Klänge und der von nationalsprachlichen Grenzen sei ein kleiner Hinweis auf benachbartes (disziplinär benachbartes) Gelände gestattet:

Auch in der Musikgeschichte ist die Vermischung von Sprachen kein Einzelfall.

Im Bereich der Oper des 17. Jahrhunderts etwa finden sich wiederholt Libretti, die aus Bestandteilen verschiedener Sprachen zusammengesetzt sind, wobei das Italienische als *die* Opernsprache eine Sonderrolle spielt. Wanderte eine zunächst italienisch vertextete Oper ins Ausland, so konnte es geschehen, daß man die Arientexte beibehielt, die Rezitative hingegen übersetzte. Oder man fügte Texte in der Landessprache hinzu. Ich erwähne als ein Beispiel Händels Oper "Amadigi", die 1717 von Italien nach Hamburg exportiert und dabei auch gleich in "Oriana" umgetauft wurde: Die Arien blieben italienisch, die Rezitative wurden ins Deutsche übersetzt, und außerdem kamen mehrere deutschsprachige Arien hinzu.[32] Anders als die Rezitative waren die Arien für das Verständnis der Spielhandlung nicht so wichtig; sie durften schön und unverständlich bleiben - oder sich darauf verlassen, daß die Musik sie schon verständlich machte. Die Ursachen solcher Sprachvermischung waren zwar kontingenter entstehungsgeschichtlicher Natur, doch offenbar ertrug die Oper solche Sprachvermischung durchaus, da ja die heterogenen Sprachen des Librettos von einer anderen, der musikalischen Ausdrucksebene synthetisiert und ins Ganze integriert werden konnten.

Während sich im Fall exportierter italienischer Barockopern die Sprachenmischung nachträglich ergab, kennt die Musikgeschichte der Moderne Beispiele gezielter Kombination heterogener Sprachelemente. Der österreichische Komponist Ernst Toch komponierte

---

"konstellation" als poetischen Beitrag zur Realisierung des zeitgenössischen Ideals schneller und weitreichender Verständigung (S. 153ff.).

[32] Vgl. dazu: Gustav Friedrich Schmidt: Die frühdeutsche Oper und die musikdramatische Kunst Georg Caspar Schürmann's. Regensburg 1933/34. Bd. I (1934). S. 26.

1930 seine sogenannte "Geographical Fugue" über einen Text aus geographischen Namen. Strukturbildend wirken deren Rhythmen: "Honolulu, Mississippi, Titicaca; Kanada, Mexico, Trinidad, Yokohama, Nagasaki", wobei sich eine besondere Nähe zur Dichtung daraus ergibt, daß diese Fuge nicht gesungen, sondern gesprochen werden soll.[33]

Das Interesse zeitgenössischer Komponisten am Konzept der "Glossolalie" darf wohl in einen Zusammenhang mit dem traditionsreichen Gedanken gebracht werden, daß gerade die Musik eine Ausdruckskunst sei, für welche es keine Grenzen des Verstehens gebe - was insofern nichts als ein Topos ist, als natürlich auch bei der Rezeption musikalischer Werke kulturelle (wenn auch nicht notwendig nationale) Vorprägungen entscheidend sind. Dieter Schnebels "Glossolaly for an ensemble of speakers and instrumentalists" zeigt Verwandtschaftsbeziehungen zum dadaistischen Lautgedicht sowie zum Hörspiel der konkreten Poesie.[34]

Zur gleichsam flächendeckenden Vorführung einer Sprache, welche nicht nur "die eine", sondern zugleich auch noch mehrere "andere" ist, kommt es bei James Joyce. Die Sprache von "Finnegans Wake",[35] Produkt eines einzigartigen poetischen Experiments, ist vielfach interpretiert worden. Dies begann und beginnt immer wieder bei der Explikation einzelner Sätze wie etwa des folgenden:

"Sir Tristram, violer d'amores, fr'over the short sea, has passencore rearrived from North Armorica".

George Steiner hat die hier verwendeten Sprachmaterien auseinanderzulegen gesucht - hat Englisches, Französisches, Italienisches ausgemacht, wozu in anderen Teilen des "Wake" Elemente weiterer Sprachen kommen.[36]

---

[33] Vgl. Forster: Dichten in fremden Sprachen. S. 131.

[34] "'Das Ganze besteht aus sinnlosen Gesprächsfetzen aus dreißig Sprachen und Dialekten, verbunden mit dem Trillern von Alarmsignalen auf Pfeifen und anderen Instrumenten.' (The Times, Freitag, den 24. Januar 1969, S. 12, Sp. 7)." (Zitiert nach: Forster: Dichten in fremden Sprachen. S. 140)

[35] Verfaßt 1923-1938, erschienen 1939.

[36] Vgl. Steiner: Nach Babel. S. 206f. Vgl. auch Forster: Dichten in fremden Sprachen. S. 114: "Eine der Hauptgestalten des Buches ist H. C. Ear-

wicker, dessen Name das Wort 'earwig' ('Ohrwurm') anklingen läßt. Das französische Wort für einen Ohrwurm ist 'perce-oreille'; und es gibt im Roman auch eine Gestalt namens Peirsse O'Reilly, der einen anderen Aspekt von Earwicker darstellt." Ein anderes Beispiel: Der Kapitelbeginn: "In the name of Annah the Allmaziful" wäre zu beziehen auf die Einleitungsformel zu den Suren des Koran: "Im Namen Allahs, des Barmherzigen, des Mitleidigen", aber auch auf den Namen von "Anna Livia Plurabelle" sowie auf die türkischen Worte "ana" (Mutter) und "mazi" (die alte Zeit). (Vgl. Forster: Dichten in fremden Sprachen. S. 114.) Versuche einer Übertragung des Joyceschen Textes gediehen zu neuen Experimenten, über deren Gelingen oder Nichtgelingen nur dann zu urteilen möglich wäre, wenn es entsprechende Kriterien des Gelingens gäbe - und gerade an deren Existenz darf gezweifelt werden.

Vgl. dazu: James Joyce: Finnegans Wake. Deutsch. Gesammelte Annäherungen. Hg. v. Klaus Reichert und Fritz Senn. Frankfurt/M. 1989. Hier S. 10: "Joyce schickt die Etymologie träumen, und was sie in ihrem Traum gebiert, sind Ungeheuer. Solche Ungeheuer machen die Trennungen, die zwischen den Sprachen verlaufen, durch die diese sich unterscheiden, rückgängig: es schieben sich alle Sprachen wieder ineinander in die Eine, die während des Turmbaus verlorengingg; aber noch sind wir erst auf dem Weg dorthin, noch ist die Sprache unerlöst, noch ist sie Ge-Babbel."

Was das Projekt einer Übertragung, respektive einer Übersetzung - etwa ins Deutsche - so problematisch macht, ist die Tatsache, daß man unter Übertragungen normalerweise Transformationen eines Textes von einer in die andere Sprache versteht (mit allen möglichen Vorbehalten gegenüber einem solchen Übertragungsbegriff, an die hier nur erinnert sei: Ist, beispielsweise, ein Text in der "anderen" Sprache noch derselbe Text?). "Finnegans Wake" ist aber nicht schlichtweg in einer Sprache geschrieben, sondern, zumindest hinsichtlich des verwendeten Vokabulars und des daran geknüpften semantischen Potentials in mehreren Sprachen gleichzeitig.

Zu der Wake-Passage "(...) in the Nichtian glossery which purveys aprioric roots for aposteriourious tongues this is nat language in any sinse of the world" (Zitiert nach Reichert/Senn: Finnegans Wake/Gesammelte Annäherungen. S. 11) heißt es im Kommentar Klaus Reicherts: "(...) im nächtlichen Glossar, will sagen: in den Zungen des Nichts, 'this is not language in any sense of the word', ist dies keine Sprache in irgendeinem Sinn des Wortes, es ist vielmehr 'nat language', d.h. Nachtsprache (dän. 'nat'= 'Nacht'), die sirrende Sprache der Insekten ('gnats'), die in der Nacht ihre große Stunde haben, irre Sprache ('nuts') und zugleich die Sprache äußerster Verdichtung wie in einer Nuß ('nut'). Diese Nachtsprache hat es gegeben seit Anbeginn der Welt, wie immer in den verschiedenen Kulturen der Anfang bestimmt worden ist ('at any since of the world'). Sie ist apriorisch,

Wie also soll der Text den Weg über die Sprachgrenzen gehen, wenn diese Sprachgrenzen ihn selbst durchziehen oder auch - je nach Sichtweise - von ihm "über-gangen" werden?[37]

Mit welchen Schlüsseln auch immer der Interpret sich dem Text nähert, um ihn, wenn nicht in ein anderes Idiom, so doch immerhin in seinen eigenen Verstehenshorizont, also gleichsam in seine eigene, womöglich aus den Elementen verschiedener Idiome zusammengestellte "Sprache", zu übertragen - zu berücksichtigen hat er stets die nicht bloß "additive", sondern vielfach auch "synthetische" Mehrsprachigkeit des Textes.[38]

"Finnegans Wake" ist tief befremdlich.[39] Davon geht auch Arno Schmidt in seinen "Überlegungen zu einer Lesbarmachung von

---

transzendental und ahistorisch, und doch zugleich die gemeinsame Wurzel aller aposteriori ausdifferenzierten Einzelsprachen." (S. 11)

[37] So gesehen, stellt das Idiom von "Finnegans Wake" fast so etwas wie eine neue Ursprache dar. Der Kommentar von Klaus Reichert suggeriert Entsprechendes: "Die 'nat language' ist unerhört und unbegreiflich, unlesbar und inkommensurabel. Jeder Versuch, sie zu verstehen, ist Übersetzung in ein anderes Medium, in dem die Kategorien und Unterscheidungen der Sprachen notwendig gelten, mithin also Verfälschung: Es ist analog der sekundären Bearbeitung, mit deren Hilfe wir versuchen, unsere Träume lesbar zu machen." (Reichert/Senn: Finnegans Wake/Gesammelte Annäherungen. S. 11f.)

Außerdem überschreitet Joyces Text oftmals zugleich die Grenzen sprachlicher Konvention und wird sprachschöpferisch; Neologismen sind zwar unter Orientierung an vertrauten Sprachbeständen interpretierbar, aber sie entziehen sich meist der schlichten Decodierung.

Steiner: Nach Babel. S. 207: "Die Sprache von 'Finnegans Wake' steht auf der Grenze zwischen Synthetik und Neologismus." - Reichert nennt die Sprache des "Wake" "polyglott hybrid"; Joyce übe keine "Rücksicht auf Wort- oder Sprachgrenzen": "Jedes Wort läßt sich (...) als eine vielstimmige Partitur ausziehen - polyphon, das heißt, eine Stimme ist so wichtig wie die andere, sie wollen alle zusammen gehört werden (...)." (Reichert/Senn: Finnegans Wake/Gesammelte Annäherungen. S. 10)

[38] Instruktiv ist etwa ein von Atherton analysierter, von Forster aufgegriffener Beispielsatz aus "Finnegans Wake": "Both were white in black arpists at cloever spilling, Knickt?" Hier kommt neben der Harfe auch Arp (Hans) vor; das entstellte "clever" ist deutbar als Wortspiel mit clover (Klee), clef (Schlüssel) - mit Feldklee und Kleeblatt und Paul Klee. (Forster: Dichten in fremden Sprachen. S. 123)

[39] Un-begreiflich ist das Un-Geschiedene, das sich nicht Ausdifferenzierende - und eben dieses Charaktistikum prägt die "Nacht"-Sprache des

FINNEGANS WAKE" aus, die "Der Triton mit dem Sonnen-
schirm" betitelt sind.[40] Schmidt ersinnt hier - offensichtlich aus der
Überlegung heraus, daß sich Joyces Text nicht schlicht aus sach-
lich-philologischer Distanz kommentieren läßt - einen Dialog zwischen den Personen A, B und C, deren Einstellung zu "Finnegans
Wake" von Bewunderung (A) über eine eher distanzierte Neugier
(B) bis hin zur Ablehnung (C) reichen.[41] A schlägt vor, den Text
als Versuch einer spielerischen Rekonstruktion des Indogermani-
schen zu lesen, als Versuch, in einer Sprache zu sprechen, an der
jeder Europäer irgendetwas Verständliches fände - in einer "orga-
nischen" "Gesamtsprache", "eine(r) Art 'natürlichen Esperan-
tos'?"[42] Dialogpartner B, der die Inklination des "Wake" zum bloßen Sprachscherz, ja die gelegentlich unterlaufenden Kalauer,
schon zuvor kritisch registriert hat, akzeptiert diese Idee einer
"Monolingua" als Schlüssel zum Text, wenn er die "neue Logik",
welche dieser inhäriere, auch nicht ernst nehmen möchte.[43]

Unzweifelhaft ist es etwas anderes, eine künstliche internationale Sprache (als Welthilfssprache) zu erfinden, wie es seit dem 18.
Jahrhundert immer wieder unternommen wurde,[44] als - wie Joyce -
so zu tun, als existiere eine solche internationale Sprache, und in

---

"Wake". Vgl. Reichert. S. 11: "In der Nacht sind alle Kühe grau, hören die
Unterscheidungen des Tages auf, sinnvoll zu sein (etwa auch zwischen
Sinn und Unsinn, Rationalität und Irrwitz), verfließt eines ins andere (...)
Alle Kriterien für Sprache, die in Differenz, in Distinktionen, gründen (...),
scheinen (...) suspendiert zu sein."

[40] Arno Schmidt: Der Triton mit dem Sonnenschirm. (Überlegungen zu einer Lesbarmachung von Finnegans Wake von James Joyce.) In: Bargfelder
Ausgabe. Zürich 1991.

[41] Daß das Befremdliche zugleich anzieht und abstößt, ist wohl den meisten Verfassern und Lesern postbabylonischer Sprachexperimente bewußt.

[42] Schmidt: Triton. S. 40.

[43] Schmidt: Triton. S. 40.

[44] Zum Thema Welthilfssprachen vgl. Eco: Suche. S. 322ff. Hier bemerkt
Eco über die diversen Welthilfssprachen, deren großes Jahrhundert das 19.
ist, wobei ein erstes Projekt schon auf 1734 zurückdatiert: "Eine Probe aus
einer Handvoll Sprachen bringt eine Reihe von Familienähnlichkeiten zutage, etwa das Überwiegen lateinischer Wurzeln und jedenfalls ein ausrei-
chendes Sortiment an Wurzeln aus europäischen Sprachen, so daß die
Sprecher immer den Eindruck haben, das Idiom irgendwie schon zu kennen
(...)." (Eco: Suche. S. 326)

ihr einen Roman zu schreiben. Letzteres steht im Zeichen des selbstironischen Als-Ob, da das vorausgesetzte Idiom ja nicht existiert, die Prämisse also rein hypothetischer Natur ist und das Schreiben sich insofern auf einem wenig verläßlichen "Grund" vollzieht.

Die indogermanische Einheitssprache oder auch internationale Kunstsprachen wie Esperanto und Volapük[45] sind nicht die einzigen Modelle, auf welche bei Schmidt die Sprache des "Wake" zurückbezogen wird. Mit einer Bemerkung des Joyce-Apologeten A kommt auch die Idee ins Spiel, das multilinguale Experiment des "Wake" in eine Beziehung zur Babylonischen Sprachverwirrung und zum komplementären Pfingstwunder zu setzen: es handle sich um "das 'Zungenreden' eines sehr merkwürdigen 'Kauzes'".[46] A's Argumentation zielt dabei darauf ab, die Zweifler davon zu überzeugen, daß sich der "Wake" lesen lasse - freilich nicht auf eine, sondern auf viele verschiedene Weisen.[47] Voraussetzung jedes Entschlüsselungsversuchs sei die Bereitschaft zur ständigen Überschreitung geläufiger Sprachgrenzen - habe Joyce doch "die Stimmen der Völker (...) geplündert".[48]

Joyces Methode einer Aktualisierung des babylonischen Mythos durch Inszenierung einer Sprachen-Verwirrung hat andere Autoren zu analogen Unternehmungen angeregt. Ein mit der 'zungenredenden' Vielsprachigkeit von "Finnegans Wake" in gewisser Hinsicht vergleichbares Experiment stellt Ernst Jandl in seinem Gedicht "chanson" an - kein Zufall wohl, daß mit dem Titel auf eine künstlerische Gattung angespielt wird, bei der sich Text und Musik verbinden.

---

[45] Schmidt: Triton. S. 36.
[46] Schmidt: Triton. S. 48.
[47] Vgl. Schmidt: Triton. S. 39: "Die Sprache des WAKE ist zu erlernen - freilich noch leichter auch wieder zu ver-lernen." - Insgesamt ist die Auseinandersetzung mit Joyce für Schmidt ein Anlaß zur Erörterung grundsätzlicher hermeneutisch-semantischer Konzepte. Zum einen entwickelt er ein Lesemodell, das dem Leser extreme Freiheiten bei der Wahl zwischen divergenten Entschlüsselungshypothesen zugesteht, zum anderen die berühmte Lehre von den "Etyms" als den kleinsten, wiewohl an sich schon polyvalenten Elementen des literarischen Textes (im gleichen Band S. 248).
[48] Schmidt: Triton. S. 53.

"chanson
l'amour / die tür / the chair / der bauch
the chair / die tür / l'amour / der bauch
der bauch / die tür / the chair / l'amour
l'amour / die tür / the chair
le tür / d'amour / der chair / the bauch
le chair / der tür / die bauch / th'amour
le bauch / th'amour / die chair / der tür
l'amour / die tür / the chair
am'lour / tie dür / che chair / ber dauch
tie dair / che lair / am thür / ber'dour
che dauch / am'thour / ber dür / tie lair
l'amour / die tür / the chair"[49]

Nicht allein, daß wie bei Joyce Elemente verschiedener Sprachen das Ausgangssubstrat des Textes bilden, so daß der Text Sprachgrenzen in sich hineinnimmt. Es kommt darüberhinaus auch - ähnlich wie im "Wake" - zu einer Verfremdung der Wörter selbst, bei welcher sich jene Sprachgrenzen gleichsam in diese hineinverlagern: Einzelne Bestandteile des Textes sind als Elemente der einen wie der anderen Sprache lesbar.[50] Jandl hat das "Chanson" in seiner Frankfurter Poetik-Vorlesung auf eine Weise kommentiert, welche auf den Modellcharakter seines Experiments schließen läßt. (Ein verbindendes Moment zu Arno Schmidts Joyce-Kommentar besteht hier, nebenher bemerkt, ferner in der anthropomorphisierenden Beschreibung der sprachlichen Elemente als Handlungsträger des poetischen Prozesses.[51]) Verweist Schmidt auf Wörterbücher als Hilfsmittel bei der Joyce-Lektüre, so erinnert Jandl, schlichter, an die Vokabelhefte der Schulzeit:

---

[49] Zitiert nach Ernst Jandl: Das Öffnen und Schließen des Mundes. Frankfurter Poetik-Vorlesung. Darmstadt/Neuwied 1985. S. 18-20.
[50] Vgl. Schmidt: Triton. S. 247: A betont, daß er bei seinem Kommentar zu einer Stelle des "Wake" "*noch nicht sämtliche* Sinne detailliert" habe, und B erkennt: die "so befremdliche, ja abschreckende Schreibe des FINNEGAN (...) erlaubt *durchaus* eine Entzifferung. Sogar *mehrere* (...)".
[51] Die Etyms heißen "die polyvalenten Gesellen" (Schmidt: Triton. S. 248); "sie begnügen sich", so erfährt der Leser, "als Humoristen meist mit mahnenden *auch*-Möglichkeiten; sind die, von Zwergenwitzen übersprudelnden Vertreter des 'homo sum' (...)." (Schmidt: Triton. S. 249)

"(...) darin waren in zwei Kolonnen die zu lernenden Wörter einzutra-
gen, links das Wort aus der Fremdsprache, rechts seine deutsche Entsprechung, l'amour - die Liebe; la porte - die Tür; the chair - der Stuhl;
the belly - der Bauch. Und nun, unversehens, geraten die beiden Kolonnen in Bewegung, verschieben sich gegeneinander, und sind nicht mehr
zu stabilisieren: l'amour - die tür; the chair - der bauch; the chair - die
tür; l'amour - der bauch. Das ist die erste Phase. In der zweiten, die
nichts mehr mit Vokabellernen zu tun hat, befreien sich die Artikel von
ihren Substantiven, oder die Substantive von ihren Artikeln, es ist nicht
zu entscheiden, und setzen sich gleichzeitig über Sprachgrenzen hinweg:
le chair - der tür; die bauch - th'amour; le bauch - th'amour; die chair -
der tür. In der dritten und letzten Phase erfolgt eine partielle Vermischung der Laute (...)."[52]

Die dritte Metamorphose käme einem Schritt über die Grenzen der
uns bekannten Sprachen hinaus gleich. Andere Parallelen zwischen Joyce (in der Lesart Schmidts) und Jandl seien nur erwähnt:
Erstens die mit der Synthetisierung heterogener Sprachelemente
verbundene Bereitschaft, Wörter "anderes" als gewöhnlich "bedeuten" zu lassen (immerhin enthält das "chanson" Partien aus
"falschen" Vokabelheften). Und zweitens die Inklination zum
scherzenden Sprachspiel, zum Gag. Die schrittweise vollzogene
Grenzüberschreitung ist ein - wenn auch ernstes - Spiel. Und sie
läßt, was von grundsätzlicher Signifikanz sein dürfte, die über-
schrittene Grenze nicht vergessen, sondern vergegenwärtigt sie auf
dialektische Weise sogar deutlicher.
   Weder die Sprache von "Finnegans Wake" noch die des "chanson" ist eine Universalsprache, eine Sprache vor aller Scheidung.
Vielmehr machen beide, in ihrem jeweils einzigartigen halsbre-
cherisch-artistischen Versuch unablässiger Grenzüberschreitung
die nachbabylonische Situation sogar intensiver bewußt. Nur
scheinbar vollzieht sich ein Rückgang hinter die babylonische Katastrophe. Tatsächlich sind solche Texte ja sogar noch "unver-
ständlicher" als normalsprachige. Der wohl zutreffendste, weil
mehrdeutige Ausdruck für das, was hier mit Grenzen und Differenzen geschieht, ist der der "Aufhebung": "aufgehoben" im Sinne
der Mißachtung erscheinen die Grenzen zwischen den einzelnen
europäischen Idiomen, insofern sie durch den Text selbst überschritten werden; "aufgehoben" sind sie aber auch als etwas, das

---

[52] Jandl: Das Öffnen und Schließen des Mundes. S. 17f.

mit Nachdruck in Erinnerung gerufen und mithin konserviert, ja förmlich festgeschrieben wird. "Wir aber wollen über Grenzen sprechen": Ingeborg Bachmanns Verszeile mag die Reflexion darüber auslösen, daß ein Sprechen "über Grenzen" zugleich auch ein "über Grenzen Hinwegsprechen" ist.[53]

Wie nun geht man als Leser mit den Produkten poetischer Sprach-Konfusion um?

Joyces und Jandls Beispiel demonstrieren, in welchem Maße multilinguale Textpassagen zum Kommentar herausfordern; Kommentare erkunden und erhellen vorzugsweise den *Modellcharakter* des grenzüberschreitenden Sprechens. Entscheidend ist zumal bei Jandl weniger das, was die Wörter einzeln bedeuten, als deren Arrangement und das dahintersteckende Prinzip. Nicht unbedingt das "Wörtliche" fordert zur Interpretation auf. Die eigentliche Herausforderung an den Leser liegt stattdessen vielleicht auf einer anderen Ebene: auf der der metaphorischen Valenzen des jeweiligen multilingualen Produkts. Dies gilt auch für verwandte Experimente im sprachlichen Grenzland, so für Jandls so triviales wie suggestives Gedicht "calypso", bei dem deutsche und pidgin-englische Bestandteile gekoppelt sind und das - sofern man ihm überhaupt einen "Inhalt" attestieren mag - von der Sehnsucht nach einem fernen fremden Land und von der Kenntnis vieler fremder Sprachen handelt.

"ich was not yet
in brasilien
nach brasilien
wulld ich laik du go

wer de wimen
arr so ander
so quait ander
denn anderwo
ich was not yet
in brasilien

---

[53] "Wir aber wollen über Grenzen sprechen, / und gehn auch Grenzen noch durch jedes Wort: / wir werden sie vor Heimweh überschreiten / und dann im Einklang stehn mit jedem Ort." (Ingeborg Bachmann: Werke. München/Zürich, 3. Auflage 1984. Bd. 1. S. 89)

nach brasilien
wulld ich laik du go

als ich anderschdehn
mange lanquidsch
will ich anderstehn
auch lanquidsch in rioo

ich was not yet in brasilien
nach brasilien
wulld ich laik du go

wenn de senden
mi across de meer
wai mi not senden wer
ich wulld laik du go

yes yes de senden
mi across de meer
wer ich was not yet
ich laik du go sehr

ich was not yet
in brasilien
yes nach brasilien
wulld ich laik du go
(2. 11. 57)"[54]

Gerade Jandl, der selbst als Übersetzer gearbeitet hat, macht sich hier den paradox anmutenden Tatbestand zunutze, daß die Distanz zwischen einander benachbarten Sprachen wie dem Deutschen und dem Englischen gerade wegen klanglicher und semantischer Ähnlichkeiten letztlich drastischer deutlich werden mag als die zwischen Sprachen völlig unterschiedlichen Charakters.

Die kuriose "Oberflächenübersetzung" einer Gedichtstrophe von William Wordsworth durch Jandl ist ebenfalls ein zweisprachiger Text, bei dem sich der spezielle Effekt aus dem Kontrast und der Analogie beider Textbestandteile ergibt: Der deutsche Teil imitiert den Lautbestand des ins Ganze als Zitat integrierten englischen

---

[54] Ernst Jandl: Calypso. Hier zitiert nach Andreas Thalmayr (Hg.): Das Wasserzeichen der Poesie. Nördlingen 1985. S. 400.

Originals, wobei sich dann natürlich ein völlig anderer Sinn ergibt.[55]

"oberflächenübersetzung
my heart leaps up when i behold
a rainbow in the sky
so was it when my life began
so is it now i am a man
so be it when i shall grow old
or let me die!
the child is father of the man
and i could wish my days to be
bound each to each by natural piety
                    (william wordsworth)

mai hart lieb zapfen eibe hold
er renn bohr in sees kai
so was sieht wenn mai läuft begehen
so es sieht nahe emma mähen
so biet wenn ärschel grollt
ohr leck mit ei!
seht steil dies fader rosse mähen
in teig kurt wisch mai desto bier
baum deutsche deutsch bajonett schur alp eiertier"[56]

Wiederum ist nicht der Inhalt das eigentliche Interpretandum, sondern der so ostentativ vollzogene Akt der Grenzüberschreitung als solcher nebst dem damit einhergehenden Verfremdungseffekt. Ein Lehr-Stück, einmal mehr: Gleich-Klang besagt nichts über Ein-Sinnigkeit, die "Übersetzung" mißlingt, vordergründig betrachtet. Andererseits drückt sich in dem pseudo-naiven "falschen" Übersetzungsversuch ein Streben nach Überein-Stimmung aus, das trotz seines Scheiterns für eine sympathische Programmatik steht.

---

[55] Forster bemerkt, "daß die Oberflächenübersetzung ein Beispiel für vielsprachige Lyrik ist, wenngleich ein Spezialfall. Das Spielelement ist sehr stark, und wenn es übertrieben wird, kann aus der Oberflächenübersetzung leicht ein Gesellschaftsspiel werden (...)." (Forster: Dichten in fremden Sprachen. S. 134)
[56] Ernst Jandl: Gesammelte Werke. Bd. 1-3. Hg. v. Klaus Siblewski. Frankfurt/M. 1985. Hier: Bd. 1. S. 321. Jandls "Oberflächenübersetzung" ist zweisprachig, denn beide Teile gehören zum Gedicht, der deutsche und der englische.

Daß der Deutschsprachige die Wörter "deutsch" und "bajonett" hört, wo Wordsworth vom Lebenszusammenhang spricht, gibt freilich - absichtsvoll - zu denken. Nicht immer fügen sich die Dinge so elegant wie im Fall des von Umberto Eco gern als Beispiel für den Zusammenhang zwischen Zeichen-Codes und Bedeutung angeführten Satzes: I vitelli dei romani sono belli, der, als lateinischer Satz gelesen, in etwa heißt: Geh, Vitellius, beim Kriegsschall des römischen Gottes, während er uns, bezogen auf die italienische Sprache, darüber informiert, daß die Kälber der Römer schön sind.

Übersetzung, so scheint es, gelingt allenfalls im Fall des Ohnehin-Unmißverständlichen, des Trivialen; dies jedenfalls läßt ein englisch-deutscher Text Jandls vermuten, der sich auf der Schallplatte "bis eulen?" findet und auch in Jandls Poetik-Vorlesung zitiert wird: Hier folgt auf jeweils einen deutschen Satz oder Halbsatz unmittelbar die englische Entsprechung. "ich habe so viel zu essen daß / ich fetter und fetter werde // i've so much to eat that / i'm getting fatter and fatter (...)".[57]

Mit den sprachgrenzen-übergreifenden Texten Jandls vergleichbar ist ein anderes Gedicht Jandls, das allerdings eher auf die Idealkonzeption einer Paradiesessprache, einer "natürlichen" Sprache aller Wesenheiten anspielt, als auf die einer Überwindung der Grenzen zwischen den einzelnen Menschensprachen: das Gedicht "auf dem land" ist eine Art von Tierstimmenkantate, bei der die Laute der einzelnen Tierarten spielerisch imitiert und durch Reduplikationen von menschensprachlichen Anklängen noch weiter entfernt werden. Das damit evozierte Bild einer viel-"sprachigen" Tiergemeinschaft erinnert gleichwohl an das Ereignis von Babel kurz nach der Konfusion: Alle reden durcheinander, jeder auf seine Weise.

"auf dem land
rinininininininDER
brüllüllüllüllüllüllüllEN
schweineineineineineineineinE
grununununununununZEN (...)"[58]

---

[57] Jandl: Das Öffnen und Schließen des Mundes. S. 90.
[58] Zur "Sprache" kommen ferner Hunde, Katzen, Kater, Gänse, Ziegen, Bienen, Grillen, Frösche, Hummeln und Vögel. Ernst Jandl: Gesammelte Werke. Bd. 1. S. 221.

Einen Babylonischen Spezial-Fall stellt das Werk solcher Autoren dar, die abwechselnd in mehreren Sprachen schreiben - etwa das Samuel Becketts, der eine ganze Reihe seiner Werke, auch lyrische Texte, gleich in Englisch *und* Französisch verfaßt hat - ein in mehrerlei Hinsicht bedenkenswertes Phänomen bei einem Autor, zu dessen Generalthemen die Gefährdung und Störung, ja die Aufhebung menschlicher Kommunikation, das Scheitern und Versiegen von Sprache, gehören. Eine mögliche Frage an die "Doppel"-Texte Becketts wäre: Welche Fassung ist in solchen Fällen das Werk? Oder handelt es sich gar nicht um Fassungen, sondern um ein zweiteiliges Werk aus Bestandteilen zweier Sprachen? Schreibt Beckett in einer Hybrid-Sprache, welche zumindest eine Grenze - den Ärmelkanal - ignoriert? Oder führt die Rivalität zweier Sprachvarianten dazu, daß beide nur als Stellvertreter eines unlesbaren Textes erscheinen?

Nahtlos vollzieht sich der Übergang zwischen solchen Texten, welche fremdsprachige Bestandteile in sich aufgenommen haben, solchen, bei denen Einzelelemente oder größere Passagen Anklänge an Fremdsprachliches enthalten, solchen, die ganz oder teilweise die Assoziation von "Fremdsprachlichkeit" wecken, ohne wirklich auf ein bestimmtes anderes Idiom zu verweisen, und solchen, die in einer Phantasiesprache verfaßt sind, welche nur für das eine Gedicht, die eine Erzählung erfunden wurde und nirgends anders existiert. Hugo Balls Lautdichtungen etwa, die im strengen Sinn nicht verständlich im Sinne von decodierbar sind und deren jede einzelne "ihre" eigene Sprache spricht, klingen stück- oder passagenweise an tatsächlich existierende fremde Idiome an. Nicht zuletzt über ihre Vernetzungen mit prinzipiell "Verständlichem" werden phantasiesprachliche Texte oft aber doch - und sei es hypothetisch - interpretierbar. In Phantasiesprachen, die an das Deutsche wie an diverse Fremdsprachen anklingen, sind zahlreiche Texte Oskar Pastiors verfaßt, so die in dem Band "Der Krimgotische Fächer" versammelten, die einen Sprachraum heraufbeschwören, der vom Ungarischen, Rumänischen, Türkischen, (Küchen-)Griechischen und -Lateinischen, Mittelhochdeutschen, Neuhochdeutschen, Russischen, Französischen bis zum Englischen reicht. Schon der Titel des Pastior-Gedichts "Kontaminoplum" lädt zu divergenten Lesarten ein: Eine Anspielung auf Konstantinopel, die

Stadt zwischen zwei Welten? Oder ein Name für das, was aus "Kontaminationen" entsteht?

"KONTAMINOPLUM
Wo ghost Profum
in Wirklichkeit?
Lebehda? Gangatroph?
Wes gergel schlum
want Urgel barm -
'Arom, ein
Gepolter des Abends'?

Kalfater phai hoch Ninipleh
es Whab im Dimp
schloi Jezzelbug
schloi Kokel-Vloos
gem Zezzel -
Kolx...

Wo ghost Porfan
es Ninipleh?
Was ghaist es Mell?
Schmeeraldan?

Jenun schpitz-phölkn
Bladdn?
Jenun mauschel Girom?
Jenen egelbarm Anstunk gem
schtierchern Gihör -
jenun Schlapscholuh?

Embiddere
zonkts
widero Aiz-Krim
("Fleize Gepreiz
slätze Giföjr
aing raing faing
zunggischpitztir
Foltr-Abnd"[59]

---

[59] Oskar Pastior: Der Krimgotische Fächer. Lieder und Balladen. Mit 15 Bildtafeln des Autors. München 1985. S. 15.

Offensichtlich ist es Pastiors Intention, im Fremden das Vertraute -
und im Vertrauen das Fremde entdecken zu lassen. Rezitiert wirken seine Texte vielfach "verständlicher" als beim stummen Lesen,
da sich dann "Anklänge" an vertraute Sprachbestandteile ergeben,
wo die Schrift eher befremdlich aussieht. Dieses den Texten inhä-
rente Postulat, wieder in Stimmhaftes transformiert zu werden, hat
einen programmatischen Zug - ebenso wie die Idee, daß das Vertraute die Kehrseite des Befremdlichen ist (was die Palindrom-
Texte Pastiors auf ihre Weise bestätigen).

Gelegentlich geben die Verfasser phantasiesprachlicher Texte
diese gar - zwecks Mystifikation ihrer Leser oder mit ironischem
Augenzwinkern - als Texte in einer tatsächlich existierenden oder
alten Sprache aus. Erinnert sei an Lewis Carroll, der sein berühm-
tes "Jabberwocky"-Gedicht scherzhaft als Text in altenglischer
Sprache ausgab und entsprechend (pseudo-)philologisch kommentierte. Später wurde der Text in "Behind the Looking-Glass" aufgenommen - für die Heldin Alice ein Anlaß unter vielen, sich über
Sprache und Sprachliches zu wundern.[60]

Nicht genug der babylonischen Abenteuer: Manchmal wird eine
ganze grenzüberschreitende Kette von intertextuellen Beziehungen
durch fremdsprachige Zitate gestiftet.

Geoffrey Hills in englischer Sprache verfaßte Gedichte "Two
Chorale-preludes on melodies by Paul Celan" von 1985[61] interpretieren sich durch ihren Titel als Metamorphosen deutschsprachiger
Gedichte. Durch den Titel "Chorale-prelude" und die Rede von
Celans "Melodies" kommt zusätzlich die Idee einer "Übersetzung"
von Text in Musik ins Spiel. Text (1) (er trägt den lateinischen Titel: "Ave Regina Coelorum") enthält als Untertitel oder Motto ein

---

[60] Lewis Carroll: Through the Looking-Glass, Kap. I: "'It seems very pret-
ty,' she said when she had finished it, 'but it's *rather* hard to understand!'
(You see she didn't like to confess, even to herself, that she couldn't make it
out at all.) 'Somehow it seems to fill my head with ideas - only I don't exactly know what they are! However, *somebody* killed *something*: that's clear,
at any rate-". (The Complete Works of Lewis Carroll. With an Introduction
by Alexander Woollcott and the Illustrations by John Tenniel. London
1982. S. 142.) Über ein "Irgendwie" kommt ihr Verstehen freilich nicht
hinaus.
[61] Harald Hartung (Hg.): Luftfracht. Internationale Poesie. 1940 bis 1990.
Frankfurt/M. 1991. S. 296/97.

Celan-Zitat: "Es ist ein Land Verloren...", das sich dann sofort übersetzt wiederfindet, in der ersten Zeile: "There is a land called Lost". Mit der Zeile "Es ist ein Land Verloren" beginnt Celans Gedicht "Eis, Eden". Gedicht (2) (also Hills zweites "Choral-Prelude", betitelt "Te lucis ante terminum") trägt als Untertitel oder Motto das Celan-Zitat: "Wir gehen dir, Heimat ins Garn...". Hill entlehnt diese Zeile aus Celans Gedicht "Kermorvan" (ein bretonischer Name) - aus einem Gedicht, das selbst eine fremdsprachige Zeile - nämlich ein von Celan als Inschrift aufgefundenes Zitat - enthält: *"Servir Dieu est régner"*. Celans Gedicht nun thematisiert selbst Sprache - als Fremd-Sprache - und ihr Verstehen als einen Moment der Erhellung:

> "Ein Spruch spricht - zu wem? Zu sich selber:
> *Servir Dieu est régner,* - ich kann
> ihn lesen, ich kann, es wird heller,
> fort aus Kannitverstan."[62]

Das letzte Wort dieses Celan-Gedichts "Kannitverstan" ist ebenfalls ein fremdsprachliches Element und zugleich ein Zitat. Celans "Kannitverstan" bezieht sich auf eine von Johann Peter Hebel stammende Kalendergeschichte eben diesen Titels, in der ein junger Mann bei einer Reise nach Holland, der Landessprache unkundig, über allerlei Dinge Erkundigungen einzieht und stets dieselbe Antwort erhält: "Kannitverstan", ich kann nicht verstehen.[63] Er versteht all diese Antworten falsch und interpretiert sie als Hinweise auf einen Herrn Kannitverstan, den er sich in der Folge als einen überaus reichen und mächtigen Mann denkt und entsprechend bewundert. Als er aber schließlich anläßlich eines Leichenzuges fragt, wer denn da beerdigt werde, und wiederum die Antwort "Kannitverstan" erhält, beginnt er, den armen Herrn Kannitverstan zu bedauern: Angesichts des unausweichlichen Todes erscheinen alle irdischen Güter nichtig und belanglos. Und das ist die von Hebels didaktischer Geschichte insgesamt vermittelte Lehre. Gewonnen wird diese Lehre auf dem Weg über das sprachliche

---

[62] Paul Celan: Kermorvan. In: Gesammelte Werke. Hg. v. Beda Allemann. Frankfurt/M. 1986. Bd. 1. S. 263.
[63] Johann Peter Hebel: Kalendergeschichten. Hg. v. Ernst Bloch. Frankfurt/M. 1965. S. 26ff.

Mißverstehen: Das falsch verstandene Fremdwort löst einen Erkenntnisprozeß im Helden der Geschichte sowie mittelbar im Leser aus - einen Erkenntnisprozeß, der bei reibungslosem Funktionieren der Kommunikation (bei Nichtexistenz von Sprachgrenzen
also) nicht ausgelöst worden wäre. Und das ist die tiefere Bedeutung der kleinen Geschichte, die auch auf Fremdsprachliches in
literarisch-poetischen Texten zu beziehen wäre: Das Un-Verständ-
liche besitzt ein reiches Bedeutungspotential, vielleicht ein reiche-
res als das Verständliche. Nicht- (im Sinne von Falsch-)Verstehen
kann sinn-schöpferisch sein.

Der fremdsprachige Text ist voller Geheimnisse, so meint man
vor allem, wenn man ihn nicht versteht - und fühlt sich stimuliert,
darüber zu spekulieren, was er bedeuten könnte: was zu unabseh-
baren Resultaten führen mag, auch und gerade, wenn diese allein
auf das Konto des Interpreten gehen.

Führt der Weg aus dem Paradies über Babel und Jerusalem
nach Kannitverstan, das dann allerdings beides sein kann: Neues
Paradies oder Hölle?

Man könnte ein ganze Reihe von Autoren anführen, die gerade
als Lyriker in Grenzländern operieren; stellvertretend für viele andere genannt seien neben den berühmten Vorbildern Ezra Pound[64]
und T. S. Eliot[65] etwa auch Iwan (Yvan) Goll,[66] Friederike Mayröcker,[67] Eugen Gomringer, Jacques Roubaud und Ernst Meister.

---

[64] Pounds "Cantos" enthalten Bestandteile des Griechischen, Lateinischen,
Französischen, Italienischen, Spanischen, Provenzalischen, Deutschen,
Chinesischen. (Ezra Pound: Cantos. New York 1970.)
[65] Forster (Dichten in fremden Sprachen. S. 110) erinnert an das Ende von
Eliots "Waste Land", "wo er in sieben Zeilen Zitate aus Dante, dem lateinischen *Pervigilium Veneris*, Gérard de Nerval und den Upanischaden un-
terbringt." Vgl. Thomas Stearns Eliot: The Waste Land. In: T. S. Eliot: The
Complete Poems and Plays. London 1969.
[66] Der zweisprachige Goll verfaßte unter anderem den Gedichtzyklus "Jean
sans terre" (Johann ohne Land, eine Anspielung auf den jüngeren Bruder
des Richard Löwenherz): Die Empfindung, ohne "Land" zu sein - keinem
bestimmten Land anzugehören - spiegelt sich in Golls Mehrsprachigkeit.
[67] Vgl. etwa Mayröckers "Brasilianisches Gedicht", in dessen weitgehend
deutschsprachigen Text englische und spanische Elemente hineinmontiert
sind. Friederike Mayröcker: Ausgewählte Gedichte. Frankfurt/M. 1986.
S. 94. Spärlicher ist Fremdsprachiges im "Babylonischen Gedicht" (Ebda.,
S. 95).

Auch Fremdsprachliches in epischen Texten hat seine gewichtige Tradition; erwähnt sei Tolstojs "Krieg und Frieden", wo man flei-ßig französisch parliert; erinnert sei auch an die Romane Thomas Manns.

Drittens:
Literarische Thematisierungen von "Babel"

Die Sprachenvielfalt Babels kann im literarisch-poetischen Medi-um nicht nur vorgeführt, sondern auch ausdrücklich thematisiert werden. Wo immer das "babylonische" Thema sich in der Literatur geltend macht, artikuliert sich in ihm zumindest indirekt eine Re-flexion über die Defizienz von Sprache in ihrer Grundlosigkeit und Disparatheit, ihrer Unfähigkeit, zwischen Menschen und Dingen oder auch zwischen den Menschen untereinander ohne Verluste, Konzessionen und Schäden zu vermitteln. Moderne Literatur ist in vielfacher Hinsicht von "Babel" affiziert. "Babel ist überall" (wie der Titel einer Anthologie nicht ohne Anlaß behauptet),[68] aller-dings knüpfen sich an diesen Namen durchaus divergente Konno-tationen.

Babel erscheint etwa als Präfiguration der modernen Großstadt, als "Sünden-Babel", als Inbegriff eines urbanen Labyrinths. Die Erzählung "La biblioteca di Babel" von Jorge Luis Borges liest sich wie ein Schlüsseltext "post"-babylonischen Bewußtseins, wie ein poetologischer Schlüsseltext zudem, der die desolate Verfas-sung von Lesern und Schreibern spiegelt, welche sich vergeblich um eine Orientierung im Chaos der Texte bemühen, eine vergebli-che Sinnsuche betreiben - zum Scheitern verurteilt von vornherein, da es hier alles und nichts zu entziffern gibt, sinnbildende Diffe-renzen nicht bestehen.[69]

---

[68] Babel ist überall. Lesebuch. Hg. v. Hanspeter Krellmann. München 1989.
[69] Jorge Luis Borges: La Biblioteca de Babel. In: J. L. Borges: Obras com-pletas de Jorge Luis Borges. Bd. 5 = Ficciones. Buenos Aires 1956. S. 5ff. - Vgl. dazu: Monika Schmitz-Emans: Lesen und Schreiben nach Babel. Über das Modell der labyrinthischen Bibliothek bei Jorge Luis Borges und Um-berto Eco. In: arcadia 27 (1992). H. 1-2. S. 106ff.

Eine Erzählung Gesualdo Bufalinos trägt den Titel: Der Ingenieur von Babel. Erzählt wird von einem schließlich dem Wahnsinn verfallenden Mann, der Zitate, Textpassagen, Ausschnitte aus Texten unterschiedlichster Art sammelt, abhängig von den Schriftzeugnissen anderer, gefangen im Käfig der Literatur, des Immerschon-Geschriebenen, der vorgefertigten Wörter und Sätze. Seine Leidenschaft gilt den Zitatenschätzen, weil er sie für Extrakte und Verdichtungen der jeweiligen Gesamtwerke hält und hofft, daß solche Kondensate leichter zu bewahren sind als das jeweilige Ganze. Motiv seines Sammelns von Bruchstücken ist also letztlich die Angst vor einer neuen "Sintflut", einer globalen, die Menschheit und ihre Zeugnisse betreffenden Katastrophe. Um der völligen Vernichtung zuvorzukommen, inszeniert der "Robinson" genannte Verrückte ein neues Babel. Und der Erzähler vermag dies seinerseits nur in einem "postbabylonischen" Stil zu beschreiben.

"Ich begriff bald [so der Erzähler], daß sein Vorhaben auch eine Art Bauplan war, der Plan eines Ingenieurs von Babel, nach einer Logik entworfen, die mir sechs Tage lang pervers erschienen war und mich am siebten doch verführte.

Und zwar, als er mir gestattete, ein paar Kostproben seiner Arbeit unter die Lupe zu nehmen, nicht zu vergleichen mit den üblichen Aphorismensammlungen, die sich durch lustloses Plagiat am laufenden Band gegenseitig die gleichen geistreichen Lügen klauen; sondern eine einsam und geduldig durch die ausgefallenste Lektüre zusammengetragene Aufstellung denkwürdiger *incipit* und *desinit*, ein *panoptikon* und *bric-à-brac* und *scrap-book* und *Merzbild* und *digest* und Fundgrube und Mosaik und *summa* von Leitsprüchen, Inschriften, Geistesblitzen, Moralitäten, *greguerías, agudezas, obiter dicta, disparates, poisons, fusées, mots-sésame,* goldenen Versen, sibyllinischen Spruchbändern... eine Collage zahlloser Splitter, die scharfäugig aus unterirdischen Höhlen herausgebrochen und feierlichen Parthenonen entwendet wurden, in unserem Unvermögen im Tausch für die nun ungewohnte, nicht mehr vollziehbare Hochzeit mit dem Staub der Vergangenheit dargeboten zu werden.

Der erste Eindruck war, sich sonntags in Ostia zu befinden, doch sogleich erahnte man in dem Lärm und Gedränge einen Plan, nämlich den, zum selben Thema die verschiedensten Stimmen zur Aussage zu laden (...)."[70]

Zum Universum der tatsächlich existierenden Schriften, welche der Ingenieur von Babel plündert, kommen schließlich noch imaginäre Texte hinzu, welche erstere parodieren, zitieren oder fortsetzen. Das Gelesene, so der Erzähler, sei dem irren Sammler "hoffnungslos im Hirn durcheinandergeraten wie Teile eines Puzzles oder eines Modellbaukastens ohne Plan", und doch sei sein Babel nicht gänzlich planlos errichtet worden, geleitet nämlich von der Idee, "im kleinstmöglichen Raum die größte Anzahl von Botschaften unterzubringen".[71]

Der Ingenieur von Babel ist Doppelgänger des Schriftstellers, insofern dieser - wie gerade diverse rezentere Texttheorien betonen - stets mit Materialien arbeitet, vorgefertigte Materialien montiert, neue Texte auf der Grundlage früherer errichtet - nicht zuletzt solcher, die ihn aus fremden Sprachräumen erreichen.[72] Die Integration von Fremdsprachlichem in Gedichte oder Erzählungen erinnert nicht zuletzt an diesen Aspekt der literarischen als einer in mehrerer Hinsicht nach-babylonischen Arbeit. Ein Spiegelbild wurde dem Schriftsteller ja schon mit dem des babylonischen Bibliothekars bei Borges vorgehalten: Eingeschlossen in ein Universum aus Texten, von denen ihm nur minimale Bruchstücke lesbar sind ("lesbar" heißt hierbei nicht einmal "interpretierbar"), lebt er mit dem Unverständlichen, dazu verdammt, zu wiederholen, da alles immer schon geschrieben steht.

Auch andere Gestalten der Literaturgeschichte verkörpern das Babylonische Desaster so, daß sie auf Grundsätzliches verweisen: Als Ecos Romanfiguren Adso di Melk und Guglielmo di Baskerville[73] im Jahr 1327 in einer ungenannten italienischen Abtei mit

---

[70] Gesualdo Bufalino: Der Ingenieur von Babel. In: Der Ingenieur von Babel. Erzählungen. Aus d. Ital. v. Maja Pflug. Frankfurt/M. 1989. S. 87f.

[71] Bufalino: Der Ingenieur von Babel. S. 91.

[72] Vgl. dazu u. a.: Hans Magnus Enzensberger: Weltsprache der modernen Poesie (1960; rev. 1962). In: H. M. E.: Einzelheiten II. Poesie und Politik. Frankfurt/M., 3. Aufl. 1970. S. 11.

[73] Umberto Eco: Il Nome della Rosa. Milano 1980. Dt.: Der Name der Rose. Übers. v. Burkhart Kroeber. München/Wien 1983 (für die dt. Ausgabe im folgenden: NR).

fragwürdigem Erfolg versuchen, eine Reihe von Verbrechen auf-
zuklären, treffen sie dort auf einen monströs aussehenden Dauer-
gast, der Kutte nach ein Mönch, der Verwahrlosung nach ein Va-
gabund, den Gesichtszügen nach ein Teufel. Diese befremdliche
Erscheinung - ironischerweise hört sie trotz ihrer diabolischen
Fratze auf den Namen "Salvatore", "Erlöser" - begrüßt Adso und
Guglielmo mit den Worten:

> "'Penitenziagite! Siehe, draco venturus est am Fressen anima tua! La
> mortz est super nos! Prego, daß Vater unser komm, a liberar nos vom
> Übel de todas la peccata. Ah, ah, hihihi, Euch gfallt wohl ista negro-
> manzia de Domini Nostri Jesu Christi! Et anco jois m'es dols e plazer
> m'es dolors... Cave el diabolo! Semper m'aguaita, immer piekster und
> stichter, el diabolo, per adentarme le carcagna. Aber Salvatore non est
> insipiens, no no, Salvatore weiß Bescheid. Et aqui bonum monasterium,
> hier lebstu gut, se tu priega dominum nostrum. Et el resto valet un figo
> secco. Amen. Oder?'" (NR 64)[74]

Adso, der Salvatores Sprechweise nur aus der Erinnerung wiedergeben und allenfalls hoffen kann, dem Leser einen vagen Eindruck
von dieser zu vermitteln (so daß wir nebenher erfahren, daß wir
nur eine Übersetzung von Salvatores Rede lesen), registriert das
merkwürdige Kauderwelsch, das sich weder mit dem Latein der
Mönche, noch mit der Volkssprache deckt, so fasziniert wie befremdet. Ein großer Teil der damals bekannten Welt spricht aus
Salvatores Mund. Nicht eigentlich polyglott, hat der Heimatlose

---

[74] Die Passage aus der deutschen Übersetzung von Umberto Ecos Roman
ist als Dokument literarischer Mehrsprachigkeit insofern reizvoller als die
im Originalroman, als der Übersetzer Burkhart Kroeber unter die lateinischen, italienischen, spanischen und französischen Sprachbrocken der Äußerungen Salvatores zusätzlich noch deutsche Elemente mischt, die sich zu
den Elementen der diversen romanischen Sprachen entschieden diskrepan-
ter verhalten als diese untereinander. Zusätzlich sei die Originalpassage
hier zitiert: "'Penitenziagite! Vide quando draco venturus est a rodegarla
l'anima tua! La mortz est super nos! Prega che vene lo papa santo a liberar
nos a malo de todas la peccata. Ah ah, ve piase ista negromanzia de Domini
Nostri Jesu Christi! Et anco jois m'es dols e plazer m'es dolors... Cave el
diabolo! Semper m'aguaita in qualche canto per adentarme la carcagna. Ma
Salvatore non est insipiens! Bonum monasterium, et aqui se magna et se
priega dominum nostrum. Et el resto valet un figo seco. Et amen. No?'" (Il
Nome della Rosa. S. 54)

die disjecta membra verschiedener Sprachen zusammengelesen und vermengt. Und Adso spekuliert darüber, ob Salvatores Sprache nicht womöglich dem Idiom Babels unmittelbar nach dem Zusammenbruch des Turms ähnlich ist - nicht mehr die einheitliche adamitische Ursprache und noch nicht das bestimmte und von anderen unterschiedene Nationalidiom.

"Später, als ich von seinem abenteuerlichen Leben erfuhr und von den vielen Orten und Ländern, in denen er geweilt, ohne jemals irgendwo Wurzeln zu schlagen, begriff ich, daß er sozusagen alle Sprachen und keine sprach. Beziehungsweise daß er sich eine eigene Sprache erfunden hatte, die aus Fragmenten und Fetzen der vielen Sprachen bestand, mit denen er in Berührung gekommen war. Einmal ist mir sogar der Gedanke gekommen, daß seine Sprache womöglich vielleicht ... wie soll ich sagen... nicht etwa die adamitische war, welche die glückliche Menschheit zu Anfang der Schöpfung gesprochen, bis sie den unglückseligen Turmbau zu Babel begann, und ebensowenig eine der vielen Sprachen, die nach der verhängnisvollen Verwirrung entstanden, sondern vielmehr genau die Sprache Babels am ersten Tag nach der göttlichen Züchtigung, also die Sprache der primären Konfusion." (NR 64)[75]

In Salvatore, dem unglücklichen "Erlöser", der schließlich auf dem Scheiterhaufen enden wird, personifiziert sich das mit Babel konnotierte Unheil. Und nicht einmal, daß Gott hinter der Konfusion steckt, erscheint als gewiß. Derlei Kauderwelsch ist dem Volk verdächtig, weil man es mit Dämonen in Verbindung bringt, es als Zeichen der Besessenheit versteht (die gleichsam das Gegenstück zur göttlichen Inspiration wäre).[76] Das unverständliche Gerede

---

[75] "Quando più tardi appresi della sua vita avventurosa e dei vari luoghi in cui era vissuto, senza trovar radici in alcuno, mi resi conto che Salvatore parlava tutte le lingue, e nessuna. Ovvero si era inventata una lingua propria che usava i lacerti delle lingue con cui era entrato in contatto - e una volta pensai che la sua fosse, non la lingua adamica che l'umanità felice aveva parlato, tutti uniti da una sola favella, dalle origini del mondo sino alla Torre di Babele, e nemmeno una delle lingue sorte dopo il funesto evento della loro divisione, ma proprio la lingua babelica del primo giorno dopo il castigo divino, la lingua della confusione primeva." (Eco: Il Nome della Rosa. S. 54.)

[76] Vgl. dazu Steiner: Nach Babel. S. 207: "Es gibt keine verläßliche Geschichte jener enigmatischen Gebilde, die beispielsweise in apokryphen Berichten über Prozesse gegen Häresie, Alchimie und Okkultismus auftau-

scheint auf mysteriöse und dunkle Mächte hinzudeuten, scheint verhängnisvollen Beschwörungsformeln zumindest nahezustehen. Die Kehrseite des komischen Effekts, der sich aus der Verwendung einer nicht-kodifizierten Hyper-Sprache ergibt und der den multilingualen Text zum Nachbarn des Kalauers macht, ist eine Anmutung von Unheimlichkeit, ja Diabolik: auch und gerade der Teufel spricht alle Sprachen und schätzt das Durcheinander.[77] (Und das abergläubische Volk wird Salvatore auf dem Scheiterhaufen enden lassen.)

Die für Salvatores Redeweise charakteristische Kreuzung von Lateinischem und Volkssprachlichem hat übrigens ihre historischen Muster, auf die gerade Eco an anderer Stelle[78] hinweist, und zwar im Kontext der Erklärung, weshalb der Mythos von Babel gerade im Mittelalter zum Faszinosum wurde, was sich unter anderem in der Kunst zeigte, die nun ja erst das Sujet für sich entdeckt.

"Salvatore" repräsentiert nicht zuletzt ein europäisches Mittelalter, in dem man - in langsamer und säkularer Wiederholung des babylonischen Vorfalls - sprechend und schreibend volkssprachliche und lateinische Sprachelemente mischte.[79]

---

chen. Häretiker bekennen, Inquisitoren behaupten die Existenz einer magischen, für jeden Außenseiter unverständlichen Sprache. Der rechtgläubige Richter erklärt, die geheimnisvollen Wörter kämen vom Teufel - so im Falle des großen Wolfram von Eschenbach, den Gottfried von Straßburg angeklagt hatte, im 'trobar clus', der Geheimsprache der Liebeshöfe, gedichtet zu haben, oder bei den Nachstellungen, denen Paracelsus ausgesetzt war."

[77] Eine solche Gratwanderung zwischen Komik und Diabolik kennzeichnet in Pirandellos Drama "Sei personaggi in cerca d'autore" den Auftritt der numinosen Madama Pace, die ein Gemenge aus Italienisch und Spanisch spricht. (Luigi Pirandello: Sei personaggi in cerca d'autore. In: Maschere nude. 31 Bde. Bd. 3. Florenz 1921.)

[78] In: Die Suche nach der vollkommenen Sprache. Vgl. S. 31.

[79] Ganze Jahrhunderte standen im Zeichen einer schrittweise erfolgenden Emanzipation der europäischen Volkssprachen, einer sukzessiven und zunächst nur partiellen Lösung vom Lateinischen, das vorläufig diverse Funktionen der angeblich in Babel verlorenen Universalsprache übernommen hatte. Ein Vordringen der Volkssprachen erfolgte vielfach gleichsam in den Ritzen, in den Zwischenzeilen der lateinischen Texte. Erst ganz allmählich büßte die dominierende Ersatz-Universalsprache an Bedeutung ein.

Ein anderes Vorbild für Salvatores Diktion dürfte die maccaronische Dichtung sein, die zwar erst im 16. Jahrhundert in Italien erfunden wurde - aber Salvatore wurde ja selbst auch erst im 20. Jahrhundert erfunden. Salvatore ist nicht allein in geographischer, sondern auch in historischer Hinsicht überall und nirgends zuhause; vor lauter Grenzüberschreitungen ist er ortlos geworden: Sohn einer Zeit, welche das Babel der Volkssprachen in Konkurrenz mit der lateinischen erlebte - und zugleich Repräsentant einer Gegenwart, welche kein sprachliches und kein kulturelles Zentrum mehr besitzt.

Daß Xenoglossie auch mit Grenzüberschreitungen ganz anderer Art verbunden sein kann, sei an dieser Stelle nur mit einem Beispiel belegt. Ein glücklicheres Gegenstück zu dem polyglotten und dabei in keiner Sprache beheimateten Salvatore ist der Held in Italo Calvinos Roman "Il Barone rampante", der rebellische Baumbewohner Cosimo di Rondò. Diesem werden in einer Phase des Gefühlsüberschwangs - Anlaß ist die Liebe zu einer Frau - alle Sprachen zu einer, alle Wörter zu verwandten Wörtern; Cosimo kennt buchstäblich und im übertragenen Sinn keine Schranken mehr, und darum drückt der Verliebte seine Empfindungen mehrsprachig aus; er springt auf den Bäumen herum und singt Verwirrendes:

"Ecco che lo si scorgeva venira a salti per i lecci, declamare:
'Zu dir, zu dir, gunàika,
Vo cercando il mio ben,
En la isla de Jamaica,
Du soir jusqu'au matin!'
oppure:

'Il y a un pré where the grass grows toda de oro
Take me away, take me away, che io ci moro!"'
"'Que viva die schönste Venus posteriòr!'"[80]

---

[80] Italo Calvino: Il barone rampante. Milano 1993. S. 197/198. Vgl.: Italo Calvino: Der Baron auf den Bäumen. Dt. v. Oswalt von Nostitz. München, 7. Aufl. 1992. S. 218. Zu Cosimos Sprachexperiment bemerkt der Erzähler des Romans, seine Kenntnisse der klassischen und neueren Sprachen seien nicht allzu groß gewesen, aber hinreichend zur Artikulation seiner Empfindungen. Die Sprache des Barons sei umso dunkler geworden, je leidenschaftlicher er bewegt gewesen sei. (Dt. Ausg.: S. 218, ital. Orig.: S. 198.)

(Eine kleine Nebenbemerkung: Die Vereinigung zweier Sprachen in einem Gedicht paßt natürlich besonders gut zu einem guten alten lyrischen Thema wie der Liebe. Ein Beispiel dafür stammt von Jacques Roubaud: "O GLIB O LIEBE..."

"O glib o liebe source si tes eaux
seem song seem with their hundred folding herbs
sapides sous les jonquilles si neuves
ou sifflent comme sifflent les roseaux

is it for me for us when lyin' above
you green on the marigolden meadow
renversés sous les murmurants rideaux
de trembles gris nous jouons joute brève

or is it that from sauntering summer
in prairies drowned you hear the brooding birds
forever-owl or morrow-nightingale

et débordant de mains fraîches tu pleures
qui crois versant douce tendresse neuve
apaiser le mal qu'ils portent au ciel"[81]

Soviel zur Liebe.)

Eine wiederum anders geartete Komplementärfigur zu Ecos Salvatore ergreift das Wort zu Beginn des Romans "Der Erwählte" von Thomas Mann, einem weiteren pseudo-historischen Roman in mittelalterlichem Kostüm. Auch dieser Schreiber, der sich als Clemens der Ire vorstellt, ist nicht in einer Sprache zuhause, sondern in vielen (wobei das Lateinische eine Sonderstellung einnimmt), aber er nimmt die Vielheit der Sprachen unter dem Aspekt einer - mit rhetorischem Aufwand beschworenen - Einheit des "Geistes" wahr. Auch Clemens weiß - wie einst die Jünger am Pfingsttag - die eigenen Worte keinem bestimmten Idiom zuzuordnen, doch er ist davon kaum befremdet, allenfalls angenehm berührt.

"Denn da schreibe ich und schicke mich an, eine zugleich entsetzliche und hocherbauliche Geschichte zu erzählen. Aber es ist ganz ungewiß, in welcher Sprache ich schreibe, ob lateinisch, französisch, deutsch oder

---

[81] Zit. aus: Harald Hartung: Luftfracht. Internationale Poesie. 1940 bis 1990. Frankfurt/M. 1991. S. 247.

angelsächsisch, und es ist auch das gleiche, denn schreibe ich etwa auf thiudisc, wie die Helvetien bewohnenden Alamannen reden, so steht morgen Britisch auf dem Papier, und es ist ein britunsches Buch, das ich geschrieben habe. Keineswegs behaupte ich, daß ich die Sprachen alle beherrsche, aber sie rinnen mir ineinander in meinem Schreiben und werden eins, nämlich Sprache. Denn so verhält es sich, daß der Geist der Erzählung ein bis zur Abstraktheit ungebundener Geist ist, dessen Mittel die Sprache an sich und als solche, die Sprache selbst ist, welche sich als absolut setzt und nicht viel nach Idiomen und sprachlichen Landesgöttern fragt. Das wäre ja auch polytheistisch und heidnisch. Gott ist Geist, und über den Sprachen ist die Sprache."[82]

Verkörperte Salvatore die Dissoziation, so scheint hier auf den ersten Blick eine Gegenfigur zu sprechen, welche die Einheit der Rede im Zeichen eines einigenden Geistes verbürgt. Doch die Beschwörung eines Geistes der Erzählung, welcher über den dissoziierten Einzelsprachen stehe, ist unmißverständlich ein ironisches Zitat, eine Anspielung auf das Pfingstwunder, das aber in ein literarisch-episches Wunder transformiert und so unmißverständlich säkularisiert wird. Babel ist auch im Text Thomas Manns präsent: nicht zuletzt über literarische Reminiszenzen, mythologische und gelehrte Versatzstücke unterschiedlichster Provenienz. Clemens der Ire, selbst eine Kunstfigur mit angenommenen Namen (der sanfte christliche Clemens ist nämlich gleichsam die Übersetzung eines wilden heidnischen Morhold vom Irischen ins Lateinische), steht für die spielerische Suggestion einer Einheit, die anders als zitathaft-ironisch nicht mehr beschworen werden kann. Handelt es sich im Fall Salvatores eindeutig um Xenoglossie, so spielt "Der Erwählte" auf die Idee der Glossolalie an; die Literatur - das Erzählen - erklärt sich zu einer Instanz, die über den Sprachen in ihrer Vereinzelung steht. Freilich: Anders als das Cento des unglücklichen Salvatore, ist das Wunder, von dem der Erzähler Clemens bei Thomas Mann spricht, dem Leser gar nicht vorführbar. Auch wenn er etwas anderes behaupten mag: Sein Text steht unbestreitbar auf deutsch auf dem Papier - es sei denn, er sei später von fremder Hand in eine andere Sprache übersetzt worden.

---

[82] Thomas Mann: Der Erwählte. In: Königliche Hoheit/Der Erwählte. Frankfurt/M. 1967 (Taschenbuchausg. in 12 Bden.). S. 285.

Anklänge an und Einsprengsel von Fremdsprachigem enthält Manns "Erwählter" aber doch. Dies gilt vor allem für die Szene, in der es zum Inzest zwischen den Eltern des Protagonisten kommt; ironischerweise wird die Verführungsszene mit einem altfranzösischen Text unterlegt. Die (relative) Unverständlichkeit des Dialogs kommt dem Erzähler Clemens entgegen: Ist doch auch das, was da geschieht, zutiefst befremdlich und unverständlich, und widerstrebt ihm doch eine Übersetzung ins Verständliche nicht zuletzt aus Gründen der Dezenz. "Dann murmelten sie", so berichtet der Erzähler über den skandalösen Vorfall, "was man nicht mehr verstand und gar nicht mehr verstehen soll."[83]

Viertens:
Das Bedeutungspotential der poetischen Babel-Reminiszenzen

In den Berichten über die Vertreibung aus dem Paradies sowie über die babylonische Sprachkonfusion artikuliert sich das Bewußtsein von zwei großen Defiziten der Sprache: Diese ist erstens "unwahr", besitzt keine natürliche und selbstverständliche Beziehung zu dem, was sie benennt und ausdrückt, keinen "Grund" in den benannten Dingen und Wesenheiten selbst. Und sie ist zweitens durch ihre Aufsplitterung ebensooft Hindernis wie Medium der Kommunikation. Beide Themen sind poetisch und poetologisch immer wieder reflektiert worden. Die Suche der Dichter nach einer der "paradiesischen" nachtönenden Sprache oder aber die Klage um deren Verlust hat in der Geschichte poetischer Artikulation regelrecht leitmotivische Funktion. Ein allgemeines Motiv, das hinter dem Umspielen von Sprachgrenzen vermutet werden darf, ist die Sehnsucht nach einer Sprache, in welcher nicht nur die Grenzen zwischen den Einzelidiomen, sondern auch die zwischen Wörtern und Wesenheiten aufgehoben wären.

Den spekulativen Hintersinn der Berichte über das Unheil von Babel hat Walter Benjamin näher beleuchtet. In seiner Paraphrase wird der biblisch-mythologische Bericht über Babel zur Reflexion über Repräsentation schlechthin in ihrer ganzen Ambivalenz. Das

---

[83] Thomas Mann: Der Erwählte. S. 302.

Schicksal der Sprache in Babel spiegelt das Wesen aller bloßen Zeichen, welche etwas vertreten, ohne etwas anderes zu sein als allenfalls unzulängliche Übersetzungen.

"Wie das stumme Wort im Dasein der Dinge so unendlich weit unter dem benennenden Wort in der Erkenntnis des Menschen zurückbleibt, wie wiederum dieses wohl unter dem schaffenden Wort Gottes, so ist der Grund für die Vielheit menschlicher Sprachen gegeben. Die Sprache der Dinge kann in *die* Sprache der Erkenntnis und des Namens nur in der Übersetzung eingehen - soviel Übersetzungen, soviel Sprache, sobald nämlich der Mensch einmal aus dem paradiesischen Zustand, der nur eine Sprache kannte, gefallen ist. (Nach der Bibel stellt diese Folge der Austreibung aus dem Paradiese allerdings erst später sich ein.) Die paradiesische Sprache des Menschen muß die vollkommen erkennende gewesen sein; während später noch einmal alle Erkenntnis in der Mannigfaltigkeit der Sprache sich unendlich differenziert, auf einer niederen Stufe als Schöpfung im Namen überhaupt sich differenzieren muß."
"Das Wort sollte *etwas* mitteilen (außer sich selbst). Das ist wirklich der Sündenfall des Sprachgeistes. Das Wort als äußerlich mitteilendes, gleichsam eine Parodie des ausdrücklich mittelbaren Wortes auf das ausdrücklich unmittelbare, das schaffende Gotteswort, und der Verfall des seligen Sprachgeistes, des adamitischen, der zwischen ihnen steht. (...) Indem der Mensch aus der reinen Sprache des Namens heraustritt, macht er die Sprache zum Mittel (nämlich einer ihm unangemessenen Erkenntnis), damit auch an einem Teile jedenfalls zum bloßen Zeichen; und das hat später die Mehrheit der Sprachen zur Folge. (...) Nach dem Sündenfall, der in der Mittelbarmachung der Sprache den Grund zu ihrer Vielheit gelegt hatte, konnte es bis zur Sprachverwirrung nur noch ein Schritt sein. Da die Menschen die Reinheit des Namens verletzt hatten, brauchte nur noch die Abkehr von jenem Anschauen der Dinge, in dem deren Sprache dem Menschen eingeht, sich zu vollziehen, um die gemeinsame Grundlage des schon erschütterten Sprachgeistes den Menschen zu rauben. *Zeichen* müssen sich verwirren, wo sich die Dinge verwickeln. Zur Verknechtung der Sprache im Geschwätz tritt die Verknechtung der Dinge in der Narretei fast als deren unausbleibliche Folge. In der Abkehr von den Dingen, die die Verknechtung war, entstand der Plan des Turmbaus und die Sprachverwirrung mit ihm."[84]

---

[84] Walter Benjamin: Über Sprache überhaupt und über die Sprache des Menschen. In: Gesammelte Schriften. Hg. v. Rolf Tiedemann u. Herman Schweppenhäuser. Frankfurt/M. 1991. Bd. II/1. S. 140ff.

Die Geschichte der Sprache zwischen dem Paradies und Babylon stellt sich dar als Geschichte eines Abfalls, eines Verlusts, einer Dissoziation. Mit Benjamins Worten ist "die Sprache des Paradieses vollkommen erkennend gewesen"; die Instrumentalisierung des Wortes zum repräsentierenden Zeichen hingegen bedeutete seine Degradierung von etwas an sich selbst Präsentem zur bloßen Repräsentation. Und das ist der eigentliche Abschied vom "Paradies". Die Katastrophe von Babel besiegelt das Unheil: Wo man mit Zeichen umgeht, da herrscht Beliebigkeit und Vielfalt; statt des einen Zeichens mag ein anderes verwendet werden. Eine Vielheit von Sprachen kann sich herausbilden, wo allenthalben nur repräsentiert und "übersetzt" wird; wie kein einzelnes Zeichen Vorrang vor dem anderen hat, so ist keine Sprache vor den anderen privilegiert.

Und Babel wiederholt sich immerzu allenthalben: Sprachen werden als "Medien", ja als "Verfremdungen" und "Störungen" erfahren, sobald man um ihre Vielheit und Verschiedenheit weiß; die Einsicht des Kindes, daß es andere Sprachen als die zunächst erlernte gibt, ist der erste Schritt zum Befremden, zur Entdeckung der Nichtselbstverständlichkeit aller Rede, ja des Abgrundes zwischen den Wörtern und dem, was sie sagen sollen. Nur im Paradies war das Bezeichnete im Zeichen präsent: Daran erinnert der Babel-Mythos auf dem Weg der Negation. Wo immer nun das Unglück von Babel herbeizitiert wird, wird mittelbar auch die Utopie reiner Gegenwart, einer Präsenz der Dinge in ihren Namen, herbeizitiert. George Steiners These erscheint daher bedenkenswert: Gerade Poesie entsteht aus dem "Vergessen" von Sprachgrenzen, aus dem "Ignorieren" der skandalösen Tatsache, daß es statt einer Sprache viele Sprachen gibt.[85]

Insgesamt hat die Vielsprachigkeit als poetisch-literarisches Kompositionsprinzip viele Gesichter: Die Möglichkeiten reichen von der Einbeziehung einzelner fremdsprachiger Partikel in den ansonsten sprachlich homogenen Text bis zur Amalgamierung unterschiedlichster Elemente zu einem neuartigen Idiom, von der Verwendung an sich korrekter heterogener Sprachbausteine über deren Verfremdung bis hin zum Neologismus, wobei auch hier wieder ein Spielraum besteht: von einer feierlichen Überhöhung der Diktion durch das zelebrierte Fremd-Wort bis hin zum munte-

---

[85] Steiner: Nach Babel. S. 204f.

ren Pidgin à la Jandl. Erzeugt die Verwendung fremdsprachiger
Wörter oder Anklänge vielfach Konfusion, so dient sie in anderen
Fällen wohl auch der Präzisierung und Vertiefung des poetischen
Ausdrucks. Unterschiedlicher Art sind die spezifischen Absichten,
mit denen die Autoren fremdsprachige Elemente in ihre Texte ein-
beziehen. Dabei mag es in Einzelfällen durchaus auch um Beweis
von Gelehrsamkeit, von Sprachkompetenz gehen, während andere
Texte - wie etwa das erwähnte Beispiel Jandls - eher als parodistische, künstlich-naive Grenzüberschreitung zu betrachten wären.
    Spiele mit Sprachgrenzen und über diese hinaus besitzen zudem
auch eine mehr oder weniger offenkundige politisch-historische
Dimension. Die mehrsprachigen Wort- und Textgebilde der Dadaisten etwa sind vor dem doppelten Hintergrund eines künstlerischen Selbstverständnisses im Zeichen der Internationalität einerseits, der politischen Zersplitterung der Weltkriegszeit andererseits
zu lesen. Was da vordergründig vielfach wie Clownerie wirkt, ist
Ausdruck des Zorns, ja der Verzweiflung angesichts einer geschichtlichen Lage, die dem poetischen Internationalismus ebensowenig eine Chance gibt wie dem politischen. Komik und Gro-
teske werden hier zu Artikulationsmitteln der Subversion.
    Von einem gewissen "Oberdada Hajos" stammt der in Berlin
1920 publizierte "Dadaistischer Foxtrott", dessen Text ein gewisser
Dada Beda verfaßt hat:[86]

"1. Jokohama Dalai Lama Rama tama Jong! Sternhimmel Knokkebaut
Amtsschimmel Eselshaut mit Kraut Botokuden blaue Buden alte Juden
Gong! (...)

2. Galipoli Molly Dolly Ganz Manoli Bridge! Haarnadel Ham and Eggs
Pinselstrich Farbenklex und Schmecks Vaporetto Cavaletto Tintoretto
Kitsch! (...)

3. Soziales Nationales Großer Dalles Bums! Staatsbund und Bundes-
staat Arist und Demokrat Salat! Proletarisch deutsch und arisch alles
narrisch Sums! (...)"

---

[86] Zuerst erschienen im Bohème Verlag Karl Brüll, Berlin 1920. Zitiert
aus: Das Lachen DADAs. Die Berliner Dadaisten und ihre Aktionen. Hg. v.
Hanne Bergius. Gießen 1993. S. 368f.

Der Refrain der einzelnen Strophen beginnt so: "Dada o du heiliger Dada o großmäuliger Dada erhör' mein Gebet (...)." Ob der große Dada irgendeines dieser Gebete erhört hat, bleibt zweifelhaft; polyglott jedenfalls scheint er gewesen zu sein.

Mögen die passagenweise oder im ganzen mehrsprachigen oder Mehrsprachigkeit thematisierenden Texte auch auf den ersten Blick als literarische Randphänomene erscheinen, so läßt sich gerade das metaphorische Potential dieser Randphänomene auf poetische Grundmotive allgemeinerer Art beziehen. Wo mehrere Sprachen in einem Text in einen Bezug zueinander gesetzt werden - sei es, daß dieser eher als dialogisch oder eher als Spannungsbezug empfunden werde -, da wird nicht allein etwas *gesagt,* sondern zugleich etwas *gezeigt.*

1. Grundsätzlich impliziert die Überschreitung von Sprach-Grenzen innerhalb eines Textes eine Reflexion auf das, was der Mythos als Katastrophe von Babel schildert, einen Hinweis auf den Riß zwischen Sprachen und Nationen sowie - in Verbindung damit - auf die Eigen-Art jeder einzelnen Sprache und die Bindung, ja Fesselung, welche mit der Abhängigkeit von einer Sprache für den Sprachbenutzer einhergehen kann.

2. Ein metaphorisches Potential besitzt das Prinzip Mehrsprachigkeit insofern, als es sich dazu eignet, das Andere als Anderes zur Sprache kommen zu lassen. Der erwähnte spanisch-maurische Text aus dem Mittelalter ist auf programmatische Weise dialogisch: Fremdes und Vertrautes werden vereinigt, ohne nivelliert zu werden. Gerade in dieser Hinsicht kann der äußere Tatbestand der Mehrsprachigkeit zum Indikator einer poetologischen Utopie werden. Und nicht nur einer poetologischen; in der Affinität zum Fremdwort drückt sich eine grundsätzliche Lust am Anderen, am Nichtvertrauten aus, wie etwa Theodor W. Adorno einmal konstatiert hat:

"(...) wie, zumindest für den Typus des ausdrucksfähigen Menschen, die Sprache in ihren Wörtern erotisch besetzt ist, so treibt Liebe zu den Fremdwörtern. Die Empörung über deren Gebrauch entzündet sich in Wahrheit an jener Liebe. Der frühe Drang zu den Wörtern aus der Fremde ähnelt dem zu ausländischen, womöglich exotischen Mädchen; es lockt eine Art Exogamie der Sprache, die aus dem Umkreis des Immergleichen, dem Bann dessen, was man ohnehin ist und kennt, heraus möchte."[87]

Dies - nebst der Feststellung, daß unter gewissen Umständen Fremdwörter erröten lassen können "wie die Nennung eines verschwiegenen geliebten Namens"[88] - klingt nicht zuletzt wie ein Kommentar zu den sprachlichen Exzentrizitäten des verliebten Barons bei Calvino. Doch das im "Fremd"-Wort repräsentierte Andere kann nicht nur lustvoll erfahren werden, sondern auch schmerzlich, als Anlaß für Verstörung und Leiden; entscheidend ist, daß das Fremde artikuliert wird (und daß sich gerade Literatur und Dichtung zu seinem Artikulationsinstrument macht).[89]

3. Drittens kann die Verwendung fremdsprachlicher Versatzstücke auch dazu dienen, Verfremdungseffekte zu erzielen, den Hörer oder Leser mit den Grenzen seines Verstehens zu konfrontieren. Diesen Aspekt erhellt ein theoretischer Text, in dem es (zumindest vordergründig) gar nicht um Literatur geht. Adorno hat sich in seinem Essay "Wörter aus der Fremde" gegen den Vorwurf gewehrt, er verwende ohne Not zu viele Fremdwörter. Nachdem er dies zunächst bestreitet und die Empfindlichkeiten des kritisierenden Publikums auf ein Befremden anderer Art zurückgeführt hat,

---

[87] Theodor W. Adorno: Wörter aus der Fremde. In: Noten zur Literatur II. Frankfurt/M. 1973 (im folgenden: NzL). S. 110ff. Hier: S. 112.

[88] Adorno: NzL. S. 112.

[89] Auf die unterschiedlichen Grade der Integration von lateinischen Sprachelementen in die verschiedenen europäischen Sprachen weist Adorno hin, der in diesem sprachgeschichtlichen Befund ein Gleichnis übergreifender gesellschaftlicher Zusammenhänge sowie insbesondere in der "Fremdheit" mancher Sprachpartikel einen Indikator gesellschaftlich-historischer Disharmonie sieht. Vgl. NzL. S. 113f.: "In Deutschland (...) wo die lateinisch-zivilisatorischen Bestandteile nicht mit der älteren Volkssprache verschmolzen, sondern durch Gelehrtenbildung und höfische Sitte eher von jener abgegrenzt wurden, stechen die Fremdwörter unassimiliert heraus und bieten dem Schriftsteller, der sie mit Bedacht wählt, so sich dar, wie Benjamin es beschrieb (,) als er von der silbernen Rippe eines Fremdworts sprach, das der Autor in den Sprachleib einsetzt. Dabei ist freilich, was unorganisch scheint, in Wahrheit selbst nur geschichtliches Zeugnis, das des Mißlingens jener Vereinheitlichung. Solche Disparatheit bedeutet nicht nur in der Sprache Leiden zugleich und den von Hebbel so genannten 'Riß zur Schöpfung', sondern auch in der Wirklichkeit."

stellt er prinzipielle Überlegungen zur Funktion von Fremdwörtern an, welche ein Licht auch auf deren poetisch-literarischen Gebrauch werfen dürften. Fremdwörter repräsentieren das Fremde, ja sie sind das Fremde schlechthin. Auf dieses zu stoßen, zumal wo man es nicht erwartet, kann schockierend wirken - aber Schocks haben auch den positiven Effekt, scheinbar Selbstverständliches zu unterlaufen, bequeme Täuschungen zu stören, unbequeme Einsichten zu befördern. Fremdwörter wirken, darauf laufen Adornos Überlegungen hinaus, subversiv.

> "Die Diskrepanz zwischen Fremdwort und Sprache kann in den Dienst des Ausdrucks der Wahrheit treten. Sprache hat Teil an der Verdinglichung, der Trennung von Sache und Gedanken. Der ubliche (sic) Klang des Natürlichen betrügt darüber. Er erweckt die Illusion, es wäre, was geredet wird, unmittelbar das Gemeinte. Das Fremdwort mahnt kraß daran, daß alle wirkliche Sprache etwas von der Spielmarke hat, indem es sich selbst als Spielmarke einbekennt. Es macht sich zum Sündenbock der Sprache, zum Träger der Dissonanz, die von ihr zu gestalten ist, nicht zuzuschmücken. Wogegen man sich beim Fremdwort sträubt, ist nicht zuletzt, daß es an den Tag bringt, wie es um alle Wörter steht: daß die Sprache die Sprechenden nochmals einsperrt; daß sie als deren eigenes Medium eigentlich mißlang. (...) An den Fremdwörtern erweist sich die Unmöglichkeit von Sprachontologie: noch den Begriffen, die sich geben, als wären sie der Ursprung selber, halten sie ihr Vermitteltsein vor, das Moment des subjektiv Gemachten, der Willkür."[90]

Das Fremdwort widersteht - und darin ist es Vorbild für das poetische Wort schlechthin - dem reibungslosen, scheinbar selbstverständlichen Gebrauch, der gedankenlosen Benutzung, ja Ver-Nutzung. Wo aber Reibung erst einmal entsteht, scheint Erkenntnis (als Erhellung des Nicht-Selbstverständlichen, als Bruch mit

---

[90] Adorno: NzL. S. 115f. Vgl. auch: "Dafür jedoch vermag er [= der Schriftsteller] die Spannung zwischen Fremdwort und Sprache, indem er sie in die eigene Reflexion und die eigene Technik miteinbezieht, sich zunutze zu machen. Das konformistische Moment der Sprache, den trüben Strom, in dem die spezifische Absicht des Ausdrucks ertrinkt, vermag er durchs Fremdwort helfend zu unterbrechen. Seine Härte und Konturiertheit, eben das, was es aus dem Sprachkontinuum heraushebt und was von der schlechten Allgemeinheit des Sprachegbrauchs zugedeckt wird, genau hervorzutreiben.

vernebelnden Konventionen des Denkens und Sprechens) immerhin möglich.[91]

In vielen Fällen ist bei der Inszenierung von Sprachmischungen wohl die Idee einer Reinigung und Verjüngung, einer "Entautomatisierung" der Sprache maßgeblich. Laut Adorno "könnten die Fremdwörter etwas von jener Utopie der Sprache, einer Sprache ohne Ende, ohne Gebundenheit an den Bann des geschichtlich Daseienden bewahren, die bewußtlos in ihrem kindlichen Gebrauch lebt."[92]

Insgesamt zeichnet sich hinter allem Disparaten im Bereich der Spielformen und Motive poetischer Sprach-Vermischung dann doch ein gemeinsamer Nenner ab: Wo das Wort sich selbst auffällig macht, wird deutlich, daß allenthalben Worte, allenthalben Vermittlungen und Repräsentationen im Spiel sind.

Kein An-sich, keine un-mittelbare Wirklichkeit ist zugänglich: daran erinnert das einzelne Fremd-Wort ebenso wie der gesamte Mythos von Babel. Das fremde Wort steht letztlich im Zeichen einer unauflöslichen Spannung, es ist als Wort aus der Fremde, als Wort des "Fremden" ambivalent: Denn es besitzt einerseits ein aufklärerisches Potential, (auf das es Adorno ankommt,) und kann andererseits doch auch verrätselnd wirken; es mag einerseits genauer sein, erhellender, treffender, andererseits aber auch Inbegriff und Zeugnis des Unverständlichen, das nicht - oder doch nicht bruchlos - in den Verstehenshorizont der Sprecher, Hörer und Leser übersetzbar ist. Doch der Anspruch auf Aufklärung, auf Transparenz, ist nur eines von mehreren widerstreitenden Motiven poe-

---

[91] "(...) In jedem Fremdwort steckt der Sprengstoff von Aufklärung, in seinem kontrollierten Gebrauch das Wissen, daß Unmittelbares nicht unmittelbar zu sagen, sondern nur durch alle Reflexion und Vermittlung hindurch noch auszudrücken sei." (NzL. S. 116). Adornos Argumente zugunsten des (kontrollierten) Gebrauchs von Fremdworten weist deutliche Anlogien zur Konzeption von Poesie als Ent-Automatisierung des konventionellen und mediokren Sprachgebrauchs auf. Freilich: "Ihr [= der Fremdwörter] Recht gegen den Positivsimus einer allgemein verständlichen und eben damit ihrem eigenen Gehalt entfremdeten Umgangssprache, der sie geschichtlich heute unterliegen, weist einzig dort sich aus, wo sie dem sprachlichen Positivismus nach dessen eigener Spielregel überlegen sind, der der Genauigkeit." (NzL. S. 120)

[92] Adorno: NzL. S. 120.

tisch-literarischer Sprachverfremdung. Gerade die multilingualen
literarischen Texte legen es immer wieder auch darauf an, irreversibel befremdlich zu sein, und gelegentlich scheinen sie damit sogar eine Art von Geheimwissen zu verheißen, das sich anders als
in einer Geheimsprache nicht artikulieren läßt. Zwischen der
Fremd-Sprache, der fremden Sprache, und dem Glauben an ein ge-
heimes, ein esoterisches Wissen, besteht eine Affinität, auf die etwa Eco aufmerksam gemacht hat.[93]

Auch wenn die Vermischung von Sprachen eine zumindest latent utopische Dimension besitzt, bleiben Babel und das Phänomen der Vielsprachigkeit Siglen der Entfremdung und des Zerfalls. Ebensowohl wie als Gleichnis einer "paradiesischen" Unge-
schiedenheit läßt sich der vielsprachige Text als Ausdruck der inneren Zerrissenheit lesen - ein Aspekt, der in der modernen Literatur in dem Maße in den Vordergrund tritt, als sich der Einzelne
nicht mehr als homogenes und mit sich "identisches" Ich begreifen
kann, sondern als in sich zerrissen, als Vielheit, als Bündel von
Motiven, Wünschen, Sehnsüchten, Gedankenfetzen und Sprach-
formeln. Wo das Ich selbst als ein multiples Gebilde, als etwas zutiefst Uneinheitliches und aus heterogenen Komponenten Zusam-
mengesetztes erscheint, ist es fast plausibel, daß es auch in verschiedenen Sprachen sprechen muß. Die Experimentalgedichte der
Futuristen, Dadaisten, Lettristen und Surrealisten sollten nicht zuletzt vor diesem Hintergrund gesehen werden: Babel ist überall -
auch und nicht zuletzt inmitten der Sprecher selbst.

Die Dinge haben viele Namen (und keiner ist besser, keiner ist
wahrer als der andere); viele Namen hat auch das Ich - denn es hat

---

[93] Vgl. zum Gedankenmotiv der Geheimsprache: Eco: Suche. S. 27:
"Nichts ist faszinierender als eine geheime Weisheit. Man weiß, daß sie
existiert, aber man kennt sie nicht, und folglich muß sie überaus tief sein. /
Doch wenn sie existiert und unbekannt geblieben ist, dann muß auch die
Sprache, in der diese Weisheit ausgedrückt worden ist, unbekannt sein."
Eco zitiert Diogenes Laertius, der die Meinung referiert, die Entwicklung
der Philosophie habe von kultischem Geheimwissen ihren Ausgang genommen. "Während die Griechen der klassischen Zeit die Barbaren in denen
sahen, die nicht einmal richtig artikuliert sprechen konnten, ist es nun gerade das vermeintliche Gestammel der Fremden, das zur heiligen Sprache
voller Verheißungen und verschwiegener Offenbarungen wird" (Eco: Suche. S. 27).

keinen wahren Namen, weil es keine Identität besitzt. An diesen
Doppelbefund erinnern diverse multilinguale Texte zeitgenössischer Autoren.

In Nicolas Borns Gedicht "Fahndungsblatt" heißt es etwa:

> "Gesucht wird ICH / Alter unbestimmt / Ich nenne mich je nach
> Umgebung: Carlos Kalle Karl Carlo / Charly Charles Karel oder
> Günther (...)."

Die Verknüpfung des Themas von der fragwürdigen Identität des
Menschen mit der Erfahrung, in keiner Sprache wirklich zuhause
zu sein, muß jedoch nicht so pessimistisch akzentuiert sein wie
hier. Als positives Gegenstück sei ein Gedicht des karibischen
Autors Derek Walcott angeführt, der mit Selbstbewußtsein auf die
Mixtur hinweist, aus der seine Sprache und seine Person bestehen.

> "I'm just a nigger who love the sea,
> I had a sound colonial education,
> I have Dutch, nigger and English in me,
> and either I'm nobody, or I'm a nation."[94]

Mehrdeutig wie Babel ist und bleibt auch Jerusalem mit seinem
Pfingstwunder, welches in der literarischen Moderne ebenfalls sein
Nachspiel findet. Die Idee fremder Inspiration verbindet sich mit
dem aktuellen Konzept einer Rede, die dem Sprechenden selbst
un-geplant, oft gar un-bewußt "zufällt", mit der Sehnsucht nach
oder der Angst vor einer Bekundung, dergegenüber der Sprechende (oder Schreibende) keine Autorschaft im qualifizierten Sinn beanspruchen kann. In Zungen zu reden - in fremden Zungen - kann
als beklemmend, aber auch als befreiend empfunden werden. Ossip Mandelstam schreibt 1921:

> "Heutzutage haben wir es mit einem Phänomen von Glossolalie zu tun.
> Wie in heiliger Ekstase reden die Dichter in der Sprache aller Zeiten,

---

[94] Derek Walcotts Text wird im Vorwort zu der Anthologie "Luftfracht"
zitiert unter dem Stichwort "Karte einer neuen Welt". ("Ein roter Nigger,
der lieben das Meer, / bin ich, mit echt kolonialem Diplom; / hab Hollän-
disch, Nigger und Englisch in mir, / bin entweder niemand oder eine Na-
tion") Übers.: Hans Magnus Enzensberger. Luftfracht. Internationale Poesie 1940 bis 1990. Frankfurt/M. 1991. S. 30.

aller Kulturen. Nichts, was unmöglich wäre... Das Wort ist zu einer Schalmei nicht mit sieben, sondern mit tausend Röhren geworden, die der Atem aller Jahrhunderte auf einmal zum Klingeln bringt. Das Verblüffendste an der Glossolalie ist, daß der Sprecher die Sprache, die er spricht, nicht kennt."[95]

Multilinguale Texte lesen sich wie die plakative (vielleicht auch vereinfachende) Demonstration einer solchen Erfahrung. Daß die eigene Rede dem Sprechenden, der eigene Text dem Schreibenden fremd erscheint, weckt einerseits die Erinnerung an die segensreiche Inspiration der Apostel beim Pfingstwunder, welche sie ihre persönliche (auch sprachliche) Beschränktheit überwinden ließ um einer übergeordneten Wahrheit willen - andererseits aber auch die Furcht, nicht einmal der Wörter mehr Herr zu sein und allenfalls in der Illusion zu leben, "sich" und das "Eigene" ausdrücken zu können. Das Phänomen der Glossolalie zeigt sich am Propheten, am Sprachbegeisterten (wie Novalis dann auch den Dichter nennt), ebenso wie am Irren, der seiner selbst und seiner Sinne nicht mächtig ist.

Daß man keine verbindlichen Kriterien hat, um zwischen prophetisch-inspirierter und irrsinniger Bekundung zu differenzieren, macht auch das vielsprachige Spiel in den Grenzländern der Einzelidiome so doppeldeutig. Das an Fremdem der eigenen Rede Zu-Gefallene kann als zutiefst Unkalkulierbares sowohl von höherer Wahrheit zeugen als auch von heilloser Zerrüttung. In jedem Fall läßt sich konstatieren, daß die Offenheit für das "Fremde Wort" und seine Integration in den Text der relativ vertrauteren Sprache unter anderem durch die Bereitschaft des Schreibenden motiviert

---

[95] Ossip Mandelstam: Essays. Leipzig/Weimar 1991. S. 14f. Zitiert nach Felix Philipp Ingold: Der Autor am Werk. München/Wien 1992. S. 373. Ingold betont die Aktualität archaischer Automatismen des Sprechens, einer un- und unterbewußten Sprachgestaltung, auf welche die moderne Dichtung in Anknüpfung an archaische Konzepte setze. "Die neue Einsicht in die sprachinternen Prozesse der Textgenerierung und die Bereitschaft mancher Autoren, der Eigengesetzlichkeit dieser Prozesse - entgegen individuellem dichterischen Kunstwollen (...) - zum *Durchbruch* zu verhelfen, gehört zwar tatsächlich zu den großen Verdiensten der literarischen Avantgarden im beginnenden 20. Jahrhundert, entspricht aber (...) Postulaten und Vermutungen, die viel früher schon ausgesprochen wurden (...)." (Ingold. S. 373)

sein kann, selbst zurückzutreten hinter die sprachlich-literarische Bekundung, jeden "Besitz"-Anspruch gegenüber den Wörtern preiszugeben. Ernst Jandl vertritt diese Haltung dezidiert, und gerade in seinen grenzüberschreitenden Sprach-Spielen tritt er nicht als selbstbewußter Autor in Erscheinung, sondern als Sammler heterogener Sprachpartikel - die ihm "zufallen".

Eine letzte Zweideutigkeit, an welche die unterschiedlichen Spielformen multilingualer Dichtung erinnern: Ist eigentlich die "Babylonische" Zerstreuung der Sprachen eindeutig unheilvoll? Insofern man dies bezweifeln kann, ergibt sich eine weitere Ambivalenz des viel-sprachigen Sprechens und Schreibens. Ist dieses vielleicht Zeichen eines Reichtums an Ausdrucksmöglichkeiten, um deren Existenz nicht jeder Sprachbenutzer ahnt, weil er die Sprachgrenzen zu ernst nimmt? Guillaume Apollinaire hat einmal - in kritischer Auseinandersetzung mit dem Konzept eines universal verständlichen Sprechens - bemerkt:

> "Eine lyrische Weltsprache würde nur verschwommene, akzent- und strukturlose Werke ergeben, die den Wert der Gemeinplätze internationaler parlamentarischer Rhetorik hätten."[96]

Das Pfingstwunder wird unter dieser Voraussetzung zu einem Gegenstand tief zweideutiger Anspielungen. Die "wesenhafte" Einheits- und Universalsprache ist nirgends greifbar, nicht erfindbar, ja nicht einmal recht vorstellbar. Was bleibt, sind allenfalls Modelle, Statthalter, Umschreibungen: Anlässe, über den Sinn - und vielleicht über die Schattenseiten - jener spekulativen Idealkonstruktion nachzudenken. Ist sie doch schon darum zu einem fragwürdigen Ideal geworden, weil wir daran gewöhnt sind, Grenzen und Differenzen als Bedingungen für Eigen-Art (um nicht von "Identität" zu sprechen) anzusehen. Kunst-Sprachen wie das Esperanto mögen manchmal nützlich sein, die Beförderung einzelner Idiome zur Weltsprache mag pragmatisch sinnvoll erscheinen - eine Alternative zur Vielheit der Sprachen stellen beide Wege nicht dar, da sie Vereinfachung und Reduktion implizieren. Die Vielfalt der Sprachen zu akzeptieren, bedeutet, auch Literaturen unter dem

---

[96] Guillaume Apollinaire: Der neue Geist und die Dichter. In: Ars poetica. Texte von Dichtern des 20. Jahrhunderts zur Poetik. Hg. v. Beda Allemann. Darmstadt 1971. S. 79. Orig.: L'esprit nouveau et les poètes. Paris 1946.

Aspekt ihrer Abgegrenztheit wahrzunehmen - nur daß Literatur sich in besonderem Maße durch solche Grenzen herausgefordert fühlt, sie immer wieder umspielt, durchbricht, verschiebt. Man könnte sich von avancierterer sprachtheoretischer Position aus fragen, ob das Pfingstwunder sozusagen noch das ist, was es einmal war. Natürlich läßt sich das Wort Gottes auf hebräisch, aramäisch, kretisch und lateinisch verkünden - aber ist es dann *dasselbe* Wort? Wurde in Jerusalem tatsächlich *eine* Wahrheit verkündet? Wir wären heute geneigt, dies abzustreiten. Und so wecken mehrsprachige Texte nicht einfach die Erinnerung an eine vorbabylonische Sprache, sie lösen auch ein Nachdenken darüber aus, daß diese wohl kein Objekt der Rekonstruktion gewesen sein konnte und kann, daß - pointiert gesagt - das Pfingstwunder selbst schon eher Gleichnis als Ereignis war.

Betont sei nochmals: Die Geschichte des Babylonischen Mythos und des mit ihm konnotierten Themas der Sprachenvielfalt, des Sprachenwirrwarrs hat mehrere Wendepunkte: Einer bestand darin, daß man begann, Babel als Katastrophe zu betrachten; ein neuerlicher Wendepunkt ist damit gekommen, daß man die Vielfalt des Unverständlichen, die vielfältigen Möglichkeiten sprachlicher Manifestation des Fremden und Anderen affirmativer und nicht mehr einseitig als katastrophal betrachtet. Literatur, Grenzen von jeher umspielend, zeigt vielfach Ansätze, dieses Andere - auch als Un-Entschlüsseltes, Un-Aufgelöstes in sich hineinzunehmen; die vorgeführten Beispiele sollten dies illustrieren.

Das Thema "Babel" ist in einem umfassenden spekulativen Kontext zu sehen. Dazu noch ein paar abschließende Hinweise: Auf die Grundfrage nach der Erkennbarkeit des Wirklichen sind, etwas vereinfachend gesagt, in der Geschichte des Denkens zwei Typen von Antworten formuliert worden. Einer ersten Konzeption zufolge wäre Erkenntnis die Feststellung, die Entschlüsselung der als Ziel allen Suchens vorgegebenen Wahrheit, einer identischen Wahrheit, welche zuletzt rein und vermittlungsfrei aufzuscheinen hätte. Telos der Erkenntnis, so die Platonische Ideenlehre als das klassische Paradigma, ist die Anschauung des wahren Urbildes, der Idee. Aus der Höhle bloßer Schatten führt der Weg ans Licht der Wahrheit. Zeichen - in ihrer Vielheit und Verschiedenartigkeit - können den Suchenden auf seinem Weg zwar begleiten, doch die Wahrheit ist jenseits der Zeichen, welche günstigenfalls deren Abbilder sind, in ihr gründen und sie repräsentieren. Ein zweites Konzept von Erkenntnis verabschiedet demgegenüber die Idee der einen und identischen Wahrheit als Telos aller Erkenntnis; die Suche nach dem "Wahren" wird zur bloßen Arbeitshypothese. Der Weg des Erkennens wird zur prinzipiell unabschließbaren Reise: von Bild zu Bild, von Zeichen zu Zeichen - ein Weg durch die unterschiedlichsten Sprachen, von denen keine begründeten Anspruch erheben kann, irgendeiner Wahrheit näher zu sein, weil hinter jedem Zeichen, hinter jedem Text nur wieder neue Zeichen, neue Texte entdeckbar sind.

Mir scheint nun *erstens* eine Entsprechung zwischen diesen beiden Konzepten von Erkenntnis und Repräsentation einerseits, den letzten beiden Etappen in der Geschichte von "Babel" andererseits zu bestehen.

Indem - als Einleitung der zweiten Etappe - "Babel", also die Tatsache der Vielheit und Unterschiedlichkeit der Sprachen als *Katastrophe* interpretiert wird, verbindet sich damit zunächst die nostalgische Suche nach einer wahren und wesenhaften Sprache, oft akzentuiert als Suche nach einer paradiesischen, in jedem Fall vor-babylonischen Ur- und Einheitssprache. Solche Sehnsucht nach der Ursprache korrespondiert einer Erkenntnis, welche sich als Suche nach dem "Grund" begreift: nach der Wahrheit als Grund aller Repräsentationen, welchen es jenseits von deren Heterogenität zu erkennen gälte, nach dem Einheitlichen jenseits der Vielheit. Die Ur- und Paradiesessprache sollte das wahre Wesen der Dinge selbst aufscheinen lassen. Noch eine spätere Phase dieser Etappe, welche im Zeichen des Versuchs künstlicher Konstruktion einer Universalsprache steht (einer Universalcharakteristik etwa als Instrument einer Mathesis universalis), ist dadurch charakterisiert, daß sie hinter dem Vielen das Eine - und hinter dem Beliebigen das Wesenhafte sucht.

Doch als man - zu Beginn der dritten babylonischen Etappe - "Babel" als irreversibel, die Einheitssprache als rein hypothetisches Konstrukt, die Vielheit der Sprachen als (und sei es auch oftmals belastenden) Reichtum zu begreifen beginnt, da ergeben sich dann Affinitäten zu jenem Erkenntnismodell, demzufolge es keinen letzten Grund jenseits des unendlichen Spiels der Repräsentationen gibt.

Diese neue Konzeption von Babel, so denke ich, - und damit
komme ich endlich zu *zweitens* - hat eine besondere Affinität zum
Medium der Literatur, die ja in mehrerlei Hinsicht seit jeher viele
Sprachen spricht. Die Funktion der Kunst und der Literatur kann
angesichts der gewandelten Haltung gegenüber den verschieden-
artigen Zeichensprachen grundsätzlich vor allem darin gesehen
werden, deren Spiel zu bejahen und als solches transparent zu machen.

Das Interesse der Dichter und Schriftsteller am Thema "Babel"
motiviert sich dadurch, daß Babel mehr ist als ein Mythos unter
anderen: es geht auch um die Geschichte und das Ende der Meta-
physik - um das Recht des Vielgestaltigen, das sich in der Vielheit
der Sprachen artikuliert und keiner einheitlichen Ordnung unterwerfen läßt - es geht um das Recht des Unverständlichen auf Un-
übersetzbarkeit (wie bedauerlich man diese im Einzelfall auch finden mag).[97]

Mir scheint nun, daß insbesondere die vielfältigen, anhand aus-
gewählter Beispiele vorgestellten "babylonischen" Experimente,
die Inszenierung von Sprachvermischung und Sprachenwirrwarr,
in diesem Sinne zu verstehen sind. Der Durchgang durch die Sprachen wird hier zum Programm; insbesondere auch die Erkundung
jener Zonen, wo sich die Sprachen aneinander reiben, wo Transformationen stattfinden, bruchlose Übersetzung hingegen zum fiktiven Grenzwert sprachlicher Praxis wird. Das besondere Interesse
der Literatur, die im skizzierten Sinne "nachbabylonisch" ist, gilt
den Grenzländern: den Orten, wo Fremdes aufeinander trifft, wo
man Heterogenes miteinander vergleicht.

Die tiefere Berechtigung des künstlich inszenierten Sprachenwirrwarrs, des genüßlich gebabbelten Pidgin, bei dem die ideale
sprachliche Kompetenz absichtsvoll verfehlt wird, ja der absichtsvoll un-sinnigen "Oberflächenübersetzung", welche das Unverständliche nur in seiner Unverständlichkeit bekräftigt, liegt in ihrem Modellcharakter. Erinnert sei an dieser Stelle an eine Grund-
satzüberlegung Wilhelm von Humboldts:

---

[97] Ein unmißverständliches Votum zugunsten sprachlicher Pluralität gibt
Michel Butor ab: Michel Butor: Improvisationen über Michel Butor.
Schreibweise im Wandel. Aus d. Frz. v. Helmut Scheffel. Graz/Wien 1996.
Kap. XII: Die Gabe der Sprachen. S. 179ff., insbes. S. 185.

"Alles Verstehen ist (...) immer zugleich ein Nicht-Verstehen, alle
Uebereinstimmung in Gedanken und Gefühlen zugleich ein Auseinan-
dergehen."[98]

Regulative Ideen allenthalben: Grenzüberschreitung, Verständigung ohne Reibungsverlust, sprachliche Vermittlung eines identischen "Sinnes"... was bleibt davon, wenn wir nach der Realisier-
barkeit, ja auch nur nach der Denkbarkeit dieser Ideen fragen?
Und doch kommen wir nicht ohne sie aus. Nicht abwegig erscheint die These, es sei eine wichtige, vielleicht die hauptsächli-
che Funktion literarisch-poetischer Texte, Ideen der genannten Art
in sich "aufzuheben". "Aufhebung" aber hat, wie schon angedeutet,
einen mehrfachen Sinn: den des Konservierens ebenso wie den des
Tilgens - ganz abgesehen einmal von der Konnotation einer Er-
Höhung.

Die Aktualität des babylonischen Themas hängt mit dem vielfach proklamierten Ende des Logozentrismus zusammen; es führt
eine Spur von den "postbabylonischen" Sprachexperimenten zur
Abdankung jenes einigenden einen Geistes, der schon bei Thomas
Mann nur noch als ironisches Zitat - eben als Geist der Erzählung
- erscheinen durfte. Was nach dem Scheitern des Glaubens an
Wahrheit und Einheit sowie an die Präsenz des Logos in der Sprache bleibt, ist ja gerade jener Durchgang durch die Vielheit der
Repräsentationen, ist eben jene Pluralisierung des ohnehin Nicht-
Einheitlichen, wie sie sich in unseren Textbeispielen wohl besonders deutlich zeigt. Einen Weg zurück hinter Babel, zurück nach
Eden womöglich gibt es nicht - und je öfter und nachdrücklicher er
beschworen wird, desto ironischer nimmt sich solche Beschwörung aus. Was bleibt, sind Begegnungen, Kollisionen, aber auch
Verkettungen in Babel - Jandls "Oberflächenübersetzung" könnte
hier als Programm verstanden werden - ebenso wie Hebels "Kannitverstan". Was bleibt, sind Mißverständnisse im Zeichen der regulativen Idee möglicher Verständigung und Einigung; was bleibt,
ist, kurz gesagt, die Hoffnung auf eine gelegentliche Produktivität
unserer Mißverständnisse.

---

[98] Wilhelm von Humboldt: Ueber die Verschiedenheiten des menschlichen
Sprachbaues. Gesammelte Schriften. Berlin 1903ff. Bd. VII. S. 64.

WAHLVERWANDTSCHAFT IM ZEICHEN DES UNSINNS: GÜNTER EICH, ERNST MEISTER UND DER LYRISCHE NONSENSE

"Wir werden nicht kalkulieren wie Pascal, sondern uns überraschen lassen."[1]

"Wir mögen falsche Wörter, man muß sie ausprobieren."[2]

Subversionen des Unsinns

Unmißverständlich lautet die Diagnose, mit der, zumal aus der Perspektive des Poststrukturalismus, die Moderne charakterisiert wird: Der Nicht-Sinn hat den "Schauplatz der Bedeutung" betreten und sich auf ihm breitgemacht; jeder bedeutungsstiftende Vorgang wird begleitet von einem irreduziblen Moment an Sinnlosem, jede Deutung stößt schließlich auf etwas, das sich ihr verschließt, weil es eben nichts an ihm zu deuten gibt. Gründet aller Sinn in der Intentionalität einer Setzung, so wird umgekehrt das Nicht-Sinnhafte erfahrbar als Kontingentes, als etwas, das nur "zustößt". Und es regiert vor allem im Bezirk des Bloß-Äußerlichen, des Materiellen; seine Manifestationsformen sind die sinnlose Willkür und der blanke Zufall.[3] Willkürliches und Beliebiges haftet allem Intentionalen an; ein unsinniges Moment begleitet alle Sinnstiftungen. Man mag sich fragen, ob dies alles erst für die Moderne zutrifft; treffender wäre wohl die These, daß die Moderne dadurch ausgewiesen ist, jenes Kontingente und Nichtssagende auf dem Schau-

---

[1] Ernst Meister: Prosa 1931 bis 1979. Hg. v. Andreas Lohr-Jasperneite. Heidelberg 1989 (im folgenden zitiert als: Prosa). S. 206.
[2] Günter Eich: Hohes Gras. In: Gesammelte Werke. Hg. vom Suhrkamp Verlag in Verbindung mit Ilse Aichinger und unter Mitw. v. Susanne Müller-Hanpft u.a. Frankfurt 1973. Bd. 1. S. 366.
[3] Vgl. dazu David Wellbery: Die Äußerlichkeit der Schrift. In: Hans Ulrich Gumbrecht/K. Ludwig Pfeiffer (Hg.): Schrift. München 1993. S. 344.

platz der Bedeutung als Skandalon entdeckt zu haben und seitdem
unablässig, ja obsessiv aufzuspüren. Das Kontingente, das Zufällige und Bloß-Äußerliche, ist dort, wo es registriert wird, oft wenig
willkommen - macht es sich doch gegenüber dem Reich der Inter-
pretanda bemerkbar als Störung, als Riß im postulierten Kontext
dessen, was dem deutungswilligen Ich etwas "sagt", und womit
dieses in einen Dialog eintreten kann. Als ein Moment irreduzibler
Unordnung innerhalb, nicht jenseits der Ordnungen, stellt es deren
Gültigkeit in Frage. Wo das Zufällige eine konstitutive Rolle
übernimmt, wird schließlich auch das "Subjekt" in seiner Eigenschaft als bedeutungsstiftende Instanz entmachtet;[4] das Bloß-
Äußerliche steht für den Prozeß der Sinnstiftung nicht zur Verfü-
gung, ja es sperrt sich gegen diese als ein grundsätzlich "Anderes",
das nicht begründet sein will und auf dem sich nichts begründen
läßt. Jener Riß im Deutbaren, in den lesbaren Kontexten von Natur
und Geschichte, ist nun für die moderne Kunst und Literatur ein
Faszinosum besonderer Art. Hierher rührt ihre Anteilnahme am
Nur-Äußerlichen, am Materiellen als einem sperrigen Widerpart
des Reichs der Bedeutungen, hierher rührt ihr Interesse am Kontingenten als dem schlechthin Unbegründbaren, hierher rührt zumal ihr Interesse am Zufall als einer Instanz, die für den Produkti-
onsprozeß fruchtbar gemacht werden kann, und die sich im künstlerischen Produkt auf manche Weise artikulieren mag.[5] In Kauf
genommen wird mit der Zulassung des Zufalls in den Bereich
künstlerischer und literarischer Produktion der Auftritt des
schlechthin Un-Sinnigen inmitten der Werke, ja das eine kommt
dem anderen gleich, da das Zufällige das schlechthin Unsinnige ist

---

[4] Vgl. Wellbery: Die Äußerlichkeit der Schrift. S. 345: "Wenn wir (...) sagen, daß jeder Akt der Bedeutung durch Kontingenz im Sinne von Zufall
gekennzeichnet ist, dann ist klar, daß Bedeutung nicht mehr als grundlegender bedeutungsstiftender Akt eines Subjektes begriffen werden kann -
einfach deshalb, weil ein Zufall, wie auch immer er geartet ist, Vorherseh-
barkeit ausschließt. Das Charakteristische an Zufällen ist, daß wir sie nicht
kommen sehen, d. h. sie sind weniger durch die Beschränkungen vorauslie-
gender Ordnungen noch durch die Vorwegnahme eines zu erreichenden
Zieles bestimmt."
[5] Vgl dazu: Monika Schmitz-Emans: Poesie als Antimechanik. Zur Modellfunktion des Zufälligen bei Hans Arp. In: Jahrbuch der Deutschen
Schillergesellschaft 38 (1994). S. 283-310.

und umgekehrt alles Unsinnige als "zufällig", weil in keinem sinnvollen Akt "begründet" erscheint. Dem Vordringen des Unsinnigen und Zufälligen komplementär verhält sich gerade auf dem Feld der Kunst und Literatur der sukzessive Autoritätsverlust des bedeutungsstiftenden Subjekts, das allmähliche Verblassen des "Autors" als der sinnstiftenden Instanz.[6] Es käme einer allzu naiven kausalen Ableitung gleich, wenn hier klare Bedingungsverhältnisse behauptet würden: Weder ist das Zurücktreten des menschlichen Sinnproduzenten einfach eine Folge davon, daß Kontingenz sich ausbreitet, noch verhält es sich eindeutig umgekehrt.

Mit besonderer Sensibilität wird das Eingreifen des Kontingenten, des Grundlos-Zufälligen und mithin Bedeutungswidrigen in die Prozesse der Sinnstiftung wohl dort wahrgenommen, wo traditionell die Domäne der Stiftung, Vermittlung und Deutung von "Sinn" liegt: Im Bereich der Sprache und der Schrift. Diese, das dem menschlichen Subjekt scheinbar Eigenste, sind nämlich ebenfalls anfällig für Störungen durch das "Andere" des Nicht-Sinns und mithin des Widersinns. Was diesem den Zutritt zur Welt der Wörter und Buchstaben verschafft, sind zumal jene Momente an Sprache und Schrift, welche dem Bloß-Äußerlichen zugehören, jene Dimension von Sprache und Schrift, die man gern unter dem metaphorischen Stichwort von der "Materialität" der Zeichen subsumiert. Was an Sprache und Schrift "nur" äußerlich ist, was von keinem bedeutungsstiftenden Akt gelenkt und kontrolliert wird, unterliegt dem Zufall; und dabei muß es doch an jeder sprachlichen, jeder schriftlichen Gestaltung ein solch rein Äußerliches schon deshalb geben, weil nur so die gesprochene oder geschriebene Rede überhaupt physisch wahrnehmbar wird. (Daß gerade die kommunikativen Leistungen der Sprache auf Kontingenzen beruhen, ist ein Skandalon, insofern damit die Fehlerquellen innerhalb der Diskurse als unausräumbar erscheinen.)[7] Wo

---

[6] Vgl. Wellbery: Die Äußerlichkeit der Schrift. S. 345: "Wie die Vorstellung des Zufalls, wenn sie einmal in den Schauplatz der Bedeutung eingeführt ist, diesen Schauplatz der Herrschaft subjektiver Intention entzieht, so führt sie in diesen Schauplatz auch ein Element von Un-Sinn ein. Das Charakteristische an Zufällen ist, daß sie an sich nichts bedeuten."

[7] Vgl dazu die verschiedenen Beiträge zu dem schon genannten Sammelband "Schrift" sowie meine Rezension des Bandes in: arcadia 29 (1994). Heft 1.

Lettern- und Klang-"Material" als die kontingenten Momente an Sprache und Schrift besonders in den Vordergrund treten, bringen sich leicht alte sprachkritische, ja sprachskeptische Gedankenmotive in Erinnerung: Als "zufällig" im Sinne von nicht-motiviert (also un-begründet) wurden schon seit der Antike die Sprachklänge immer wieder verdächtigt, den Sprachbenutzer vom Schauplatz der "Bedeutungen" fort und in die Irre zu führen. Die Hypothese von einer ursprünglichen Klanganalogie zwischen "Sachen" und "Namen", einer Entstehung der Sprachzeichen aus der Imitation des jeweils zu bezeichnenden Phänomens oder aus der spontanen, natürlichen Empfindung, vermochte die Irritation über den Abgrund zwischen Dingen und Wörtern niemals befriedigend zu beschwichtigen. Unmotiviert wie die Beziehung des jeweils einzelnen Signifikats zu seinem sprachlich-lautlichen Signifikanten sind auch Klangähnlichkeiten zwischen den "Namen" verschiedener Signifikate. Jean Pauls Hoffnung, bei einem Gleichklang der Namen sei - wegen des ursprünglich-nachtönenden Charakters aller Sprachzeichen auch "einige Ähnlichkeit der Sachen" zu erwarten, ist irrig, entspricht aber der regulativen Idee eines höheren Gesetzes jenseits vordergründiger Kontingenzen.[8] Namensähnlichkeiten sind so zufällig wie die einzelnen Namen selbst. Und wo ähnliche Namen verschiedene Signifikate in eine scheinbare Nachbarschaft bringen, da ist es der Zufall, welcher sich als bedeutsam maskiert, um desto ungehemmter sein subversives Spiel auf dem Schauplatz der Bedeutungen zu treiben. Dem Zufall unterliegen im übrigen nicht nur das Lexikon und die "Grammatik", sondern auch der jeweils einzelne Sprech- oder Schreibakt; dies wird dann besonders ohren- oder augenfällig, wenn hier ein Mißgeschick unterläuft, ein Signifikations- oder Kommunikationsprozeß mißlingt. Nicht daß diese Störungen sich ereignen *können*, ist jedoch das eigentliche Skandalon, sondern die Tatsache, daß sie sich zumindest unterschwellig stets ereignen, daß jeder Ausdruck von Bedeutung von nichtssagenden Bestandteilen konterkariert wird.[9] Allein, *daß* ge-

---

[8]   Jean Paul: Vorschule der Ästhetik. In: Werke. Hg. v. Norbert Miller. Bd. 5. München, 4. Aufl. 1980. S. 193 (§ 52).

[9]   Wellbery bemerkt anläßlich des Charakteristischen an Zufällen, daß sie eben nichts bedeuten: "Wenn ich zum Beispiel über ein Wort stolpere und es falsch ausspreche, so heißt dies nicht, daß ich mit dieser falschen Aussprache etwas sagen wollte; es war einfach ein Zufall. Von dem Stand-

sprochen oder geschrieben wird, muß angesichts der Zufälligkeit menschlichen Daseins als beliebig gelten. Mit obsessiver Energie sind gerade die modernen Schriftsteller der letztlichen Grundlosigkeit ihres eigenen Tuns auf der Spur, beginnend bei Mallarmé bis hin zu - sagen wir es hier schon vorgreifend: - Günter Eich und Ernst Meister. Was diese beiden Autoren darüberhinaus verbindet, ist ihre Affinität zu den zumindest latent komischen Dimensionen des Unsinnigen.

Man mag mit guten Gründen die Hypothese aufstellen, daß Kunst und Literatur wegen ihrer eigenen Affinität zum Unbegründbaren (und zwar in mehrerlei Hinsicht: unbegründbar im Sinne von kausal nicht erschöpfend ableitbar ist das einzelne Werk, unbegründbar auch das ästhetische Erleben sowie das ästhetische Urteil nach Kant) dazu prädisponiert seien, sich der Kontingenz auszusetzen, daß sie geprägt seien durch eine konstitutive Beziehung zum Zufälligen, und daß daher etwa ihr Interesse an der Äußerlichkeit der Zeichen rühre, welche ja die wichtigste Pforte darstellt, über welche das Zufällige sich den Zutritt in die Welt sinnvollen Zeichengebrauchs verschafft.[10] Gleichwohl entspräche es wohl einer einseitigen Betrachtungsweise, Literatur und Kunst als Instanzen zu sehen, welche gleichsam alle Kontingenzen der Welt auf sich nähmen, um sie stellvertretend für die somit entlasteten Bereiche außerkünstlerischer Semiose auszuhalten - um sie durch tapfere Einbeziehung in den literarisch-künstlerischen Prozeß womöglich gar zu bannen wie ein wildes Tier, das im Zoo der Artefakte plötzlich etwas ganz anderes ist als in freier Wildbahn. Natürlich, diesen Aspekt hat das literarisch-künstlerische Umgehen mit dem Zufälligen auch: Was in anderen semiologischen und praktischen Zusammenhängen etwas Anstößiges sein mag - das schlechthin Unbegründbare, Unvorhersehbare, Unbegreifliche und Widersinnige -, kann für den Literaten und Künstler zum Anlaß spielerischer Verfremdung, zur Erzeugung ästhetisch reizvoller Überraschungen werden. Extremfälle stellen hier wohl die Erklärung blanker Überraschungsfunde zum Kunststück, die

---

punkt, den ich hier skizzieren möchte, ist diese Bedeutungslosigkeit jedoch nicht etwas, das die Bedeutung von außen befällt, sondern sie wohnt vielmehr jedem Bedeutungsakt inne." (Die Äußerlichkeit der Schrift. S. 345f.)
[10]   Vgl. Wellbery: Die Äußerlichkeit der Schrift. S. 346f.

Umdeutung beliebig aufgespürter Textstücke zum literarischen Werk dar. Auch Kunst und Literatur jedoch vermögen an der Kontingenz innerhalb des Reichs der Zeichen zu leiden; auch sie erfahren ihr "Material" als sperrig, weil durch Widersinnigkeiten eingefärbt, auch sie unterliegen ungern Interventionen eines Zufalls, der oft den gewollten Prozeß ästhetischer Bedeutungsvermittlung bis hin zum völligen Scheitern stört und ihnen insofern "gegen den Strich" geht. (Das Materielle ist also keineswegs bloß ständiger Anlaß sinnlicher Freude, es ist immer auch eine Last - eine Last, der sich das Kunstwerk im Zeitalter der technischen Reproduzierbarkeit wenigstens teilweise zu entziehen sucht, indem es die Bindung an ein bestimmtes physisches Bedeutungssubstrat aufgibt und seine Aussage gleichsam von Kopie zu Kopie wandern läßt. Die physische Zerstörbarkeit von Texten und Kunstwerken ist insgesamt ein solches Problem der "Materie" und der Kontingenz - eines, das sich zwar reflexiv aufarbeiten, als solches aber nicht aus der Welt schaffen läßt. Wo ein Kunstwerk vernichtet wird, hat der Zufall über den Mitteilungswillen, der Nicht-Sinn über den Sinn gesiegt. Und wo ein Kunstwerk oder ein literarischer Text durch die äußeren Lebensbedingungen des potentiellen Urhebers überhaupt verhindert werden, gilt Analoges. Daß sich ein Sprachbenutzer "verspricht", ist eine noch verhältnismäßig harmlose Störung durch das nichtssagende Nur-Äußerliche; weniger harmlos nehmen sich Formen und Resultate grundsätzlicher Sprechbehinderung aus. Extremfall ist das nur ex negativo erschließbare Nicht-(mehr-)Sprechen-Können. Der zerrissen wirkende Text, das zerrissen wirkende Bild - sie bekennen sich zu ihrer Abhängigkeit von Kontingentem, versuchen vielleicht sogar, diese durch Einbeziehung in die kompositorische Absicht zu entschärfen - ebenso wie der plötzlich abbrechende, ins Leere einmündende Text.) Zufall aller Zufälle (im Sinne des Bachmannschen Titels "Ein Ort für Zufälle") ist der Tod; wie läßt er sich in den künstlerischen Prozeß integrieren? Meister und Eich haben sich mit dieser Frage zeitlebens beschäftigt.

Sicher ist: Das Unverfügbare, das "Andere" der Bedeutung, das gegenüber dem Intentionalen auf irritierende Weise Nichts-Sagende ist ein zentrales Thema moderner Literatur, Kunst - und der jeweils entsprechenden theoretischen Reflexion. Und vielleicht gelingt es der bildenden Kunst insgesamt am ehesten, dem Unbegründbar-Äußerlichen der bloßen Materie ästhetischen Reiz abzugewinnen, sei es denn auch im bewußten Verzicht darauf, es "bedeutsam" erscheinen zu lassen.[11] Im Bereich der sprachgebundenen Gestaltung - in der Literatur - wird das Skandalon des Materiellen wohl demgegenüber stärker empfunden; die Materialität von Sprache und Schrift als etwas, das deren Zeichencharakter überlagert und deren Aussagekraft behindern kann, erscheint hier oft eher störend denn ästhetisch reizvoll.[12] Eine Ausnahme macht allerdings die absichtsvoll mit Klängen spielende Lyrik, insofern sie ihre Aussageabsicht hinter den Klangeffekt (also die Sinn-Dimension hinter eine Äußerlichkeit und Zufälligkeit) zurückstellt; Brentanos Lyrik bietet manches Beispiel dafür. Doch das romantische Klangspiel darf wohl noch als literarische Umsetzung eines metaphysischen Ansatzes gelten, der selbst den Zufall im Kontext einer großen Harmonie der Dinge lokalisiert, der selbst das Kontingente als ein Latent-Sinnvolles vom Bereich des Sinnes vereinnahmt wissen wollte. Des Novalis Hoffnung, auch unabhängig vom Willen des Sprachbenutzers spiegle sich in den sprachlichen Strukturen das wunderbare Verhältnisspiel der Dinge, erscheint mittlerweile als heilloser Anachronismus.[13] Die Jean Paulsche Formel vom Zufall, der klingend "durch die Welt" ziehe, "spielend mit Klängen und mit Weltteilen", belegt demgegenüber schon in romantischer Zeit eine gewisse Offenheit für Kontingenzerfahrungen.[14]

Das eingangs verwendete Bild vom Nicht-Sinn, der - in Gestalt des Zufalls, der blanken Beliebigkeit, der schnöden Äußerlichkeit - den "Schauplatz" der Bedeutung "betrete", erhellt nicht nur die Motive für das generelle Interesse moderner Literatur an zufälligen

---

[11] In der Musik geschieht etwas Analoges etwa bei Cage. Vgl. dazu: Monika Schmitz-Emans: 'Ich habe nichts zu sagen / Und ich sage es'. Ernst Jandls produktive Auseinandersetzung mit John Cages Ästhetik. In: Sprachkunst. Jg. XXI. Wien 1990. 2. Halbbd. S. 285ff.
[12] Der vor diesem Hintergrund interessant erscheinende Versuch der sogenannten konkreten Dichtung, gerade die Materialität der Sprachzeichen in einer Weise zu exponieren, welche der Sinnstiftung zumindest nahekäme, blieb mehr oder weniger Episode.
[13] Vgl. Novalis: "Monolog". In: Schriften. Hg. v. Hans-Joachim Mähl. Bd. II. Stuttgart 1965. S. 672ff.
[14] Jean Paul: Vorschule, § 52 (S. 193).

Namensähnlichkeiten, an Sprach- und Wortspielereien, es kann
(so die im folgenden vorausgesetzte These) vor allem für die Interpretation der sogenannten Nonsensedichtung fruchtbar gemacht
werden - wenn denn (dies eine entscheidende Einschränkung) an
dieser überhaupt etwas "interpretiert" werden soll. Nonsensedichtung setzt sich dem Un-Sinn aus, erhebt ihn zum für sie konstitutiven Prinzip und verweist damit auf die konstitutive Rolle, die er
auch anderweitig spielt - uneingestanden, manchmal unbemerkt.[15]
Der Nonsensedichter verarbeitet, was er findet (per Zufall) und
was ihm planlos-spontan in den Sinn kommt (per Einfall). Man
könnte so weit gehen, den "Einfall" als linguistische Spielart des
Zufalls zu interpretieren.[16] Freilich geht es dabei nicht um jene
Sorte Einfälle, bei denen sich spontan ein bislang nicht wahrgenommener Sinn enthüllt, sondern um Einfälle, die allein den Bereich der sprachlichen Äußerlichkeiten betreffen - um jenen Kling-
Witz, von dem Jean Paul sprach, um jene "wilde Paarung ohne
Priester".[17] Nonsense und literarische Komik sind zwar weder
völlig deckungsgleich, noch geht eines der beiden im anderen je
ganz auf - aber beide sind einander eng benachbart, durchdringen
einander sogar oft genug.[18]

Die Konstitution eines Textes mithilfe von Zu- und Einfällen
hat antimetaphysischen Charakter. Bei derlei Wort-Kunststücken
sind schließlich nicht nur jene Zonen der Sinnlosigkeit im Spiel,
welche sich im Bereich des *Sprachlichen* selbst immer wieder auf-

---

[15] Zum Thema Nonsense bei Meister vgl. meinen Beitrag zum Sammelband über die Ernst-Meister-Tagung 1993 in Münster (Hg. v. Helmut Arntzen): Närrische Sprachspiele. Zu den Nonsense-Gedichten Ernst Meisters
(vgl. Anm. 40).

[16] Vgl. David Wellbery: Contingency. In: Ann Fehn u. a. (Hg.): Neverending Stories. Toward a critical narratology. Princeton/New Jersey 1992.
S. 245.

[17] Vgl. Jean Paul: Vorschule, § 52 (S. 193). Insgesamt unternimmt Jean
Paul in der "Vorschule" eine Art von Rehabilitierung des Wortspiels, wobei
er einerseits gern auf eine in Klanganalogien sich ausdrückende innere Verwandtschaft der Dinge setzen, das Klangphänomen also als wahres Zeichen
verstehen möchte, sich andererseits aber der Kontingenz im Reich der Zeichen bewußt ist und den Zufall als den Urheber aller Klangspiele begreift.

[18] Zu Spielarten und Motiven komischer Inszenierungen des Unsinnigen
vgl. u.a.: Friedmar Apel: Die Phantasie im Leerlauf. Zur Theorie des Blödelns. In: Die Sprache im technischen Zeitalter. H. 64 (1977). S. 359ff.

tun (obwohl Nonsensedichtung natürlich besonders gern auf un-
motivierten Klangähnlichkeiten, auf irreführend-"sprechenden"
Wortklängen, auf dem Äußerlich-Materiellen von Sprache und
Schrift herumreitet), sondern auch die jegliche Semiose störenden
Risse im "Kontext" der Dinge selbst. Damit bezieht sich gerade
diese Spielart von Dichtung ex negativo auf den Anspruch, natürliche und historische Wirklichkeit erschöpfend zu deuten, sie wie
einen durchgängig sinnvollen Text "lesen" zu können. Dieser an
die Welt selbst gerichtete Anspruch auf Bedeutungshaftigkeit artikulierte sich besonders prägnant im traditionsreichen (inzwischen
womöglich eher traditionsbelasteten) Gleichnis von der Welt als
einer Schrift oder einem Buch. Heute läßt sich dieses Gleichnis nur
noch als zitathafte Reminiszenz an den Logozentrismus verwen-
den, oder aber - und das ist natürlich eine spektakuläre Wendung -
mit dem Hintergedanken, daß eben auch "Texte" und "Schriften"
von Menschenhand nichts durchgängig Sinnvolles sind. Die er-
schreckende Unlesbarkeit des Wirklichen, der Phänomene und ihrer Konstellationen, mag sich gerade in der partiellen oder gänzli-
chen Unlesbarkeit von ästhetischen Gebilden spiegeln, die der Betrachter doch auf den ersten (oder auch zweiten) Blick als "Texte"
wahrnimmt, an denen er daraufhin jedoch vergeblich herumdeutet
- auf der Suche nach einem unterstellten Sinnganzen, dessen Auf-
findung stets durch Kontingenzen und Zufälligkeiten aller Art ge-
stört oder gänzlich verhindert wird. Eine andere Art, auf den Topos
von einer lesbaren Welt und seine metaphysischen Implikationen
poetisch-literarisch Bezug zu nehmen, besteht natürlich darin, ihn
durchzustreichen oder mit einem negativen Vorzeichen zu versehen - also in der Rekapitulation der These, die Welt sei "unlesbar".
Gerade angesichts mannigfacher Unlesbarkeitserfahrungen mit
den historischen und natürlichen Phänomenen mag es als besonders enttäuschend empfunden werden, daß auch die Sprache keinen heilen Bezirk des "Sinnes" begründet und absichert, sondern
den Nicht-Sinn zuläßt, ja aufgrund ihrer immanenten Kontingenzen förmlich einlädt. Sprachliche Schein-Ordnungen und deren
irritierende Konsequenzen für die Interpretation der Dinge auf der
Basis einer falschen, nein: einer beliebigen "Grammatik" erfreuen
sich spätestens seit Lewis Carroll großer Beliebtheit bei den
Dichtern. Der eher kindlichen Freude am Wortspiel hält dabei die
Erfahrung von Bedrohlichkeiten - wie sie gerade von jenem "An-

deren" im Eigensten der Sprache ausgehen - das eher labile Gleichgewicht.

Von der Erbsünde zur Erbswurst: Günter Eich

Der späte Günter Eich besitzt eine ausgeprägte Affinität zu sprachlichen Spielereien; darin ist er Meister wahlverwandt, der mit der Formel "Unsinn und Sinn / der Sinne" zugleich ein Wortspiel und ein Leitwort zur poetischen Erkundung des Unsinnigen durch die Dichtung formuliert.[19] Eich gehört zu den wichtigsten deutschsprachigen Vertretern ausgeprägter Nonsenseliteratur in der Nachkriegszeit, vor allem als Autor der späten "Maulwürfe". Ein Interview von 1967 trägt den programmatischen Titel "Vom Ernst zum Blödsinn". Hier bekennt Eich sich ausdrücklich zum Nonsense, und dies sogar ausgehend von der hypothetischen Prämisse, er sei "Stellvertreter einer neuen Generation von Schriftstellern". Der "Blödsinn" besitzt für Eich, der im Laufe seines Schaffens zunehmend mehr von der Absurdität aller Dinge berührt wird, eine gleichsam existentielle Dimension; das Interesse am Unsinnigen wird dabei zugleich als zeitgemäße Spielart des Erkenntnisinteresses von Literatur sowie ihrer ethischen Implikationen verstanden. In der Unsinnigkeit des literarischen Artefakts soll sich die der Welt selbst spiegeln; eine andere künstlerische Reaktion auf letztere erscheint unmöglich.

> "Ich würde sagen, ich habe mich vom Ernst immer mehr zum Blödsinn hin entwickelt, ich finde also das Nichtvernünftige auf der Welt so bestimmend, daß es auch in irgendeiner Weise zum Ausdruck kommen muß. Ich kann also den tiefen Ernst, den ich früher gepflegt habe, nicht mehr verstehen und kann ihn auch nicht aushalten, vielleicht kann man das, was ich heute mache, auch Humor nennen, aber ich würde es wirklich im dadaistischen Sinne anschauen, nämlich, daß der Blödsinn eine ganz bestimmte wichtige Funktion in der Literatur hat, vielleicht auch eine Funktion des Nichteinverständnisses mit der Welt."[20]

---

[19] Ernst Meister: Ausgewählte Gedichte 1932-1979. Darmstadt/Neuwied 1979 (im folgenden zit. als AG). S. 106.
[20] Günter Eich: Vom Ernst zum Blödsinn. Interview. 1967. In: Gesammelte Werke. Bd. 4. S. 408.

Gefragt nach der "Aufgabe" des Dichters und der Bedeutung des
"Blödsinns" für ihre Erfüllung, expliziert Eich seine Konzeption
poetischen Sprachgebrauchs. Die Idee einer Verweigerung und
Entautomatisierung spielt eine wichtige Rolle dabei; Eich erweist
sich als überzeugt von der verändernden Macht der Wörter, aber
nicht im direkten und zielgerichteten, sondern im mittelbaren Gebrauch. Wichtiger noch als das, was gesagt wird, ist das "Wie" des
Sagens.[21] Gerade darum muß der Sprachbenutzer aufmerken,
wenn ihm solches "Wie" durch Zufälligkeiten und Äußerlichkeiten
diktiert wird. Die antimetaphysische Stoßrichtung bei Eich ist insgesamt unübersehbar. Und dabei zieht sich doch das Gleichnis von
der Welt als einer Schrift wie ein roter Faden durch sein Werk,
freilich nicht als etwas, das jeweils unter gleichbleibendem Vorzeichen rekapituliert wird, sondern das charakteristischen Modifikationen unterliegt, die bis zur völligen Sinnverdrehung führen.
Zunächst, im Frühwerk, erscheint Natur als Rätselschrift, die vom
poetischen Wort zum Klingen gebracht, wenn auch vielleicht niemals wirklich ausgelegt werden mag, später dann als heillos hie-
roglyphisches Gebilde, das den menschlichen Interpreten abweist.
Noch später dann thematisiert Eich die Natur als regelrecht be-
drohliche Schrift, deren Boshaftigkeit vor allem darin bestehe,
Sinnerwartungen zu wecken, welche sie gar nicht einlösen kann.
Schließlich werden die Implikationen des Ausgangsgleichnisses
stückweise zurückgenommen; was bleibt, ist die - dann auch noch
als vergeblich sich erweisende - Bemühung des sprechenden Ichs,
in die Erscheinungen mittels der Wörter einen Sinn hineinzuproji-
zieren, der in diesen Dingen selbst keinen Grund und keinen Halt

---

[21] "(...) es scheint mir vor allem wichtig, daß Veränderung und Entwicklung nicht durch den Inhalt geschieht, sondern durch die Sprache, daß wir
also unablässig bemüht sein müssen, die Sprache nicht fest werden, gerin-
nen zu lassen, sie so zu erhalten, daß sie nicht benutzbar ist von irgendwel-
chen Mächten, daß dies eine Sprache ist, die immer in Bewegung bleibt
und jedes Festgefügte gleich wieder zerrissen wird und in der Politik nicht
verwendbar ist, daß die Sprache also so bleibt, daß Weltveränderung mit
ihr immer möglich ist, daß sie nicht zementiert wird." (Eich: Werke. A.a.O.
Bd. 4. S. 408)

findet.[22] Die Konsequenz aus dieser Entdeckung, daß jegliche Sinnansprüche des Ichs an die Faktizität schließlich enttäuscht werden, ist vor allem eine poetische Rede, die an dieser Faktizität gleichsam "vorbei" spricht: Die Nonsensetexte des späten Eich erheben keinen Anspruch mehr darauf, etwas "Wirkliches" zu interpretieren, sie konstruieren Schein-Welten mit Schein-Ordnungen, die sich ebenso schnell wieder tilgen lassen, wie sie - allein aus der Kraft des Wortes und auf der fragilen Basis von Wörter-Ordnungen - entstanden.[23] Der Logos ist abwesend aus der Welt, und daran erinnert nicht zuletzt das Schweigen als programmatische Unterbrechung aller sinnstiftenden Rede. Konsequenterweise ist Eich daran gelegen, das Schweigen als negative Chiffre des Wider-Sinns, der Absurdität, in seine Dichtung miteinzubeziehen, ja er geht sogar so weit, das, was er nicht geschrieben hat, als den wichtigeren Teil seines "Werkes" auszugeben.[24]

Zwischen Unlesbarkeitsbefunden und der Affinität zum poetischen Nonsense besteht ein enger Zusammenhang, wie gerade Eichs Werk beispielhaft belegt. Wo die Welt unverständlich und unbegründbar wird, entspricht ihr eine Literatur am ehesten, welche ihrerseits unverständlich und unbegründbar ist - und dies noch dazu freiwillig, ja ostentativ. Können sich die Texte nicht mehr auf einen als sinnvoll und "übersetzbar" gedachten Urtext Natur stützen, so inszenieren sie spielerisch-trotzig ihre eigene Bodenlosigkeit. (Ex negativo bestätigt sich dabei natürlich der Bedingungszusammenhang zwischen Welt-"Lektüre" und sinnvoller Rede.) Geräuschvoll betritt der Unsinn die Szene der sinnvollen Mitteilungen - gleichsam von unten, subversiv wie ein "Maulwurf" - und reißt sie auseinander. Eine seiner bevorzugten Erscheinungsformen

---

[22] Zum Gesamtkomplex der Weltschriftmetaphorik bei Eich vgl. Monika Schmitz-Emans: Schrift und Abwesenheit. Historische Paradigmen zu einer Poetik der Entzifferung und des Schreibens. München 1995.

[23] Vgl. dazu Peter Horst Neumann: Die Rettung der Poesie im Unsinn: der Anarchist Günter Eich. Stuttgart 1981.

[24] "Ich muß also schreiben, daß die Worte das Schweigen einschließen, d. h., es muß zwischen den Zeilen ebensoviel geschehen wie in den Zeilen. / (...) Sprache beginnt, wo verschwiegen wird. / Es gibt eine aussprechende und eine verschweigende Sprache. (...) / Die Sprache, die ich sprechen möchte, müßte verbergen (...)." (G. Eich: Was ich nicht geschrieben habe. In: Werke. Bd. 4. S. 306f.)

ist neben dem Kalauer und dem absurden Einfall auch das Paradox.[25] Zu erinnern wäre in diesem Zusammenhang an Meister:
"Der Geist des Lebens ist paradox, oder: Der Logos ist alogisch."[26]
     Das Paradox erobert gleichzeitig den Bereich der theoretischen
Reflexion über Literatur. Unter den poetologischen Texten Eichs
nimmt die in Vézelay gehaltene Ansprache "Der Schriftsteller vor
der Realität" (1956)[27] eine herausragende Stellung ein. Eich bezeichnet hier Gedichte als Hilfsmittel zur Orientierung in der
Wirklichkeit, die an sich keine Ordnung besitze. Nur mit ihrer
Hilfe gebe es eine Vergewisserung über den Boden, auf dem sich
das sprechende Ich bewege. Diese Gedanken Eichs über Sprache
und poetische Rede mögen ein Licht nicht nur auf seinen eigenen,
sondern auch auf Meisters Sprachgebrauch werfen. Eichs Thema
ist zum einen die problematische Beziehung des Ichs zu den Dingen, ist jenes "Unbehagen an der Wirklichkeit", welches erstens
aus dem Bewußtsein resultiert, die komplexe Fülle möglicher
Wahrnehmungen im Erfahrungsprozeß durch unbewußte, wahr-
nehmungsphysiologisch bedingte Selektion zu reduzieren, zweitens aus der Erkenntnis der Instabilität aller Wirklichkeit, deren
Ursache ihre Zeitlichkeit ist.[28] Zum anderen wird die poetische
Haltung zur Wirklichkeit charakterisiert: sie gründe - so heißt es
mit einer alten, um nicht zu sagen: anachronistischen Formel - in
der "Entscheidung, die Welt als Sprache zu sehen", wobei Eich
auch hier als die "eigentliche Sprache" jene bezeichnet, "in der das
Wort und das Ding zusammenfallen".[29] Beides - die These von der
prinzipiellen Unfaßlichkeit der Dinge und die von ihrer Betrachtung *als* Text - ist nicht miteinander vereinbar. Wie sollte eine

---

[25] Zum Generalthema Paradox vgl.: Paul Geyer/Roland Hagenbüchle
(Hg.): Das Paradox. Eine Herausforderung des abendländischen Denkens.
Tübingen 1992.
[26] Meister: Prosa. S. 240. An dieser Stelle auch: "Der Sinn ist zwecklos."
[27] Eich: Werke. A.a.O. Bd. 4. S. 441ff.
[28] Eich: Werke. A.a.O. Bd. 4. S. 441. Die Rede von 1956 trägt den Titel:
"Der Schriftsteller vor der Realität". Sie setzt ein mit dem Bekenntnis, nicht
zu wissen "was Wirklichkeit ist". "Ich bin nicht fähig", so heißt es wenig
später pointierter, "die Wirklichkeit so, wie sie sich uns präsentiert, als
Wirklichkeit hinzunehmen." (S. 441) Hier klingt bereits das Motiv des
Nicht-Einverständnisses an.
[29] Eich: Werke. A.a.O. Bd. 4. S. 441.

nicht erfaßbare Wirklichkeit "als Sprache" gesehen werden? Konsequent vollzieht Eich daher eine unmittelbare Wendung ins Paradoxe: Jene Wort-Ding-Sprache befinde sich, so heißt es, "rings um uns", sei "zugleich aber nicht vorhanden". Der Dichter übersetze, "ohne den Urtext zu haben"; seine "Übersetzungen" seien Annäherungen an ein Nicht-Vorhandenes und gewännen in dem Maße an "Wirklichkeit", in dem solche Annäherung gelinge.[30]

Die Welt als Text: hier ein Zitat im Zeichen des Als-Ob, eine regulative Idee, an der sich eine sprach- und bedeutungslose Faktizität (zu ihrem Nachteil) bemessen lassen muß. Eichs Beispiel belegt, daß in der Moderne das Weltschrift-Gleichnis - in verfremdeter, ja pervertierter Form - durchaus noch eine Funktion haben kann, nämlich die, an die Abwesenheit von Bedeutung zu erinnern. Der Anspruch auf "Lesbarkeit" wird durchgestrichen und bleibt unterhalb seiner Durchstreichung doch sichtbar; er wird zum Zitat, zum Eingeklammerten, zum Aufgehobenen im mehrfachen Sinn. Dies erinnert an Meisters Rekurse auf das entsprechende Gleichnis, die ebenfalls im Zeichen der Verschiebung, der Aushöhlung von innen, der Verdrehung zum Unlesbarkeitsbefund stehen. Da ist die Rede von schweigenden Dingen[31] oder auch von einem rätselhaften Autor, der Zeichen auf luftigem Grund hervorbringt und wieder verschwinden läßt.[32] Programmatisch klingt aber gerade vor diesem Hintergrund die aphoristische Aufforderung: "Die Dinge ihres Ursinns wieder begaben".[33] Wer sollte zu solch aktiver Sinnstiftung fähig sein, wenn nicht das sprachliche Ich?

Was an Wirklichem lesbar werden kann, ist für Eich letztlich allenfalls die Wirklichkeit des Gedichts; der poetische Text ist

---

[30] Eich: Werke. A.a.O. Bd. 4. S. 441.

[31] Meister: AG. S. 42: "Ins Verhör / nimmt dich mit Schweigen / ein Stein. (...)" - Vgl. auch AG. S. 80: "Durchs Fenster / schick ich / die dunkle Vernunft, / mit der Gegend / zu reden."

[32] Vgl. Meister: AG. S. 112: "DER zeichnet Mücken / in die Luft. Der schreibt / die Schwalbe, Fängerin, / mir in die Augen. Der / läßt dich schreiben. Der, / ziemlich hell, streicht durch. / Der streicht den Schreiber durch, / wenn es der Tag ist." Die alte Idee des Lebensbuchs wird hier mit der des Weltbuchs verknüpft. Das Thema Schriftmetaphern bei Meister verdient eine eingehendere Untersuchung, als sie hier geleistet werden kann.

[33] Meister: Prosa. S. 240.

nicht Derivat einer zu "übersetzenden" Welt, sondern er geht dieser
voran.[34] Gedichte sind "Bojen, die in einer unbekannten Fläche
den Kurs markieren". Wie "trigonometrische Punkte" weisen sie
dem Leser einen Kurs, für den es keine Vorschrift gibt.[35] Der Poet
als Trigonometer vermißt also einen zunächst amorphen Raum,
stellt in diesen seine Zeichen als einsame und in jeder Hinsicht
"für sich selbst" stehende Markierungen hinein. Zeichen als Vermittlungen von Bedeutung haben keinen Grund - was sich auch
umgekehrt formulieren läßt: Der "Grund" selbst "kann nicht reden",[36] er ist sprachlos. Ist der Grund verloren, den eine als lesbar
gedachte Wirklichkeit dem Leser zu gewähren schien, so bleibt der
Schreibende mit seinem Text, mit seinen Wörtern allein.[37] Gänzlich allein, um an Benn zu erinnern, wie es ja auch Meister tut.[38]
Die "Wirklichkeit" entzieht sich laut Eich - als etwas Nichtssagen-
des - jeder Lektüre und Interpretation. Nichts wird lesbar - das
"Nichts" wird lesbar: Die unterschiedlichen Betonungen dieses
Satzes stellen kein bloßes Wortspiel dar, sondern drücken zwei
Aspekte einer und derselben Diagnose aus. Unterhalb aller Sinn-
stiftungen liegt das Nichts als das schlechthin Sinnlose und jegli-
cher Deutung Widerständige. Eichs "Maulwürfe" ziehen die radi-
kale Konsequenz aus der Preisgabe jeder Sinnhypothese. Als ein
"Druckfehler" wird die Welt im "Maulwurf" über "Beethoven,

---

[34] Vgl. Meister: AG. S. 59: "Wenn die Schieferwand bricht, / gewinn ich /
die wirkliche Tafel, // schreibe den Berg darauf, / rieselnden Schieferberg."
- Ferner: "Gedichtet ist / der Stein. (...)" (AG. S. 64). Die natürlichen Wesen sagen von sich aus nichts, sie sind nur Projektionsflächen sprachlicher -
und dabei an sich unbegründeter Sinnzuscheribungen: "(...) sie haben / den
Fisch gefangen, der spricht, / Doch er sagt, / was jedermann meint." (AG.
S. 64)
[35] Eich: Werke. A.a.O. Bd. 4. S. 441. Vgl. auch S. 447 (Büchner-Preis-
rede): Dichtung sei eine "andere Sprache (...), die wie die Schöpfung selber
einen Teil von Nichts mit sich führt, in einem unerforschten Gebiet die erste
Topographie versucht."
[36] Meister: AG. S. 47: "DER GRUND KANN NICHT REDEN".
[37] Vgl. Eich: Werke. A.a.O. Bd. 4. S. 393: "Da Schreiben ein Akt der Erkenntnis ist, ist die Situation des Schriftstellers die eines vorgeschobenen
Postens." - Vgl. auch Meister: AG. S. 121: "DA IST KEIN SCHÖPFER, / da ist
kein Zeuge, / da ist sie selbst / aus sich selbst, / Natur, sie allein - / und ich /
wäre einsam / in ihr?"
[38] Meister: Prosa. S. 37.

Wolf und Schubert" bezeichnet.[39] Wörter vermitteln keine Wahrheit, und ihre Ordnungen sind Schein-Ordnungen ohne "Grund".
Eichs späte Texte demonstrieren seinen Versuch, sich von der
Fiktion vorgegebener und verbindlicher Ordnungsmuster schlechthin zu lösen: sein Schreiben wird "anarchisch", zelebriert Zusammenhanglosigkeit und Ziellosigkeit. Der frei erfundene Gattungs-
name "Maulwurf" ist natürlich seinerseits Produkt eines Wortspiels; kann er doch in mehrfacher Weise verstanden werden: als
"Wurf" mit dem "Maul", aber auch als Name eines Tieres, mit dem
Arbeit im Untergrund, also Subversivität, assoziiert wird. Und
wohl auch der Tod - über die Wortkette "Maulwurf" - "Graben" -
"Grab". Subversive "Maulwürfe" wie die kleinen, späten Prosa-
stücke Eichs wühlen unter der Oberfläche scheinbar verbindlicher
Ordnungen. Eine von ihnen bevorzugte Ausdrucksform der Sub-
version ist der "Kling-Witz", die "wilde Paarung ohne Priester"
(Jean Paul, Vorschule § 52: "Das Wortspiel"), bei der das in der
Sprache selbst angelegte Potential an Un-Sinn sich hemmungslos
entfalten kann.

Von Apoll zum Atoll: Ernst Meister

Meisters Neigung zum Nonsensikalischen ist so offenkundig wie
deutungsträchtig.[40] Was besonders dafür spricht, zwischen den
Nonsensegedichten Meisters und Eichs Poetik eine Verbindung
herzustellen, ist ein imaginärer Dialog, der als Hommage Meisters
an Eich zu lesen ist - und als ein Meister-Stück des literarischen
Nonsense.[41] Diktion und Inhalt erinnern an Eichs "Maulwürfe".
Der Dialog trägt den Titel "Gespräch nachher" und erschien zuerst
in einem Sammelband, der an den verstorbenen Eich erinnerte.[42]

---

[39] Eich: Werke. A.a.O. Bd. 1. S. 364.
[40] Vgl. dazu Monika Schmitz-Emans: Närrische Sprachspiele. Zu den
Nonsense-Gedichten Ernst Meisters. Beitrag zum Ernst-Meister-Kolloquium. In: [Sammelbd.] 1993 in Münster: Ernst Meister und die lyrische
Tradition. 3.-5. November 1993 in Münster. Hg. von Helmut Arntzen. Aachen 1996. S. 327-351.
[41] Meister: Prosa. S. 102ff.
[42] Erstdruck in: Günter Eich zum Gedächtnis. Hg. v. Siegfried Unseld.
Frankfurt 1973. S. 114 - 119.

Es handelt sich also - wie zur Bestätigung der Affinität zwischen Unsinn und Tod - um ein Gespräch Meisters mit einem Toten. Der hier auftretende Eich erweist sich als großer Wortspieler, der auch den Kalauer nicht verschmäht. Ausgangsthema ist das von Eich als absurd begriffene Prinzip der Zeitlichkeit. Auf Meisters Einwand, die Zeit gehöre "zentral zur Natur der Welt", entgegnet Eich mit der reichlich albern klingenden Frage: "Haben Sie nicht auch den Eindruck, daß in diesem Hause die Zentralheizung nicht funktioniert?"[43] Doch hinter diesem scheinbaren Ausweichen verbirgt sich eine pauschale und bewußte Absage an alles "Zentrale", an den Prinzipienglauben schlechthin. Das "Zentrale" funktioniert nicht; die Welt besitzt kein organisierendes Zentrum in Form einer allgemeinen Ordnung. De-zentral verläuft auch der imaginäre Dialog zwischen Meister und Eich, ziellos, mehrfach abschweifend auf der Spur zielloser Einfälle und sprachlicher Scherze. Was die einzelnen Gesprächsbeiträge aneinanderknüpft, sind neben absichtsvoll wuchernden Assoziationen vor allem Wortspiele. Vom Thema "Zeit" kommen die beiden Sprecher auf Eichs Ideen über den "Rückwärtsgang von Sätzen". Die Frage nach einem denkbaren Anfang der Zeit wird mit einem Wortspiel über die "Urnull ohne h" lieber - nicht beantwortet. Über Zeit und Ursprung läßt sich offenbar nur noch kalauern.

> "E.: (...) Wieviel Uhr ist es jetzt? Ich trage meine Uhr im Brustbeutel! Ach, lassen Sie's, und fragen Sie sich bitte, wieviel Uhr es gewesen sein mag, als das Ganze anfing.
>
> M.: Urnull ohne h, würde ich sagen."[44]

Hier haben wir es mit dem graphischen Pendant eines "Kling-Witzes" zu tun; in der Schrift selbst finden sich Zufälligkeiten wie die, daß ein "h" die ganze Last der Differenz zwischen "Ur" und "Uhr" aufgebürdet bekommt. Wortspiele mit Homonymien funktionieren dagegen eher auf der akustischen Ebene: Eichs Aufforderung an Meister, vor dem Nachfüllen seines Weinglases nicht nachzudenken, kommentiert dieser mit dem Scherz: "Das ist ein

---

[43] Meister: Prosa. S. 102.
[44] Meister: Prosa. S. 103.

Sprung, obwohl mein Glas heil ist".[45] Solches Gleiten von einem Wort zum nächsten, von einer Namensbedeutung zur nächsten, strukturiert das Gespräch insgesamt. Man erinnert sich an Eichs "Hilpert", dessen "Glaube an Alphabet" ihm zu der "Entdeckung" verhalf, "daß auf die Erbsünde die Erbswurst folgt", und daß die Konsequenz daraus das "Erbteil" sei.[46] Deutlich wird bei Scherzen dieser Art: Die in der Sprache herrschende Unordnung betrifft auch die Welt der Referenten. Es kann keine Ordnung der Dinge geben, wenn letztlich durch die Namen alles auf alles beziehbar ist. Wo sich sprachliche Zufälle - wie hier - als bedeutsam ausgeben mögen, bricht stattdessen die Macht des Kontingenten in die sinnvolle Rede, ins Reich der Bedeutungen, ein - und damit in die Welt des Menschen.

Eine Rede, die aufs Wort setzt, klärt nichts auf; sie läßt das an sich Rätselhafte allenfalls noch rätselhafter erscheinen. Als Bruch im Kontext des Sinnes indiziert das Wortspiel Sinnlosigkeit schlechthin - und was gäbe es Sinnloseres als den Tod und die zerstörerische Zeit? Kein Wunder, daß Tod und Zeitlichkeit die Leitmotive des erdachten Dialogs mit Eich bilden - in Übereinstimmung mit Eichs tatsächlicher Faszination durch diese beiden großen Rätsel. Eich und die Zeit: Das von Meisters imaginärem Gespräch aufgegriffene Thema bietet ein Beispiel dafür, wie der Fortgang der Rede ausschließlich auf Wortspielen und auf Klangähnlichkeiten basiert. Und dieses Gespräch hat etwas Programmatisches, denn es provoziert den Verdacht, es gebe überhaupt keine vernünftigen Diskurse, da doch die Unvernunft die Welt regiere - allenthalben insbesondere vertreten durch den Tod als *den* Riß, *die* Störung schlechthin. Kein Zusammenhang der Dinge begründet in Meisters dialogischem Kunststück den Text-Zusammenhang, sondern nur das hüpfende Sich-Fortbewegen von Wort zu Wort, die beliebige Assoziation. Die fehlende Logik der Sachen selbst wird durch zufällige Klangähnlichkeiten so absichtsvoll-ungeschickt substituiert, daß ihre Abwesenheit nur umso deutlicher hervortritt.

---

[45] Meister: Prosa. S. 103.
[46] Eich: Werke. Bd. 1. S. 294. Hier weiter: "Der Übergang [von der Erbswurst] zu Esaus Linsen ist (...) irrig, weil er aus der Sache kommt. Wir haben uns alle (...) für das Alphabet entschieden. Da sind die Zusammenhänge eindeutig und nachweisbar, ohne alles Irrationale."

(Jedes Sprachspiel dieser Art ist natürlich zugleich zitathaft-
parodistische Anspielung auf die alte Idee der "wahren Namen".)

> "Werde ich bis zum Datum meines Todes verstanden haben, was die
> Zeit ist? Wirklich, ich muß um Vergebung bitten darum, daß die Zeit
> von je mein Stecken - Unsinn - daß sie Don Quichottes Pferd war, auf
> dem ich ritt. Es hat ja den schönen Namen Rosinante. Ich nenne es
> Rosi, manchmal Rosa, es stammt aus einem Gestüt in Arosa, eine leider
> negative Örtlichkeit. Kein vertrauenswürdiges Pferd. Man kommt ihm
> nicht auf die Sprünge."[47]

Daß der "Sprung" hier schon wieder ins Spiel kommt - nach dem
Sprung in der Argumentation und dem im Weinglas - hat wohl
Methode. Geht es doch um die "Sprünge" im Kontext des Denkens, der Sprache und der Wirklichkeit, um den Tod als Sprung im
Lebendigen - kurz: um alle möglichen Diskontinuitäten in der
Welt des Sinnes und der Bedeutungen. Nur kurz sind entsprechend
die Hüpfer von den "Müttern" zum "Faust", vom "Minus" zu "Mi-
nos", von "Rosinante", genannt "Rosi" oder "Rosa" nach "Arosa",
einer (bedingt durch das A) "leider negative(n) Örtlichkeit", von
"Apoll" zum "Atoll", vom "Wild" in die "Wildnis". Und so sprin-
gen die Gedanken der beiden Sprecher von Gegenstand zu Gegen-
stand - in planvoller Planlosigkeit gleichsam, wie im Fall von
Eichs "Hilpert", dem Alphabetgläubigen. Und dies noch dazu im
Ausgang von einem gewichtigen Postulat, das durch den Gang des
Gespräches in seiner ganzen Unerfüllbarkeit dargestellt wird:

> "E.: Sprache muß wahr sein.
>
> M.: Zur Wahrheit, die möglich ist, gehören guter Wille und reelle Phan-
> tasie. Sie scheinen nun aber an der Wahrheit wahrgenommen zu haben,
> daß sie gewissermaßen skrofulös ist; die Schönheit desgleichen."[48]

Es paßt zu Eich (zu Meisters imaginärem Gegenüber ebenso wie
zum wirklichen Eich), wenn das Gespräch von "Wahrheit" und
"Schönheit" sofort wieder auf bloße Wörter zurückgelenkt wird -
um in den Bereich des Kalauers abzudriften.

---

[47] Meister: Prosa. S. 104f.
[48] Meister: Prosa. S. 105.

"E.: Das Wort skrofulös ist genauso unschön wie die Vokabel skrupu-
lös. Haben Sie etwa bei der Erwähnung der Schönheit an meine Be-
schimpfung Apolls gedacht? Ich hab ihn nämlich beschimpft, ich will's
nicht beschönigen. Erlauben Sie mir eine Zwischenfrage, sollen wir nun
Apollo, Apollon oder Apoll sagen? Ich schlage vor, daß wir Apoll für
einen Druckfehler halten, es muß Atoll heißen."

Bei Eich war die Welt selbst als ein Druckfehler bezeichnet worden.[49] Gerade der Druckfehler ist wie der Versprecher zugleich Indiz und Manifestationsform von Kontingenz als dem Störfaktor auf
dem Schauplatz der "Bedeutung". Und der Weg vom Wahrheits-
postulat zum "Druckfehler" ist in diesem Dialog so kurz, daß darin
ein Programm gesehen werden darf. Zufälligkeiten wie Druckfehler, beliebige Klangähnlichkeiten und ähnliche Erscheinungsformen des Unsinnigen gewinnen - behelfsweise - oft "tragende"
Funktion, ja sie müssen in der modernen Literatur sogar die Inspiration selbst ersetzen, für die einst Apoll zuständig war. Was Zufall und Inspiration miteinander gemeinsam haben (und was ersteren zum Nachfolger der letzteren qualifiziert), ist jene Unbegründ-
barkeit, welche sich auf das von ihnen geprägte Werk überträgt
und das Wesen des Ästhetischen ausmacht. Daß aus der Perspektive von Meisters "Eich" gerade der Musengott Apoll anfällig für
zufällige Störungen ist, und zwar hier eben durch seinen *Namen*,
stimmt bedenklich; der Name koppelt den alten Griechen beliebig
an andere Wesen gleichen Namens, so daß es schwierig wird, hier
eine "Identität" festzustellen.

"M.: Apollo klingt, was soll ich sagen, nach Schmetterling.
E.: Einigen wir uns also auf Apollon.

M.: Einverstanden. Zum Wohle! Ich forsche nach dem Grund des einzigartigen Insults und denke mir, daß die Existenz der Seegurke zu
seinen Anlässen gehörte."[50]

Die Forderung nach einer "Wahrheit" der Sprache, merkwürdig
anachronistisch klingend und entsprechend unernst traktiert, bilde-

---

[49] Und zwar wiederum anschließend an ein Wortspiel: "Eine tabula rasa ist
besser als ein leerer Tisch, von der fabula rasa kam ich darauf, die Welt ist
ein Druckfehler." (Eich: Werke. Bd. 1. S. 364)
[50] Meister: Prosa. S. 105.

te den Ausgangspunkt dieses sprachlichen Parforcerittes von Apoll zu Seegurke. Es geht also um Grundsätzliches, aber ohne jeden "Ernst". Unernst ist der ganze Dialog: Den - an sich schon doppeldeutigen - Titel seiner Vézelay-Rede "Der Schriftsteller vor der Realität" (steht der Dichter im räumlichen oder im zeitlichen Sinn "vor der Realität"? Steht er, anders gesagt, "außen vor" den Dingen als ein Fremder, oder geht seine Rede dem Wirklichen auf schöpferische Weise "voran"?) darf Eich bei Meister mit dem Satz kommentieren:

> "Er steht davor, um ihr [der Realität] Hinterteil zu besichtigen."[51]

Herbeizitiert wird sogar Hölderlin, den Eich - wie Meister nicht zu erwähnen vergißt - auf "Urin" reimte; zieht nicht der Zufall klangspielend durch die Welt?[52] Auch anläßlich des Namens Hölderlin gerät erneut die Sprache in den Blick. Es sei, so Eich, in einem von ihm besonders geschätzten späten fragmentarischen Text Hölderlins "von der Rolle des Menschen die Rede und von seinem Verstand".

> "Es heißt dann: 'Und darum ist die Willkür ihm und höhere Macht zu fehlen und zu vollbringen, dem Götterähnlichen, der Güter gefährlichstes, die Sprache dem Menschen gegeben, damit er schaffend, zerstörend und untergehend, und wiederkehrend zu ewiglebenden, zur Meisterin und Mutter, damit er zeuge, was er sei.' Mir kommt es [so Eich bei Meister] auf 'der Güter gefährlichstes' und 'damit er zeuge, was er sei' an."[53]

Auf die Sprache also käme es an. Meister bringt entsprechend, in Erinnerung an die Vézelay-Rede, Eichs Grundüberzeugung auf den Punkt:

> "Ihrer Auffassung nach stellen wir die Wirklichkeit her. Mit dem Charakter von Risiko ist sie unser aller Zeugnis."[54]

---

[51] Meister: Prosa. S. 103.
[52] In dem Gedichtband "Botschaften des Regens". Frankfurt/M. 1948. S. 44 ("Latrine").
[53] Meister: Prosa. S. 105.
[54] Meister: Prosa. S 105.

Eben solche Herstellung von "Wirklichkeit" durch das Wort aber
unterliegt - wie der Dialog Meisters an sich selbst zeigt - den Interventionen des Zufälligen, der Macht des Nicht-Sinns. Gerade
als Produkt des sprachlichen Subjekts ist die Wirklichkeit grund-
und bodenlos, ein Sprach-Spiel ohne Rechtfertigung und ohne Anspruch auf Wahrheit, ein Ort, wo die Erbsünde neben der Erbswurst liegt.

Meisters Totengespräch mit Eich ist mehr als ein geistreicher
Scherz. Der Nonsensedialog bietet eine mögliche Form, über Fragen und Beunruhigungen zu sprechen, welche sich der diskursiven
Erörterung und dem wohlgefügten Wort entziehen: es geht - aber
eben mittelbar und im spielerischen Schwanken zwischen schein-
barem Ernst und offenkundigem Scherz - um die wichtigsten Themen des menschlichen Denkens, um die Zeit, um den Tod, um die
Schöpfung selbst, die hier als mißlungen beurteilt wird. Die "Seegurke" allein sei - so der Dialogpartner Eich - hinreichender Anlaß
dafür, den "Geschmack des Schöpfers" in Frage zu stellen,[55] und
am liebsten würde er auf die "Zumutung", welche die Welt darstellt, mit einem "neuen Entwurf" antworten.[56] (Sein Nicht-Einver-
ständnis mit der Schöpfung hat Günter Eich ja mit Nachdruck bekundet.) Zwar verhindern die Zeit und die Sterblichkeit des Menschen solchen Entwurf. Immerhin aber wird die Idee einer neuen,
mit sprachlichen Mitteln zu entwerfenden Gegen-Welt in Meisters
Dialog nicht einfach durchgestrichen, sondern (wiederum in mehrfachem Sinn) aufgehoben. Als aufgehobene ist die Utopie einer
lesbaren Welt, eines ungestörten Reichs der Bedeutungen, im
sprachlichen Kontext gegenwärtig. Meister hat mit seinem imaginären Dialog den inneren Zusammenhang, in dem poetischer Nonsense und das "Nichteinverständnis" mit der Wirklichkeit bei Eich
- und nicht nur bei diesem - stehen, deutlich nachgezeichnet. Über
die Absurdität der Welt kann man nicht vernünftig sprechen, man
kann sie nur wortspielerisch umkreisen, sich dem Prinzip bestim-
mender Nennung und Aussage verweigernd.

  "E.: (...) Die Welt einschließlich sämtlicher toter Götter ist eine Zumutung, das Glück ist zu teuer. Wäre unsere Geburt nicht mit unserem

---

Tode identisch, sollten wir einen neuen Entwurf machen. Ich sage Zeit, ich sage Leben, ich sage Sterben, ich sage Zumutung.

M.: Was sagen Sie, *wer* mutet zu?

E.: Er versteckt sich."[57]

Zugleich erscheint Eich bei Meister als wichtiger Vertreter jener modernen Poesie, die darum weiß, daß sie im Bodenlosen steht, daß sie "setzt" statt zu "übersetzen". Die Wahrheiten, die es in Rede und Schrift mitzuteilen gäbe - sie sind erfunden, und ihr Ort ist das Imaginäre. Zuletzt brechen die beiden Gesprächspartner selbst zu einem imaginären Ort auf:

> "E.: Ach, kommen Sie, gehn wir nach El Kuhwehd, dort ist es nicht finster."[58]

Nicht allein, daß damit der Titel eines Eich-Hörspiels ("Geh nicht nach El Kuwehd") verdreht wird; Meister gelingt es auch noch, einen letzten Kalauer anzubringen - der Weg an den imaginären Ort wird assoziiert mit dem einer Kuh. Erinnert sei an das unscheinbare h, das schon als Scharnier zwischen "Ur" und "Uhr" eine Rolle spielte.

Warum ersinnt Meister, der nach eigenem Bericht Eich nur einmal und kurz persönlich traf, einen solchen fiktiven Dialog? Steckt auch dahinter eine Art Programm? Was leistet hier das dialogische Prinzip? Albert Camus zufolge entsteht das Absurde "aus der Gegenüberstellung des Menschen, der fragt, und der Welt, die vernunftwidrig schweigt."[59] (Daß hier eine verkehrende Anknüpfung an die Idee einer sprechenden Welt vorliegt, ist offenkundig.) Wo nun die Welt als Dialogpartner sich verweigert, bedarf es des menschlichen Gegenübers vielleicht umso mehr, auch wenn dieses nicht ernsthaft sprechen mag. In einem "imaginären Brief" Eichs hieß es:

---

[57] Meister: Prosa. S. 106.

[58] Meister: Prosa. S. 106.

[59] Albert Camus: Der Mythos von Sisyphos. Hamburg 1959. S. 29. Im Versagen der hermeneutischen Anstregungen des Menschen, so Camus, zeige sich das Fremd-Werden der Welt.

"Mein lieber Elefant, Du weißt, daß ich diese Zeilen schreibe, um über
das Wichtigste nichts zu sagen, und Du weißt, was es ist. Sei um-
armt."[60]

Man kann sich demnach ein Gegenüber ausdenken, um über das
Wichtigste nichts zu sagen und es gleichwohl umkreisend anzu-
deuten. Das Gegenüber Meisters in seinem Dialog mit Eich ist ein
Toter: ein Abwesender, welcher allerdings immerhin noch durch
seine Texte spricht. Diese Texte herbeizitierend, drückt der Verfasser des Dialogs indirekt sein Aufbegehren gegen das Schweigen
aus - jenes Schweigen, das zum Tod, diesem größten Unsinn, gehört.

---

[60] Eich: Werke. Bd. 1. S. 385.

LAUTDICHTUNG ZWISCHEN SPRACHUTOPIE UND
LYRISCHER DIAGNOSTIK: VERWANDTSCHAFTEN UND
DIFFERENZEN ZWISCHEN HUGO BALL UND ERNST
JANDL

"Karawane

jolifanto bambla ô falli bambla / grossiga m'pfa habla horem / égiga
goramen / higo bloiko russula huju / anlogo bung (...)"[1]

"talk

blaablaablaablaa / blaablaablaa / blaablaablaablaa / blaablaablaa / bäbb
/ bäbb (...)"[2]

Der magische Bischof: Hugo Ball als Lautdichter

Die Lautdichtungen Balls und Jandls brüskieren auf jeweils eigene
Weise das Interpretationsbedürfnis des Lesers oder Hörers: Sie
spielen mit Sinnerwartungen und werfen damit die fundamentalere
Frage nach deren Berechtigung auf. Letztlich zielt die Provokation
auf die Spielregeln und Voraussetzungen von Interpretation
schlechthin: Gibt es an Lautgedichten etwas zu "verstehen" oder
nicht? Aber können Gedichte überhaupt verstanden werden? Im
folgenden wird die Interpretierbarkeit auch des Lautgedichts vorausgesetzt, das man als eine Spielart des sogenannten literarischen
Nonsense betrachten kann: Letzterer stellt das Prinzip Interpretation (bzw. literarische Kommunikation) zwar in Frage, verhält sich
eben darum gegenüber diesem aber keineswegs indifferent. Daß

---

[1] Hugo Ball: Karawane. Zitiert nach: Ernst Jandl: Das Öffnen und Schließen des Mundes. Frankfurter Poetik-Vorlesungen (= PV). Darmstadt/Neu-
wied 1985. S. 25. (Die abwechslungsreiche Typographie des Textes wird
durch das Zitat nicht wiedergegeben.)
[2] Jandl: PV. S. 55.

sich die Lautdichter Ball und Jandl auch als Theoretiker mit dem
Thema Sprache auseinandergesetzt haben, ist kaum ein Zufall.

Er habe "eine neue Gattung von Versen erfunden", so notiert
Hugo Ball im Juni 1916 in seinem Tagebuch, "'Verse ohne Worte'
oder Lautgedichte, in denen das Balancement der Vokale nur nach
dem Werte der Ansatzreihe erwogen wird."[3] Am gleichen Abend
hatte Ball einige Lautdichtungen, allen voran "gadji beri bimba",
in der Zürcher Dada-Galerie öffentlich vorgetragen, bis zur Hüfte
eingehüllt in ein "Säulenrund aus blauglänzendem Karton", obe-
liskengleich, im flügelartigen Mantelkragen eines Magiers und mit
einem Schamanenhut auf dem Kopf, sein rotgeschriebenes Manu-
skript an Notenständern "zelebrierend". Die Bemühungen Balls
und Tristan Tzaras um das Arrangement der Rezitation ließen keinen Zweifel daran zu, daß es mit dem Rezitationsprozeß um mehr
als eine bloß äußerliche Zutat zu den davon unabhängigen Gedichten selbst ging. Die rezitierte Lautfolge ist einkomponiert in ein
Ensemble von optischen und akustischen Effekten; jene Rezitation
selbst stellt erst *das Gedicht* dar.[4] Die unvermeidliche und wohl
auch gewollte Spannung zwischen dem theatralischen Pomp der
Szenerie und ihren grotesken Momenten werden Ball fast zum
Verhängnis, als es darum geht, "ernst zu bleiben" und die Soirée
nicht ins Unverbindlich-Komische abgleiten zu lassen. Da kommt
es zu einer für den Rezitator selbst überraschenden Wendung: Seine Stimme nimmt "die uralte Kadenz der priesterlichen Lamentation" an, den "Stil" des katholischen Meßgesangs, und der Psalmo-
dierende fragt sich, auf welche Eingebung diese "Musik" zurück-
gehe.[5] Wurde er zum Artikulationsinstrument einer höheren und

---

[3]　Hugo Ball: Die Flucht aus der Zeit (= FaZ). Zürich 1946. S. 98.

[4]　Vgl. dazu: Thomas Kempf und Manfred Kratz: Die 'Lautgedichte' Hugo
Balls als Erkenntnisgegenstand kultursemiotischer Texttheorie. In: Hugo
Ball-Almanach 1985/86. S. 247ff. Nach Kempf und Kratz "fungieren die
sprachlichen Textteile nicht als eigenständige 'rezitierte Gedichte' (wie im
Falle einer Lesung), sondern als unselbständige Momente des Gesamttextes
'Auftritt'." - Zum Teil kritisch gewürdigt wird hier ein Aufsatz, der anderer-
seits aber auch die gattungspoetologische Vorarbeit geleistet hat: Frank
Klingler: Zu den Lautgedichten von Hugo Ball. In: Hugo Ball-Almanach
1982. S. 153ff.

[5]　"Ich hatte jetzt rechts am Notenständer 'Labadas Gesang an die Wolken'
und links die 'Elefantenkarawane' absolviert und wandte mich wieder zur

verborgenen Instanz erwählt? Hat den Rezitator Ball, indem er sich als Magier oder Schamane verkleidete, nicht das Schicksal des Zauberlehrlings ereilt, der sich magischer Requisiten und Techniken bedient, dann aber selbst von deren Kräften überwältigt wird - in diesem Fall als Sprachrohr einer Verlautbarung, deren Nähe zum Meßgesang hinreichendes Indiz für ihren kultisch-sakralen Charakter sein dürfte? Der eigenen Stimme nicht mehr Herr zu sein, sprechend einer unberufenen Eingebung zu folgen, ist eine zum Topos geronnene Erfahrung, auf die in der Literatur der Moderne oft und gern rekurriert wird. Nicht nur der Zauberlehrling lugt hinter der Dada-Maske hervor, sondern auch der sich als Artikulationsmedium einer anderen, einer höheren Instanz erfahrende Poet: der "Sprachbegeisterte", wie ihn Novalis nennt, der archaische Dichter, der die Musen um Eingebungen anruft und dessen Selbstverständnis schon Platon einer kritischen Prüfung unterzogen hat, wenngleich sich Theoretiker des poetischen Enthusiasmus dann auch wieder auf Platon zu berufen pflegen.[6] Der "magische" Bischof Ball befindet sich in vielköpfiger imaginärer Gesellschaft und zitiert diese psalmodierend herbei: den Schamanen, den Besessenen, aber auch den sich priesterhaft inszenierenden zeitgenössischen Dichter; erinnert sei an Stefan George. Die Vorgeschichte unserer Dada-Soirée dürfte sich über Zeiten erstrecken, da die poetische Artikulation, vom Sprecher selbst als "inspiriert" ge-

---

mittleren Staffelei, fleißig mit den Flügeln schlagend. Die schweren Vokalreihen und der schleppende Rhythmus der Elefanten hatten mir eben noch eine letzte Steigerung erlaubt. Wie sollte ich's aber zu Ende führen? Da bemerkte ich, daß meine Stimme, der kein anderer Weg mehr blieb, die uralte Kadenz der priesterlichen Lamentation annahm, jenen Stil des Meßgesangs, wie er durch die katholischen Kirchen des Morgen- und Abendlandes wehklagt. Ich weiß nicht, was mir diese Musik eingab. Aber ich begann meine Vokalreihen rezitativartig im Kirchenstile zu singen (...)." (FaZ. S. 99f.) - Zuletzt, so Balls Bericht, sei er "vom Podium herab schweißbedeckt als ein magischer Bischof in die Versenkung getragen" worden (FaZ. S. 100). Laufen konnte der obeliskartig Verkleidete ja nicht. Seine Beschreibung suggeriert freilich darüberhinaus, er sei von einer ganz besonderen Erschöpfung befallen worden.

[6] Vgl. Jaap Mansfeld: Die Offenbarung des Parmenides und die menschliche Welt. Assen 1964. S. 273. - Vgl. ferner Platons Dialog "Ion" sowie den Artikel "Enthusiasmus" im Historischen Wörterbuch der Philosophie. Bd. 2. Sp. 525ff. (A. Müller).

deutet, von kultischer Praxis nicht zu trennen war. Wie ein Schlüsseltext zur ungeplanten Vereinnahmung des Rezitators Ball durch
den Rezitationsvorgang selbst klingt ferner der "Monolog" des Novalis.[7] In der Gegenwart, so wird Ball 1926 in seinem Essay "Der
Künstler und die Zeitkrankheit" feststellen, gewännen bei der Betrachtung künstlerischer Werke drei Dinge eine neue Bedeutung:
der Begriff der Inspiration, der Stil sowie der Begriff der Persönlichkeit. Eine von Ball in diesem Kontext referierte Konzeption der
künstlerischen Persönlichkeit wirft ein Licht auch auf den Auftritt
des psalmodierenden magischen Bischofs in seinem Dada-Kostüm, jene Konzeption nämlich,

> "(...) die den Begriff der Maske auf das ganze Kleid, auf den Überwurf
> bezieht und an die magische Auffassung dieses Überwurfes bei den Al
> ten erinnert (...). Die Tier- oder Göttermaske prägt danach den Kern des
> Helden, der die höhere oder die physisch stärkere Person anzieht. Es
> handelt sich hier nicht mehr um ein Mimikry des Schauspielers und
> Nachahmers, sondern um die magische Identifikation mit einem krea
> tiven übermenschlichen Wesen, das den Menschen, der vorher nur Sinn
> und Materie war im Innersten prägt und erhöht."[8]

Die durch den Dada-Auftritt zehn Jahre zuvor provozierten Fragen
werden in diesem Essay explizit als Zentralfragen zeitgenössischer
ästhetischer Reflexion formuliert, die Konsequenzen einer veränderten Deutung künstlerischen Schaffens angedeutet.

> "Wer ist der Künstler? Wie kommt das Kunstwerk zustande? Geben
> dem Dichter die Götter ein oder die Dämonen? Worin ist das 'Genie' be
> gründet? Worin das sogenannte 'Schaffen'? Wer schafft und kreiert?
> Gott oder die Menschen? Ist die Kunst im Individuum beschlossen, in
> seinen Instinkten etwa, im Unbewußten, oder in einer Über- und Unter-

---

[7] "Wie, wenn ich aber reden müßte? und dieser Sprachtrieb zu sprechen
das Kennzeichen der Eingebung der Sprache, der Wirksamkeit der Sprache
in mir wäre? und mein Wille nur auch alles wollte, was ich müßte, so
könnte dies ja am Ende ohne mein Wissen und Glauben Poesie sein und
ein Geheimniß der Sprache verständlich machen? und so wär' ich ein berufener Schriftsteller, denn ein Schriftsteller ist wohl nur ein Sprachbegeisterter? - " (Novalis: Schriften. Hg. v. Richard Samuel in Zus.arb. mit Hans-
Joachim Mähl und Gerhard Schulz. Bd. II. Stuttgart 1965. S. 672f.)
[8] Hugo Ball: Der Künstler und die Zeitkrankheit. In: H. B.: Der Künstler
und die Zeitkrankheit. Ausgewählte Schriften. Frankfurt/M. 1988. S. 104.

welt? So daß (...) die Kunst (...) doch vom Produzierenden gar nicht ausgeht, sondern der Mensch nur, wie die Scholastik sagte, die causa efficiens, keineswegs aber der Schöpfer seiner Leistung ist?"[9]

Aus der Distanz dessen, der Zeitströmungen in ihrer Bedingtheit darzustellen und mit anderen zu vergleichen sucht, erwähnt Ball im folgenden die zeitgenössische Wiederentdeckung der Welt "des Animismus und der Magie" - vor allem durch die moderne Ethnologie. Sie habe Einfluß auch auf die gegenwärtige Deutung künstlerischer Produktivität. Denn getrieben vom "Verlangen, aus ferner Urzeit neue Kräfte der Vereinfachung und der Verbundenheit zu schöpfen", glaube mancher, in der Magie "den Schlüssel aller primitiven Kunstübung und -wirkung zu erkennen."[10] Solcher Aufweis der Zusammenhänge zwischen dem Interesse an atavistischen Kulten und dem Bemühen der modernen Künstler um ein adäquates Verständnis ihrer selbst und ihrer Arbeit liest sich wie die nachträgliche Explikation jenes Auftrittes, bei dem Balls Lautgedichte erstmals öffentlich erklangen. Weil sie von einer höheren Instanz eingegeben ist, erscheint die einem magisch-kultischen Geschehen analoge dichterische Bekundung unverständlich: Auch dieser Zusammenhang wird durch Balls Lautgedichte nachgestellt, insofern sie die Suggestion erzeugen, einen verrätselten Sinn zu besitzen.[11]

Die Frage nach der Verständlichkeit von Balls Lautgedichten berührt sich mit der fundamentaleren Frage, in welcher Sprache sie verfaßt, ja ob sie überhaupt in einer "Sprache" verfaßt seien. Ihre Beziehung zur Normalsprache - die ja bei der Interpretation der Texte eine wichtige Rolle spielt - ist von den Interpreten unterschiedlich akzentuiert worden. Ernst Jandl bemerkt zutreffend, Balls Lautgedichte 'erzeugten' eine Sprache, die jeweils "nur in diesem einen Gedicht" existiere.[12] Hinzuzufügen wäre, daß diese "Sprachen" Derivate und Verwandte bekannter Sprachen sind,

---

[9] Ball: Der Künstler und die Zeitkrankheit. S. 103.
[10] Ball: Der Künstler und die Zeitkrankheit. S. 105f.
[11] Vgl. Manfred Geier: Das Sprachspiel der Philosophen. Von Parmenides bis Wittgenstein. Reinbek 1989. S. 19.
[12] PV. S. 24. - Vgl. Hans-Georg Kemper: Das Lautgedicht. In: Kemper: Vom Expressionismus zum Dadaismus. Eine Einführung in die dadaistische Literatur. Kronberg 1974. S. 169.

wenn auch stark verfremdete. Fraglich ist allerdings, ob diese Eigenart der Lautgedichte als Gattungskriterium gelten kann. Spricht nicht jedes Gedicht "seine" ganz besondere Sprache? Von "abstrakter Dichtung" zu sprechen, ist ohnehin problematisch.[13] Problematisch auch die Feststellung, daß sich Balls Lautdichtungen auf kein erkennbares Signifikat beziehen; beziehen sich andere Gedichte auf ein solches? Und wenn wohl auf der Hand liegt, daß sie nicht übersetzbar sind: Sind andere Gedichte übersetzbar? Wenn Lautgedichte "unverständlich" sind: Sind andere Gedichte "verständlich"? Zu bezweifeln ist ferner, ob Gedichte in Phantasiesprachen, wie Balls Lautdichtungen, "asemantisch" heißen dürfen. Eher findet in solchen Gedichten wohl ein Spiel mit Bedeutungen, Assoziationen und Konnotationen statt, als daß auf diese verzichtet würde. Immerhin weist seine Sprache mancherlei Analogien zur Normalsprache auf, finden sich in ihr gelegentlich vertraute Vokabeln in verfremdetem Zustand, so daß dann auch vertraute Gegenstände und Vorstellungsmuster wie in verfremdeter Form herbeizitiert erscheinen. Nicht durch einen *Verzicht* auf Wirklichkeitsbezug unterscheiden sich Balls Lautgedichte von normalsprachlichen Gedichten (und, so wäre weiter zu fragen: was sind eigentlich normalsprachliche Gedichte?), sondern durch die eigentümliche *Art* ihres Wirklichkeitsbezugs.[14] Diese unter gattungspoetologischem Aspekt eher ärgerlichen Abgrenzungsprobleme zwischen dem "Normalen" und dem "Normwidrigen" haben jedoch auch ihre positive Seite, denn sie erlauben es, im Bewußtsein der Analogien zwischen Lautgedichten und anderen Gedichten in ersteren paradigmatische Formen poetischen Sprechens zu sehen, welche zur Reflexion über dieses Sprechen schlechthin provozieren wollen.

---

[13] Vgl. Beda Allemann: Gibt es abstrakte Dichtung? In: Definitionen. Essays zur Literatur. Hg. v. Adolf Frisé. Frankfurt/M. 1963. S. 157ff.

[14] Vgl. dazu etwa: Kemper: Das Lautgedicht. S. 170ff. Die Laute in Balls Gedichten seien, so Kemper, vielfach "bedeutungshaltige Morpheme", etwa in laut- oder bewegungimitatorischen Passagen (S. 170). Angesichts der vielfachen Bezüge, die aller Verfremdung zum Trotz zwischen Balls Lautgedichten und der geläufigeren Sprache bestehen, sowie angesichts ihrer offensichtlich "imitatorischen" Komponenten ist Kemper zuzustimmen, demzufolge Balls Lautgedichte keineswegs "autonome, von aller Realitätserfahrung und Wirklichkeit im weitesten Sinne unabhängige Gebilde sein" wollen (S. 172).

Auch historisch betrachtet sind Balls "Verse ohne Worte" natürlich nicht durch eine klare Linie von ihren Vorgängern zu scheiden. Schon im Barock entstanden Gedichte, deren klangliche Substanz für ihre innere Konsistenz maßgeblicher war als ihr "Sinn" oder ihr "Gegenstand". Sie waren allerdings immer noch in verständlicher (wenn auch verfremdeter) Sprache verfaßt. Unterschiedlich fest an die Sprachkonventionen gebunden sind auch die späteren Zeugnisse einer Dichtung, die in erster Linie "klingt". Ein Übergangsphänomen zur Dichtung in reiner Phantasiesprache bilden dann etwa die "Jabberwocky"-Verse Lewis Carrolls. Um die Jahrhundertwende erscheinen schließlich Gedichte wie Paul Scheerbarts "Kikakokú! Ekoraláps!" (1897) und der "Monolog des verrückten Mastodons" (1902), die, fremd jedem geläufigen Idiom, etwaige Interpreten mit ihrer Lautgestalt allein lassen. Analogien bestehen auch zwischen Balls Poemen und volkstümlichen Zeugnissen phantasiesprachlicher Nonsense-Dichtung, wie sie etwa in Johann Lewalters Sammlung "Deutsches Kinderlied und Kinderspiel" von 1911 mitgeteilt werden. Als "Spracherfinder" vor Ball arbeitet auch Christian Morgenstern, der in einem Brief von 1910 sein "Großes Lalula" ("Galgenlieder", zuerst 1905) als "phonetische Rhapsodie" charakterisiert.[15] Verbindungen bestehen von solcher

---

[15] Christian Morgenstern: Über die Galgenlieder (= Brief an einen Redakteur, Obermais 1910). Zit. aus: Alle Galgenlieder. Frankfurt/M. 1972. S. 332: "Das Lalula dürfte im wesentlichen eine, sagen wir, phonetische Rhapsodie sein, ursprünglich (...) 'auf den Leib' geschrieben, der es denn auch mit ganz derselben Leidenschaft und Überzeugung vorzutragen pflegte, die man im Leben draußen nur zu oft an ungleich geringere 'Wortkunst' verwendet." Vgl. S. 329f.: "Sie werden das Lalula nicht mehr ganz so unsinnig finden, wenn Sie bedenken, daß es weniger der Ausdruck irgendeines Un-Sinns, Ohne-Sinns sein sollte, als der eines ganz privatpersönlichen, jugendlichen Übermuts, der sich in Lautverbindungen gefiel, ein Gefallen, das unter Kindern wohl alltäglich ist, das der Erwachsene aber, wie so vieles, vergißt, und wenn es ihm künstlich verkappt entgegentritt, nur noch als Bizarrerie anzusprechen weiß. Warum soll sich ein phantasiereicher Junge zum Beispiel nicht einen Indianerstamm erfinden samt allem Zubehör, also auch Sprache, Nationalhymne? Und warum soll künstlerischer Spieltrieb derlei nicht, zum Scherz, einmal wiederholen? Ich habe noch als Gymnasiast 'Sprache erfunden', war seinerzeit einer der eifrigsten Volapükisten - - nun, was weiter, wenn ich da einem für solches be-

Dichtung auch zu Experimentalsprachen wie Esperanto und Volapük. Nicht nur in der poetischen Praxis, sondern auch im Feld theoretischer Reflexion finden wichtige Vorarbeiten zu den Lautgedichten Balls statt. Novalis spricht antizipatorisch von Gedichten, die, "blos wohlklingend und voll schöner Worte - aber auch ohne allen Sinn und Zusammenhang", allenfalls in "einzelne[n] Strofen" verständlich wären; solche Gedichte müßten "wie lauter Bruchstücke aus den verschiedenartigsten Dingen" sein.[16] Ball hat das Lautgedicht also gewiß nicht "erfunden", auch wenn er Anlaß haben mochte, seine Lautdichtungen als Bruch mit geläufigen Konventionen lyrischen Sprechens zu betrachten. Ebensowenig stellen sie dadurch eine Ausnahmeerscheinung dar, daß nicht der geschriebene Gedichttext, sondern der Rezitationsakt selbst zum eigentlichen Gegenstand ästhetischer Erfahrung wird. Zu fragen wäre vielmehr, ob nicht gerade in der Lyrik das artikulatorisch-gestische Moment konstitutiv ist, ob nicht der geschriebene Text immer schon eine Abstraktion des Gedichts darstellt. Paul Valéry etwa sieht im geschriebenen Gedicht eine Partitur. Aus dieser Perspektive betrachtet, wäre Balls Rezitation eine Demonstration des Gedichts in seiner wahren, der akustisch-sukzessiven, Erscheinungsform: Rückerstattung des Poetischen an die Mündlichkeit als seine originäre Dimension.

Von konkreten Vorläufern Balls bei der Produktion von Lautgedichten und ihrer theoretischen Begründung einmal abgesehen: Knüpft nicht gerade die Lautdichtung an atavistische Erscheinungsformen der Dichtung an, die allenfalls spekulativ zu erschließen sind, aber gerade aus neuzeitlich-"sentimentalischer" Sicht dem Wesen des Poetischen am nächsten standen? Die Sprachen seien ursprünglich tönender, "musikalischer", gewesen, so will es ein spekulativer Topos, der maßgebliche Ausformulierungen durch Vico, Hamann und Herder findet, und auf Vico beruft sich Ball gerade in seinen Ausführungen über die "magische" Dimension dichterischer Schöpfung.[17] Poesie und Musik, so eine verwandte Anschauung, seien aus der gemeinsamen Wurzel des Ge-

---

sonders begabten Bundesbruder ein Vortragsstück in einem eigenen Volapük schrieb?"
[16] Novalis: Schriften. Bd. III. Stuttgart 1968. S. 572.
[17] Ball: Der Künstler und die Zeitkrankheit. S. 104.

sangs hervorgegangen und nach wie vor durch die ihnen beiden substantielle akustische Dimension miteinander verknüpft. Novalis hat sogar eine Rückkehr der Sprache zum Gesang gefordert; eine Reihe seiner ästhetischen Reflexionen könnte, zusammen mit denen diverser romantischer Zeitgenossen, auf die Formel "ut musica poesis" gebracht werden.

> "Unsre Sprache - sie war zu Anfang viel musicalischer und hat sich nur nach gerade so prosaisirt - so enttönt. Es ist jezt mehr Schallen geworden - Laut, wenn man dieses schöne Wort so erniedrigen will. Sie muß wieder Gesang werden."[18]

Die Lautdichtungen Rudolf Blümners, Kurt Schwitters' und Balls sind diesem Programm verpflichtet.[19] Von Novalis hat Ball vielleicht sogar den Einfall bezogen, sich für die Rezitation in jenes symbolträchtige Gewand des "magischen Bischofs" zu verkleiden. Stellt Novalis selbst doch eine Verbindung her zwischen dem Wort, das oftmals durch ein "herrliches Andenken (...) geheiligt" und darum an sich schon ein Gedicht sei, und den "Kleider[n] der Heiligen" mit ihren "wunderbare[n] Kräften".[20] Das "tönende" Wort steht dem bloßen "Instrument" Sprache programmatisch gegenüber. Die "Bedeutung" poetischer Texte gründet für Ball wie schon für Novalis nicht in einer etikettierenden Benennung von Dingen und Tatsachen; das poetische Wort ist keine vom "Be-

---

[18] Novalis: Schriften. Bd. III. S. 283f.

[19] Mit Blümners "Ango Laina" sei, so Hans-Georg Kemper, Das Lautgedicht, S. 180, "die Grenze zur Musik erreicht, wenn nicht schon überschritten"; bei Schwitters liegt eine solche Grenzüberschreitung auf der Hand.

[20] Dieses wichtige Fragment lautet im Zusammenhang: "<Der Dichter schließt, wie er den Zug beginnt. Wenn der Philosoph nur alles ordnet, alles stellt, so löst der Dichter alle Bande auf. Seine Worte sind nicht mehr allgemeine Zeichen - Töne sind es - Zauberworte, die schöne Gruppen um sich her bewegen. Wie Kleider der Heiligen noch wunderbare Kräfte behalten, so ist manches Wort durch irgend ein herrliches Andenken, geheiligt und fast allein schon ein Gedicht geworden. Dem Dichter ist die Sprache nie zu arm, aber immer zu allgemein. Er bedarf oft wiederkehrender, durch den Gebrauch ausgespielter Worte. Seine Welt ist einfach, wie sein Instrument - aber eben so unerschöpflich an Melodieen.>" Novalis. Bd. II. S. 533.

zeichneten" abzutrennende "Bezeichnung".[21] Novalis' "Monolog",
der in mehr als einer Hinsicht den Untertext zu Balls Experiment
und seiner Beschreibung bildet, hatte zwar "das Eigenthümliche
der Sprache" darin gesehen, "daß sie sich blos um sich selbst be-
kümmert", gleichzeitig aber eine harmonische Korrelation zwischen dem Spiel der Worte und dem "seltsame(n) Verhältnißspiel
der Dinge" statuiert.[22] Wie der Schlüssel zu Balls Lautgedichten
liest sich das Novalis-Wort: "Höchstens kann wahre Poesie einen
allegorischen Sinn im Großen haben".[23] Balls Lautdichtungen haben - so sei im folgenden vorausgesetzt, einen solchen allegorischen Sinn "im Großen", gerade weil sie im "Kleinen" keinen bestimmbaren Sinn haben.[24]

Gestützt wird diese Auffassung durch Balls philosophisch-
metaphysische Reflexionen über die Sprache, die auf vielerlei Anregungen zurückgehen, auf die Lektüre der Kirchenväter und der
mittelalterlichen Mystiker ebenso wie auf die Lektüre zeitgenössischer Theoretiker abstrakter Kunst. Die Sprache stellt für Ball das
Zentrum des geistigen Universums dar. "Die Sprachlehre ist die
Dynamik des Geisterreichs", so exzerpiert er aus Novalis (FaZ. S.
76). Obwohl seine Lautdichtungen auf den ersten Blick kein Thema zu haben scheinen, kann ihnen doch ein Signifikat zugeordnet
werden: die Sprache selbst, und zwar insbesondere als imaginäre
Sprache mit imaginären Eigenschaften. Im Lautgedicht soll dieses
Idiom realisiert werden. Ausgangsbasis ist Balls kritische Beurteilung der alltäglichen Sprache und ihres Gebrauchs.

> "Das Wort ist preisgegeben; es hat unter uns gewohnt.
> Das Wort ist zur Ware geworden.
> Das Wort sie sollen lassen stahn.
> Das Wort hat jede Würde verloren." (FaZ. S. 36)

---

[21] Zur Beziehung zwischen Novalis und Ball vgl. Erdmute Wenzel White:
Hugo Ball und Novalis: Vom Bewußtsein der Sprache. In: Hugo-Ball-Almanach 1985/86. S. 295ff.

[22] Novalis: Schriften. Bd. II. S. 672.

[23] Novalis: Schriften. Bd. III. S. 572.

[24] "Es kann von Unsinn nirgends die Rede sein": So auch Morgenstern
über die "Galgenlieder" (S. 331).

Diesen Zeilen von 1915 können als Programm über Balls dichterischer Arbeit stehen, insofern sie insistent vom "Wort" als Hauptan-
liegen und -sorge sprechen, das Wort aber nicht nur beklagen, sondern auch sein "Bestehen" fordern. Daß der Text partiell verfrem-
detes Zitat ist, mag an sich bereits als Indiz dafür gelten, wie sehr
sich Ball an "Worte" gebunden fühlt. Zum Ausdruck kommt hier
einmal mehr jene Krise des Sprachbewußtseins, wie sie Hofmannsthals Chandosbrief von 1902 beschreibt - jene Erfahrung,
daß Worte und Dinge miteinander zerfallen sind, daß Sprache,
vielfach mißbraucht und verstümmelt, zur Mitteilung von "Wahrheit" nicht geeignet ist.[25]
Die Sprache selbst ist zentrales Thema und Problem moderner
Poesie und Poetik. "Das Vertrauensverhältnis zwischen Ich und
Sprache und Ding ist schwer erschüttert", so wird Ingeborg Bachmann noch 1959 diagnostizieren.[26] Damit würden zugleich Arbeit
und Existenz des Schriftstellers zutiefst fragwürdig. Gegen die gegebene Sprache richtet sich manch böser Verdacht: etwa der, daß
Sprache die Wirklichkeit nicht vermittle, sondern durch Verallge-
meinerungen und Fixierungen entstelle, das jeweils besondere Erleben, die unmittelbare Erfahrung vergewaltige, sie in künstliche
und starre Ordnungsmuster presse, ins Gefängnis der Zeichen
sperre. Der Verdacht gegen eine "falsche" und entstellende Sprache wird vor allem im Namen des Individuellen artikuliert: Fällt
dieses nicht durch die Maschen des mit konventionellen Mitteln
Sagbaren? Wird es von der Macht der geläufigen Sprache nicht sogar unterdrückt, an die Seite gedrängt, ausgelöscht? Und wie können die allgemeinen und abstrahierenden Zeichen der dinglichen
Wirklichkeit mit ihren Einzelheiten je gerecht werden? Ist nicht
Sprache, mit einem Wort Bachmanns, ein Instrument entstellender
"Verformelung"[27]? Derlei sprachskeptischen Erwägungen mögen

---

[25] Zur Bedeutung der Sprachreflexion Fritz Mauthners und Gustav Lan-
dauers für die Gattung des Lautgedichts vgl. Kemper: Das Lautgedicht. S.
183ff. - Zum sprachphilosophischen Hintergrund Ballscher Dichtung vgl.
ferner: Dietmar Kammler: Nietzsche in Zürich. Ein Versuch zur künstlerisch-philosophischen Begründung des dadaistischen Lautgedichts bei Hugo Ball. In: Hugo Ball-Almanach 1981. S. 39ff.
[26] Ingeborg Bachmann: Frankfurter Vorlesungen. München/Zürich, 2.
Aufl. 1984. S. 12.
[27] Bachmann: Frankfurter Vorlesungen. S. 12.

optimistischere stets das labile Gleichgewicht halten: Mindestens seit dem 19. Jahrhunderts steht die poetische, insbesondere die lyrische Rede jedenfalls im Zeichen der Bemühung um eine "Erneuerung" der Sprache.[28] Mit einer - gemessen am jeweils alltäglichen und geläufigen Idiom - "anderen" Sprache kann sich Literatur auf verschiedenen Ebenen auseinandersetzen. Erstens, indem sie von einer solchen Sprache redet (also auf inhaltlicher Ebene), zweitens, indem sie sie zu realisieren versucht (also auf lexikalischer oder struktureller Ebene). Das Konzept einer "musikalischen" Sprache etwa kann auf inhaltlich-thematischer wie auf akustisch-konkreter Ebene eine Rolle spielen. Sprache "erneuern" zu wollen, kann ferner sowohl bedeuten, ganz "neue Sprachen" zu erfinden; es kann aber auch bedeuten, mit den geläufigen Ausdrucksmitteln auf neue Weise zu verfahren. Mit einer Saussureschen Differenzierung gesprochen: Es geht also entweder um eine neue "langue" oder um neue Formen der "parole".

Grundsätzlich gilt: Dem Leiden an der gegebenen Sprache komplementär verhält sich stets eine Obsession durch das Wort. Nur wer Sprache als eigen-sinnige Mittlerin zwischen Ich und Welt sowie als Leitfaden des eigenen Denkens sehr ernst nimmt, wird unter ihren "Unvollkommenheiten" leiden und sich selbst wegen seiner Sprachabhängigkeit als unvollkommen begreifen. Zwischen jenem Ungenügen an den sprachlichen Ausdrucksmitteln und literarisch-poetischer Produktivität kann sogar ein Bedingungszusammenhang gesehen werden. Wo kein "Verdacht" gegen das Wort bestehe, komme (so etwa Bachmann) keine "neue Dichtung" zustande; insofern habe der "Konflikt mit der Sprache" motivierende Funktion.[29] Deutlich wird bei Dichtern wie Bachmann und Celan, daß es mit der bedrängenden Frage nach der Sprache zugleich um die Frage nach der sprachlich evozierbaren und vermittelbaren Wirklichkeit geht - sowie nach dem, was sich sprachlich (vielleicht) nicht vermitteln läßt. Ist, wie diverse Dichter des 20. Jahrhunderts wiederholt betonen, poetische Arbeit als ein Sich-Hinbewegen auf etwas zunächst Unerfaßtes zu, als ein Zuhalten

---

[28] So etwa schon bei Baudelaire. Vgl. Dieter Lamping: Moderne Lyrik. Eine Einführung. Göttingen 1991. S. 20f.
[29] Bachmann: Frankfurter Vorlesungen. S. 14.

auf "unbesetztes Terrain", zu begreifen,[30] so ist der (imaginäre) Zielort jener Bewegung zugleich der Raum einer neuen Sprache wie einer neuen Wirklichkeit. Ausgangspunkt ist dabei der so beunruhigende wie stimulierende Befund von den Unzulänglichkeiten und Fragwürdigkeiten der gegebenen Sprachen, welche das jeweils Benannte mit ihrer Falschheit förmlich kontaminieren. Im 'ersten dadaistischen Manifest' vom Juli 1916 - proklamiert Ball mit Nachdruck die Abwendung von der "konventionellen Sprache".

> "Ich lese Verse, die nichts weniger vorhaben als: auf die konventionelle Sprache zu verzichten, ad acta zu legen. (...) Ich will keine Worte, die andere erfunden haben. Alle Worte haben andre erfunden. Ich will meinen eigenen Unfug, meinen eigenen Rhythmus und Vokale und Konsonanten dazu, die ihm entsprechen, die von mir selbst sind. (...) Da kann man nun so recht sehen, wie die artikulierte Sprache entsteht. Ich lasse die Vokale kobolzen. Ich lasse die Laute ganz einfach fallen, etwa wie eine Katze miaut... (...) Ein Vers ist die Gelegenheit, allen Schmutz abzutun. Ich wollte die Sprache hier selber fallen lassen. Diese vermaledeite Sprache, an der Schmutz klebt, wie von Maklerhänden, die die Münzen abgegriffen haben. Das Wort will ich haben, wo es aufhört und wo es anfängt. Dada ist das Herz der Worte."[31]

War der vernutzten und unwahren Sprache schon von Lord Chandos die programmatische Idee einer anderen Sprache entgegengehalten worden, so geschieht Analoges mit dem Lautgedicht,[32] dessen Wörter jenes neue und wahre Idiom in seiner imaginären Gesamtheit repräsentieren wollen. Der Lautdichter ist in erster Linie Prophet der neuen Sprache.[33]

---

[30] Vgl. etwa Bachmann: Frankfurter Vorlesungen. S. 16ff., sowie Paul Celan: Werke. Hg. v. Beda Allemann und Stefan Reichert. Frankfurt/M. 1986, Bd. 3. S. 185ff.

[31] Hugo Ball: Das erste dadaistische Manifest. In: Der Künstler und die Zeitkrankheit. S. 39f.

[32] Für Kemper besteht hier die entscheidende Differenz zwischen Ball und Lord Chandos, welcher angesichts der Armut und Abstraktheit der Sprache seine Zuflucht zum Verstummen nehme (Kemper: Das Lautgedicht. S. 173). Aber auch im Chandosbrief Hofmannsthals klingt die Idee einer wesenhaften, einer wahren Sprache ja deutlich genug an.

[33] Vgl. Balls Vortrag über Kandinsky, wo es über die zeitgenössischen Künstler heißt: "Sie sind Vorläufer, Propheten einer neuen Zeit. Ihre Werke

"Man verzichte mit dieser Art Klanggedichte in Bausch und Bogen auf die durch den Journalismus verdorbene und unmöglich gewordene Sprache. (...) Man verzichte darauf, aus zweiter Hand zu dichten: nämlich Worte zu übernehmen (von Sätzen ganz zu schweigen), die man nicht funkelnagelneu für den eigenen Gebrauch erfunden habe."[34]

Verständlich wird, warum Ball seine Lautdichtungen auch "Verse ohne Worte" nennt: gemeint ist der Verzicht auf *geläufige* Worte. Solche "Preisgabe" des Wortes dient der Sicherung eines "heiligsten" Bezirkes für die Dichtung (FaZ. S. 100). Verständlich auch, warum Ball - man darf annehmen: wider besseres Wissen - auf dem innovatorischen Charakter seiner Sprachexperimente besteht: Wiederholt wird die zeittypische Geste radikaler Erneuerung, die ja auch in den Manifesten der Futuristen und Dadaisten dominiert.

Die "neue Sprache" - Topoi und Motive

Mögen nun die Lautdichtungen auch suggerieren, sie seien in einer neuen Sprache verfaßt, so existiert diese doch nirgends als in ihnen allein. In Balls theoretischen Reflexionen allerdings gewinnt jene Neue Sprache weitere Konturen. Diese seien nun skizziert:

1. Die neue Sprache ist wesenhaft Klang. Nicht zufällig erklärt Ball das "laute Rezitieren (...) zum Prüfstein der Güte eines Gedichtes" und die "Ohren lebendiger Menschen" zu dessen Adressaten (FaZ. S. 75f.). Hinter solcher Akzentuierung der akustischen Dimension steht der Gedanke einer Privilegierung der Stimme gegenüber der als Bezeichnung zweiten Grades denunzierten

---

tönen in einer nur erst ihnen bekannten Sprache. (...) Sie sind Vorläufer einer ganzen Epoche, einer neuen Gesamtkultur." (Hugo Ball: Kandinsky. In: Der Künstler und die Zeitkrankheit. S. 43)

[34] FaZ. S. 100. - Vgl. auch FaZ. S. 76f.: "Daß das Bild des Menschen in der Malerei dieser Zeit mehr und mehr verschwindet und alle Dinge nur noch in der Zersetzung vorhanden sind, das ist ein Beweis mehr, wie häßlich und abgegriffen das menschliche Antlitz, und wie verabscheuenswert jeder einzelne Gegenstand unserer Umgebung geworden ist. Der Entschluß der Poesie, aus ähnlichen Gründen die Sprache fallen zu lassen, steht nahe bevor. Das sind Dinge, die es vielleicht noch niemals gegeben hat."

Schrift.[35] Jacques Derridas kritischen Befunden zufolge hat sich die abendländische Reflexion weitgehend an phonozentristischen Konzepten orientiert; die Stimme schien dem Signifikat näher (wie auch immer dieses genauer bestimmt war).[36] Durch seine Stimme offenbare sich das menschliche Innere authentischer als durch jedes andere Zeichen, so will es ein spekulativer Topos, der sich bei Rousseau ebenso belegen läßt, wie in Herders Überlegungen zum Ursprung der Sprache.[37] Ball geht so weit, in einem Kommentar zum "Poème simultan" die menschliche Stimme als Repräsentantin der Seele und der Individualität, die nicht stimmhaften Geräusche hingegen als Erscheinungsformen einer feindlich-dämonischen und mechanistischen Außenwelt zu interpretieren.[38]

2. *Die neue Sprache ist mit den Dingen selbst verwandt und drückt daher deren Wesen aus.* Den Kern des Phonozentrismus bildet wohl der Mythos vom schöpferischen Wort, durch welches Gott die Dinge ins Dasein rief und welches immer noch aus diesen Dingen widerhallt. Balls Interesse an patristischem und mystischem Schrifttum gilt insbesondere dieser Idee einer Genese des "Wesens" aus dem Wort. "Nur was genannt wird, ist da und hat Wesen", so kommentiert Ball einige Zeilen des Nostradamus.[39] Gleiches erzeugt Gleiches: Die Schöpfung, sprachlich hervorgebracht, gilt Ball als tönende Sprache.

---

[35] Ball kritisiert an der "heutige(n) Literatur", sie sei "am Schreibtisch erklügelt und für die Brille des Sammlers (...) gefertigt": (FaZ. S. 75f.)

[36] Vgl. Jacques Derrida: Grammatologie. Frankfurt/M. 1983.

[37] Herder zufolge ist der ausgesprochene Sprachlaut Möglichkeitsbedingung der Besonnenheit und der Reflexion. Zu den Beziehungen zwischen Herders Sprachtheorie und Balls Ideen vgl. Dietmar Kammler: Das sprachliche Be-Stimmen der Welt. In: Hugo-Ball-Almanach 1985/86. S. 234ff.

[38] FaZ. S. 80: Das 'Poème simultan' handelt vom Wert der Stimme. Das menschliche Organ vertritt die Seele, die Individualität in ihrer Irrfahrt zwischen dämonischen Begleitern. Die Geräusche stellen den Hintergrund dar; das Unartikulierte, Fatale, Bestimmende. Das Gedicht will die Verschlungenheit des Menschen in den mechanistischen Prozeß verdeutlichen. In typischer Verkürzung zeigt es den Widerstreit der vox humana mit einer sie bedrohenden, verstrickenden und zerstörenden Welt, deren Takt und Geräuschablauf unentrinnbar sind."

[39] FaZ. S. 157. - Zu Balls Beschäftigung mit der Patristik vgl. FaZ. S. 269ff.

"Wo die Philosophen (...) den Begriff der Ur-Sache und einer intelligi-
blen Offenbarung haben, möchte ich den Begriff der Ur-Person und der
Ursprache haben. Nicht eine Sache kann am Beginn allen Daseins ste-
hen. (...) Die sächliche Interpretation der Welt hat nur eine begriffliche
Bedeutung und umgekehrt. Nur mittels der Sprache und als eine
Sprache ist die Schöpfung zu verstehen." (FaZ. S. 272)

Damit wäre sie ins Menschenwort übersetzbar - und der Abgrund
zwischen Dingen und Zeichen ließe sich überbrücken. Im Sprach-
Klang widerhallt das Wesen der Dinge. Ein jedes Ding habe seine
Stimme zur Offenbarung, so behauptete bereits Jakob Böhme (mit
dem sich Ball eingehend beschäftigt); das innere Wesen der Krea-
turen (die damit als Elemente der Schöpfungssprache selbst gelten
können) teile sich in Hall und Klang mit. Die Sprache der Menschen nun leitet sich für Böhme wie für andere Theoretiker aus jener Klangsprache der Dinge ab, tönt diesen also nach: insofern
offenbart sich auch für ihn das Innere der Dinge im "Halle des
Wortes".[40] Wo immer Sprache also - wie auf der Dada-Soirée -
hauptsächlich *klingt*, dort erinnert sie an die als verloren zu denkende Einheit zwischen tönendem Schöpfungswort, Natursprache
und Menschenwort, an die Homogenität der Bekundungsweisen
von Gott, Schöpfung und sprechendem Ich.[41] Jener sprach- und
zeitkritische Befund von der Unwahrheit der geläufigen Sprache,
ihrem Zerfall mit der Welt der Dinge wird auf der Basis dieser

---

[40] "(...) an der äusserlichen Gestaltniß aller Creaturen, an ihrem Trieb und
Begierde, item, an ihrem ausgehenden Hall, Stimme und Sprache, kennet
man den verborgenen Geist, dann die Natur hat iedem Dinge seine Sprache
nach seiner Essentz und Gestaltniß gegeben, dann aus der Essentz urstän-
det die Sprache oder der Hall (...)." (Jacob Böhme: De Signatura rerum/
Von der Geburt und Bezeichnung aller Wesen. XVI. Cap. 1. § 16.) - "(...)
das ist die Natur-Sprache, daraus iedes Ding aus seiner Eigenschaft redet,
und sich immer selber offenbaret, und darstellet, worzu es gut und nütz sey
(...)." (XIV. Cap. 1. § 17.) - Zur Beschäftigung Balls mit Böhme vgl. u.a.
FaZ. S. XXV. - Auch Kemper betont die Beziehung zwischen der Lautdichtung und dem Konzept einer "lingua adamica" (vgl.: Das Lautgedicht.
S. 150). Während Morgensterns Beziehung auf diese Idee parodistisch zu
verstehen sei, gebe Ball seinen Lautdichtungen einen "ernsthaften Charakter" (S. 152).
[41] Vgl. FaZ. S. 250: "Die Sprache ist die Substanz im Menschenbereich,
und zwar die Sprache Gottes. Sie erzielt die größte Wirkung mit dem ge-
ringsten Kraftaufwand (vermittels des Hauches und des Zeichens)."

Spekulationen umschreibbar als Entfremdung zwischen Menschensprache und göttlicher Ursprache.[42] Eine leitende Utopie poetischen Sprechens ist bis ins 20. Jahrhundert hinein die Wiedervereinigung von Wort und Ding sowie die Rückkehr zu einer einzigen Sprache. Formulierbar wird diese Utopie im Rekurs auf frühere "symbolische" Ansichten der Dinge.[43]

---

[42] Vgl. dazu das Kapitel über "Babel und Jerusalem". Ball wird später - in seinem Buch über das Byzantinische Christentum - die Fremdheit zwischen Menschen- und Gottessprache in einem Maße akzentuieren, das der Abkehr von der Menschensprache gleichkommt: "Die Sprache Gottes bedarf nicht der menschlichen Sprache, um sich verständlich zu machen. Unsere vielgepriesene Seelenkunde reicht nicht hierhin. Eher noch die versunken ächzende Stummheit der Fische. Die Sprache Gottes hat Zeit, viel Zeit und Ruhe, viel Ruhe. Darin unterscheidet sie sich von der Menschensprache. Ihre Vokabeln sind über Laut und Schrift. Ihre Lettern zucken in jenen Kurven des Schicksals, die plötzlich mit einer Lichtflut durch unser Bewußtsein schneiden." FaZ. S. XVII, Vorwort von Emmy Ball-Hennings, die hier Ball zitiert. (Vgl. Peter Demetz: Worte in Freiheit. Der italienische Futurismus und die deutsche literarische Avantgarde 1912-1934. München 1990. S. 316.) - Mit der Metapher von der Kurven des Schicksals ist wohl unter anderem auf den Anfang der "Lehrlinge zu Sais" angespielt. - Ball weiter: "Die göttliche Sprache bedarf nicht der menschlichen Billigung. Sie sät ihre Zeichen und wartet. Alles Menschliche ist ihr nur Anlaß. Das Gesetz ihres Wirkens heißt: immer dasselbe sagen (...). Aus dem Hauche der göttlichen Sprache besteht das Gewand der Cherubime auf dem Seidenvorhang vor dem Tabernakel. In ihrer Syntax verschlingen sich Himmel und Erde. Durch Tod und Geburt streicht ihr Zeilenmaß. Ihr Abglanz sind Feuer und Licht, ihr Stammeln die Wunder..." (FaZ. S. XVIII). - Vgl. Demetz: Worte in Freiheit. S. 97f.

[43] In dieser Überzeugung wurzelt Balls Kritik an der neuzeitlichen Philosophie. "Die Trennung der Vernunft von den Gegenständen, diese antipoetische und grammatophobe Geistesrichtung, die in den Werken der Descartes, Spinoza und Kant triumphiert und bei Durandus im 13. Jahrhundert bereits vorgebildet ist, sie bringt eine Katastrophe besonderer Art herauf. Indem man das Wort von den Dingen trennte, entfesselte man die Natur in einer bis dahin unerhörten Weise, und indem man die Form von der Materie abzog, verlieh man der letzteren all jene urtümliche Monstrosität, der wir uns überall hilflos ausgeliefert und bis zum Blutschwitzen überantwortet sehen. (...) Die symbolische Ansicht der Dinge dagegen, wie sie das frühe Mittelalter pflegte, ist ein Versuch, die prädikative Erfassung der Gegenstände zu umgehen." (FaZ. S. 261.)

Ihren konkreten Niederschlag findet die Idee einer das Wesen der Dinge tönend offenbarenden Sprache vor allem in den lautimitatorischen Partien Ballscher Dichtung. Aufgegriffen wird hier die Vorstellung einer "natürlichen" Relation zwischen Zeichen und Bezeichnetem, wie sie seit der Antike - etwa im Platonischen Dialog "Kratylos" - immer wieder von der Sprachphilosophie erörtert wurde und in der Diskussion um die "Wahrheit" sprachlicher Bezeichnungen eine wichtige, wenngleich umstrittene Rolle spielte. In aller Sprachkritik, auch in den Konzepten der Nominalisten, spielt die Utopie einer "natürlichen" Beziehung zwischen Wort und Wirklichkeit als die Möglichkeit, dem Wort seine "Bedeutung" zu sichern, eine wichtige, wenngleich umstrittene Rolle.[44] Als klingende Poesie, so scheint es zumindest, will die Dichtung Balls jene von Böhme erörterte Sprache der Natur nicht übersetzen, sondern sie sprechen; damit wäre in der Dichtung die Trennung zwischen Zeichen und Bezeichnetem aufgehoben. "Jede Sache hat ihr Wort, aber das Wort ist eine Sache für sich geworden", so heißt es programmatisch im Ersten dadaistischen Manifest.[45] In alle Sprachkritik, auch in die Konzepte der Nominalisten, spielt die Utopie einer "natürlichen" Beziehung zwischen Wort und Wirklichkeit als die Möglichkeit, dem Wort seine "Bedeutung" zu sichern, mit hinein.

3. Die neue Sprache ist zugleich eine ganz alte, eine ursprungsnahe Sprache. Bildeten die Sprache der Dinge und die des Menschen einst eine Einheit, so gälte es angesichts des Zerfalls zwischen Wort und Welt, zu einem ursprünglicheren Sprechen zurückzufinden. Poetische Rede hätte sich an der Idee einer Paradiesessprache zu orientieren, jener Adamitischen Sprache, in der einst Adam die Dinge bei ihren wahren Namen rief. Die moderne Suche nach einer "Paradiesessprache" ist metaphorischer Ausdruck des Bestrebens, dem Prinzip der Repräsentation, der Scheidung zwischen Signifikaten und Signifikanten, zu entkommen. Eben weil diese Suche aber nur auf metaphorisch-gleichnishafter Ebene stattfinden kann, ist sie selbst jedoch dem Prinzip der Repräsentation verfallen. Ball erkennt die innere Beziehung zwischen der Sehnsucht nach einer "übernatürlichen Zeichensprache", der "Idee des

---

[44] Vgl. Geier: Das Sprachspiel. S. 136. - Kemper: Das Lautgedicht. S. 159.
[45] Ball: Der Künstler und die Zeitkrankheit. S. 40.

Paradieses" und einer "symbolischen Ansicht der Dinge", registriert ferner auch deren Bedeutung für die Suche nach neuen Ausdrucksformen in der Malerei.[46]
In einer Sprache, die dem Prinzip der Repräsentation nicht verfallen wäre, in der Zeichen und Dinge identisch wären, würden (scheinbar asemantische) Phänomene zu sprachlichen, sprachliche Partikel zu "Konkreta". Wie ein Schlüssel zum Schloß, so fügt sich hier eine moderne Konzeption künstlerischer (und literarischer) Gestaltung zu jener alten Idee einer inneren Identität von Signifikaten und Signifikanten - nämlich die Idee einer "konkreten Kunst", wie sie später dann Wassily Kandinsky explizit entwickeln wird.[47]
In dessen Abhandlungen "Über das Geistige in der Kunst" (erschienen 1913) zeichnet sich diese spätere Konzeption bereits ab, und die Hinwendung zur "gegenstandslosen" Malerei hatte sich bereits zu Beginn dieses Jahrhunderts vollzogen; genannt seien neben Kandinsky selbst Frank Kupka, Kasimir Malevitch und Piet Mondrian.[48] Auch wenn das Selbstverständnis dieser neuen Kunstrichtung hier ebensowenig erörtert werden kann wie die Schwierigkeit seiner Übertragung auf die Wortkunst - nicht zu übersehen sind die Affinitäten zwischen einer Malerei, welche auf die Darstellung eines "Gegenstandes" und damit auch auf eine weitgehend konventionalisierte malerische "Sprache" verzichtet, und einer Dichtung, welche - sich gleichfalls von der geläufigen

---

[46] FaZ. S. 148: "Die Maler als Sachwalter der vita contemplativa. Als Verkünder der übernatürlichen Zeichensprache. Rückwirkung auf die Bildgebung auch der Dichter. Die symbolische Ansicht der Dinge ist eine Folge der langen Versenkung in Bilder. Ist die Zeichensprache die eigentliche Paradiesessprache? Die persönlichen Paradiese -: mag sein, daß sie Irrtümer sind; aber sie werden die Idee des Paradieses, das Urbild neu färben." Diese Notiz aus FaZ findet sich unmittelbar nach einem Eintrag über Balls Kandinsky-Vortrag. - Vgl. auch FaZ. S. 93: "Das Wort und das Bild sind eins. Maler und Dichter gehören zusammen. Christus ist Bild und Wort."

[47] Zur Bekanntschaft Balls mit Kandinsky vgl. FaZ. S. 10: "Wort, Farbe und Ton waren in seltener Eintracht in ihm lebendig", so heißt es hier. Vgl. den Kandinsky-Vortrag in: Der Künstler und die Zeitkrankheit, abgedruckt auch in DVjS 1977, zusammen mit einem kommentierenden Aufsatz von Andeheinz Mößer (Hugo Balls Vortrag über Wassily Kandinsky in der Galerie Dada in Zürich am 7.4.1917) = DVjS 1977. S. 676ff.

[48] Vgl. Wassily Kandinsky: Über das Geistige in der Kunst (= ÜdG). Bern-Bümpliz, 10. Aufl. o.J. (8.Aufl.: 1965). S. 15 (Vorwort Max Bills).

Sprache distanzierend - Gegenständliches *nicht* bezeichnet, sich *nicht* als derivative Repräsentation einer Welt von Signifikaten versteht. Schon in seiner Schrift von 1913 hat Kandinsky übrigens das Wort als "inneren Klang" charakterisiert und auf die künstlerischen Möglichkeiten hingewiesen, die sich durch eine Preisgabe der benennenden Funktion der Wörter ergeben. Ursprünglich wohl dem benannten Ding nachtönend, verfalle das Wort späterhin einer Abstraktion, welche es rückgängig zu machen gelte. Das klingende Wort sei das "reine Material" der Dichtung. Als "reiner Klang" versetze es die Seele in Schwingungen; auf diesem Wege - nicht auf dem der bezeichnenden Mitteilung - müsse die Dichtung zur Seele sprechen.[49] Jene Schriften Kandinskys, die Ball kannte und selbst in einem längeren Vortrag der Öffentlichkeit bekannt machte, dokumentieren in jedem Fall, das sich auch die Malerei damals auf der Suche nach einer "neuen Sprache" befand und dabei ihre

---

[49] "Das Wort ist ein innerer Klang. Dieser innere Klang entspringt teilweise (vielleicht hauptsächlich) dem Gegenstand, welchem das Wort zum Namen dient. Wenn aber der Gegenstand nicht selbst gesehen wird, sondern nur sein Name gehört wird, so entsteht im Kopfe des Hörers die abstrakte Vorstellung, der dematerialisierte Gegenstand, welcher im 'Herzen' eine Vibration sofort hervorruft. (...) Geschickte Anwendung (nach dichterischem Gefühl) eines Wortes, eine innerlich nötige Wiederholung desselben zweimal, dreimal, mehrere Male nacheinander kann nicht nur zum Wachsen des inneren Klanges führen, sondern noch andere nicht geahnte geistige Eigenschaften des Wortes zutage bringen. Schließlich bei öfterer Wiederholung des Wortes (beliebtes Spiel der Jugend, welches später vergessen wird) verliert es den äußern Sinn der Benennung. Ebenso wird sogar der abstrakt gewordene Sinn des bezeichneten Gegenstandes vergessen und nur der reine Klang des Wortes entblößt. Diesen 'reinen Klang' hören wir vielleicht unbewußt auch im Zusammenklange mit dem realen oder später abstrakt gewordenen Gegenstande. Im letzten Falle aber tritt dieser reine Klang in den Vordergrund und übt einen direkten Druck auf die Seele aus. Die Seele kommt zu einer gegenstandslosen Vibration, die noch komplizierter, ich möchte sagen 'übersinnlicher' ist als eine Seelenerschütterung von einer Glocke, einer klingenden Saite, einem gefallenen Brette usw. Hier öffnen sich große Möglichkeiten für die Zukunftsliteratur. (...) Wirkliche innere Mittel verlieren nicht so leicht ihre Kraft und Wirkung. Und das Wort, welches also zwei Bedeutungen hat - die erste direkte und zweite innere , ist das reine Material der Dichtung und der Literatur, das Material, welches nur diese Kunst anwenden kann und durch welches sie zur Seele spricht." (ÜdG. S. 45-47)

Zuflucht zu analogen Konzepten nahm wie die Literatur. Abgelehnt wird das Gegenständliche von Kandinsky als "unrein"; ihm entgegengestellt wird die "wahre" Form, der "Klang" der Dinge. Ein Gedichtband Kandinskys trägt nicht zufällig den Titel "Klänge".[50]

4. *Neue Sprache und Kindersprache sind verwandt.* Eine wichtige Chiffre für das Ursprüngliche und Authentische ist auch das Kind; die poetische Sprache hätte demnach infantil zu sein, der Dichter sich in die Rolle des Kindes zu versetzen.[51] Ball definiert

---

[50] Kandinsky verwendet den Terminus "Klang" in unterschiedlichen, eben auch in metaphorischen Bedeutungen. - Zu den Analogien zwischen der Ästhetik Balls und der Kandinskys vgl wiederum Mößer: Hugo Balls Vortrag über Wassily Kandinsky. S. 691ff. - Kandinskys Interesse gilt einer Bühnenkomposition, welche musikalische, gestische und akustische Ausdrucksmittel zu einem Ganzen integriert (vgl. ÜdG. S. 125); auch dies dürfte für Balls Auftritte im Dadaisten-Kreis maßgeblich gewesen sein. - Kandinskys Stück "Der gelbe Klang" enthält wiederholt die Wendung vom "Chor ohne Worte" und vom "Singen ohne Worte", allerdings keine Lautgedichte wie die Balls. Vgl. Balls Kandinsky-Vortrag: "Als der Erste auch in der Poesie hat Kandinsky rein spirituelle Vorgänge dargestellt. Mit den einfachsten Mitteln gestaltet er in den 'Klängen' Bewegung, Wachstum, Farbe und Ton, etwa in 'Fagott'. Die Negierung der Illusion geschieht hier noch durch Gegeneinanderstellen sich aufhebender Illusionselemente, die der konventionellen Sprache entnommen sind. Nirgendwo, auch bei den Futuristen nicht, hat man eine ähnlich kühne Purifikation der Sprache versucht. Und Kandinsky ist auch den letzten Schritt noch weiter gegangen. Er hat im 'Gelben Klang' als Erster den abstraktesten Lautausdruck, der nur aus harmonisierten Vokalen und Konsonanten besteht, gefunden und angewandt." (Der Künstler und die Zeitkrankheit. S. 53) - Vgl. zur Beziehung Ball/Kandinsky auch Kemper: Das Lautgedicht. S. 194. - Vgl. auch Dietmar Kammler: Die Auflösung der Wirklichkeit und Vergeistigung der Kunst im 'inneren Klang'. Anmerkungen zum Material-, Künstler- und Werkbegriff bei Wassily Kandinsky und Hugo Ball. In: Hugo-Ball-Almanach 1983. S. 17ff.

[51] Vgl. FaZ. S. 101f.: "Die Kindheit als eine neue Welt, und alles kindlich Phantastische, alles kindlich Direkte, kindlich Figürliche gegen die Senilitäten, gegen die Welt der Erwachsenen. Das Kind wird der Ankläger sein beim jüngsten Gericht (...). Die Kindheit ist keineswegs so selbstverständlich, wie man gemeinhin glaubt. Sie ist eine kaum beachtete Welt mit eigenen Gesetzen, ohne deren Erhebung es keine Kunst gibt, und ohne deren religiöse und philosophische Anerkennung keine Kunst bestehen und aufgenommen werden kann."

den Dadaisten nicht zufällig als einen 'kindlichen, donquichotti-
schen Menschen', "der in Wortspiele und grammatikalische Strukturen verstrickt ist." (FaZ. S. 149) Die von Ball imaginierte Kin-
derwelt erweist sich bei distanzierter Betrachtung freilich als eine
Kunstwelt, gleichsam als Kopie aus den Büchern des von ihm ver-
ehrten Rousseau. Daß der bewußte Wille zur Kindlichkeit als
Kontraindikation gegen die Verderbnis der vernünftigen Erwach-
senenwelt einen paradoxen Zug besitzt, stört Ball nicht.[52] Interessant ist diese Paradoxie, insofern sie sich in seinen Lautdichtungen
widerspiegelt, die "kindlich" sein wollen und eben deswegen die
Bedingungen nicht vergessen können, aus denen heraus sie entstehen: den Abgrund zwischen Sprache, Sprechern und Mitzuteilen-
dem. Mit verschiedenen Mitteln suchen Balls Lautdichtungen einen Eindruck von atavistischer Ursprünglichkeit zu erreichen:
durch ihren artikulatorisch-gestischen Charakter, durch Struktur-
prinzipen wie Reduplikation und Variation, aber auch durch die
(trotz des Bruchs mit der Normalsprache) evozierten Gegenstands-
bereiche. "Karawane" etwa läßt eine exotische Welt assoziieren:
das Morgenland, die angebliche Heimat der Poesie mit ihrer
klangvollen Ursprache. Auch Rhythmik und Klangfarben evozie-
ren Kinderwelten mit ihrer jeweils eigenen, von der einer Erwach-
senenwelt abweichenden Ordnung.

Dem visuell-bildhaften Medium gesteht Ball übrigens durchaus
analoge atavistisch-ursprüngliche Qualitäten zu - auch wenn er in
seinen Lautdichtungen das akustisch-gestische Medium privilegiert. Die Relation zwischen Wort und Bild stellt sich in seinen
Spekulationen im übrigen durchaus uneindeutig dar, was aber daran liegt, daß mit "Bild" auch innere, also Vorstellungs-Bilder gemeint sein können. Spricht Ball 1917 von den Malern als den
"Verkünder(n) der übernatürlichen Zeichensprache" mit Rückwir-
kungen auf die "Bildgebung" der Dichter (FaZ. S. 148), so gilt in
einer anderen Aufzeichnung des gleichen Jahres das Bild als Derivat des Wortes (FaZ. S. 157). In einer späten Eintragung (1921)
heißen Wort und Bild dann die "beiden Kinderwunder", das Bild
freilich gilt einmal mehr als "Mutter des Wortes" (FaZ. S. 301).

---

[52] Vgl. FaZ. S. 102: "Die gläubige Phantasie der Kinder ist indessen auch
aller Verderbnis und aller Verkehrtheit ausgesetzt. Sich überbieten in Ein-
falt und Kindsköpfigkeit -: das ist noch die beste Gegenwehr."

5. Mithilfe der neuen Sprache würde der Dichter zum Magier; jedes wahre Wort partizipiert an jener Macht zur Schöpfung und Bewegung der Dinge, die einst die Welt selbst hervorbrachte. In Hugo Balls Poetik spielt die Idee eines magischen Sprechens eine zentrale Rolle; hier besteht eine Verbindung zu Mallarmé, den französischen Symbolisten und ihren Nachfolgern im 20. Jahrhundert, natürlich auch zu Novalis und seiner Idee eines poetischen "Zauberworts".[53] Erinnert sei ferner an Walter Benjamin, mit dem Ball seit Anfang 1919 in enger Verbindung steht und der in seinem Essay "Über Sprache überhaupt und über die Sprache des Menschen" die ursprüngliche Relation zwischen ausdruckshafter Wirklichkeit und Menschenwort erörtert.[54] Ball betont den magisch-beschwörenden Charakter seiner Vorträge bei den Dada-Soiréen.[55] Künstlerisches Gestalten überhaupt wird zum "Be-

---

[53] Anklänge an "magische" Sprechweisen zeigen absichtsvoll natürlich vor allem Texte wie "Gadji beri bimba". Zu diesem Thema vgl. auch: Gerd Stein: Die Inflation der Sprache. Dadaistische Rebellion und mystische Versenkung bei Hugo Ball. Königstein 1975. S. 76ff.

[54] Vgl. Winfried Menninghaus: Walter Benjamins Theorie der Sprachmagie. Frankfurt 1980. - Benjamin, Nachbar Balls in Bern und einer der ersten Leser von Balls "Kritik der deutschen Intelligenz", gibt dieses Buch weiter an Gershom Scholem, damals ebenfalls in Bern. Ball wiederum vermittelt die Bekanntschaft zwischen Benjamin und Ernst Bloch. Vgl. den Katalog: Hugo Ball 1886-1986. Leben und Werk. Berlin 1986. S. 31.

[55] "Wenn man genau sein wollte: zwei Drittel der wunderbar klagenden Worte, denen kein Menschengemüt widerstehen mag, stammen aus uralten Zaubertexten. Die Verwendung von 'Sigeln', von magisch erfüllten fliegenden Worten und Klangfiguren kennzeichnet unsere gemeinsame Art zu dichten. Solcherlei Wortbilder, wenn sie gelungen sind, graben sich unwiderstehlich und mit hypnotischer Macht dem Gedächtnis ein, und unwiderstehlich und reibungslos tauchen sie aus dem Gedächtnisse wieder auf. Ich erlebe es häufig, daß Leute, die unvorbereitet unsere Abende besuchen, von einem einzelnen Worte oder Satzglied derart beeindruckt wurden, daß es sie wochenlang nicht mehr verließ." (FaZ. S. 94) - Vgl. FaZ. S. 149: "Die Konsequenz der vita contemplativa ist eine magische Verbundenheit mit den Dingen (...)." - Aus einer Schrift Franz von Baaders exzerpiert Ball eine Passage über die Magie als den "Schlüssel zu aller geistigen und natürlichen Schöpfung"; Baader selbst beruft sich hier auf Paracelsus und Böhme. Ball fordert, die Magie müsse "auf Offenbarung und Tradition gegründet" sein, sonst verkürze und garantiere sie nur "die Wege zum Nichts" (FaZ. S. 157f.).

schwörungsprozeß", seine Wirkung zur "Zauberei" deklariert.[56]
Dichtung ist Rückzug "in die innerste Alchimie des Wortes" (FaZ.
S. 100). Soll im poetischen Experiment der "isolierten Vokabel die
Fülle einer Beschwörung" verliehen werden, so wird das Wort
selbst zum Akteur; "die magisch erfüllte Vokabel" wird schöpfe-
risch.[57] Wer magische Praktiken ausübt, ist daher zugleich mächtig und ohnmächtig; Ball selbst neigt ja dazu, sich dem poetischen
Prozeß auszuliefern, die Initiative von seinem bewußten Wollen an
die Wörter zu delegieren.[58] Balls Interesse an magischen Praktiken, seine mystischen Neigungen und seine Religiosität ver-
schränken sich aufs engste. Es mag gewagt erscheinen, sein späteres Aufgehen in der Gedankenwelt des Katholizismus als Konsequenz einer ästhetischen Grundhaltung zu deuten; ein wenig verrä-
terisch klingt aber die Gleichsetzung der Liturgie mit einem "Ge-

---

[56] FaZ. S. 148. - Vgl. auch FaZ. S. 154: "Vor allem zu fordern ist die Ver-
schmelzung der Namen und Sachen; die möglichste Vermeidung von Worten, zu denen es keine Bilder gibt. Um Ideologe zu sein, müßte man die Gesetze der Magie kennen. Wer kennt sie noch? Wir spielen mit einem Feuer,
das wir nicht zähmen können." - Der Dichter Ball begreift sich selbst auch
als Schöpfer einer "magisch-anarchische(n)", einer "gesetzlosen und darum
verzauberte(n) Welt": FaZ. S. 141, über seinen "Phantastischen Roman"
"Tenderenda der Phantast".
[57] FaZ. S. 95f.: "(...) die Sprache wird uns unseren Eifer einmal danken,
auch wenn ihm keine direkt sichtbare Folge beschieden sein sollte. Wir haben das Wort mit Kräften und Energien geladen, die uns den evangelischen
Begriff des 'Wortes' (logos) als eines magischen Komplexbildes wieder entdecken ließen. (...) Wir suchten der isolierten Vokabel die Fülle einer Beschwörung, die Glut eines Gestirns zu verleihen. Und seltsam: die magisch
erfüllte Vokabel beschwor und gebar einen NEUEN Satz, der von keinerlei
konventionellem Sinn bedingt und gebunden war. An hundert Gedanken
zugleich anstreifend, ohne sie namhaft zu machen, ließ dieser Satz das ur-
tümlich spielende, aber versunkene, irrationale Wesen des Hörers erklin-
gen; weckte und bestärkte er die untersten Schichten der Erinnerung. Unsere Versuche streifen Gebiete der Philosophie und des Lebens, von denen
sich unsere ach so vernünftige, altkluge Umgebung kaum etwas träumen
ließ."
[58] Selbst das Wort DADA, um dessen Urheberschaft er sich mit anderen
Dadaisten streitet, erklärt Ball einmal aus einer Inspiration heraus: "Als mir
das Wort 'Dada' begegnete, wurde ich zweimal angerufen von Dionysius
[Areopagita]. D.A. - D.A. (...). Damals trieb ich Buchstaben- und Wort-
Alchimie." (FaZ. S. 296)

dicht, das vom Priester zelebriert wird" und der Messe mit einer "Tragödie" (FaZ. S. 162). Ein alter Topos wird aktualisiert: Magier und Priester sind bei Ball Chiffren für den Dichter und umge-kehrt.[59] Mit seinem Konzept einer "Magie" des Wortes, seiner Deutung des poetischen Prozesses als magische Evokation, steht Ball natürlich wiederum in einer komplexen Tradition. Wo in Poesie und Poetik das Thema "Magie" anklingt, steht im Hinter-grund wiederum das Idealkonzept einer Sprache, die nicht "nur" bezeichnet, einer Sprache der wahren Namen jenseits aller Spal-tungen und aller Konvention.[60] Die Hinwendung zur "magischen" Dimension des Wortes ist gleichbedeutend mit einer Akzentuie-rung des Irrationalen und Vorbewußten, insofern es sich artikula-torisch zum Ausdruck bringt.[61]

6. Der Weg zur neuen Sprache führt über die Destruktion der geläufigen Sprache. Auch darum erscheint das gesuchte Idiom zu-nächst als fremd und irritierend.[62] Die Idee einer Zerlegung geläu-figer Zusammenhänge bis in ihre sprachlichen Elemente, ja die ei-ner Verselbständigung dieser Elemente, ist Ball aus den Ex-perimenten seiner dadaistischen und futuristischen Kollegen ver-traut.[63] Seine eigenen Gedichte in neuer Sprache dokumentieren

---

[59] Vgl. FaZ. S. 117: "Manch einer hat sich durch Wünsche und Träume, durch die Magie des Wortes derart in den Schwur verstrickt, daß er sich unbewußt für den Rest seines Daseins zu einem sakramentalen Leben ver-pflichtete, wenn er nicht als Verräter am eigenen Geiste wollte erfunden werden." - FaZ. S. 8: "Wenn wir Kandinsky und Picasso sagten, meinten wir nicht Maler, sondern Priester; nicht Handwerker, sondern Schöpfer neuer Welten, neuer Paradiese."

[60] Zu diesem Thema vgl. wiederum Kemper: Das Lautgedicht. S. 200f.

[61] Erdmute Wenzel White weist zu Recht auf die vermittelnde Funktion der Novalisschen Sprachreflexion unter diesem Aspekt hin: Hugo Ball und Novalis. S. 306ff.

[62] Über den Novizen heißt es in einer späten Notiz Balls: "Er kann nicht mehr sprechen; die übliche Sprache nicht mehr verstehen. So trifft ihn die Sprache der Engel und Geister: dunkle, unverständliche Wortreihen." Auch sei der Novize "kein erwachsener Mensch mehr, sondern ein Kind" (FaZ. S. 299)

[63] FaZ. S. 35: "Marinetti schickte mir 'Parole in libertà' (...). Es sind die reinen Buchstabenplakate (...). Die Syntax ist aus den Fugen gegangen. Die Lettern sind zersprengt und nur notdürftig wieder gesammelt. Es gibt keine Sprache mehr, verkünden die literarischen Sterndeuter und Oberhirten; sie

aber immer auch den Versuch einer neuen Synthese des zuvor aufgelösten Sprach-"Materials".[64]

Balls Vorstellungen von einer anderen Sprache sind nun allesamt in hohem Maße literarisch vermittelt: Produkte einer Spätzeit, welche im Bild einer imaginären Ursprünglichkeit nach dem ersehnten Korrektiv ihrer Verfallssymptome sucht. Doch einmal mehr ist - mit Peter Szondis Wort - das Naive das Sentimentalische: der Gestus der Rückwendung zu einem nur mythisch verbürgten Einst, die Hoffnung auch, allein im ganz Anderen liege das Heil. Die neue Sprache selbst ist in ihrer Grundkonzeption ein Zitat und als solches ist sie Produkt eben jener Kultur, der sie entkommen will. Als Zitat gelten muß auch Balls Bericht von einer plötzlichen Eingebung - die "künstliche" Unverständlichkeit der Lautdichtungen ist nur Imitation der Unverständlichkeit des orphischen Dichterwortes. Was sich hier ursprünglich gibt, ist Produkt

---

muß erst wieder erfunden werden. Auflösung bis in den innersten Schöpfungsprozeß." - Kritischer klingt ein früherer Eintrag zur Übertragung anarchistischer Ideen auf die Sprachgestaltung: "Proudhon, der Vater des Anarchismus, scheint auch der erste gewesen zu sein, der um die stilistischen Konsequenzen wußte. (...) Hat man nämlich einmal erkannt, daß das Wort die erste Regierung war, so führt dies zu einem fluktuierenden Stil, der die Dingworte vermeidet und der Konzentration ausweicht. Die einzelnen Satzteile, ja die einzelnen Vokabeln und Laute erhalten ihre Autonomie zurück. Vielleicht ist es der Sprache einmal beschieden, die Absurdität dieser Doktrin ad oculos zu demonstrieren." (FaZ. S. 31) - Eine spätere Eintragung reflektiert die Auflösung sprachlicher Zusammenhänge dann affirmativer: "Wir haben die Plastizität des Wortes jetzt bis zu einem Punkte getrieben, an dem sie schwerlich mehr überboten werden kann. Wir erreichten dies Resultat auf Kosten des logisch gebauten, verstandesmäßigen Satzes und demnach auch unter Verzicht auf ein dokumentarisches Werk (als welches nur mittels zeitraubender Gruppierung von Sätzen in einer logisch geordneten Syntax möglich ist). (...) Mit der Preisgabe des Satzes dem Wort zuliebe begann resolut der Kreis um Marinetti mit den 'parole in libertà'. Sie nahmen das Wort aus dem gedankenlos und automatisch ihm zuerteilten Satzrahmen (dem Weltbilde) heraus, nährten die ausgezehrte Großstadtvokabel mit Licht und Luft, gaben ihr Wärme, Bewegung und ihre ursprünglich unbekümmerte Freiheit wieder." (FaZ. S. 95)
[64] Ball besteht darauf, weiter gegangen zu sein als die Futuristen, welche die Vokabel isolierten (siehe vorige Anmerkung): in seiner poetisch-magischen Praxis habe die isolierte Vokabel wieder einen "neuen Satz" erzeugt (FaZ. S. 95; vgl. oben).

der Reflexion, das scheinbar spontan und universal Verständliche appelliert an einen komplexen Horizont der Vorverständigung, das scheinbar Spontane entstammt dem Kalkül. Jene imaginäre Paradiesessprache ist das Produkt einer in hohem Maße literarisierten Zivilisation; auch und gerade in ihrer Konzeption als "authentischere" Lautsprache ist sie literarisch präformiert und vermittelt. Der Dadaist - so hieß es - sei "kindlich" und "donquichottisch": Balls Definition verrät wohl unabsichtlich die Gespaltenheit der von ihm vertretenen modernen Dichtung, die den Ursprung sucht und dabei doch gerade in den Spuren einer Gestalt wandelt, die ihrerseits stets immer schon literarisch präformierte Wege ging. Don Quijote ist ein "homme des lettres", der ein Stück Literatur lebt. Dies gilt übrigens in verblüffendem Maße auch für Ball: Zusammen mit Emmy Ball-Hennings lebt er ein Leben nach literarischem Muster. Dies bezeugt etwa die Selbstidentifikation der beiden mit Clemens und Bettina Brentano, bezeugt auch die oft gespielt wirkende Kindlichkeit im Ton ihrer Briefe, die gelegentlich den Verdacht wecken, sie seien immer schon mit dem Hintergedanken an ihr späteres Schicksal, nämlich die Veröffentlichung in Buchform, geschrieben - auch und gerade, wenn es inhaltlich um gravierende existentielle Notlagen geht. Emmy Ball-Hennings hat ihr Leben mit Hugo Ball in eine ganze Reihe von Büchern verwandelt. Was ursprünglich "Literatur" war, mußte wohl wieder "Literatur" werden. Sind nun die Gedichte des "magischen Bischofs" trotz dessen offenkundiger Donquijoterie Ausdruck eines ernstzunehmenden poetischen Konzepts? Wenden wir uns zunächst einer Gegenfigur zu: Ernst Jandl.

Diagnosen fortschreitender Räude: Ernst Jandl

Das Wissen um die Unausweichlichkeit jener Spaltung in Kind und Don Quijote, in einen scheinbar naiven Wort-Spieler, wird in den Texten Ernst Jandls reflektiert.[65] Wie Ball konstatiert Jandl

---

[65] Zu Balls Nachwirkungen vgl. u.a.: Christian Scholz: Hugo Ball und die Lautdichtung nach 1945. In: Hugo-Ball-Almanach 1981. S. 151ff. Jandl wird hier allerdings nur wenig berücksichtigt; dessen Poetik-Vorlesung fin-

Zerrüttung und Verfall der Sprache, kritisiert ihren vielfachen, insbesondere politischen Mißbrauch, die Entwertung des Wortes.[66]
An Balls oben zitierte Verse über das Schicksal des Wortes klingt
das in Bildlichkeit und kompositorischen Mitteln allerdings weitaus radikalere Jandl-Gedicht "fortschreitende räude" an: Hier wird
der Satz "Am Anfang war das Wort" - aus dem Prolog des Johan-
nes-Evangeliums - einem lautlich und semantisch evozierten Ver-
falls- und Verwesungsprozeß unterworfen.[67] Viele Gedichte Jandls
spielen auf die Trennung zwischen Signifikaten und Signifikanten,
zwischen Wörtern und Dingen, an. Dies gilt nicht zuletzt für die
im engeren Sinne "konkrete" Dichtung, insofern sie jene Trennung
spielerisch aufzuheben scheinen. Andere Gedichte thematisieren
die durch Sprache nicht zu überbrückende, womöglich gar durchs
Wort erzeugte und bekräftigte Fremdheit zwischen Ich und Du.
Weitaus drastischer als bei Ball wird in vielen artikulatorischen
Texten Jandls die Zerstörung der Sprache konstatiert, nachvollzo-
gen, auf die Spitze getrieben; gleichzeitig werden gerade von diesem Befund aus neue Wege des Sprechens gesucht. Kunst und Literatur besitzen eine notwendige destruktive Komponente (darin
gründet ihre kritische Funktion),[68] deren Pendant allerdings der
Wille zum Konstruktiven ist.

---

det ja auch erst 1984/85 statt. Die Bedeutung Ballscher Anregungen für die
konkrete Poesie betont Scholz zu Recht.
[66] Zur Sprachreflexion Jandls vgl.: Monika Schmitz-Emans: Poesie als
Sprachspiel. Überlegungen zur Poetik Ernst Jandls. In: Zeitschrift für deutsche Philologie. Bd. 109 (1990). S. 551ff. - Monika Schmitz-Emans: "Ich
habe nichts zu sagen / und ich sage es (...)". Ernst Jandls produktive Auseinandersetzung mit John Cages Ästhetik. In: Sprachkunst. Jahrgang XXI
(1990), 2. Halbbd. Wien 1991. S. 285ff. - Monika Schmitz-Emans: Lebens-Zeichen am Rande des Verstummens. Motive der Sprachreflexion bei
Johann Georg Hamann und Ernst Jandl. In: Poetica. Zeitschrift für Sprach-
und Literaturwissenschaft. Bd. 24 (1992). Heft 1-2. S. 62ff. - Monika
Schmitz-Emans: Ernst Jandl. In: Hartmut Steinecke (Hg.): Deutsche Dichter des 20. Jahrhunderts. Berlin 1994. S. 676ff.
[67] Jandl: PV. S. 22. - Ball schreibt in "Die Flucht aus der Zeit": "Das Wort
ist Fleisch, ist Bild geworden: und doch ist es Gott geblieben." (S. 157)
Von dieser wortmetaphysischen These, die ihre spätere Zuspitzung in Balls
Konzeption einer den Menschen fernen Gottessprache findet, ist Jandl weit
entfernt.
[68] Vgl.: Jandl: PV. S. 30. S. 32. S. 80.

In seiner Frankfurter Poetik-Vorlesung von 1984/85 mit dem programmatischen Titel "Das Öffnen und Schließen des Mundes", in der das artikulatorische Gedicht einen thematischen Schwerpunkt bildet, beruft sich Jandl auf Hugo Ball. Sei Ball auch nicht der erste Lautdichter gewesen, so verdiene sein Anspruch auf Erfindertum doch Anerkennung - so Jandl im offensichtlichen Bewußtsein, daß der Anspruch auf ein neues Sprechen zur Programmatik des Lautgedichts hinzugehört.[69] Ball gehört für Jandl zu denen, "die in das Gefüge der Sprache mit Witz und Gewalt eingegriffen" haben, "mit Ergebnissen, die bis dahin unvorstellbar (...) waren." (PV. S. 26) Jandls poetische Experimente sind denen Balls in mehr als einer Hinsicht kompatibel. So betont auch er die artikulatorische Dimension der Dichtung, dergegenüber die schriftliche Fixierung eines Textes als Abstraktion erscheine; die Rezitation sei als Bestandteil des poetischen Prozesses zu begreifen.[70] Jandls eigene artikulatorische Gedichte bedienen sich eines weiten Spektrums poetischer Mittel. Er selbst differenziert zwischen dem "Sprechgedicht", in welchem noch das Wort dominiere, und dem eigentlichen "Lautgedicht", das "ohne Wörter" auskomme und sich - freilich mit unterschiedlicher Radikalität - von der "aus Wörtern bestehende(n)" konventionellen Sprache lossage.[71] Jandl steht Ball

---

[69] Jandl: PV. S. 23: "Er war, das wissen wir, nicht der erste, der es tat, aber er sah sich als DEN, und wir sind es ihm schuldig, ihn ebenso zu sehen, ungeachtet aller Fragen nach Präzedenz (...)." Die Tagebucheintragung über die Dada-Soirée wird im folgenden ausführlich zitiert, desgleichen das Gedicht "Karawane".

[70] Zu seinem Thema deklariert Jandl "das Öffnen und Schließen des Mundes" (PV. S. 5); durch das Gedicht "der mund" werde dieses "Generalthema (...) anschaulich dargestellt" (S. 6). "Das Gedicht sagt etwas, und es stellt es zugleich hörbar und sichtbar dar. Es bedarf also eines hörbaren und sichtbaren Sprechers, und es bedarf eines Publikums. Auf Videoband bekommt jeder es ebenfalls komplett; auf Schallplatte nur noch einen Teil davon; noch viel weniger auf der Buchseite (...)." (S. 6) - Vgl. S. 22: "Ein stilles Lesen, wie wir es gewohnt sind, bringt diese Gedichte nicht völlig zum Erblühen."

[71] Vgl. PV. S. 22f.: Texte wie "fortschreitende räude" und "chanson" sollen "Sprechgedicht" - und nicht "Lautgedicht" - heißen, weil "in jedem von ihnen das Wort dominiert. Das Lautgedicht hingegen geht ohne Wörter vor sich, was für die eine Art stimmt, für die andere nur bedingt. (...) Ich unterscheide, vereinfachend, zwei Arten von Lautgedichten: das eine, und für

dort am nächsten, wo Lautimitatorik und Lautsymbolik ins Spiel kommen. Die topische Vorstellung von der poetischen Sprache als einem "neuen" oder "fremden" Idiom findet verschiedenste Umsetzungen (etwa auch durch Einbezug fremdsprachlicher Sprachpartikel). Das alte Konzept einer "Natursprache" hingegen wird allenfalls ironisch herbeizitiert, so in der Tierstimmen-Kantate "auf dem land".[72] Ein leiser Anklang an Balls Berufung auf höhere Eingebung ist in Jandls Poetik-Vorlesung dort zu vernehmen, wo er von der Entdeckung neuer poetischer Mittel als von einem Ereignis spricht, das ihm, unvorhersehbar, gleichsam zugestoßen sei (PV. S. 57. S. 59). Absichtsvoll wird suggeriert, die Impulse zu neuen Sprechweisen seien eher von der Sprache selbst ausgegangen als vom Sprecher selbst.[73] Doch das Zitat ist bewußt, die Selbstironie unüberhörbar, wenngleich es damit nicht um einen beliebigen Spaß, sondern mittelbar um die Grundfrage nach dem Selbstverständnis des lyrischen Subjekts geht. Ist Sprachliches nicht insofern etwas, das dem einzelnen Sprecher zustößt, als dieser sich den allgemein geläufigen Ausdrucksweisen assimilieren muß? Sicher ist: Scheinbar Beiläufiges hat oft einen Hintersinn.

Dafür ein weiteres Beispiel: Als charakteristisch für Hugo Balls Poeme und als konstitutiv für eine ganze Reihe eigener Gedichte betrachtet Ernst Jandl nun die Funktion der Lautgedicht-Titel, insofern diese der konventionellen Sprache angehören.[74] Von verständlichen Titeln gehen, da sie die Assoziationen des Hörers oder

---

dieses gilt die Abstinenz vom Wort nur bedingt, setzt Laute und Silben zu wortähnlichen Gebilden zusammen; das andere (...) arbeitet mit den Möglichkeiten der Stimme und befreit diese weitgehend oder total von den Fesseln einer aus Wörtern bestehenden Sprache (...)."

[72] Ernst Jandl: Laut und Luise. Stuttgart 1980. S. 118.

[73] Dazu stimmt auch die wiederholte Behauptung: "Die Sprache gehört mir nicht (...)." (PV. S. 37)

[74] Vgl. PV. S. 23f.: Jandl bittet vor der Rezitation von "Karawane", "diesen Titel dann nicht aus dem Auge zu verlieren, KARAWANE, denn er hat den Zweck, ihre Assoziationen beim Anhören eines der ersten dadaistischen Lautgedichte zu steuern, KARAWANE." - Anläßlich eines eigenen Gedichtes heißt es später (S. 39): "Zuerst also: der Titel. Diesen dürfen Sie nicht, oder sollten es nicht, ohne weiteres unter den Tisch fallen lassen (...). Der Titel (...) kann unerläßlich sein, indem er mehreres tut, und in jedem Fall tut er eines gewiß: er macht aus drei Zeilen, oder (...) elf Wörtern einen Zusammenhang, weshalb er unentbehrlich ist."

Lesers steuern, das Verstehen, die Deutung aus; die normalsprachliche Partikel bildet insofern ein notwendiges Scharnier zwischen dem "fremd"-sprachigen Gedicht und dem Rezipienten. Doch dieser Befund, der auf fast alle (nicht alle!) Lautgedichte Balls zutrifft, hat darüberhinaus metaphorische Valenz. Denn er illustriert die von Jandl durchschaute und akzeptierte 'Angebundenheit' auch des scheinbar noch so regelwidrigen Gedichts an Elemente der vorgegebenen Sprache, an die Ausdrucksmittel der alltäglichen Praxis. Gerade die poetische Innovation stützt sich auf das Allgemeinverständliche der Sprache, auf Streifen von dem Leser und dem Autor gemeinsamem Wort-Gelände - auch wenn dieses Gelände dann verlassen wird, wie es in der Lautdichtung ja geschieht. Die gültige Sprachpraxis, die Wirklichkeit der Sprach-Spiele im Sinne Wittgensteins, bildet den unverzichtbaren Bezugsrahmen jeder Kommunikation, auch wenn diese gezielt mit den Konventionen bricht. Und darin, daß der normalsprachliche Titel einem Gedicht seinen "Zusammenhang" gibt, spiegelt sich die begründende Funktion der geläufigen Sprache für den Sinn-Zusammenhang poetischer Experimente. Jandls eigene lyrische Produktion - erinnert sei an artikulatorische Gedichte wie "im reich der toten" und "restaurant" - dokumentiert seine Affinität zum Prinzip des "normalsprachlichen Titels" durchaus, auch wenn er sich nicht immer an die geläufige Schreibweise hält.[75] Wegen der übertragenen Bedeutung dieses Prinzips des "normalsprachlichen Titels" kann Jandl Balls "gadji beri bimba" für den Kontext seiner Vorlesung übrigens nicht gebrauchen; er zitiert zwar Balls Bericht über die Dada-Soirée (in dem seinerseits ja "gadji beri bimba" zitiert wird), wählt als beispielhaften Ball-Text aber "Karawane" aus.

Fundamentale Gegensätzlichkeiten zeichnen sich trotz aller Berührungen ab: Bewegten sich Balls Lautdichtungen demonstrativ auf eine imaginäre *neue* Sprache zu, so insistiert Jandl auf der Rückbindung seines - und sei es noch so konventionsfernen und

---

[75] Gelegentlich kommt es bei der Titelgebung zwar zu einer Verfremdung normalsprachlicher Formen, etwa durch Dialektales oder unkonventionelle, an der Lautung orientierte Schreibweisen. In der Überzahl der Fälle aber ist der Titel normalsprachlich und bildet als solcher einen Kontrast zur Sprache des weiteren Gedichtes.

merkwürdigen - poetischen Sprechens an die Sprache des *Alltags*. Nahm Ball die *Einzigartigkeit* des Erwählten in Anspruch, so will Jandl die Sprache *aller* sprechen. Beschwor Ball die Idee "wahren" Sprechens, so ist Jandl ein historisch denkender Relativist - jenseits des logozentrischen Vertrauens in das Wort als mögliche Offenbarung absoluter Wahrheit. "fortschreitende räude" ist ein Abgesang auf die Logoslehre. Jandls Gedichte umkreisen nicht eine Gottessprache, sie erkunden die geschichtliche Menschensprache; diese ist ihm als Thema und "Material" genug.[76] Poesie zelebriert keine radikal neue Sprache, auch wenn sie sich an neuen Sprechweisen versucht; und im Moment der Abweichung vom kodifizierten Sprachspiel ist ihr die Bindung an dieses vielleicht am deutlichsten bewußt. Während Ball auf den Exotismus als unverbrauchte und authentischere Ausdrucksform setzte, entdeckt Jandl das Fremde im Vertrauten selbst, weckt das Befremden gerade angesichts der scheinbar so harmlosen Alltagsrede. Orientierte sich der Mystiker Ball an der Idealvorstellung einer ehemaligen und zukünftigen Sprache, so geht es Jandl um die Gegenwart der Sprache - in jedem Gedicht, ja in fast allen Lebensvollzügen. Die Gegenwart des Sprechers steht für diese Gegenwart der Sprache ein, als deren Vollzugsorgan er sich begreift. Letztlich ist bei Jandl gerade die physische Gegenwart des Sprechers Ausdruck der Verpflichtung von Poesie auf "Gegenwart". Insofern ist auch bei Jandl der Sprechende selbst ein Zeichen, ein "Stück Sprache". Als Zeichen genommen, verweist das sprechende Ich bei Ball auf jene andere Sprache, die der "kindliche" Dichter sucht, bei Jandl hingegen auf die konstitutive Bedeutung der geschichtlichen Sprache für die Lebenspraxis und das Selbstbewußtsein der Sprecher.

Die Sprache als "Realität" der Dichtung

Die Zentrierung seiner Arbeit auf das Thema Sprache bedingt es im übrigen, daß Jandl sowohl das Programm eines "konkreten"

---

[76] Vgl. PV. S. 78f. Auch die Dialektgedichte und die poetischen Umsetzungen von Sprech- und Redeweisen stehen unter diesem Leitgedanken. Zwei Textgruppen aus "Laut und Luise" tragen die Titel "volkes stimme" und "autors stimme".

Dichtens (dem zufolge das sprachliche Artefakt den Status eines Stückes Realität hätte) als auch das einer "realistischen Dichtung" (dem zufolge Dichtung Realität "darzustellen" hätte) in spezifischer Weise modifiziert: Insofern nämlich die Sprache selbst zum einen tragender Bestandteil der Realität, zum anderen Bedingungsgrund des Gedichts ist, gilt ihm genau *das* Gedicht als "realistisches" Gedicht, welches Sprache thematisiert oder auf anderem Wege reflektiert.[77] Die von den Programmatikern konkreter Kunst und Literatur geforderte Kongruenz von Signifikant und Signifikat wird eingelöst durch eine Sprache, die sich selbst im Gedicht - und zwar als "Konkretum" - zur Darstellung bringt: als Sammlung sprachlicher Realitätspartikel. Das sprachreflektorische Gedicht ist ja Zeichen und Bezeichnetes in einem. Solche poetische Selbstdarstellung der Sprache gewährleistet dann, wenngleich mittelbar, die Beziehung des Gedichts zu einer Realität, die weitgehend sprachlich gegründet und von Wörtern geprägt ist. Auch die Akzentuierung des Vollzugscharakters von Poesie, die Betonung der Sprech-Situation, ist vor dem Hintergrund der Forderung nach "Konkretheit" der Dichtung zu sehen: die physische Konkretheit der Sprechsituation macht das Gedicht zu einem Stück gesprochener und gehörter "Realität".

Jandls artikulatorische Gedichte handeln von den Bedingungen und Möglichkeiten, auch und insbesondere von den Schwierigkeiten und Hindernissen menschlicher Artikulation als von einem höchst "realen" und die Realität prägenden Prozeß. Seine Dichtungen sind sprachgestisch, nicht nur, aber am offenkundigsten dort, wo gelispelt, gestottert, Geräusch erzeugt wird. Zwei antagonistische und doch komplementäre Motive liegen den Jandlschen Experimenten mit Sprache zugrunde: Skepsis gegenüber der Sprache und ihren Ausdrucksmitteln hier, eine große Zuneigung zur Sprache, auch noch auf ihren Degenerationsstufen, dort. Zerfallende und sich entfaltende, korrumpierte und innovativ-schöpferische Sprache gehören zusammen.

Aufgegeben oder ironisch distanziert wird die Idee einer "Imitation" der Dinge durch die Sprache, der möglichen Rückwendung zu einem "wahreren" Sprechen. Und "kindliches" Sprechen ist ei-

---

[77] Vgl. dazu vor allem die dritte Vorlesung: "Szenen aus dem wirklichen Leben". (PV. S. 48ff.).

ne bewußt artifizielle poetische Konstruktion, für die sich Jandl zwar gelegentlich interessiert, nicht aber, ohne jenes artifizielle Moment explizit zu betonen.[78] Die Ironie, welche Jandl - anders als Ball - dem "sprachmagischen" Gedanken entgegenbringt, demonstriert beispielhaft das Gedicht "falamaleikum", bei dem ein "Zauberwort" in eine nüchtern-makabre Feststellung transformiert wird.[79] Es kann für Jandl nicht darum gehen, rückwärtsgewandt eine wie auch immer zu spezifizierende Ursprünglichkeit der Sprache zu beschwören. Der einzig vorstellbare "Ursprung" von Sprache liegt vielmehr in jedem einzelnen Moment ihrer Artikulation, also jeweils in der Gegenwart, und nicht in einem mythischen Einst. Darum wird die Sprechsituation in der Vorlesung "Vom Öffnen und Schließen des Mundes" so nachdrücklich akzentuiert. Die Gegenwart des Sprechers vergegenwärtigt Sprache und ist Ausdruck der Verpflichtung von Poesie auf Gegenwart: Dies ist der Grund für Jandls Affinität zum artikulatorischen Gedicht. Und in solcher Gegenwärtigkeit liegt auch die einzig denkbare "Wahrheit" der Sprache, in der lebendigen Gegenwart des Sprechers - bei all seiner Unzulänglichkeit, die sich durch Stottern, Stammeln und grammatikalisch fehlerhaftes Reden bekundet.

Lautdichtung als Medium konträrer poetologischer Reflexionen

Was Ball und Jandl verbindet, sei nochmals betont: Die Modalitäten der Selbstpräsentation des Dichters sind keine beliebige Zutat. Balls Auftritt ist Ausdruck eines künstlerischen Programms, ebenso wie Jandls manchmal skurril wirkende Vorlesungen und Rezitationen; diese wollen als ein Vorzeigen des dichterischen Ichs ein Scharnier zwischen Poesie (als Handlung, als Vollzug) und Alltagswirklichkeit (als Handlung, als Vollzug) bilden. Balls und Jandls Lautgedichte sind Meta-Gedichte; wenn man sie auch nicht "wörtlich" nehmen kann - wie nimmt man Texte in einer Phanta-

---

[78] Ernst Jandl: der gelbe hund. Darmstadt/Neuwied 1980. S. 10ff.: gedichte an die kindheit.
[79] Aus "falamaleikum" wird "fallnamalsooovielleutum" (Laut und Luise. S. 42).

siesprache beim Wort, solange es kein Vokabularium zur Übersetzung ins geläufige Idiom gibt? -, so fordert ihre Konzeption insgesamt doch zur Interpretation auf: Diese Konzeption selbst, nicht die Einzelwendung, der Einzelbaustein der Texte, ist *Metapher*.

Eine deutlichere Abgrenzung der Positionen ist nunmehr möglich. Beide Dichter können als Vertreter antagonistischer und doch komplementärerer poetologischer Grundideen gelten. Betroffen sind die Einstellung zum Wort und die zur Wirklichkeit. In Ball und Jandl, die gerade wegen ihrer Gemeinsamkeiten markant gegeneinander absetzbar sind, treffen zwei Haltungen aufeinander, die schlagwortartig als "Sprachutopismus" und als "Sprachrealismus" zu kennzeichnen wären. Umkreist der Sprachutopist mit seinen Worten - mit den poetischen wie den theoretisch-reflektorischen - eine Sprache, die es nicht gibt, eine abwesende Sprache, so spricht der "Sprachrealist" im Bewußtsein, konkrete und gegebene Sprache zu "präsentieren" - auch und zumal durch Verfremdung. Während Jandl, wo er mit Sprachkonventionen bricht, vor allem neue Formen der "parole" innerhalb eines Spielraums schon entdeckter Ausdrucksmöglichkeiten erkundet, richtet sich Balls Ehrgeiz auf eine neue "langue". Dieser Weg muß aber wohl als problematisch betrachtet werden: In Frage gestellt, wenn nicht gar preisgegeben wird mit der neuen "langue" die Möglichkeit sprachlicher, also auch und gerade literarischer Kommunikation. Beim Leser und Hörer dominiert das (und sei es amüsierte) Befremden. Wer dagegen, dem Spielraum gegebener Sprache sich verpflichtend, "nur" neue Sprechweisen zu entwickeln sucht, bezieht sich immerhin auf den gegebenen Verständnishorizont einer Sprechergemeinschaft. Zwangsläufig zwar ausgehend von der konventionellen Sprache, strebt Ball doch mit dem pathetischen Gestus radikaler Verurteilung von dieser fort und setzt ihr ein letztlich imaginäres Idiom entgegen, das einer heillosen Welt vielleicht das Heil zurückbringen könnte. Jandl dagegen gibt die Idee einer poetischen Heilung der Welt auf und beschränkt sich darauf, deren Heillosigkeit - welche gerade die Sprache und die Sprecher betrifft - mit poetischen Mitteln zu demonstrieren. Was - und sei es in Ansätzen - artikulierbar ist, wird vielleicht wenigstens im Ansatz gebannt.

Während eine Poesie, der es in der skizzierten Weise um die "Gegenwart" von Sprache geht, ihre wesentliche Funktion darin sehen muß, Sprache immer wieder und weiter zu vergegenwärtigen, den poetisch-artikulatorischen Prozeß (als Inbegriff des Gegenwärtigen) also fortzusetzen, inkliniert der Sprachutopismus angesichts der Uneinlösbarkeit seiner Wünsche zur Resignation. Die Enttäuschung angesichts hoher Erwartungen kann dem Ich die Sprache verschlagen; auch und gerade Poesie mündet dann leicht ins Verstummen ein - motiviert durch dezidierte Abwertung der Menschensprache um einer hypothetischen Gottessprache willen.[80] Ball befindet sich an der Grenze zum Verstummen - wie Lord Chandos. Als "magischer Bischof" bewegt er sich auf einem fragilen Grund der Topoi und Fiktionen, deren am wenigsten tragfähige die der 'Unmittelbarkeit' ist. Weder Balls noch Jandls Auftritte bezeugen ein un-vermitteltes Sprechen; sie spielen auf das Ideal solcher Un-Vermitteltheit allenfalls an. Jandls Ironie wirkt dabei klärend, ja aufklärend. Anders als Ball, entlarvt er gerade das lyrische Ich oftmals als jemanden, der mit vorgefertigten sprachlichen Versatzstücken operiert.

Eine neue Sprache kann allenfalls vom Fundament der alten her imaginiert werden, eine "abwesende" Sprache nur von der "gegenwärtigen" - und das heißt in unserem Zusammenhang nicht zuletzt: mit Hilfe von Zitaten und Topoi. Andere Strategien sind die der Sprach-Zerstörung oder -verfremdung. Daß auch der dem Ideal einer "neuen Sprache" verpflichtete Dichter noch bei der Formulierung seines Ideals nicht ohne die alte Sprache auskommt, zeigen im übrigen auch die theoretischen Texte Balls sowie jene "programmatischen" Erläuterungen, welche er auf der Dada-Soirée selbst dem Publikum als Komplement seiner Rezitation gab (FaZ. S. 100). Balls hypertropher Anspruch an die poetische Sprache bewirkt unter anderem, daß diese sich von der Sprache des Alltags und der der theoretischen Reflexion entfernt, während Jandl hier Einheitlichkeit und Übergänglichkeit akzentuiert. Poesie ist Reflexion, die Vorlesung ist ein Gedicht - und umgekehrt.

---

[80] Kemper zufolge nimmt Balls Sprachreflexion immerhin ansatzweise auch eine andere Wendung, nämlich zu der Einsicht, daß Realität notgedrungen sprachlich vermittelt ist. Vgl. Kempers Kommentar zu Balls Aphorismus "Wo das 'Ding an sich' mit der Sprache zusammentrifft, hat der Kantianismus aufgehört" (FaZ. S. 67), in: Das Lautgedicht. S. 204f.

Mit der Alternativentscheidung zwischen imaginärer und gegenwärtiger Sprache geht es aber eben nicht nur um Sprache allein, denn kein Gedicht existiert in einem reinen Sprachraum, keines - auch das "phantastischste" nicht - ist ohne Bezug zur außersprachlichen Wirklichkeit. Weder die Poeme Balls noch die Texte konkreter Dichtung sind ja "inhaltsleer", "asemantisch", "reine" Sprachexperimente. Jeder poetische Text besitzt eine Beziehung zu Realem, zu jener "Welt", aus der er hervorgeht - auch wenn diese Beziehung, wie im Fall des "magischen Bischofs" sich als Negation gestaltet. Und so mögen unsere beiden Autoren als idealtypische Vertreter konträrer Einstellungen des Dichters zur Faktizität betrachtet werden. Balls Flucht aus der zeitgenössischen Sprache ist eine "Flucht aus der Zeit". Jandl betont dagegen zugleich mit seiner Zeitgenossenschaft seine Bindung an die Sprache seiner Zeit. Hinter den von Ball und Jandl jeweils exemplarisch repräsentierten Alternativ-Einstellungen zur "Gegenwarts"-Sprache verbergen sich zwei entsprechend divergierende Einstellungen zur *Gegenwart* selbst, zum Faktischen individuellen und sozialen Lebens. Balls Dichtung ist durch das Abwesende motiviert, ist zum einen zukunfts-, zum anderen vergangenheitsorientiert; ihre Zielrichtung ist die räumliche und zeitliche Ferne, das mythische Einst, das Exotische, die Paradieseslandschaft. Ball ist gleichsam ein paradigmatischer "rückwärtsgewandter Prophet". Jandl hält sich dagegen lieber an das Gegenwärtige und sammelt sein Sprach-Material wie seine Themen in der zeitgenössischen Lebenswelt ein.

Zwischen Ball und Jandl verläuft eine fast unmerkliche Linie, welche zwei Grundthesen über Literatur und Kunst gegeneinander abgrenzt: eine, derzufolge das Werk im wesentlichen über der Zeit steht, und die andere, derzufolge es primär Auseinandersetzung mit seiner Zeit ist. Erstere ist vor allem mit dem romantisch-idealistischen Kunstverständnis kompatibel. Die Kunst lasse den Menschen am "Ewigen" teilhaben, so lautet ein traditionsreiches und für die Romantiker maßgebliches Theorem der Kunstphilosophie. Aus einem instruktiven Aufsatz Wilhelm Perpeets über das Konzept einer "Zeitlosigkeit der Kunst" seien eine wichtige Thesen über Kunst angeführt: "daß sie das irdische Echo der Ewigkeit sei (Jean Paul), daß sie uns über die Erde erhebt (Wackenroder), daß nur im Ästhetischen allein 'wir uns wie aus der Zeit gerissen' füh-

len (Schiller), daß die Kunst 'uns in dem Zeitlichen selbst die voll-
kommene Gegenwart des Höchsten' zeigt (Solger), daß auch 'im
weiten Kunstgefilde webt ein Sinn der ewigen Art' (Goethe), daß
irdische Reiche vergehen, aber ein guter Vers ewig besteht (W. v.
Humboldt)"[81] - die Liste ließe sich beträchtlich verlängern. Kunst,
so der gemeinsame Nenner, stehe auf der Seite des "Außer-, Über-
oder Unzeitliche(n), des Zeitlose(n) und Ewige(n)"[82] - und sei primär dessen Sprachorgan. Tieferer Grund für die Kontrastierung
von Zeitlichem und Ewigem in der romantischen Ästhetik ist der
Anspruch, Kunst und Dichtung möge das Endliche mit dem Unendlichen vermitteln. Das Werk auf Geschichtlich-Faktisches zu
verpflichten, es gar aus diesem abzuleiten, erscheint hier als unmöglich. Um des schönen Kontrastes willen könnte man als Ge-
genkonzept Passagen aus den "Grundlagen der marxistisch-
leninistischen Ästhetik" (1962) oder ähnlichen Manifesten zitieren.
Jene - vereinfachend - als "romantisch" etikettierbare These vom
die historische Gegenwart transzendierenden Charakter der Kunst
wird dann etwa für Ernst Bloch wiederum maßgeblich: Ein großes
Kunstwerk sei, so heißt es in "Das Prinzip Hoffnung", "außer seinem manifesten Wesen, auch noch auf eine Latenz der kommen-
den Seite aufgetragen, soll heißen: auf die Inhalte einer Zukunft,
die zu seiner Zeit noch nicht erschienen waren, ja letztlich auf die
Inhalte eines noch unbekannten Endzustands".[83] Im "Geist der
Utopie" (1962) nennt Bloch das Kunstwerk pointiert einen "Stern
der Antizipation".[84] An dieser Stelle kann allenfalls das Koordina-
tensystem angedeutet werden, in dem sich die ästhetische Reflexion im Zusammenhang der Frage nach Kunst und historisch-
konkreter Wirklichkeit bewegt; es gilt ja vor allem, unsere beiden
Autoren näherungsweise zu orten. Vermittelnde Positionen im
weiten Feld zwischen den Extremthesen einer Ableitbarkeit von
Kunst und Literatur aus dem jeweils gegenwärtig Gegebenen einerseits, der ihres die Gegenwart transzendierenden Status andererseits werden in großer Zahl formuliert: von den Vertretern einer

---

[81] Zitiert nach: Wilhelm Perpeet: Von der Zeitlosigkeit der Kunst. In: Ästhetik. Hg. v. Wolfhart Henckmann. Darmstadt 1979. S.17.
[82] Perpeet: Zeitlosigkeit. S. 17.
[83] Ernst Bloch: Das Prinzip Hoffnung. Frankfurt/M., 4. Aufl. 1977. Bd. 1.
S. 110.
[84] Ernst Bloch: Geist der Utopie. Frankfurt/M. 1962. S. 151.

"littérature engagée" etwa, oder von Theodor W. Adorno, der zum einen eine Korrespondenz zwischen jeweiliger gesellschaftlicher Realität und künstlerischen "Verfahrensweisen" konstatiert, zum anderen die kritisch-polemische Haltung des Künstlers zu eben dieser Gegenwart betont: Die "Kommunikation der Kunstwerke (...) mit der Welt, vor der sie selig oder unselig sich verschließen, geschieht durch Nicht-Kommunikation" - so sein paradox klingender Befund.[85]

Haben wir es - in bewußter Vereinfachung - bei Ball und Jandl mit zwei Autoren zu tun, deren einer es mit dem Abwesenden und schlechthin Anderen, deren anderer es mit dem Gegenwärtigen hält, so führt der Vergleich doch zu einer paradoxen Beobachtung: Je nach Standpunkt scheint ein Autor wie Jandl das, was jenseits seiner Sprache liegt, ernster zu nehmen als Ball. Letzterer sucht es ja immerhin ins Wort zu bannen: die mythologische Vergangenheit, die antizipierte Zukunft, das Imaginäre einer anderen Welt. Jandl dagegen spart manches ostensiv aus der positiven sprachlichen Artikulation aus. Nur Lücken und Leerstellen im Fluß der Rede verweisen via negationis darauf, daß es noch etwas anderes gibt als die Gesamtheit des Sagbaren. Auch und gerade hier ist Nicht-Gesagtes das Korrelat des Gesagten, ist Abwesendes Korrelat des sprachlich Vergegenwärtigten - nur daß es nicht positiv artikuliert wird. Das, was jenseits der Wörter liegt, kann eben nicht ausgesagt, sondern - mit einer Wittgensteinschen Differenzierung - nur bedeutet werden.

Ingeborg Bachmann zufolge ist der Dichter sowohl Zeitgenosse als auch über seine Zeit hinaus, sowohl der Gegenwart als auch der Zukunft verpflichtet: Gelingen könne ihm "im glücklichsten Fall, zweierlei: zu repräsentieren, seine Zeit zu repräsentieren, und etwas zu präsentieren, für das die Zeit noch nicht gekommen ist."[86] Bei Jandl verbindet sich - zumindest dem Selbstverständnis und Anspruch nach - zweifellos beides. Seine wiederholten Verweise auf die jeweils gegenwärtige Situation des Sprechens ist exemplarischer Ausdruck seines Bewußtseins, von Gegenwart und ihren komplexen Bedingtheiten abhängig zu sein. Die Grenzen

---

[85] Theodor W. Adorno: Ästhetische Theorie. Frankfurt/M. 2. Aufl. 1974. S. 15.
[86] Bachmann: Frankfurter Vorlesungen. S. 20.

zwischen Poesie und Lebenspraxis erscheinen hier absichtsvoll fließend, ja fiktiv. Sprecher und Hörer vollziehen die gleiche Atembewegung, das gleiche "Öffnen und Schließen des Mundes"; Poem und Alltagsgerede sind analoge Erscheinungsformen einer und derselben Sprache. So lassen sich "Gedichte" mit etwas Glück auf der Straße aufschnappen, wie Jandl in seiner Poetik-Vorlesung betont. Die jeweilige Gegenwart der sprechenden Menschen steckt voller virtueller Poeme. Ball dagegen grenzt seine poetische Demonstration aus ihrem historisch-konkreten Umfeld weitestgehend aus. Chiffre dafür ist nicht zuletzt das Kostüm, die theatralische Dekoration. Anders als der poetische Zeit-Genosse Jandl mit seiner Selbst-Ironie, tendiert der prophetische Zeit-Flüchtling zum Pathos.

Wohin richtet sich der Blick des Sprachpropheten? Imaginäre Sprachen stehen für imaginäre Welten, so wie die Alltagssprache die Welt des Alltags repräsentiert. Signifikat der Ballschen Dichtungen ist zugleich mit der anderen Sprache auch eine andere Welt, in der jene Gültigkeit besäße, eine mit Worten zu beherrschende, zu beschwörende Welt. Eine halluzinatorische Wirklichkeit tritt als Bezugsinstanz des Textes an die Stelle der verurteilten historisch-konkreten Realität. Eben diese Gegenwelt existiert aber nur im (Ballschen) Wort. Die Entscheidung des Dichters, sich entweder der gegebenen Welt zuzuwenden oder sich eine neue Welt zu halluzinieren, ist eine grundsätzliche Entscheidung; Ball und Jandl entscheiden sich hier alternativ, "Utopist" der eine, "Realist" der andere. Die Zuwendung des letzteren zur Gegenwart und zur gegenwärtigen Realität hat jedoch nicht notwendig (und in Jandls Fall keineswegs) den Charakter einer Affirmation, sie kann vielmehr im Zeichen radikaler Kritik stehen.

Sprache und lyrisches "Ich"

Jandl möchte sprechend gegenwärtig sein, auch wenn er weiß, das jedes "Ich", das da spricht, sich selbst inszeniert. Bei Ball hingegen verflüchtigt sich die Person des Sprechers als Statthalterin einer Idee zur bloßen Chiffre. Im poetischen Prozeß verwandelt sich der Sprecher Hugo Ball bewußt und absichtsvoll (vgl. FaZ. S. 136). Rezitierend wird es selbst zu einem poetischen Zeichen,

wird mit Haut und Haaren zu einem Stück Text, einem Stück Literatur.[87] Diese Verwandlung steht in merkwürdiger Korrespondenz
zu einer Auffassung, die der späte, in frühchristliches Schrifttum
vertiefte Ball vertreten wird: "Die Heiligen (...) gehören zum
Sprachschatze Gottes."[88] Stellt sich im poetisch-artikulatorischen
Prozeß der Sprecher als ein Stück Menschen-"Sprache" dar, so darf
darin wohl die säkularisierte Variante jener Vision gesehen werden. Absorbiert vom literarischen Prozeß, ist der Sprecher selbst
ein Kunstwerk geworden, Produkt poetischer Gestaltung. "'Mensch
werden ist eine Kunst'", so exzerpiert Ball aus Novalis, wenig
später hinzusetzend: "Das ursprüngliche und nächste Material ist
der Mensch immer sich selber. An sich selber arbeiten wie an einer Bildsäule, an der nicht zur rütteln und nicht zu deuteln ist."
(FaZ. S. 114f.) Diese programmatische Passage enthüllt den übertragenen Sinn jener Szene, in der auf einer Dada-Soirée ein Rezitator als gehunfähige Halb-Säule vor seinem Publikum stand: Diese
Verkleidung signalisierte Balls Verwandlung in ein Monument -
und die Beschreibung potenzierte diese dann noch einmal. Kunst
und Leben kommen zur erwünschten Deckung, indem die Kunst
das lebendige Wesen zu ihrem Material macht. In einer Notiz von
1915 fordert Ball die radikale Selbstpreisgabe des Ichs. (Der
Flucht aus der Zeit korrespondiert die vor dem eigenen empirisch-
endlichen Ich.)

"Das Ich ablegen wie einen durchlöcherten Mantel. Was nicht aufrecht-
zuerhalten ist, muß man fallenlassen. Es gibt Menschen, die es absolut
nicht vertragen, ihr Ich herzugeben. Sie wähnen, daß sie nur ein Exem-
plar davon haben. Der Mensch aber hat viele Ichs, wie die Zwiebel vie-

---

[87] Ball über Kandinsky: "Sein letztes Ziel aber war, Kunstwerke nicht nur
zu schaffen, sondern die Kunst als solche zu repräsentieren." (FaZ. S. 10) -
Vgl. Jandl: Laut und Luise. S. 81, über "visuelle lippengedichte", die stumme Variante des artikulatorischen Gedichts: "der rezitator ist das papier des
visuellen lippengedichtes."
[88] Hugo Ball: Die Sprache Gottes. In: Byzantinisches Christentum. Drei
Heiligenleben. München/Leipzig 1923; Zitat nach Demetz: Worte in Freiheit. S. 317. Die göttliche Sprache, so heißt es bei Ball, 'säe' ihre Zeichen,
und diese Zeichen hätten Menschengestalt, seien "Mönche, Klausner, As-
keten und Visionäre." Gegen "die kopflosen Sprachen aller Nationen" bezeugen diese Menschen-Zeichen das Heilige. (Vgl. auch Demetz. S. 97.)

le Schalen hat. Auf ein Ich mehr oder weniger kommt es nicht an. Der Kern ist immer noch Schale genug."[89]

Auch der Rezitator Jandl arrangiert sich selbst als Bestandteil des poetischen Prozesses, macht sich etwa zum Protagonisten jenes Poems, als das er seine Vorlesungen begreift (PV. S. 117). Aber er ist insofern er selbst, als er sich als Artikulationsmedium der Sprache identifiziert. Weil für ihn zwischen poetischem Prozeß und alltäglichem Leben keine Grenze gezogen ist, bereitet es keine Schwierigkeiten, auch das Alltägliche und Konkrete der eigenen Person jenem poetischen Geschehen zu integrieren.

Poesie erscheint bei beiden Dichtern nicht als unvermittelte Selbstbekundung eines Ichs; das Konzept eines "unmittelbaren" und "ursprünglichen" Sprechens ist ein literarischer Topos, der Versuch seiner Realisation ein in sich paradoxer Versuch.[90] Dem Wort könne man, so Ball, seine "Macht" nur wiedergeben, indem man sich mit ihm identifiziere (FaZ. S. 132; 5.10.1916). Solch bewußte Identifikation mit dem Wort bedeutet für das sprechende Ich nun aber zumindest Modifikation, wenn nicht gar Aufgabe seiner selbst - seine Verwandlung ins Sprachliche. Wie die Konsequenz aus solcher Verwandlung des Ichs in Sprache liest sich etwa Jandls Sprechstück "Aus der Fremde", einem auf inhaltlicher Ebene zwar autobiographisch gefärbten Text, in dem aber kein "Ich" vorkommt: Die Protagonisten reden von sich selbst nur in der dritten Person und im Konjunktiv; aus der "Fremde" einer Sprache heraus, die ihr Sprechen regiert. "Aus der Fremde" ist aber eine negative, keine positive Utopie: das Dokument der Zwangsvorstellung vom Selbstverlust ans sprachliche Medium - um ihrer Bannung und Überwindung willen.

---

[89] FaZ. S. 41 (1915). Vgl. FaZ. S. 113: "Das Leben will nicht nur zu gewissen Zeiten, sondern in jedem Moment geformt, durchliebt und durchlichtet sein." - FaZ. S. 78: "Die distanzierende Erfindung ist das Leben selber. Seien wir neu und erfinderisch von Grund aus. Dichten wir das Leben täglich um. Was wir zelebrieren, ist eine Buffonade und eine Totenmesse zugleich." - Vgl. zum Thema der Rezitation als Gesamtkunstwerk nochmals Kempf und Kratz: Die 'Lautgedichte' Hugo Balls. S. 260f.
[90] Alle "lebendige Kunst" werde, so Ball schon 1915, allerdings unspezifisch: "Dokumente nicht der Erbauung, sondern der Paradoxie hinterlassen." (FaZ. S. 70)

Die artikulatorischen Dichtungen Balls und Jandls, welche auf
den ersten Blick als eher abseitiges poetisches Experiment erscheinen mögen, können und wollen - wie gezeigt - zum Anlaß der Frage nach Grundsätzlichem werden: nach der poetischen Sprache,
nach dem, was sie be-deuten möchte, nach dem Ich in seiner zwei-
deutigen Stellung gegenüber der Sprache, die es zu beherrschen
scheint und von der es doch oft genug beherrscht wird. Zu den
wichtigsten Fragen gehörte die nach der Art und Weise, wie sich
der poetische Text auf Zeit und historische Realität bezieht; auch
und gerade oberflächlich so exzentrische Lautdichtung konfrontiert
mit dem Spannungsbezug zwischen utopischem und realistischem
Anspruch aller Kunst. Einen Ausstieg aus der Zeit gibt es nicht;
wo er - wie bei Ball - versucht wird, darf er vom Rezipienten gerade als Dokument einer historischen Krise interpretiert (und demnach auf den jeweiligen geschichtlichen Zeitraum zurückbezogen)
werden. Dies sollte jedoch nicht vergessen lassen, daß auch die
gegenwartsbezogenste Dichtung in ihrer Gegenwärtigkeit nicht
aufgeht, sondern auf das Nicht-Gegenwärtige bezogen ist, auf das
gegenüber dem Wirklichen "nur" Mögliche, das gegenüber dem
Vertrauten gänzlich "Andere". Gerade der poetische Text drückt
die Spannung zwischen Gegenwart und Abwesenheit nicht bloß
aus, er stellt sie immer wieder her. Kunst, so notiert Robert Musil
1925, unterscheide sich von der Mystik dadurch, "daß sie den An-
schluß an das gewöhnliche Verhalten nie ganz verliert"; sie sei
"eine Brücke, die vom festen Boden sich so wegwölbt, als besäß
(sic) sie im Imaginären ein Widerlager."[91]

---

[91]   Robert Musil: Werke. Hg. v. Adolf Frisé. Reinbek, 2. Aufl. 1981. Bd. 8.
S. 1154.

POSITIVE UND NEGATIVE SCHRIFT. ASPEKTE EINER
POETIK KONKRETER DICHTUNG

Der Begriff konkreter Dichtung

So sehr die konkrete Poesie von jeher ihr Komplement in theoretischen Verlautbarungen über ihr Wesen und ihre Intentionen fand -
in einem Maße, daß gelegentlich in einer literarhistorisch beispiel-
losen Weise die "Theorie" als notwendiger Schlüssel zu den ansonsten rätselhaft oder nichtssagend erscheinenden konkreten Texten begriffen wurde -, so wenig gibt es doch eine konsistente Theorie, eine alle einschlägigen Textphänomene integrierende theoretische Begründung konkreter Dichtung.[1] Je subtiler die Spekulationen über das "Konkrete" konkreter Texte ausfielen, desto weiter
divergierten die Positionen. Auch die Reaktionen auf diese Situation fielen sehr unterschiedlich aus. Suchten einzelne Theoretiker
weiterhin nach einer Begriffsbestimmung und damit einer begriff-
lichen Begründung konkreter Dichtung, so schlug dagegen Bob

---

[1]   Bestimmtes über den Begriff "konkrete Poesie" läßt sich nur hinsichtlich
seiner historischen Voraussetzungen und seiner innovatorischen Verwendung durch Eugen Gomringer sagen. Bekanntlich ist der Begriff "konkrete
Kunst" älter als der einer "konkreten Poesie": 1930 erschien Theo van
Doesburgs "Manifest der Konkreten Kunst" (wieder abgedruckt in: "serielle
manifeste". St. Gallen 1966. Manifest XI. S. 5f.). Doesburgs Vorstellungen
wurden von Max Bill aufgegriffen, dessen Sekretär Gomringer war; Gomringer lancierte 1955 den Begriff "konkrete Poesie". Nicht nur die Zusammenarbeit mit Bill an der Ulmer Hochschule für Gestaltung war dabei maßgeblich, sondern auch die Verbindung Gomringers zu Decio Pignatari; dieser gehörte der brasilianischen Noigandres-Gruppe an, welche bereits "konkrete" Texte verfaßte. Vgl. dazu u. a. Eugen Gomringer: die ersten jahre der
konkreten poesie (1967). In: Eugen Gomringer: worte sind schatten. die
konstellationen 1951-1968. Hg. und eingeleitet von Helmut Heißenbüttel.
Reinbek 1969. S. 298. - Ferner: Berold van der Auwera: Theorie und Praxis konkreter Poesie. In: Konkrete Poesie II (Text+Kritik, Heft 30). München 1971. S. 33ff.

Cobbing eine synonyme Verwendung der Begriffe "konkret" und "experimentell" vor, um einer Spezifizierung des ersteren entgegenzuwirken; Siegfried J. Schmidt warnte vor einer "Fetischisierung" jenes Begriffs, dessen Verwendung durch Gomringer er eine eher "kunstpolitische" Funktion zuschrieb.[2]

Der zwangsläufig vorsichtige Versuch einer Reflexion über das "Konkrete" konkreter Texte kann gleichwohl von einem unzweifelhaften Ausgangsbefund her erfolgen: vom Befund einer Krise in der Relation zwischen Sprache und Realität, die sich sowohl als Krise zwischen sprachlichem Subjekt und Erfahrungsgegenständen wie auch als Krise zwischen Sprachbenutzern und Sprache manifestieren kann. Für konkrete Dichtung ist - hier konvergieren noch die abweichendsten Auffassungen über ihr Wesen und ihre Funktion - die immanente Reflexion über Sprache konstitutiv, und zwar über eine Sprache, deren Gebrauch als System von Repräsentationen und deren Tauglichkeit zur Verständigung zweifelhaft geworden sind.[3] Nicht mehr selbstverständlich ist die Benennbar-

---

[2]   Bob Cobbing: Die Grenzen verwischen sich. Über experimentelle und konkrete englische Lyrik. In: Akzente 16 (1969). H. 6. S. 558f.; Siegfried J. Schmidt (Hg.): Konkrete Dichtung. Konkrete Kunst '68. Karlsruhe 1968. S. 107.

[3]   Franz Mon bringt seine Poetik auf die Formel zweier Thesen: "Poesie ist Sprache, die sich zu sich selbst verhält, und Poesie ist ein Prozeß sprachlicher Negation und Position, Destruktion und Innovation (...)." (Franz Mon: An eine Säge denken. In: Thomas Kopfermann [Hg.]: Theoretische Positionen zur konkreten Poesie. Tübingen 1974. S. 31) Vgl. Christina Weiss: Konkrete Poesie - Visuelle Poesie - Sehtexte. In: Visuelle Poesie [Katalog/ Begleitband]. Eine Fernsehproduktion des Saarländischen Rundfunks (1984)/Visuelle Poesie: Bücher und Buchobjekte. Universität des Saarlandes. Universitätsbibliothek. Saarbrücken 1984 (im folgenden: Katalog Visuelle Poesie). S. 27: "Konkrete, konkretistische Texte sind also de facto als Sprachexerzitien zu werten (...)." Analoge Bestimmungen finden sich bei anderen wichtigen Theoretikern konkreter Poesie - bei Mon, Jandl, Heißenbüttel, Siegfried J. Schmidt und Gomringer etwa. Konkrete Texte demonstrieren, insofern ihr sprachreflektorisches Moment als konstitutiv begriffen wird, mit Sprache etwas über Sprache. Sprache selbst heißt dort "konkret", wo sie zu ihrem eigenen Gegenstand wird. Nicht verschwiegen sei allerdings auch die Problematik einer solchen Bestimmung. Zum einen bewegen sich "konkret" genannte Artefakte über den Bereich des Sprachlichen zum Teil hinaus, zum anderen ist auch einer Dichtung, die sich nicht als "konkrete" versteht, jene autoreferentielle Dimension nicht abzusprechen. Ist die

keit der Dinge; eine mögliche "Wahrheit" sprachlicher Äußerungen steht zumindest in Frage. Insofern ist Hofmannsthals Lord Chandos der Ahnherr auch und gerade der konkreten Autoren, und in die weitere Vorfahrenreihe gehören sprachkritische Philosophen wie Nietzsche und Fritz Mauthner. Sie alle insistieren - bei unterschiedlicher Akzentuierung - auf dem Abgrund zwischen Sprache und Wirklichkeit. Was oft genug als "Sprachkrise" moderner Dichtung etikettiert (und damit partiell entschärft) worden ist, kann als Ausdrucksform einer zutiefst krisenhaften Verfassung des Subjekts gelten.[4] Komplementär zum Zerfall der vom Wort nicht mehr gebannten Dinge diagnostiziert Lord Chandos eine Verselbständigung der ihren gewöhnlichen Dienst verweigernden Wörter: Diese selbst erscheinen plötzlich als etwas Dinghaftes - man ist versucht zu sagen: als etwas Konkretes. Unterhalb dieser sich konkretisierenden Wörter ist kein positiver "Grund" dingfest zu machen; ihr einziger - negativer Grund ist ein Abgrund: die Leere, das Nichts.[5] Der "Chandos"-Befund liefert den Anstoß auch für jene "konkreten" Textphänomene, welche dem oberflächlichen Blick als Produkte verspielter Lettristik erscheinen könnten: Hier wie dort geht es um die Ablösung der Sprachzeichen von den Dingen und um ihr manchmal beunruhigend, manchmal auch grotesk oder gar ko-

---

Selbstbezüglichkeit des Sprechens Kriterium der "Konkretheit", so müßte alle Dichtung "konkret" heißen. Brauchbar erscheint die Gleichsetzung von konkreter und sprachreflektorischer Poesie gleichwohl wegen der oft plakativen Insistenz, mit welcher in den einschlägigen Texten Sprache erkundet wird. Im Grunde kann sich die "Konkretheit" eines Textes aber nur über seine Funktion für den Betrachter erweisen.

[4] "Es wurden mir auch im familiären und hausbackenen Gespräch alle die Urteile, die leichthin und mit schlafwandelnder Sicherheit abgegeben zu werden pflegen, so bedenklich, daß ich aufhören mußte, an solchen Gesprächen irgend teilzunehmen. (...) alles erschien mir so unbeweisbar, so lügenhaft, so löcherig wie nur möglich. Mein Geist zwang mich, alle Dinge, die in einem solchen Gespräch vorkamen, in einer unheimlichen Nähe zu sehen (...). Es gelang mir nicht mehr, sie [= die Menschen und ihre Handlungen] mit dem vereinfachenden Blick der Gewohnheit zu erfassen. Es zerfiel mir alles in Teile, die Teile wieder in Teile, und nichts ließ sich mehr mit einem Begriff umspannnen." (Hugo von Hofmannsthal: Ein Brief. In: Erzählungen, Erfundene Gespräche und Briefe, Reisen. Hg. v. Bernd Schoeller in Beratg. m. Rudolf Hirsch. Frankfurt 1979. S. 465f.)

[5] Hofmannsthal: Ein Brief. S. 466.

misch anmutendes "Eigenleben". Die Idee einer Trennung von
Sprache und Dingwelt spielt - bei völlig verändertem Vorzeichen -
auch in der Poetik Stéphane Mallarmés eine zentrale Rolle. Bei
ihm möchte sich das dichterische Wort aus allen externen Bezugs-
systemen lösen, um "rein" zu sein, grundlos, auf sich allein gestellt. Insofern im poetischen Sprechen keine Beziehung mehr zwischen Sprache und Faktizität gestiftet wird, lösen sich Wörter und
Dinge voneinander, und dem Dichter bleibt allein das Wort, unabgesichert durch jede empirische oder transzendente Referenz. Das
Faktische wird um des Wortes willen verurteilt; im Wort allein
scheint die Idee auf.[6] Das Faktische ist sinnlos. Wenn das poetische Wort - etwa: "Blume" - eine Idee evoziert (die der "Blume"),
so ist eben diese Idee in den realen Blumen abwesend. Diese inter-
essieren den dem Zeitlos-Gültigen zugewandten Dichter nicht.
Sprache wird förmlich gegen Wirklichkeit ausgespielt, letztere in
die Abwesenheit verbannt. (Immerhin ist die Konzeption einer
"Absenz" des Faktischen nur die Kehrseite einer Präsenz-Utopie:
Die "Idee" selbst soll ja im poetischen Wort gegenwärtig sein.)
Trotz Mallarmés poetologischer Aufwertung des referenzlosen
Wortes kommt allerdings die Feststellung eines Abgrundes zwischen Wirklichkeit und Sprache doch bei den meisten späteren
Autoren einem Krisenbefund gleich. Mit dem Begriff "konkreter"
Dichtung wird diesem nun ein Programm entgegengesetzt. Stellen
sich dem Selbstverständnis dieser Dichtung zufolge die Wörter
doch nicht als (unzulängliche) Repräsentanten der Dinge dar, sondern als Realitätspartikel oder Realitätssegmente - als Sprach-Ob-
jekte, welche neben die anderen Dinge treten, statt diese durch Repräsentation vermitteln zu wollen. Ihrer geläufigen medialen Funktion sich verweigernd - da sie ihr ja doch nur auf sehr fragwürdige
Weise gerecht werden können - verschwinden die Wörter nicht,
sondern erscheinen selbst als etwas "Konkretes". So beschreibt
Franz Mon deren Voraussetzungen auf eine an den Chandos-Be-
fund erinnernde Weise:

"Die naive Übereinstimmung von Wort und Sache, Ausdruck und Wirklichkeit ist zerschlissen durch den tatsächlichen Gebrauch der Sprache

---

[6]   Vgl. Stéphane Mallarmé: Préfaces. Avant-dire au Traité du Verbe de
René Ghil. Oeuvres complètes. Pléiade-Ausgabe. Paris 1945. S. 875.

wie durch die unerhörte Kluft zwischen dem Faktischen dieser Realität und den Worten, die damit fertig werden sollen. Dabei hat sich herausgestellt, daß auch die Sprache faktischer Natur ist; daß sie ebenso real ist wie das, was sie vermitteln soll: Phänomen zwischen Phänomenen, nicht nur Vermittler, Medium, Bedeutungstransporteur."[7]

Diese Idee einer "Konkretion" des Wortes wiederholt sich in den theoretischen Reflexionen konkreter Autoren in verschiedenen Varianten und kann als ein Schlüssel zu dieser Spielart von Dichtung gelten - bei allem Vorbehalt gegen eine definitive begriffliche Bestimmung. Eugen Gomringer erklärt die "konstellation" als ein Etwas, das "in die welt gesetzt" werde: "sie ist eine realität an sich und kein gedicht über..."[8] Daß sich die "Wirklichkeit" der gemeinhin sprachlich bezeichneten Dinge dann aber doch nicht so einfach aus dem sprachlichen Gebilde verbannen läßt, wird bei jedem weiterführenden Reflexionsschritt deutlich. Und so wird das "konkrete" Wortgebilde dann - mit einer gewissen Vorsicht bei der Unterstellung einer "Referenz" - als Anlaß zur Meditation über "etwas" verstanden. Dies gilt ansatzweise schon für Gomringer,[9] vor allem aber für Helmut Heißenbüttel.[10] Deutlich bringt dieser das "Dilemma" auf den Begriff, in welches jeder gerate, der eine reine, eine referenzlose Sprache sprechen oder schreiben wolle:

> "(...) die im Zerfall des Systems freiwerdenden Sprachelemente (auch die neuen Bedeutungsschattierungen) haben ja ihren ursprünglichen Sinn innerhalb dieses Systems gewonnen. Man benutzt etwas entgegen dem überkommenen Sinn, ohne daß man es ganz daraus lösen kann."[11]

Statt mit ihrem "konkreten" Gebrauch jede "Bedeutung" zu verlieren, gewinnen die Wörter im konkreten Textgebilde sogar an Be-

---

[7] Franz Mon: Texte über Texte. Neuwied/Berlin 1970. S. 135.
[8] Eugen Gomringer: vom vers zur konstellation. In: konkrete poesie. deutschsprachige autoren. anthologie von eugen gomringer. Stuttgart 1972 (im folgenden: konkrete poesie). S. 158.
[9] Vgl. wiederum: vom vers zur konstellation. S. 156ff. Das konkrete Gedicht wird unter anderem als "denkspiel" bezeichnet (S. 156), und immerhin ist jedes Denken ein Denken "an etwas".
[10] Vgl. dazu Heißenbüttels Aufsätze: "Reduzierte Sprache. Über einen Text von Gertrude Stein" und "Konkrete Poesie". In: Helmut Heißenbüttel: Über Literatur. München 1970. S. 9ff. S. 66ff.
[11] Heißenbüttel: Über Literatur. S. 69.

deutungsspielraum - und dies gilt denen, die es bemerken, als Gewinn, wenn nicht gar als eigentliche Intention konkreter Textgestaltung. Es scheint zumindest auf den ersten Blick, als habe es die "konkrete" bildende Kunst einfacher, ihre Elemente aus ihrer gewöhnlichen Zeichenfunktion herauszulösen und sich als "reine" Kunst selbst zu begründen. Aus dem Bereich der bildenden Kunst stammt der Begriff des "Konkreten" ja auch zunächst, bevor er als Programm für die Dichtung entlehnt wird. Wassily Kandinsky hatte seinerzeit für eine Umbenennung der sogenannten "abstrakten" in "konkrete" Kunst plädiert.[12] Der Künstler 'befreie' sich vom "Objekt", weil dieses ihn daran hindere, "sich ausschließlich mit rein malerischen Mitteln auszudrücken", so heißt es bei Kandinsky auch.[13] Nun mag der Zweifel daran gestattet sein, ob es selbst ei-

---

[12] "In jedem mehr oder weniger 'naturalistischen' Werk wird ein Teil der bereits existierenden Welt entliehen (Mensch, Tier, Blume, Gitarre, Pfeife...) und unter das Joch des künstlerischen Ausdrucks gebogen. Zeichnerische und malerische 'Verarbeitung' des 'Gegenstandes'. Die abstrakte Kunst verzichtet auf Gegenstände und ihre Verarbeitung. Sie schafft sich die Ausdrucksformen selbst. (...) So stellt die abstrakte Kunst neben die 'reale' Welt eine neue, die äußerlich nichts mit der 'Realität' zu tun hat. (...) So wird neben die 'Naturwelt' eine neue 'Kunstwelt' gestellt - eine ebenso reale Welt, eine konkrete. Deshalb ziehe ich persönlich vor, die sogenannte 'abstrakte' Kunst *Konkrete Kunst* zu nennen." (Wassily Kandinsky: Essays über Kunst und Künstler. Hg. u. kommentiert v. Max Bill. Bern, 3. Aufl. 1973. S. 224f.) - Zum Begriff "konkreter Malerei" bei Theo van Doesburg vgl. auch Siegfried J. Schmidt: 'Negation' und 'Konstitution' als Kategorien konkreter Dichtung. In: Positionen der Negativität (= Poetik und Hermeneutik VI). Hg. v. Harald Weinrich. München 1975. S. 398: "Konkrete Malerei präsentiert (ihrem Selbstverständnis nach) die auf den optischen Begriff gebrachte 'wahre' Wirklichkeit, in der Weise, daß nicht Malmittel verwendet werden, um eine vorgegebene Wirklichkeitsszene in subjektiver Interpretation zu 'repräsentieren', sondern daß die Sprache des Optischen auf ihre elementaren Konstanten konzentriert wird, die dann als solche mit sich selbst identisch, d. h. konkret, auf der Malfläche präsentiert werden; sie stellen nichts dar, sie verwirklichen sich selbst." Schmidt beruft sich hier auf Max Benses Formel: "Alles Konkrete ist nur es selbst." (Siegfried J. Schmidt: 'Negation' und 'Konstitution' als Kategorien konkreter Dichtung. S. 398.)
[13] Kandinsky: Essays über Kunst und Künstler. S. 234. Vgl. S. 235: "Die konkrete Malerei stellt eine Art Parallele dar zur sinfonischen Musik, indem sie einen rein künstlerischen 'Inhalt' liefert. Für diesen Inhalt sind allein die malerischen Mittel verantwortlich."

nem bildenden Künstler je gelingt, die Welt der äußeren Gegenstände so durch seine künstlerische Formensprache auszublenden, daß letztere nicht doch an jene erinnert und mithin als deren zeichenhafte Darstellung wahrgenommen wird. Sicher ist, daß es im Umgang mit Sprache nicht möglich ist, von deren Bedeutung und Gegenstandsbezug zu abstrahieren. Selbst radikale Experimente wie die "ursonate" Schwitters' entfernen sich zwar von der konventionellen Sprache und ihren Gegenstandsbindungen noch ein Stück weiter, bleiben auf diese aber stets in eben dem Maße bezogen, als sie noch *als* sprachliche Gebilde wahrgenommen werden.

Die Konzeption eines "reinen" Wortes, wie sie im Begriff "konkreter Dichtung" anklingt, ist eine regulative Idee, kein realisierbares Programm. Angezielt ist mit dieser regulativen Idee die (letztlich unmögliche, aber ersehnte) "Befreiung" des Wortes aus seinen gewöhnlichen sprachlichen und faktischen Kontexten. Noch allgemeiner gesagt: Im Begriff "konkreter" Dichtung drückt sich wie in dem "konkreter" Kunst das Bestreben aus, den Repräsentations- und Surrogatcharakter von Zeichen (von Texten, von Kunstwerken) zu überwinden. Indem der konkrete Text sich gegen die übliche Vermittlungs- und Informationsfunktion sprachlicher Gebilde auflehnt, artikuliert sich in ihm indirekt der utopische Anspruch einer Überwindung der Differenz zwischen Signifikanten und Signifikaten. Es geht letztlich um die Utopie einer durch das Kunstwerk realisierten reinen Präsenz. Dieser Anspruch manifestiert sich natürlich mit besonderem Nachdruck dort, wo sich ausgerechnet etwas als "Konkretum" präsentiert, dessen Wesen normalerweise in seiner Repräsentationsfunktion aufgeht - etwas, das normalerweise bloßes Surrogat ist.

Eben dies: nur Stellvertreter zu sein, wird nun seit der Antike gerade der Schrift vorgehalten - weitaus nachdrücklicher noch als dem gesprochenen Wort. Der Buchstabe gilt als defizitäres Korrelat von Abwesendem - was nicht zuletzt mit der tragenden Funktion zusammenhängt, welche frühe Schriftsysteme innerhalb des Totenkultes (zumal in Ägypten) spielten. Im Mittelpunkt des wohl berühmtesten Schriftursprungsmythos steht der ägyptische Gott Thot, der den Menschen Kultur und Schrift als Geschenke gebracht haben soll - nicht ohne sich nachträglich deren nutzbringender Verwendung zu versichern. Überliefert wird dieser Mythos unter anderem in Platons "Phaidros", allerdings nicht mit positiver Akzentuierung jenes Göttergeschenks Schrift, sondern als Ausdruck fundamentaler Skepsis gegenüber dem Prinzip der Schriftlichkeit schlechthin.[14] In der Platonischen Variante des Thot-Mythos werden die Schriftzeichen als starr und tot denunziert. Ihre wesentliche Leistung - Vergängliches zu fixieren - erscheint als Verfremdung des Fixierten, des Gedankens nämlich, für den doch gerade seine Dynamik konstitutiv sein sollte.[15] Das Prinzip der Mündlichkeit wird scheinbar, aber nur scheinbar, gegen das Prinzip der Schriftlichkeit ausgespielt. So eindeutig Platons Vorbehalte gegenüber der Schrift artikuliert werden: Sie werden in dem Medium, das sie kritisieren, und mit dessen spezifischen, nämlich literarischen Mitteln ausgedrückt. Gleichwohl bleibt der alte Vorbehalt, daß sich Schrift dort breit mache, wo das von ihr Bezeichnete abwesend sei, ja daß sie dieses in die Abwesenheit dränge, in der gesamten Geschichte des Mediums Schrift lebendig: Schrift erscheint selbst vielen Schrift-Stellern als "Nur"-Schrift, die Welt der Bücher als blasses Surrogat der wirklichen Welt.

Gerade der Buchstabe nun soll im "konkreten" Text kompensatorisch zu sich selbst erlöst werden. Entscheidend ist, daß aus der Sicht der Theoretiker konkreter Texte der "normale" Text jenen Anspruch offenbar nicht artikulieren kann, da er - als Text "über" etwas - die Differenz zwischen Signifikanten und Signifikaten bekräftigt, nicht überwindet. Der konkrete Text dagegen erhebt durch die Betonung seiner "Konkretheit" den Anspruch, die Spannung zwischen Gegenwart (der Schriftzeichen) und Abwesenheit (des

---

[14] Platon: Phaidros 275a (in: Platon: Sämtliche Werke. Bd. 4. Hg. von Walter F. Otto, Ernesto Grassi, Gert Plamböck. Hamburg 1958. S. 55. Übersetzung von Friedrich Schleiermacher).

[15] Die kommunikative Vermittlung von Sinn ist für Platon an den Dialog gebunden; Schriften aber betrachtet er nicht als dialogfähig. Der Versuch eines "Dialogs" mit Schriften wird im "Phaidros" als ein widersinniges Unterfangen dargestellt: "Du könntest glauben, sie sprächen, als verständen sie etwas, fragst du sie aber lernbegierig über das Gesagte, so bezeichnen sie doch stets ein und dasselbe." (Platon: Phaidros. S. 56). Fixierung von Inhalten führt also auch zu sinnloser Repetition. Im übrigen weiß die Schrift auch nicht, "zu wem sie reden soll und zu wem nicht". (Platon: Phaidros 275e. S. 56). Zu Platons Schriftkritik vgl. u. a. Wolfgang Wieland: Platons Schriftkritik und die Grenzen der Mitteilbarkeit. In: Volker Bohn (Hg.): Romantik. Literatur und Philosophie. Frankfurt 1987. S. 24ff.

Bezeichneten) einerseits zu überwinden, andererseits als überwundene bewußt zu machen. Damit wäre diese Spannung im konkreten Text in jenem mehrfachen Sinne aufgehoben, den Hegel betont hatte: erstens negiert, zweitens in Erinnerung gebracht und mithin konserviert, drittens aber auch sublimiert durch Reflexion.

Ist konkrete Dichtung Ausdruck des Versuches, eine Einheit von Signifikant und Signifikat zu schaffen oder zu einer solchen Einheit zurückzufinden, so steht dies in enger Beziehung zu jener Entdeckung der dinghaften Qualität von Wörtern. Jenem sprachkritischen Negativbefund unmöglicher Homologie zwischen Welt und Sprachwelt steht vielleicht auch hier einmal mehr die uralte Utopie einer Identität von Ding und Namen gegenüber, welche sich wie ein roter Faden durch die Geschichte der Sprach- und Dichtungstheorie zieht. In die Vorgeschichte konkreter Dichtung mit ihrer Leitidee vom Dingcharakter des Textgebildes gehört letztlich schon die Analogisierung von Realitätselementen und Elementarzeichen durch den gemeinsamen Begriff "stoicheia" in der griechischen Atomistik sowie die lange Geschichte der lettristischen Künste: Standen diese doch im Zeichen des Versuchs, analoge Formationen in Erfahrungs- und Buchstabenwelt zu entdecken oder zu konstruieren.[16] Zu den prominentesten Vertretern einer "lettristischen" Wahrnehmung der Erfahrungswelt selbst, gehört zweifellos Victor Hugo, der bei einer Alpenreise im Jahr 1839 Landschaftsformationen als Buchstaben "liest". In Anknüpfung daran deutet er die Lettern des Alphabets als die Grundformen aller Phänomene und leitet aus der statuierten Dinghaftigkeit von Lettern deren abstrakte Bedeutungvalenz ab.

> " (...) Habt ihr bemerkt, welch pittoresker Buchstabe das Y ist, und welche zahllosen Bedeutungen er hat? Der Baum ist ein Y; die Gabelung eines Weges ist ein Y; der Zusammenlauf zweier Flüsse ist ein Y; ein Esels- oder Ochsenkopf ist ein Y; ein Kelch mit seinem Fuß ist ein Y; eine Lilie auf ihrem Stiel ist ein Y; ein Flehender, der seine Arme zum Himmel streckt, ist ein Y. / Im übrigen läßt sich diese Beobachtung auf alle Elemente erweitern, aus denen unsere Schrift besteht. (...)"

---

[16] Vielfältige Materialien zur Geschichte der Lettristik liefert ja Massins Dokumentation: (Robert) Massin: Buchstabenbilder und Bildalphabete. Ravensburg 1970.

Die folgenden Analogisierungen von Lettern und Dingen sind ihrerseits nicht "buchstäblich" zu nehmen, sondern als Ausdruck einer programmatischen Gleichsetzung von Schrift und Welt.[17]

Auf den ersten Blick (und einzelnen programmatischen Deklarationen zufolge) eine aus allen historischen Zusammenhängen herausfallende Spielart der Literatur,[18] greift die konkrete Poesie

---

[17] "Alle Buchstaben sind zunächst Zeichen gewesen, und alle Zeichen waren zunächst Bilder. / Die menschliche Gesellschaft, die Welt, der Mensch selbst, alle sind sie im Alphabet enthalten. Baukunst, Astronomie, Philosophie, alle Wissenschaften haben hier ihren unsichtbaren, aber ganz realen Ursprung; und das muß so sein. Denn das Alphabet ist eine Quelle. / Das A ist das Dach, der Giebel mit seinem Querbalken, der Brückenbogen, arx, oder es ist die Umarmung zweier Freunde, die sich gleichzeitig die Hände schütteln; D ist der Rücken; B ist das D auf dem D, der Rücken auf dem Rücken; C ist die Mondsichel, der Mond; E ist das Fundament, die Brüstung, die Konsole und der Architrav, die ganze Baukunst bis zur Decke hinauf in einem einzigen Buchstaben; F ist der Galgen, die Gabel, furca; G ist das Horn; H ist die Fassade eines Gebäudes mit seinen zwei Türmen; I ist die Wurfmaschine, die ein Geschoß schleudert; J ist die Pflugschar und das Füllhorn; K ist der Ausfallswinkel gleich dem Einfallswinkel, einer der Schlüssel der Geometrie; L ist das Bein und der Fuß; M ist das Gebirge, oder es ist das Lager, Zelt neben Zelt; N ist die geschlossene Tür mit dem Querbalken; O ist die Sonne; P ist der stehende Packträger mit seiner Last auf dem Rücken; Q ist die Kruppe mit dem Schwanz; R ist die Ruhe, der Lastträger, der sich auf seinen Stock stützt; S ist die Schlange; T ist der Hammer; U ist die Urne; V ist die Vase (daher kommt es, daß man beide oft verwechselt); was das Y ist, habe ich schon gesagt; X ist das Kreuzen der Degen, der Kampf: Wer wird Sieger sein? Man weiß es nicht; deshalb haben die Hermetiker das X als Zeichen des Schicksals, und die Algebra hat es als Zeichen der unbekannten Größe; Z ist der Blitz, das ist Gott. / Also, zuerst das Haus des Menschen und seine Architektur, dann der Körper des Menschen, sein Bau und seine Mißbildungen; dann die Justiz, die Musik, die Kirche; der Krieg, die Ernte, die Geometrie; das Gebirge, das Nomadenleben, das Klosterleben; die Astronomie; die Arbeit und die Ruhe; das Pferd und die Schlange; der Hammer und die Urne, die umgedreht und zusammengefügt Glocke und Klöppel bilden; die Bäume, die Flüsse, die Wege; schließlich das Schicksal und Gott - das alles enthält das Alphabet." (Victor Hugo, zit. nach Massin: Buchstabenbilder und Bildalphabete. S. 86f.)

[18] Vgl. dazu: Siegfried J. Schmidt: 'Negation' und 'Konstitution' als Kategorien konkreter Dichtung. Darin vor allem Abschnitt 2: "'Negation' als Kategorie zur Beschreibung konkreter Dichtung". S. 395ff.

eine alte und gleichsam fundamentale regulative Idee des poetischen Schreibens auf, eben die einer Identität von Zeichen und Bezeichnetem. Damit besteht auch eine Verbindung konkreten Dichtens zu atavistischen Formen des Umgangs mit Sprachzeichen; erinnert sei an die magische Vorstellung einer Präsenz des Bezeichneten im Namen, welche letzteren zu einem Instrument der Beschwörung und Beherrschung werden ließ. Erinnert sei ferner an die utopische Idee von Gedichten, welche Elementares, ja die Bausteine der Erscheinungswelt selbst, zum Vor-Schein zu bringen vermöchten.[19] Konkrete Texte könnten im übrigen als spätzeitlicher Realisierungsversuch des Programms poetischer "Hieroglyphik" gelten, insofern sie als "Präsentationen", nicht als "Repräsentationen" verstanden sein wollen.[20]

Das "Abwesende" scheint nur auf den ersten Blick in der Welt konkreter Texte keine Rolle zu spielen, scheint aus ihr förmlich verbannt zu sein. Tatsächlich ist die Idee der Abwesenheit konstitutiv für das Selbstverständnis konkreter Texte. Insofern diese nicht Informationen "über" etwas sein wollen, nicht also Korrelate eines als abwesend zu denkenden Bezeichneten, definieren sie sich selbst über dessen Absenz. Ein Text kann nur insofern und in eben dem Maße als "konkret" (etwa im Sinne Kandinskys) betrachtet werden, als er den Gedanken an "Signifikate" provoziert, welche gerade *nicht* bezeichnet sind. Damit ist im Begriff der konkreten

---

[19] Daß deutliche Analogien zwischen konkreter Textgestaltung und barokker Figuraldichtung bestehen, überrascht daher nicht; gerade dem Barock ist die Konzeption einer Signaturenwelt geläufig, in welcher kein kategorialer Unterschied zwischen Dingen und Zeichen bestand. Den Elementen der Signaturenwelt korrespondierten die menschlichen Elementarzeichen. Hierauf spielt Franz Mon an, demzufolge es zu den wichtigsten Motiven konkreter Dichtung gehört, das "Elementare" der Sprache, der "bloßen und doch komplexen Vokabel" zu entdecken, ein "Urwortstadium" zur Erscheinung zu bringen. Mon erinnert an Justus Georg Schottel, der Einzelvokabeln zu seinem poetischen Material gemacht habe, und er beschreibt den Effekt dieses Verfahrens so: "Die Wörter waren Gehäuse der Dinge, jetzt sind sie eine neue Art von Dingen selbst (...)." (Mon: Texte über Texte. S. 9)

[20] Es ist wohl vor allem Ferdinand de Saussures Differenzierung zwischen Signifikant und Signifikat gewesen, welche erneut die Aufhebung der konstatierten Differenz provoziert hat. Diese semiologische Utopie wird jedoch stets überlagert vom magischen Traum einer Einheit von Zeichen und Ding.

Poesie die Spannung zwischen Präsenz und Absenz als das Fundamentalgesetz aller Bezeichnung doch impliziert - impliziert ist jedoch, wie gezeigt, auch der Versuch, diese Spannung aufzuheben, indem die Signifikate getilgt und die Schriftzeichen an ihre Stelle gesetzt werden. Wenn die konkrete Poesie aus der Abwesenheit der Signifikate aus dem Text die radikale Konsequenz zieht, freiwillig ganz auf diese zu verzichten, so verfährt sie analog zu Mallarmé: Auch bei diesem ging es ja um einen Verzicht aufs Ding als Möglichkeitsbedingung des reinen, des (zumindest im Hinblick auf die Faktizität) referenzlosen Wortes. Allerdings könnte genausowohl behauptet werden, daß konkrete Texte, als "Dinge" statt als Repräsentationen genommen, eine zweite "Realität" konstituieren, ohne daß generalisierend entscheidbar wäre, ob diese mit der aus dem Text verbannten außerliterarischen Dingwelt primär konkurriert oder ob sie diese ergänzt und erweitert. Jene Verdopplung der Welt hatte ja schon Wassily Kandinsky zum Charakteristikum "konkreter" Kunst erklärt.[21] Paradoxerweise ist es der Verzicht künstlerischer Gestaltung auf 'mimetischen' Charakter, auf 'Gegenständlichkeit', welcher die Artefakte nun an die Seite der Gegenstände selbst treten läßt.

Eine zweite Konsequenz aus dem im Begriff "konkreter" Dichtung sich manifestierenden Programm einer Identität von Signifikant und Signifikat ist die Aufhebung von Gattungsgrenzen zwischen den Artefakten selbst. Gattungsgrenzen sind Differenzierungen zwischen unterschiedlichen Formen der Repräsentation; wo hingegen nurmehr "präsentiert" wird, werden sie hinfällig. Ist der Text ein "Ding", ist das Bild gleichfalls ein "Ding", so mag auch zwischen Text und Bild ein Gleichheitszeichen gesetzt werden. Diese theoretisch ableitbare Grenzüberschreitung zwischen den künstlerischen Gattungen bestätigt sich bekanntlich in der gestalterischen Praxis. Konkrete Texte besitzen Bildqualitäten, sie wollen nicht nur gelesen, sondern auch gesehen werden.[22] Hier setzt die konkrete Poesie mit ihren Text-Bildern eine Tradition fort, in

---

[21] Vgl. Wassily Kandinsky: Essays über Kunst und Künstler. S. 225.
[22] Vgl. dazu Reinhard Döhl: Poesie zum Ansehen, Bilder zum Lesen? Notwendiger Vorbericht und Hinweise zum Problem der Mischformen im 20. Jahrhundert. In: Gestaltungsgeschichte und Gesellschaftsgeschichte. Literatur-, kunst- und musikwissenschaftliche Studien. In Zusammenarbeit mit Käte Hamburger hg. v. Helmut Kreuzer. Stuttgart 1969. S. 554ff.

welcher Mallarmé zum Initiator wurde, als deren Vertreter aber auch Apollinaire, die Futuristen, die Kubisten sowie eine Vielzahl von Text-Bildnern gelten können, die keiner "Bewegung" zu subsumieren sind.[23] Die Trennungslinie zwischen Bild und Sprachzeichen wird in der nach-mallarméschen Schrift-Kunst ebenso aufgehoben wie die zwischen Schrift und Plastik; Schriftskulpturen und Buchstaben-Architekturen gehören zum Umfeld "konkreter" Textgestaltung und stehen wie diese im Zeichen der programmatischen Idee, alles Lesbare sei immer auch als ein "Konkretum", alles "Konkrete" umgekehrt als ein "Legendum" betrachtbar.[24] Die Aufhebung von Gattungsgrenzen wird von einzelnen Theoretikern geradewegs zum konstitutiven Moment des "Konkreten" erklärt. Eine andere Grenze wird darüberhinaus vor allem durch die Collage überschritten und somit negiert: die Grenze nämlich zwischen künstlerischer und außerkünstlerischer Realität. Gegenständliches wird zum Bestandteil des Artefakts; der Betrachter überschreitet die Schwelle zwischen dem "Lesbaren" des künstlerischen Konstrukts und jenem Legendum, das die alltägliche Realität selbst bildet - er 'liest' beide Bereiche in mehr als einem Sinne 'zusammen'.[25] Jene Aufhebung der Gattungsgrenzen, so innovatorisch sie

---

[23] Vgl. dazu die wichtige Arbeit von Wolfgang Max Faust: Bilder werden Worte. München/Wien 1977. Faust macht deutlich, in welch hohem Maße die moderne Kunst insgesamt die Tendenz besitzt, die Übergänge zwischen Bild und Schrift zu verwischen. Viele Künstler "üben sich (...) im Erfinden von Bilderschriften und Hieroglyphen. Sie suchen eine Sprache der Zeichen, universal zu verstehen jenseits der natürlichen Sprachen. Das Bild bekommt Beziehung zur Bilder-Schrift, zum Ideogramm." (S. 16). - "Die Nähe des abstrakten Bildes zur 'Sprache' zeigt sich im zweiten Jahrzehnt dieses Jahrhunderts auch thematisch allenthalben. Kandinsky 'schreibt' seine Zeichen; Kurven und Linien verweisen auf den Gestus der Schrift. - Klee nimmt das Alphabet und das Kalligramm in seine Bilder auf." (S. 126) Insgesamt greifen die konkreten Autoren Ansätze auf, die bis zu den Anfängen abstrakter Kunst im frühen 20. Jahrhundert und weiter zurück bis auf Mallarmé verfolgbar sind.
[24] Vgl. den Katalog von Hans Schmidt: Schrift von Hans Schmidt. Obertshausen 1988.
[25] Vgl. Jürgen Wissmann: Collagen oder die Integration von Realität im Kunstwerk. In: Wolfgang Iser (Hg.): Immanente Ästhetik - Ästhetische Reflexion. Lyrik als Paradigma der Moderne [= Poetik und Hermeneutik II]. München 1966. S. 334. Hier weitere Literaturhinweise.

zunächst erscheinen mag, bindet die konkrete Kunst gerade in eine komplexe Tradition ein. Deutliche Beziehungen bestehen zur bis in die Antike zurückkreichenden Geschichte der Visualpoesie, aber auch zu synästhetischen Konzepten der Romantik und des Symbolismus.[26] Sogar als Antwort auf das romantische Postulat einer progressiven Universalpoesie mag die konkrete Kunst und Dichtung interpretiert werden - in mehr als einer Hinsicht übrigens.[27] Und noch eine Grenze wird durch die konkrete Dichtung in Frage gestellt: die Differenz zwischen Simultaneität und Sukzessivität. Text-Mobiles, "mobile" Texte halten Einzug in die Literatur - auch dies geschieht allerdings nicht plötzlich und voraussetzungslos -, so daß die Statik des Literarischen preisgegeben wird. Die Zeit, im Text von jeher 'aufgehoben', nimmt diese Aufhebung zurück und schließt nun ihrerseits das Text-Geschehen in sich ein.[28] Neben der im Begriff der "Konkretheit" implizierten Aufhebung der Differenz zwischen Signifikant und Signifikat, dem Anspruch auf einen "hieroglyphischen" Charakter der Poesie im skizzierten Sinn, ist

---

[26] Zu den historischen Voraussetzungen konkreter Dichtung vgl. u. a.: Jeremy Adler/Ulrich Ernst: Text als Figur. Visuelle Poesie von der Antike bis zur Moderne. Wolfenbüttel/Weinheim 1987. Zur Aufhebung von Gattungsgrenzen vgl. ferner die Überlegungen zum Thema "Kinetisches Wort und Bild" von Eino Ruutsalo in: Katalog Visuelle Poesie. S. 89: Eine "deutliche Trennungslinie zwischen Literatur und bildender Kunst" könne nicht gezogen werden, "denn beide gehen ineinander über und reichen in das Material der jeweils anderen Disziplin hinein". Auf die beiderseitige Inklination von Wort und Bild zur Annäherung aneinander weist Paul Raabe mit einem Zitat Erhard Kästners im Vorwort zu Adler/Ernst: Text als Figur, hin (S. 7). Der Hinweis auf zwei Bemerkungen des Novalis ist plausibel: "Nichts ist poetischer, als alle Übergänge und heterogene Mischungen". "Die Poesie im strengen Sinne scheint fast die Mittelkunst zwischen den bildenden und tönenden Künsten zu sein". (Vgl. Text als Figur. S. 34)

[27] Wäre der konkreten Kunst und Dichtung schon wegen der Aufhebung von Gattungsgrenzen ein solches universalisierendes Moment zuzusprechen, so um so mehr, als auch die Grenze zur außerkünstlerischen Realität ja verwischt wird, letztere damit also zumindest virtuellen Kunst-Charakter zugestanden bekommt. Auch die Überwindung von Sprachgrenzen gehört zur Programmatik konkreter Dichtung; vor allem Eugen Gomringer betrachtet Internationalität als ihr Charakteristikum.

[28] Vgl. dazu Monika Schmitz-Emans: Schrift als Aufhebung der Zeit. Zu Formen der Temporalreflexion in visueller Poesie und ihren spekulativen Voraussetzungen. In: arcadia 26. Heft 1 (1991). S. 1ff.

ein weiterer Grundzug für die konkrete Literatur (und Kunst) konstitutiv: ihr Interesse am Elementaren nämlich. Im Zeichen der Identifizierung von Zeichen und Konkretum werden sowohl die Elementarpartikel der semiotischen als auch die der realen Welt zu erkunden gesucht. Wegweisend ist hier wiederum Kandinsky, der in seinen kunsttheoretischen Schriften ausdrücklich die Frage nach elementaren Materialien und Prinzipien der Darstellung aufwirft und als "konkrete" Kunst diejenige bezeichnet, welche sich dem "Wesentlichen" zuwende.[29] Die Suche nach dem Elementaren der Sprach- und Wortwelt einerseits, der Dingwelt andererseits, sowie nach deren kombinatorischen Prinzipien verbindet die konkrete Poesie über Jahrhunderte zurück aber auch schon mit dem Programm einer ars characteristica und mit kabbalistischer Lettristik. Die Analogien zur Kabbalistik insbesondere liegen noch tiefer. Formuliert gerade letztere doch die Utopie einer Sprache, welche den Dingen homolog wäre, so daß alle Grenzen zwischen Sprachwelt und Realität, die Grenzen aber auch zwischen den Einzelsprachen hinfällig würden. Mit der Wiederentdeckung dieser Ursprache würden alle Übersetzungen hinfällig, und der Zeichenkundige hätte die Welt selbst durchschaut.[30] Wie unter anderem George Steiner betont, geht die Sprachutopie der Kabbalisten über die Idee einer wahrhaften Hieroglyphistik aber noch einen Schritt hinaus: Mit der Idee einer den Dingen gleichrangigen und gleichartigen Sprache verbindet sich bei ihnen die einer radikalen Emanzipation der Sprache von ihren Benutzern. Das Wort selbst, zum Ding geworden, stünde den Intentionen eines menschlichen Subjekts, das ihm 'seine' Bedeutung aufzuzwingen versuchte, indifferent, ja abweisend gegenüber - es bedeutete, ganz der Theorie "konkreter" Dichtung entsprechend, nur noch "sich selbst".[31] Die 'reine' Spra-

---

[29] Vgl. etwa Wassily Kandinsky: Über das Geistige in der Kunst. Mit einer Einf. v. Max Bill. Bern, 4. Aufl. 1952. S. 13.

[30] Vgl. George Steiner: Nach Babel. Aspekte der Sprache und der Übersetzung. Deutsch von Monika Plessner unter Mitw. v. Henriette Beese. Frankfurt 1981. S. 435.

[31] Vgl. Steiner: Nach Babel. S. 435: "(...) die Kabbala (...) bewahrt die Erinnerung an eine sicherlich von ketzerischen Träumern angestellte Vermutung, daß dereinst ein Tag kommen wird, an dem Übersetzen nicht nur überflüssig, sondern unvorstellbar ist. An diesem Tag erheben sich die Wörter gegen den Menschen. Sie befreien sich aus der Sklaverei der Bedeu-

che, die 'reine' Schrift wäre kein Instrument, sie wäre frei von Funktionen "für" etwas und jemanden, sie wäre ganz konkret. Nur eine *Sprache,* eine *Schrift* wäre sie eben nicht mehr, sondern ein Konglomerat "lebloser Steine"; "konkrete Dichtung" in diesem radikalen Sinn kann es nicht geben. Als gänzlich ideal zu denkende Umsetzung einer regulativen Idee ist sie selbst aus der Welt der Texte abwesend.

Konkrete Kunst als Schriftkunst

Aus der programmatischen Idee einer Identität von Signifikant und Signifikat bzw. einer radikalen Verbannung externer Signifikate leitet sich das Interesse konkreter Dichtung und Kunst an den Zeichensubstraten, an der physisch-sinnlichen Dimension von Zeichen, ab. Konkretes Dichten sei, so hieß es, durch seine Inklination zum Elementaren charakterisiert; elementar nun sind für jeglichen Text vor allem die Schriftzeichen, die Lettern und sonstigen typographischen Formen. Konkrete Texte erkunden, insofern sie schriftlich verfaßt sind, die Spielregeln der Schrift selbst. Schon Wassily Kandinsky hatte über zwei divergente Einstellungen zur Schrift gesprochen: Die eine sieht in den Lettern bloße Vehikel, die um der Lesbarkeit eines Inhalts willen möglichst unauffällig bleiben müssen; die andere wendet sich der Phänomenalität des schriftlich Gestalteten zu. Diese Alternative formuliert Kandinsky mit seinem Vorschlag, die Buchstaben einerseits als "abstrakte Form", andererseits als Gebilde aus Linien wahrzunehmen.

> "Wenn der Leser irgend einen Buchstaben dieser Zeilen mit ungewohnten Augen anschaut, das heißt nicht als ein gewohntes Zeichen eines Teiles eines Wortes, sondern erst als Ding, so sieht er in diesem Buchstaben außer der praktisch-zweckmäßig vom Menschen geschaffenen abstrakten Form, die eine ständige Bezeichnung eines bestimmten Lautes ist, noch eine körperliche Form, die ganz selbständig einen bestimmten äußeren und inneren Eindruck macht, das heißt unabhängig von der eben erwähnten abstrakten Form."[32]

---

tung. Sie 'werden nur sie selbst sein, und wie leblose Steine in unserem Mund'."

[32] Kandinsky: Essays über Kunst und Künstler. S. 29. Vgl. auch S. 30.

Paul Valéry betont analog, daß das Sehen und das Lesen von Schrift unterschiedliche Vorgänge seien; die Lesbarkeit eines Textes verhalte sich umgekehrt proportional zu seiner Inklination, als "Konkretum" wahrgenommen zu werden.[33] Denn der Lesende nehme, so Valérys Argument, an einem Text primär diskrete Einheiten wahr, während der Betrachter den typographischen Zusammenhang als Ganzheit erfahre, als eigenwertiges "architektonisches" Konstrukt. Kandinsky nun skizziert auch die Strategie, mittels derer aus einem Legendum ein Konkretum, aus einem Lesbaren ein - zunächst - Unlesbares wird, und er zeichnet der späteren konkreten Dichtung damit einen wichtigen Weg vor: Es gilt, die geläufigen Schriftzeichen und Schreibweisen zu verfremden.[34] Um ein Geringfügiges deformiert, machen diese auf sich aufmerksam, vorausgesetzt, der Betrachter läßt sich auf derlei verselbständigte Zeichen ein. In seinem Aufsatz über "Schrift als Sprache" erörtert auch Franz Mon unterschiedliche Einstellungen zur Schrift. Der üblichen Gleichgültigkeit des zeitgenössischen Lesers gegenüber den Lettern, Folge einer Bewertung der Schrift als bloß sekundäres Bezeichnungssystem, habe in anderen Kulturen eine Hochschätzung der Schrift gegenübergestanden, welche gerade deren konkreten Erscheinungsformen Aufmerksamkeit zukommen ließ.[35] Ent-

---

[33] Valérys Überlegungen betreffen nicht die einzelnen Lettern, sondern den Text als komplexes Gebilde, zielen aber auf eine analoge Differenzierung ab wie die Kandinskys. Vgl. Valéry: Die beiden Dinge, die den Wert eines Buches ausmachen. In: Paul Valéry: Über Kunst. Essays. Frankfurt 1959. S. 15ff.

[34] Kandinsky: Essays über Kunst und Künstler. S. 31f.

[35] Franz Mon: Schrift als Sprache. In: Texte über Texte. S. 48ff. Schrift als Monument, Schrift als Produkt langwieriger und mühsamer Arbeit erfuhr laut Mon eine Wertschätzung, wie sie der moderne Konsumgegenstand Schrift nicht mehr besitzt. - "(...) die Schriftform", so Mon über die fragwürdige Ökonomie des Lesens, "tut ihren Dienst am besten, die sich selbst so wenig wie möglich ins Auge drängt, die vollständig in ihrer Mitteilung verschwindet. Die Gewohnheit, die Schrift unbesehen in ihrer Funktion verschwinden zu lassen, zufrieden, daß man ihren Sinn erfaßt hat, ist keineswegs selbstverständlich. Früheren Geschlechtern war es im Gegenteil viel selbstverständlicher, auf einer Buchseite verweilend zu lesen, die dem [sic] schreibenden Mönch vielleicht Wochen minutiöser Feder- und Pinselarbeit gekostet hatte. Die monumentalen altägyptischen Hieroglyphen, die dem Granit abgefordert werden mußten, sollten gerade nicht beim Lesen ver-

scheidend dafür, daß Schrift einst die Betrachtung auf sich zog, ist laut Mon ihre ursprüngliche Bildhaftigkeit gewesen. Eine Erkundung der Schrift hätte darum vor allem deren virtuelle Bildhaftigkeit zu betreffen. Hier ergäbe sich neben verfremdender Deformation eine zweite Strategie zur Zentrierung der Wahrnehmung auf das Schriftzeichen selbst: dessen Annäherung ans Piktogramm und an außerschriftliche visuelle Strukturen. Letztlich enthüllt sich auch Mons historisierende Erörterung als Skizze eines in die Zukunft projizierten poetologischen Programms: der Idee einer 'hieroglyphischen' Darstellung nämlich, welche den Abgrund zwischen Signifikat und Signifikant zu schließen vermöchte. Mit der Spekulation über die piktographischen Ursprünge der Schriftzeichen geht es in verschlüsselter Form um die Frage, wie jene "Konkretheit" der Zeichen für die Dichtung zurückgewinnbar wäre, welche die Schrift angeblich einst besaß - wie dieser also das Odium bloßer Repräsentation genommen werden könnte.[36] Es entspricht einer analogen Intention, wenn Dick Higgins die Vorstöße konkreter Dichtung als eine "Befreiung" des Alphabets auslegt - gemeint ist wiederum die Befreiung vom defizitären Status bloßer Repräsentanten, die Beförderung zum "Ding".[37] Und, natürlich, die Befreiung von typographischen Konventionen. Die Präsenz der Schriftzeichen und Texte wird nun dem Betrachter umso bewußter, je auffälliger diese selbst sind. Dem dient vor allem die Strategie der Verfremdung und sogar der Zerstörung von Schrift, der oft gewaltsamen Verwandlung oder der Lösung aus gewohnten Zusammenhängen. Gerade hinter solch scheinbar aggressiver Behandlung von Zeichen - wie hinter scheinbar belanglosen Spielereien mit ihnen - steckt die Utopie reiner und bewußt erfahrener Gegenwart.

---

schwinden, sondern mit ihrer ganzen Gestalt wahrgenommen werden (...). Unsere Schrift hat den Bildcharakter, der das Auge zum Betrachten anhielt, längst verloren." (S. 48)

[36] Vgl. Mon: Schrift als Sprache. S. 50.

[37] Vgl. Dick Higgins: Visual Poetry, Today and in my own eyes. In: Katalog Visuelle Poesie. S. 22f.

Der abwesende Autor

Wie die Überlegungen zum Programm einer "konkreten" im Sinne von referenzlosen Sprache gezeigt haben, bewegt sich die Untersuchung konkreter Dichtung notwendigerweise in einem Spannungsfeld: dem zwischen einer regulativen Idee nämlich und jenen tatsächlich realisierten Beispielen konkreter Dichtung, deren Zeichen - schon weil sie Sprach- und Schriftzeichen sind - niemals "reine" Konkreta sein können. Eine analoge Spannung besteht im Hinblick auf die Frage nach dem, der spricht bzw. schreibt - nach dem Autor. Mit der bis in die kabbalistische Sprachspekulation zurückverfolgbaren Idee einer von menschlichem Bezeichnungs- und Ausdruckswillen befreiten Sprache gerät ein weiteres Charakteristikum konkreter Dichtung in den Blick, das ihr Selbstverständnis weitgehend prägt: Der Autor, verstanden als der individuelle Urheber des Textes, tritt hinter diesen weitgehend zurück. Demnach könnte der Autor hier mit besonderem Recht als Abwesender gelten; die Wörter, nicht mehr seine Ausdrucksvehikel, sprächen nicht von ihm, nicht über ihn, sondern entfalteten ihren Eigensinn. Schon Novalis hatte in seinem "Monolog" das Konzept eines Sprechens umrissen, dessen Urheberschaft bei der Sprache selbst läge und für welches das sprechende "Ich" eine nur mediale Funktion besäße. Die Sprache spräche sich demnach, wo immer etwas 'zu Wort' käme, zunächst einmal selbst aus, sie unterliefe jeden Eigen-Sinn des Benutzers, um ihren sprachimmanenten Sinn zu entfalten.[38] Zwischen dieser Vorstellung einer Eigendynamik der Sprache, welche jedem besonderen Ausdruckswillen über- oder vorgeordnet wäre, und dem Selbstverständnis konkreter Dichtung bestehen auffällige Analogien. Insofern der durch das poetische Gebilde unterlaufene Bezeichnungs- und Ausdruckswille eines Sprechers ein jeweils individueller Wille ist, stünde gerade konkrete Dichtung, verstanden als ein Sich-Aussprechen der Sprache selbst, der Manifestation von Individualität im Text entgegen - wie auch im-

---

[38] Novalis: Monolog. In: Schriften (= Die Werke Friedrich von Hardenbergs). Bd. 2 (= Das philosophische Werk I). Hg. v. Richard Samuel in Zusammenarbeit mit Hans-Joachim Mähl und Gerhard Schulz. Darmstadt 1965. S. 672f.

mer dieser Befund bewertet würde. Denn er ist ambivalent: Einerseits könnte die "konkrete" Selbstmanifestation der Sprache (sie erfolgt gleichsam über den Kopf des Dichters hinweg, von dessen Individualität konkrete Texte in der Regel nichts verraten), die 'Anonymität' konkreter Dichtungen also, als eine Chance begriffen werden, mit und aus der Sprache eine Wahrheit freizusetzen, welche an die Besonderheit des Autor-Subjekts, an sein Wissen, seine Kenntnisse, sein Wollen nicht gebunden ist. Andererseits schiene eine 'anonyme', das Individuelle suspendierende Dichtung Erscheinungsform und Erfüllungsgehilfin eines problematischen historischen Trends zu sein: Wäre sie doch deutbar als Nach- oder gar Vorahmung jener Tilgung des Individuellen aus dem Reich der selbstgenügsamen Zeichen, die selbst wieder nur Nach- oder Vorahmung einer radikalen Liquidierung des Individuums selbst ist. Bei allen Vorbehalten, die aus solcher Perspektive einem sich als 'anonym' begreifenden dichterischen Gebilde entgegengebracht werden: Auch die Kritiker einschlägiger konkreter Experimente begreifen diese Anonymität als Reaktion darauf, daß in der Moderne die Idee der Individualität fragwürdig geworden ist und das Gedicht nicht mehr naiv als deren Artikulation begriffen werden kann und will.

Ist es für die moderne Poesie in besonderem Maße konstitutiv, den Autor als Person auszuklammern, ihn hinter den Text zurücktreten zu lassen, so kann doch selten eindeutig entschieden werden, in welcher Intention dies geschieht. Gilt es, eine Anonymität des Sprechens zu zelebrieren, welche der Allgemeinheit des Zeichenreservoirs Sprache korrespondiert und dem persönlichen Ausdrucks- und Mitteilungswillen keinen Raum läßt? Gilt es gar, mittels der ent-individualisierten Rede die Individualität selbst als trügerisches ideologisches Konstrukt zu entlarven, sollen die anonymen Texte die Demontage dieses Konstrukts illustrieren und affirmieren? Oder tritt vielmehr das Individuum darum hinter den Text zurück, klammert sich der Autor darum aus seiner eigenen Artikulation aus, damit das Absente als Absentes um so nachdrücklicher erinnerbar bleibe - Konsequenz der Einsicht, daß keine noch so lautstark von sich sprechende Individualität solchen Eindruck hinterläßt wie das zur Leerstelle gewordene Ich, nach dem der Leser und Betrachter neugierig und vergeblich sucht? Sei der "Autor" nun eine funktionslos gewordene und darum getilgte Instanz oder eine im anonymen Text bewußt ausgesparte Leerstelle: Dem Selbstverständnis konkreter Dichtung gemäß muß als der Protagonist des poetischen Geschehens jedenfalls kein individuelles Ich, sondern der Text selbst gelten.[39]

Konkrete Texte wollen nichts "anderes" als sich selbst darstellen - sie suchen keinen "Grund" in einer ihrer Phänomenalität transzendenten Bedeutung. Indem sie sich ausdrücklich nicht als "Übersetzung" von Faktischem in Sprache begreifen, tragen sie allerdings zugleich dem allgemeineren und auch andere Textformen betreffenden Befund Rechnung, daß es an den Dingen im Grunde ohnehin nichts zu "übersetzen" gibt, weil ihnen kein Sinn zukommt, keine dem Buchstäblichen transzendente Bedeutung aus ihnen abgelesen werden kann. Anders gesagt: Indem der konkrete Text auf seiner urtextlosen "Konkretheit" besteht, provoziert er zu der These, kein Text dürfe sich je als Transkription bedeutungshaltiger Realität begreifen.

Poesie der Fläche

Die Textfläche spielt in der konkreten Dichtung als kompositorisches Moment eine maßgebliche Rolle. Hierauf hat vor allem Franz Mon in seinen Bemerkungen über die "poesie der fläche" (zweifellos ein bewußt doppeldeutiger Titel, lesbar als "Poesie auf der Fläche" wie als "Poesie", welche der Fläche selbst zuzugestehen wäre), über die "texte in den zwischenräumen" und über "buchstabenkonstellationen" hingewiesen.[40] Der konkrete Text sei von der Fläche her zu "denken", so heißt es in Mons Aufsatz, und letztere sei so wichtig wie die auf sie gesetzten Zeichen selbst; es gelte

---

[39] Daß diese These auch auf andere als explizit "konkrete" Texte beziehbar ist, sei als selbstverständlich angemerkt; sie entspricht ja keinem phänomenologischen Befund, sondern einer Betrachtungsweise des Textes. Die "konkreten" Texte stellen sich hier nur als offenkundige Paradigmen dar, sie haben hinsichtlich der Aussparung eines Sprechers wie hinsichtlich der erstrebten Einheit von Zeichen und Bezeichnetem geradezu 'didaktisch'-illustrativen Charakter.

[40] Franz Mon: zur poesie der fläche - texte in den zwischenräumen - buchstabenkonstellationen. In: Eugen Gomringer (Hg.): konkrete poesie. S. 167ff.

daher, "das positive zeichen in einheit mit dem negativen leerraum zu sehen, ihren möglichen beziehungen nachzugehen".[41] Die Fläche exponiert sich erneut als Grund im mehrfachen Sinn: als physische Grundlage der Schrift, als Ansporn zur Beschriftung, aber auch als Grund der Lektüre, nämlich als das, was der Leser übersetzend sich erschließen muß, wenn über Abstände hinweg Kontexte sich bilden sollen. Vorbereitet wurde diese Auffassung der Fläche, wie gezeigt, vor allem durch Mallarmé und durch Kandinsky.[42] Als ein wichtiger Grund für die Orientierung konkreter Poesie am Paradigma bildender Kunst erweist sich die Signifikanz der Fläche in visuellen Darstellungen.[43] Der Schriftgrund wird dabei in doppelter Hinsicht zum Bedeutungsträger, zum Träger deutbarer Zeichen, aber auch zum eigenwertigen Gegenstand der 'Lek-

[41] konkrete poesie. S. 174. Vgl. auch S. 168: "die fläche nötigt (...) dazu, den text auch von ihr her zu denken (...)." Ferner S. 173: "die fläche ist (...) so wichtig wie das auf ihr erscheinende zeichen [.] sie ist nicht nur dessen bedingung sondern enthält seine gestik also das was es bemerkenswert macht der leerraum die entfernungen die positionen der buchstaben sind ebenso wesentlich wie diese selbst das auge lernt in jeder richtung zu lesen das positive zeichen in einheit mit dem negativen leerraum zu sehen (...)". In der Lyrik sei, so stellt Mon allerdings zu Recht fest, die Fläche als Textgrund nie völlig insignifikant gewesen. (konkrete poesie. S. 167)

[42] Mon beruft sich auf Mallarmé, durch den "die fläche als konstitutives element des textes" in die Literatur zurückgekehrt sei." (konkrete poesie. S. 167) Zum Thema leere Fläche vgl. bei Kandinsky insbesondere: "Zur leeren Leinwand". In: Punkt und Linie zu Fläche. Bern, 4. Aufl. 1959. Ferner: "Die kahle Wand" und "Leere Leinwand undsoweiter". In: Essays über Kunst und Künstler. Bern, 3. Aufl. 1973. Mon spielt mit folgender Bemerkung auf Kandinskys Konzept der leeren Leinwand an: "Und sei es nur die 'leere Leinwand', immer ist schon ein wahrgenommener Kontext da, der in den entstehenden miteingeht (...)." (Texte über Texte. S. 18)

[43] Vgl. Mon: zur poesie der fläche. In: konkrete poesie. S. 167: "wir sind es selbstverständlich gewohnt, bei der betrachtung eines bildes die negativformen der figuren so wichtig zu nehmen wie diese selbst, also die gegliederte fläche als ganzes zu 'lesen'." Als Ursache dafür, daß in der Poesie die Fläche vernachlässigt wurde, betrachtet Mon die Auffassung, die Schrift sei bloßes Derivat der Lautsprache. "wie die fläche dem text äußerlich ist, ist ihm die schrift sekundär. daß sie einmal bildhafter natur war und ihre bildcharaktere vielleicht über die lautsprache hinausgehende bedeutungen vermittelten, ist vergessen. unsere schrift ist zur bloßen funktion des lautes, also eines zeitlich dimensionierten, geworden. dennoch besteht die potenz einer räumlich statt zeitlich artikulierten schrift-sprache." (S. 167)

türe'. Das Interesse konkreter Dichtung an der Fläche ist nun nicht bloß kompositorisch motiviert, sondern besitzt auch metaphorische Valenz. Der konkrete Text, so hieß es, verstehe sich nicht als Repräsentant (oder gar als "Darstellung") von "etwas", sondern er wolle nur er selbst sein. Gerade dieses Selbstverständnis aber ist ambivalent. Denn das literarische Artefakt erklärt sich hier einerseits dezidiert zur freien Konstruktion, was auch heißt: zur Konstruktion in einem freien Raum. Andererseits ist es dadurch mit seiner eigenen Grundlosigkeit konfrontiert. Durch keinen Bezug auf ein externes Signifikat mehr begründet, ist der konkrete Text unabgesichert, unlegitimiert. Hat ein Textbild, das "über nichts" spricht, einen Ursprung, hat es einen Zweck? Hier - und nicht in den meist überschätzten Konventionsbrüchen dieser zeitgenössischen Erscheinungsform des Poetischen - dürfte die tiefere Ursache für viele Vorbehalte auf seiten von Kritik und Publikum gelegen haben. Jener Begründungnotstand nun kann und soll auch nicht aufgehoben werden, denn der Versuch einer Begründung von Kunst wäre ideologisch; jenes Dilemma kann aber reflektorisch ins künstlerische Medium hineingenommen werden. Dazu bedarf es einer Chiffre poetischer Grundlosigkeit - und diese nun ist die leere, von eingeschriebenen Zeichen konterkarierte Fläche. Durch deren nachdrücklichen Einbezug ins Artefakt behauptet dieses seinen eigenen Setzungscharakter und bekennt sich zum Status einer nicht nur im physischen Sinne 'frei' schwebenden Buchstabenarchitektur. Der Prozeß poetischer Konstruktion steht in der unaufhebbaren Spannung zwischen ersehnter Freiheit der Gestaltung und einem irritierenden Wissen um die eigene Bodenlosigkeit. Franz Mon hat die Fläche in diesem Sinne als Metapher der Grundlosigkeit charakterisiert; der poetische Text besitze, anders als der zweckgebundene Gebrauchstext, keine bedingenden "Voraussetzungen".[44]

Doch die leerbleibende Fläche leistet noch mehr: Sie ist deutbar als Metapher jeglichen Widerstandes, welcher der Schrift sich entgegenstellt. Konkrete Dichtung begreift sich selbst nicht zuletzt als Geschehen, als eine dramatische Aktion zwischen der Schrift und

---

[44] Vgl. Mon: zur poesie der fläche. In: konkrete poesie. S. 168: "das gedicht tritt aus dem voraussetzungslosen hervor; es ist sein eigener grund oder es ist nicht gedicht (...)."

den ihr antagonistischen Instanzen. Schreiben wäre demnach zu charakterisieren als Erkundung von Widerständen, als exemplarische Entfaltung einer Energie, die sich vor allem gegen die Leere richtet. So hatte es Walter Höllerer gesehen, und so sieht es auch Franz Mon, der die Fläche expliziter noch als "Negation" des Textes bezeichnet.[45] Durch den bewußten Einbezug der Schriftfläche ins Artefakt reflektiert konkrete Dichtung damit am Paradigma der "gesetzten" Zeichen über das dialektische Wechselspiel von Position und Negation. Dieses wird begreifbar als konstitutiv für jeglichen "Sinn", ja als konstitutiv für die deutbaren Phänomene (die sichtbaren Zeichen) selbst. Bezogen auf Texte bedeutet dies: Alles Lesbare steht im Widerstreit zum Nichtlesbaren, alle Schrift im Widerstreit zur absenten Schrift. Gestaltung und mögliche Bedeutung von Texten beruhen auf Abgrenzungen: gegen das Nichtgestaltete eines leeren "Grundes", gegen die Absenz von Sinn. Der Text in seiner Abgrenzung gegen die ihm zugrundeliegende und doch auch antagonistische Fläche ist dabei zugleich Paradigma aller Setzung, aller "Position". Jegliche intentionale Konstruktion, so weiß derjenige, welcher Zeichen auf eine leere Fläche setzt, richtet sich "gegen" ihre Negation, welche zugleich ihren eigenen Grund darstellt. Die Leere als Grund aller Setzung wird übrigens erst durch diese zum möglichen Gegenstand der Erkenntnis - so wie ja ein Blatt erst durch die Lettern zum Schrift-Grund wird.[46]

---

[45] Vgl. zunächst Walter Höllerer: Movens und Parabel. In: movens. Dokumente und Analysen zur Dichtung, bildenden Kunst, Musik, Architektur. Hg. v. Franz Mon, Walter Höllerer, Manfred de la Motte. Wiesbaden 1960. S. 103: "Wer die Feder ansetzt oder den Bogen einspannt, spürt den Widerstand, der sich ihm entgegensetzt. Ist es der Widerstand des bereits Formulierten, das sich zwischen die Schreibenden und einen festen oder aufdämmernden Horizont, den er ansteuert drängt? (...) Energie des Anfangens und sich aufladende Energie des Fortgangs frißt sich gegen die Leere vor. (...)." - Ferner: Franz Mon: zur poesie der fläche. In: konkrete poesie. S. 168: "(...) die fläche ist seine [= des Gedichtes] negation, an der sich die positivität seiner setzungen zu beweisen vermag. das gedicht besteht nicht ohne die isolation der leeren fläche, dieses aus allen zusammenhängen geschnittenen spielraums, wenngleich es ihn mit der setzung des ersten wortes desavouiert und vergessen macht."

[46] Vgl. Franz Mon: zur poesie der fläche. In: konkrete poesie. S. 168: "die kleinste erscheinende textpartikel macht die fläche zum textgrund (...) die fläche wird dabei selbst zur textkonstituante (...)."

Poesie der Fläche ist vorzugsweise eine Poesie der Zwischenräume; in den Zwischenräumen der Schriftzüge scheint deren Flä-
chengrund durch. Dies ist die entscheidende Ursache dafür, daß
Destruktion und Fragmentierung bei der Entstehung konkreter
Textgebilde zu wichtigen Strategien werden: Es gilt, etwas sichtbar werden zu lassen, das sich der Schrift widersetzlich verhält
und subversiv geläufige Kontexte aufbricht - "von unten her".[47]
Die Welt des Lesbaren, so zeigt sich damit paradigmatisch, bildet
kein - oder doch kein beständiges - Kontinuum; sie unterliegt per-
manenter Gefährdung durch die Subversion des 'Anderen'. Gegenwärtiges droht der Abwesenheit zu verfallen, Schrift droht auf-
gesogen zu werden durch ihr verborgenes Korrelat. Viele konkrete
Texte wirken wie das Resultat der Demontage ursprünglicher Zusammenhänge, wie Zersetzungsprodukte; das Interesse an "Zwischenräumen" kommt hier dem oben erwähnten motivierenden Interesse konkreter Kunst und Dichtung am "Elementaren" entgegen.
Der Zwischenraum - in seiner Manifestation als Spatium, als Falte, Einschnitt oder Riß im Lesbaren - kann zum förmlichen Zentrum des Textes werden.[48] Weiße Fläche, "fehlende" Textabschnitte oder Lettern, abbrechende oder verdeckte Schriftzüge, zer-
brochene Zeichen und eingeschwärzte Passagen: Sie ziehen den
Blick auf sich und bewirken damit ein Doppeltes: Sie machen den
Text "gegenwärtiger" und sie betonen seine Korrelation zur "Abwesenheit".

---

[47] Vgl. Franz Mon: texte in den zwischenräumen. In: konkrete poesie. S.
172f.: "in der neugier auf die 'zwischenräume' sind bei den texten, die den
'plakattexten' zum material gedient haben, die geläufigen bedeutungen und
die eingefleischte syntax aufgedröselt: eine neugier, die aufs ganze geht,
nicht nur auf die fragmentierung der lettern und ihre neugruppierung entlang einer schnittlinie, auch auf das verhalten des papieres, das hervortreten
etwa der papierfaser in und zwischen den angerissenen buchstaben, das
entblößen der bedeckten fläche."

[48] Zur Signifikanz solcher Bruchlinien vgl. wiederum Mon: texte in den
zwischenräumen. In: konkrete poesie. S. 173: "ist die vereinbarung, schrift
sofort in lautung und diese in bedeutung verschwinden zu lassen, erst einmal außer kurs gesetzt, gerät alles in den sog der sich neubildenden gefüge:
eine falte oder ein riß gewinnt plötzlich in der verquickung mit fragmentier-
ten lettern den wert einer interpunktion, schnittlinien verbinden einander
bisher fremde zeichen zu zentauren, sie üben wie der raum und die zwischenräume selbst syntaktische funktionen aus."

Diese Zentrierung auf das Lese-Hindernis besitzt in mehr als einer Hinsicht programmatische Bedeutung: Der nicht oder schwer lesbare Text muß vor allem eigen-sinnig erscheinen. Indem der Kontinuitätsbruch zum organisierenden Prinzip des Textes wird, lehnt letzterer sich auf gegen seine Funktionalisierung als bloßes Bezeichnungsinstrument zweiten Grades, wie sie in der Forderung nach widerstandsloser Lesbarkeit impliziert ist. Demnach behauptet die Schrift ihre Eigenwertigkeit als "Konkretum" gerade als zerstörte Schrift - dadurch also, daß sie Freiräume ihrer eigenen Negation durch die Fläche zuläßt. Sie befreit sich von ihrer bloß medialen Rolle, indem sie sich selbst an Schnittstellen, Bruchkanten und Rißlinien zurücknimmt.

Doch nicht nur die physischen Grenzen der Schrift sind es, welche auf deren Konkretheit *als* Schrift, auf deren Eigen-Sinn, oft erst aufmerksam werden lassen, sondern auch die Grenzen ihrer Verständlichkeit. So sieht es zumindest Franz Mon, demzufolge der visuelle Charakter von Schriftzeichen in eben dem Maße in den Vordergrund tritt, als diese unlesbar, oder doch wenigstens rätselhaft und unkonventionell erscheinen.[49] Kein Text vermöchte wohl ein deutlicheres Modell jenes Antagonismus von Text und Fläche als Manifestation eines dialektischen Wechselspiels von Position und Negation zu liefern als Gomringers Konstellation über "das schwarze geheimnis".[50] Nimmt man den Text "buchstäblich", so liegt sein Geheimnis in seiner Mitte. Konkreter Programmatik gemäß sind Medium und Botschaft identisch: Das vom Text verratene Geheimnis besteht eben darin, daß sein Geheimnis in der Mitte liegt. Ein "schwarzes" [!] Geheimnis stellt aber auch die lesbare Schrift selbst insofern dar, als sie dem weißen Geheimnis der leeren Mitte Kontur gibt und auf es verweist. Diese Konstellation

---

[49] Vgl. Mon: zur poesie der fläche. In: konkrete poesie. S. 167: jene "potenz einer räumlich statt zeitlich artikulierten schrift-sprache" dringe dann durch, "wenn die konventionelle und gesellschaftlich sanktionierte sprache an ihre grenze gerät oder aus irgendeinem grunde nicht benutzt werden kann."

[50] Dieser Text ist u. a. abgebildet in Gomringers eigener Anthologie "konkrete poesie". S. 60. Vgl. zu diesem Text auch: Helmut Hartwig: Schrift und Nichtschrift - kritische Notizen zur Konkreten Dichtung. In: Sprache im technischen Zeitalter 15/1965. Sonderheft: Texttheorie und konkrete Dichtung. S. 1228ff.

besitzt programmatische Bedeutung als Modell des Textes schlechthin, wie ihn die Poetik konkreter Dichtung begreift: Das Lesbare verweist auf sein Widerspiel als auf jenen "Grund", der es trägt, den es zwar nicht affirmativ zu bezeichnen vermag, dem es aber umschreibend Gestalt verleiht. Durch diesen Umgrenzungscharakter partizipiert auch das schwarz auf weiß Geschriebene am Geheimnis der freien Mitte.

Analog angelegt ist etwa das Gedicht "gespräch" von Ernst Jandl, das zwar davon spricht, daß, nicht aber berichtet, was da jeweils gefragt und geantwortet wird: jenes "Gespräch", das der Titel verheißt, wird zum "Geheimnis" dieses Textes. Gerade indem er verschwiegen wird, gewinnt der vom Lesbaren ausgesparte Text eine Signifikanz, die das Lesbare selbst nicht besitzt. Keinesfalls ironisch zu verstehen ist darum Jandls Selbstkommentar zu "gespräch": "Die Aussparung des Gesagten ist ein Hinweis auf dessen eminente Wichtigkeit".[51] Einen Schritt über Gomringer hinaus, der dem von der lesbaren Schrift Ausgesparten keine weitere Bestimmung zukommen läßt (die Rede von einem "Geheimnis" entspricht vielmehr dem Verzicht auf jegliche Bestimmung), über Mon hinaus auch, der die "Fläche" als Antagonistin der Schrift namhaft macht, tut Jandl gleichwohl. Und zwar, indem er durch den Titel "gespräch" sowie durch die einrahmenden lesbaren Zeilen - Zeilen über den Vorgang des Fragens und Antwortens - die Aussparung eines Textes suggeriert. Während also bei Gomringer und Mon das Amorphe einer Fläche durch Schrift umgrenzt wird (ein weiteres Beispiel dafür bietet Gomringers Text-Bild "nur kontur"),[52] kommt es bei Jandl zum Dialog zwischen einem schwarzen (lesbaren) und einem weißen (unlesbaren) Text. Etwas, das gesagt wird, ist als "abwesend" gedacht: Insofern spricht der Text eine Sprache der Abwesenheit. Die "Nicht-Schrift", die absente Schrift, wäre als "Gegenschrift" auszulegen - als negativer Verweis auf etwas, das sich der positiven Artikulation und Beschreibung entzieht.[53] Deut-

---

[51] Ernst Jandl: Das Öffnen und Schließen des Mundes. Frankfurter Poetik-Vorlesungen. Darmstadt/Neuwied 1985. S. 58. Hier auch: "gespräch": "gab er zur antwort/fragten sie//gab er zur antwort/fragten sie (...)".
[52] Abgedruckt u.a. in Klaus-Peter Dencker (Hg.): Text-Bilder. Visuelle Poesie international. Von der Antike bis zur Gegenwart. Köln 1972. S. 126.
[53] Ernst Jandl: "gespräch". Der unlesbare ("weiße") Text behält die Rolle des "Grundes" für das Lesbare. Denn die Rahmen-Zeilen "gab er zur ant-

licher noch geschieht dies mit Claus Bremers programmatischem
Visualtext: "der text der ausbleibt ist der text".[54] Die Fläche ist diesem konkreten Gedicht zufolge ein "text der ausbleibt", ein Schrift-
zug also, wenngleich ein unsichtbarer. Mehr noch: Das Ausgesparte wird hier zum 'eigentlichen' Text erklärt, demgegenüber die
lesbare Schrift nur die Funktion der Konturierung besitzt. "der text
der ausbleibt ist der text": Bremers Konstrukt behauptet dies und
zeigt es zugleich mittels des einen Satzes, aus dem es besteht; die
aufgestellte These beweist sich selbst. Die Konvertierbarkeit jener
Gleichung macht Bremers Gedicht noch brisanter: Ist der eigentliche Text der unlesbare, ja der unsichtbare Text, so mag der Schluß
naheliegen, gegenüber allem Sichtbaren und Deutbaren sei allein
das Unsichtbare und Uneindeutige das 'Eigentliche'. Der unsichtbare Text wäre das Zentrum der Poesie und - insofern diese "konkret", also ein Ausschnitt aus der der Welt der Signifikate, ist - das
heimliche oder offenkundige Zentrum aller "konkreten" Realität.

Konkretisierungen abwesender Schrift

Indem gerade konkrete Dichtung die Fläche (welche gelegentlich
pointierter als 'unsichtbarer' Gegentext ausgelegt wird) als ihren
"Grund" begreift, entwickelt sie diverse Strategien zur Demonstra-
tion jenes Grundes: Der Nicht- oder Gegentext wird mittelbar "ins
Bild" gesetzt, er tritt buchstäblich oder im übertragenen Sinn ins
Zentrum der Konstruktion.

    1. Eine wichtige Erscheinungform konkreter Dichtung ist das
traditionsreiche *Umrißgedicht*. Für dieses ist der Kontrast zwischen beschriebener und leerer Fläche, zwischen präsenter und ab-

---

wort/fragten sie" haben keinen Sinn, wenn sie nicht auf ein Gefragtes und
Geantwortetes sich beziehen; die Bezeichnung eines Sprechaktes verhält
sich gegenüber diesem selbst derivativ.
[54] Abgedruckt u. a. in Gomringers Anthologie zur "konkreten poesie"
(S. 32), sowie - in englischer Fassung - bei Emmett Williams: an anthology
of concrete poetry. New York 1967. (Im folgenden: an anthology). Dieser
Band besitzt keine Seitenzählung, so daß entsprechende Stellennachweise
nicht möglich sind. Allerdings ist er alphabetisch nach Autorennamen angelegt, so daß die erwähnten Visualtexte leicht gefunden werden können.

senter Schrift konstitutiv.[55] Umrißgedichte sind neben den Pikto-
grammen alle Texte, in welchen sich das Textfeld gegen seine
schriftfreie Umgebung abgrenzt. Die Textgrenze spielt die entscheidende Rolle in solchen Artefakten. Sie ist, wenn überhaupt
von Gattungen konkreter Dichtung die Rede sein kann, gattungs-
konstitutiv, und in ihr liegt die Bedeutung des einzelnen Textes
begründet. Damit provoziert das Umrißgedicht die Reflexion darüber, daß jegliche Bedeutung durch die Spannung zwischen der
Präsenz und der Absenz von Zeichen erzeugt wird. Alle "Legenda"
müssen, so fordert gerade das Umrißgedicht, von ihrer Grenze her
gelesen werden - von der Bruchlinie her, an der sie enden, von dort
her, wo sie *nicht* stehen. Ins Semiologische übersetzt, heißt dies:
Alles Mitgeteilte besitzt Sinn nur vor einem Hintergrund aus nicht
Mitgeteiltem. Sprache funktioniert nur als be-grenzte, und das
heißt: von ihrer Grenze her.

   2. Eine weitere Untergattung konkreter Texte konstituiert sich
durch Strategien der *Aussparung*. Der 'Aussparungstext' ist die
Umkehrung des Umrißgedichts, verhält sich zu diesem wie ein
Negativ zum Positiv. Wie Gomringers "schwarzes geheimnis", wie
"nur kontur" und Bremers "text der ausbleibt" zeigen, können dabei erstens geometrische Flächen ausgespart bleiben, welche durch
die Letternformation eine Kontur erhalten. Zweitens können nicht-
geometrische Umrißfiguren ausgespart, durch Schriftflächen als
deren "Negativ" gestaltet werden. So treten aus beschriebenen Flächen weiße Objekte und Gestalten heraus, Porträts sogar, wie ein
Textbild Zoran Popovics zeigt.[56] Ausgespart werden können statt
flächiger aber auch lineare Strukturen, so daß die bedruckte Textfläche von einer Formation weißer Linien überzogen wird. Diese
nun mögen sowohl 'mimetischen' Charakter besitzen (wie ein Mo-

---

[55] Zu den Umrißgedichten gehören die Piktogramme, die - in auffälligem
Widerspruch zum sonstigen Selbstverständnis konkreter Texte - durchaus
als "mimetisch", nämlich als stilisierte Abbilder von Objekten gelten können. Doch nicht jedes Umrißgedicht ist Piktogramm; viele besitzen eine
nicht-mimetische Form. Beispiele für Umrißgedichte finden sich vor allem
in jenen Anthologien zur konkreten Dichtung, die auf deren visuelle Komponente und auf deren historische Vorformen besonderen Akzent legen.
(Vgl. Klaus-Peter Dencker: Text-Bilder. Ferner: Adler/Ernst: Text als Figur.)
[56] Abgebildet in: Klaus-Peter Dencker: Text-Bilder. S. 119.

na-Lisa-Porträt von Jindrich Prochazka)[57] als auch abstrakt-geo-
metrisch figuriert sein.[58] Besonderes Interesse verdienen hier aber
zweifellos solche Textflächen, von denen Buchstaben oder Schrift-
figuren sich weiß, durch Aussparung, abheben: Sind sie doch
deutbar als Hinweis darauf, daß die Umkehrung des lesbaren
Textes wiederum jeweils ein anderer Text ist - daß das Ausgesparte und Unlesbare eine weiße Gegenschrift zu den schwarzen Lettern bildet.[59] "der text der ausbleibt" wird hier wie nirgends sonst
als Text sichtbar, womöglich lesbar. Das Ausgesparte und mithin
Abwesende erweist sich damit als das nicht nur physisch-"konkrete" Zentrum des Textes, sondern auch als funktionales. Alle gegenwärtigen Zeichen sind um seinetwillen da - um seiner Abwesenheit willen, die in mehrfachem Sinn "aufgehoben" werden soll.

3. Als Protagonistin des poetischen Geschehens wird die Fläche
(der Nicht-Text) auch durch *große Abstände* in Szene gesetzt, also
dadurch, daß die Schriftpartikel des konkreten Textes weit ausein-
anderrücken. Der Leser muß nicht nur linear, sondern über Flächen hinweg zusammen-lesen, was dann vielleicht einen Sinn ergibt; er muß sich mit der Leere zwischen den Textteilen aktiv auseinandersetzen. Eine der Konsequenzen aus der flächigen Anordnung von Textpartikeln ist deren unterschiedliche Kombinierbar-
keit, denn meist kann dem Zusammen-Leser die Richtung seiner

---

[57] Jindrich Prochazka: Geschenke für Mona Lisa. In: Klaus-Peter Dencker:
Text-Bilder. S. 105.

[58] Ein simples und elementares Beispiel bietet die von diagonalen Parallelen durchzogene Textfläche, welche sich ergibt, wenn ein und derselbe
Satz, jeweils um einen Buchstaben nach rechts oder links versetzt, zeilen-
weise repetiert wird: Vgl. Claus Bremer: "bewegen und beweglich sein". In:
konkrete poesie. S. 33.

[59] Vgl. Henri Chopin: "il manque toujours l'y". Abgedruckt bei Emmett
Williams: an anthology. Bei Massin (Buchstabenbilder und Bildalphabete.
S. 201) finden sich als weitere anschauliche Beispiele zwei "daktylographi-
sche Kompositionen" von Maurice Lemaitre (1963; = Beispiele 839/840):
Bei der einen wird der Namenszug des Grafikers Lemaitre in weißer Schrift
ausgespart, bei der anderen 'hieroglyphisch' anmutende Piktogramme, die
zum Teil aber bereits so abstrakt sind, daß sie an geläufige Buchstaben erinnern. Eine Vorstufe dieser Text-Bilder mit ausgesparter weißer Schrift
stellt eine ebenfalls bei Massin abgebildete Grafik von E. Bayard dar (Beispiel 1106): Das Wort "FIN" erscheint wie ein Blitz - und in Blitze nach
unten sich verlängernd - vor dunkel bewölktem Himmel.

Wege über die Fläche nicht vorgezeichnet werden. Die Textpartikel sind darum eher Materialien zur Konstitution möglicher Texte
als ein definitives Gedicht. So mag behauptet werden, daß die leere Fläche, indem sie sich zwischen die Schriftpartikel schiebt und
diese vereinzelt, aus einem vorgegebenen Textsubstrat eine Pluralität von Texten generiert. Der Anwesenheit von vielfach kombinier-
baren Textpartikeln korrespondiert allerdings stets die Absenz des
Textes, der nur hypothetischer Gegenstand der Lektüre sein kann.

    4. Der Schrift-Grund tritt auch dort in den Mittelpunkt der Be-
trachtung, wo Schriftformationen deformiert, zertrümmert, zerlegt,
wo Schriftbilder *zerrissen* und die *Rißlinien* exponiert werden.
Dies geschieht, wie oben angedeutet, vor allem mittels der Textcol-
lage. Die Collage, wie sie etwa Mon produziert, ist stets Analyse
von Geschriebenem im zweifachen Sinn der Auflösung und der
Erkundung seiner Substanz. Besonders anschaulich erweist sich
das "Prinzip Collage" als Erkundung des Schrift-Grundes dort, wo
die collagierten Textflächen durch weiße Ränder gegeneinander
abgegrenzt sind, wie sie beim Zerreißen von Papier oft entstehen.[60]
Am äußersten Rand der zerrissenen Schriftfläche entsteht eine
schriftfreie Zone von metaphorischer Signifikanz. Das Liniennetz
dieser Rißkanten überzieht die in anderer Anordnung wieder zu-
sammengeleimten Textflächen in der Folge als eine Gegentextur
aus weißer Schrift. Bringt der "glatte" Schnitt auch jene freien
Ränder nicht hervor, so lassen sich doch auch in zusammenge-
schnittenen Collagen analoge Gegen-Schrift-Strukturen arrangie-
ren. Nicht die Lettern jedenfalls sind in Mons Plakattexten die
wichtigsten Akteure, sondern die Risse, die Schnitte und die von
ihnen freigegebenen Zwischenräume, denn sie ziehen den Blick
des Betrachters auf sich, provozieren ihn zu Spekulationen und

---

[60] Beispiele bieten die Collagen Franz Mons; vgl. die Abbildung bei Klaus-
Peter Dencker: Text-Bilder, S. 81. - Collagen sind Anlässe für "Durch-
blicke", für Risse als Manifestationen von Übergängen. Andere Collagen
Mons entstehen aus regelmäßig zugeschnittenen Streifen einst zusammen-
hängender Textflächen; diese werden neu zusammengefügt, bleiben partiell
lesbar, werden partiell aber auch zu bloßen Ornamenten. Die Verwandlung
vom zusammenhängenden in einen zerschnittenen Text antizipiert metaphorisch das Unlesbarwerden aller Legenda. Zu Mons Plakattexten vgl. u.
a. Karl Riha: Cross-Reading and Cross-talking. Zitat-Collagen als poetische
und satirische Technik. Stuttgart 1971. S. 56.

Konjekturen, teilen ihm mit, was die zerrissenen Texte selbst nicht mitzuteilen hatten.

5. Abrupt *abbrechende, "gestammelte", unvollständig* wirkende Texte oder Textzeilen bieten eine weitere Möglichkeit, die Schrift nachdrücklich im Leeren enden zu lassen. Der Moment, da der Text abbricht, erscheint als metaphorische Schwelle zwischen Artikulation und Nichtartikulation, als Verweis auf das Nichtgesagte "jenseits" des Gesagten, auf das Verschwiegene als dessen heimlichen Grund.[61] Risse und Grenzlinien sind, so bestätigt sich auch hier, das wesentlichste Strukturmoment konkreter Texte - Zwischenräume, die überbrückt werden können, aber auch solche, die unüberbrückbar bleiben, weil die Textpartikel sich in keinen sinnvollen Zusammenhang bringen lassen oder weil abbrechende Schriftlinien keine sinnvolle Fortsetzung finden.[62]

6. Man könnte den *verschwindenden* Text, die verschwindende Schrift als ein zentrales Thema der konkreten Poesie betrachten. Nicht allein, daß das Konzept der abbrechenden Schrift, ihrer Einschwärzung oder Tilgung vielfach variiert wird; Lesbares verschwindet auch oft in dem Sinne, daß es in Unlesbares überführt wird. Wird aus der jeweils gegenwärtigen Textgestalt ein Entstehungsprozeß des Textes erschließbar, so ist auch dieser vielfach als ein Vorgang beschreibbar, bei dem Schrift zum Verschwinden gebracht wurde. Insgesamt kann es als ein maßgebliches Anliegen einschlägiger Dichtung gelten, die Schrift, das Lesbare in einem Prozeß des Verschwindens darzustellen: des physischen Verschwindens (in der Leere, unter einer Farbschicht, jenseits einer gezogenen Grenze) wie des Verschwindens *als* Schrift (der Absorption des Lesbaren durch unlesbare Strukturen). Wäre ein sol-

---

[61] Zu den "Stammeltexten" zu rechnen wären diverse Dialektgedichte Friedrich Achleitners (vgl. konkrete poesie. S. 14. S. 15); auch Jandl liefert Beispiele fragmentierter Artikulation, die als Verweise auf eine Schweigegrenze aufzufassen sind.

[62] Dieser Befund von der konstitutiven Bedeutung des Kontinuitätsbruchs läßt sich natürlich auch für die akustisch-sukzessive Spielart konkreter Dichtung erheben: Der zerrissenen, zerschnittenen, demontierten Schrift auf der optischen Ebene korrespondieren die Satz-, Wort- und Klangfetzen im akustischen Medium. Auch hier unterliegt vor allem die konventionelle Sprache der Zersetzung, oftmals unter Einsatz komplexer technischer Mittel.

ches Konzept technisch realisierbar, so dürfte hier das wohl ideale Paradigma ein Text sein, der vor den Augen des Betrachters verschwindet, als sei er mit Zaubertinte geschrieben. Im Bereich der Buch-Objekt-Kunst hat Jochen Gerz ein entsprechendes Beispiel geliefert: Sein Buchobjekt "Das Buch war weich und flexibel" enthält einen auf unbelichtetem Fotopapier geschriebenen Text, der sich beim Öffnen des Buches durch Belichtung selbst vernichtet.[63]

Notationen des Schweigens

Gewinnt alles Artikulierte seinen Sinn nur durch seine Abgrenzung zum Nichtartikulierten, so ist gerade konkrete Dichtung durch die Intention charakterisiert, auch dieses noch in ihre Artefakte miteinzubeziehen. Zu erkunden sind nicht nur die Spielregeln des Sprechens, sondern auch die des Verschweigens, nicht nur die Sprache, sondern auch das Schweigen als der Grund aller Rede. Gomringers Konstellation "schweigen" (auch: "silencio") illustriert den Anspruch, sogar dem Schweigen - zumindest mittelbar - schriftliche Gestalt zu geben. Diese Konstellation ist analog konstruiert wie das "schwarze geheimnis", nämlich als ein Text, in dessen Mitte ein rechteckiges weißes Feld ausgespart ist. Wie jener Text ist auch dieser durch eine Paradoxie charakterisiert: Sprachen dort die lesbaren Wörter von einem Geheimnis, das sie selbst gerade nicht darstellten, auf das sie vielmehr nur verwiesen, so bestehen die Schriftzeilen hier aus dem (repetierten) Wort "schweigen".[64] Deutlich knüpfen solche konkreten Texte an Mallarmés

---

[63] Abgebildet und beschrieben im Katalog der documenta 6. Bd. 3. Kassel 1977. S. 313.

[64] Eugen Gomringer: "schweigen". In: konkrete poesie. S. 60. "silencio", also die spanische Fassung, ist abgedruckt bei Emmett Williams. Vgl. dazu Gomringers Feststellung: "der dichter ist einer, der ein schweigen bricht, um ein neues schweigen zu beschwören. er ist kein redner. wenn er reden muß, redet er darum herum. seine sache sind worte. ein wort sagen, ein schweigen brechen - der dichter beginnt..." (Zit. nach: Katalog: Literatur im Industriezeitalter. Eine Ausstellung des Deutschen Literaturarchivs Marbach. Hg.: Ulrich Ott. Marbach 1987. Bd. 2. S. 967f.) - Vgl. zu Gomringers "schweigen" u. a. Ernst Jandls Bemerkung (in: Thomas Kopfermann [Hg.]: Theoretische Positionen zur konkreten Poesie. Tübingen 1974. S. 48): "Das

Auslegung der leeren Fläche als "visuelles Äquivalent des Schweigens" an.[65] Zum semiologischen Befund vom notwendigen Zusammenspiel von Sprache und Schweigen, präsenten Zeichen und
Absenz, kommt eine weitere Bedeutungsdimension des Schweigens, die dem 'emanzipatorischen' Selbstverständnis moderner Literatur gerade in den 60er Jahren entspricht und dazu führt, daß
das Schweigen zu einem Generalthema konkreter Dichtung wird:
Schweigen nämlich gilt deren Theoretikern als Ausdruck für ein
Sich-Querstellen, als Ausdruck der Ablehnung, ja als radikale
Form der Subversion. Schweigen bedeutet, sich zu verweigern -
den Formulierungen ebenso wie dem Formulierten und Formulier-
baren, den geläufigen Deutungen der Dinge, aber auch dem Ge-
deuteten selbst, also dem Faktischen in seiner angemaßten Selbstverständlichkeit.[66] Chiffre des Schweigens ist natürlich auch in
konkreter Dichtung vor allem die Farbe Weiß, jene Lieblingsfarbe
moderner Ästhetik, insofern diese Ästhetik mit Absenz und Negation sich auseinandersetzt.[67] Kandinsky hatte dieser Farbe ja ein-
gehende Überlegungen gewidmet. Insofern sich mit dem Begriff
"konkreter" Dichtung der Anspruch auf eine Überwindung der
Differenz zwischen Signifikant und Signifikat verbindet, spielt das
Weiß in ihr sowohl als Signifikant wie auch als Signifikat eine
Rolle - diese (Nicht-) Farbe wird sowohl gezeigt als auch benannt.
Diverse Strategien konkreter Dichtung zur Demonstration der Farbe Weiß, zu ihrer 'Inszenierung' im Text, wurden oben skizziert:
Es sind eben die Strategien, mittels derer die Fläche zum konstitu-
tiven Textelement wird, mittels derer die Nicht-Schrift in einen

---

Wort ["schweigen"], das ein Negatives, ein Nicht-Vorhandensein von etwas
Hörbarem bedeutet, sagt das, und noch dazu auf hörbare Weise; die weiße
Stelle im Innern des Wortblocks zeigt es."
[65] Vgl. dazu den Katalog von Adler/Ernst: Text als Figur. S. 11.
[66] "Die Verfassung des Querstellens ist das Schweigen". So Franz Mon:
Texte über Texte. S. 36.
[67] Zu erinnern wäre an John Cage's "Silence"-Vorträge, die Ernst Jandl
teilweise ins Deutsche übersetzt hat. (John Cage: Silence. Aus dem Amerikanischen von Ernst Jandl. Neuwied/Berlin 1969.) Vgl. dazu: Monika
Schmitz-Emans: 'Ich habe nichts zu sagen/und ich sage es (...)'. Ernst
Jandls produktive Auseinandersetzung mit John Cages Ästhetik. In:
Sprachkunst. 2. Halbband 1990. Zu erinnern wäre auch an die weißen Bilder Robert Rauschenbergs und ihre metaphorische Valenz.

Dialog mit dem Geschriebenen eintritt. Eine weitere (bislang noch nicht erörterte) Möglichkeit, die Farbe Weiß in den Text einzube- ziehen, bietet ihre Benennung. Zahlreiche konkrete Texte stellen das Wort "WEISS" in ihr Zentrum, bestehen gar allein aus diesem Wort oder spielen mit ihm.[68] Schon Kandinsky hatte ein abstraktes Gedicht verfaßt, das allein von weißen Sprüngen [!] spricht, vom Weiß als der Farbe des zerrissenen Kontinuums also.[69] Das Wort "Weiß" sowie um dieses Wort herumgruppierte Sätze: Sie werden auch den "konkreten" Autoren der 60er und 70er Jahre zum bevor- zugten 'Material'. Modifikationen all dieser Gedichte über das Weiß stellen jene Texte dar, die als Meditationen über Weißes an- gelegt sind - so Gomringers "schnee"-Gedicht.[70] "Schwarz"- "Weiß"-Texte spielen in der konkreten Dichtung die gleiche Rolle wie schwarz-weiße Kompositionen in der konkreten Grafik: Sie er- kunden anhand elementarer Strukturen ihre eigenen Möglichkeits- bedingungen.[71] Trotz - oder vielmehr: gerade wegen - des im Be-

---

[68] Vgl. etwa Heinz Gappmayrs "weiss"-Gedicht (konkrete poesie. S. 49), sowie sein "schwarz"/"weiss"-Text (konkrete poesie. S. 50). In letzterem er- scheinen "schwarz" und "weiss" klar als Positiv und Negativ ein und dersel- ben Struktur. - Vgl. ferner Eugen Gomringer: "wie weiss ist wissen die wei- sen" In: konstellationen, ideogramme, stundenbuch. mit einführungen von helmut heißenbüttel und wilhelm gössmann. Stuttgart 1977. S. 67. Haroldo de Campos schreibt eine Konstellation, deren "Achse" das Wort "branco" (weiß) bildet. (Aufgenommen in Emmett Williams: an anthology.) Gedichte über die Farbe Weiß stellen insbesondere einige Textmontagen Friedrich Achleitners dar; sie stehen unter dem Motto: "die schönste farbe ist die weisse weil sie das gesichte ergötzet und die zimmer erleuchtet". (Friedrich Achleitner: prosa, konstellationen, montagen, dialektgedichte, studien. Reinbek 1970. S. 154ff.)
[69] "(...) Weißer Sprung nach weißem Sprung./Und nach diesem weißen Sprung wieder ein weißer Sprung. (...)" Dieser Text Kandinskys ist u. a. abgedruckt bei Wolfgang Max Faust: Bilder werden Worte. S. 123.
[70] Eugen Gomringer: "snow is english (...)". Abgedruckt bei Emmett Wil- liams: an anthology.
[71] Vgl. Jonathan Williams: "only black only black (...) only white only white (...)". (Abgedruckt bei Emmett Williams: an anthology). Vgl. ferner die zwei Typogramme von Maurizio Nannucci aus den Lettern von "nero" auf weißer Fläche (ebenfalls bei Emmett Williams: an anthology). In der Mitte des Bandes "Bilder werden Worte" von W. M. Faust findet sich eine über mehrere Seiten ausgedehnte Grafik von Daniel Buren; sie besteht aus- schließlich aus Kombinationen von schwarzen und weißen Seitenhälften.

griff "konkreter" Dichtung implizierten Gedankens einer simulta-
nen Präsenz von Signifikant und Signifikat im Text hat also auch
die Absenz ihren "Ort" in konkreter Poesie: nicht als Absenz von
"etwas", sondern als Absenz schlechthin. Im Kontrast zu jener un-
eingeschränkten Präsenz, welche die lesbaren Lettern und sichtbaren Schriftpartikel für sich beanspruchen, vermag indirekt auch die
Absenz zu sichtbarem Ausdruck zu finden - mittels der Zwischenräume und Leerzonen nämlich als den Orten absenter Schrift. Die
konkrete Dichtung spricht, insofern sie der leeren Fläche, dem
Textriß, dem Bruch im Lesbaren zur Erscheinung verhilft, eine
Sprache der Abwesenheit; sie spricht nicht "über" Absenz, sie läßt
sie vielmehr zum Konkretum werden.

Konkrete Dichtung und der Prozeß der Erfahrung als Lektüre ohne Grund

Als programmatisch kann ein konkreter Text Heinz Gappmayrs
gelten, der nur aus den fünf Lettern des Wortes "alles" besteht; die-
se sind einmal linear angeordnet, dann übereinander gelegt: "alles"
ist einmal lesbar, einmal unlesbar.[72] Die Lettern, so signalisiert
Gappmayrs Text, sind "alles", und provoziert wird zugleich die
Umkehrung dieses Satzes: "alles" besteht aus Lettern. Ob "alles"
lesbar wird, auch dies demonstrieren die beiden Varianten der
Buchstabenkonstellation, hängt davon ab, ob es gelingt, seine
Lettern-Elemente zu differenzieren und linear zu lesen. Mit der
Suggestion, "alles" bestehe aus Lettern, knüpft der Text an die traditionelle Konzeption einer Welt aus Buchstaben an, darüberhinaus aber auch an die für Kabbalistik und Ars combinatoria maßgebliche Idee, jenes "alles" der Welt sei in der geschriebenen Let-
ternkonstellation komprimierbar. Die je nach Blickwinkel überra-
schende Affinität konkreter Dichtung zum Weltschriftkonzept resultiert aus ihrem Selbstverständnis, demzufolge zwischen ihren
Zeichen, die ja "Konkreta" sein sollen, und der Welt der Dinge
keine kategoriale Differenz besteht: Ist der Text ein Konstrukt aus
"Dingen", so mögen umgekehrt alle dinglichen Konstrukte als
Texte betrachtet werden. Bestätigt wird die bei Gappmayr sugge-

---

[72] Heinz Gappmayr: "alles". In: konkrete poesie. S. 46.

rierte Analogie zwischen Schrift und Welt durch Franz Mons Essay über "text und lektüre". Mon begreift hier das Lesen als einen umfassenden, alle Erscheinungen involvierenden Prozeß; jede Orientierung im Raum gilt ihm als eine Entzifferung, jede Bewegung als Geste eines Lesers. Damit wird die Lektüre von Texten erneut zum Modell der Erfahrung; die Textfläche liefert ein Modell der phänomenalen Welt. Zu betonen wäre jedoch, daß mit solcher "Lektüre" der Dinge nicht an die Entzifferung eines der Erscheinungswelt transzendenten Sinnes, nicht an die Erschließung eines ursprünglichen Logos gedacht ist. "Lesen" impliziert für Mon zunächst einmal ein Zusammen-Lesen von Einzelformationen. 'Entziffert' werden die innerweltlichen Bezüge der einzelnen Erscheinung - ihre Einbettung in räumlich-physische und zeitlich-kausale sowie in semantisch-kulturelle Zusammenhänge.[73] Es gibt keinen bedeutsamen Urtext, auf den sich dann nachträglich und auslegend die Artikulationen des Menschen beziehen könnten. Insofern vollzieht sich die "Lektüre" der Welt grund-los, und wo diese Lektüre etwas zu entziffern behauptet, ist ihr Gegenstand imaginär und halluzinatorisch. Wenn die sichtbare Welt gleichwohl als ein "Le-

---

[73] "es wird immer zu wenig bedacht, daß lesen ein umfassenderer vorgang ist als das entziffern von buchstaben, das ordnen fixierter zeichen zu einem sinn. es gibt nichts wahrnehmbares, was nicht auch 'lesbar' wäre. alles erscheinende zeigt eine lesephysiognomie, wenn wir es nur lange genug wahrnehmen und den hof, den spielraum, in dem es erst physiognomisch, gestisch wird, zu ermitteln und aus seinem gleichgültigen mundanen kontinuum herauszuschneiden uns die mühe machen. ein blatt papier, von ein paar wasserspritzern getroffen, ist bereits lesezusammenhang, ja es würde allein durch die zarten schatten, die winzigen spuren in der oberfläche lesbar. (...) der spielraum dieses papiers ist während der lesekonzentration das 'ganze', die welt, ohne andere konkurrenz als die der erinnerung im leser; eine ordnung, die mit rechts und links, oben und unten, dicht und weit, gekrümmt, gerade, zugewandt, abgekehrt, straff und gelähmt... die ordnung unseres eigenen körpers spiegelt; wir entziffern den spielraum mit seinen spuren, indem wir seine formerscheinungen und -beziehungen abtastend uns aneignen, durchspüren und über dem grund unserer eigenen körperorientierung identifizieren." (Franz Mon: text und lektüre. In: artikulationen. Pfullingen 1959. S. 14.) - Vgl. auch Mon: Texte über Texte. S. 17: "Es gibt nichts, was nicht in irgendeine Artikulationstopographie einbezogen werden könnte und also lesbar würde. Diese ist die Voraussetzung der Lesbarkeit: ein endlicher Spielraum, in dem jede Stelle ihren charakteristischen Wert erhält."

gendum" betrachtbar ist, dann darum, weil ihre Konstituenten durch die Vermittlung eines Zeichensystems, der Sprache, zu Erfahrungsgegenständen werden.[74] Gegenständliches erscheint als zeichenhaft, als mitteilsam, weil es sprachlich gegeben ist und immer schon sprachlicher Auslegung unterliegt - bereits im elementaren Akt der Benennung. So kehrt sich das Begründungsverhältnis zwischen dem sprachlich artikulierten Sinn und der "Bedeutung" der Signifikate um: Sprache "übersetzt" keine vorgegebenen Bedeutungen, sondern begründet sie. Sie macht die Welt lesbar, aber als eine "Übersetzung" ihrer selbst. Konkrete Texte wollen vor allem dieses Bedingungsverhältnis bewußter machen. Insofern ist ihr primäres Anliegen die Sprachreflexion. Alles, was im Laufe der Zeit durch die sprachlichen Bezeichnungen zum abrufbaren Inhalt des Bewußtseins wird, gliedert sich einem umfassenden Text des Gedächtnisses an.[75] Das individuelle wie das kollektive Bewußtsein stellt ein Reservoir von lesbaren Partikeln und

---

[74] Dinge werden zu erkennbaren Gegenständen, insofern sie sprachlich faßbar sind, und darum kann das sprachliche Gebilde ihr Modell sein, ein Mikrokosmos, der die makrokosmische Ordnung des Erkannten und Erkennbaren reflektiert. Auf diese Formel ließe sich die Position Mons bringen, die der Humboldtschen und nachhumboldtschen Sprachkonzeption verpflichtet ist. In "Perspektive" (Texte über Texte. S. 22ff.) beruft sich Mon auf Cassirers "Philosophie der symbolischen Formen", wo "'Welt' als eine von sprachförmigen Zeichen gegründete Ordnung" expliziert werde, "die sich mit den Impulsen und Motiven des Sprachdenkens bewegt und weiterentwickelt (...)." (S. 22) - An anderer Stelle charakterisiert Mon das moderne Sprachbewußtsein als das Wissen darum, "daß (...) die Wirklichkeit, mit der die Sprache es heute zu tun hat, als Realität nur besteht und anerkannt wird, insofern sie formulierbar ist." (Texte über Texte. S. 36) - Gegenüber der Fixierung auf das schon Formulierte (und damit auf eine als definitiv begriffene Wirklichkeit) gilt es nun, das Bewußtsein der Veränderbarkeit aller Formulierungen und aller Kontexte - sprich: für die der Wirklichkeit selbst - wachzuhalten. Es gilt, sich "querzustellen" gegen die Sedimentierung der sprachlichen Zeichen und der Dinge. (S. 36)
[75] "'text' stellt sich her aus der bewegung zwischen dem riesigen hof eines alles gegenwärtig habenden gedächtnisses, in den wir, kaum geboren, hineinstolpern und -gestoßen werden, wenn wir nicht wollen, und -rennen, kaum daß uns einer gestoßen hat, diesem gebirge des bewußtseins und der winzigen semantischen partikel, die fast nichts mitzuteilen hat (...)." (Mon: text und lektüre. S. 15)

Zusammenhängen bereit: ein Reservoir der Sprache homologer und durch diese wieder auslegbarer Strukturen.

Daß der Spielraum der Textfläche, die ihr eingeschriebenen Zeichen und deren Ordnungen, als Metaphern des durch Orientierung zu erkundenden Erfahrungsraumes mit seinen Elementen und Strukturen begriffen werden wollen, ließe sich an vielen konkreten Texten demonstrieren. Mit welchem Nachdruck konkrete Dichtung sich als Transzendentalpoesie begreift, indem sie die Möglichkeitsbedingungen von Erfahrung sowie Zeit und Raum als deren fundamentale Dimensionen (als die apriorischen Anschauungsformen im Sinne Kants) zu reflektieren sucht, illustrieren vor allem solche Texte, in denen Raum und Zeit thematisiert und die Wörter "raum" und "zeit" zu Ordnungsmustern arrangiert werden.[76] Konkrete Poesie betreibt auf einer ersten Ebene die Erkundung der Sprache, auf einer zweiten die der Erfahrungswelt selbst, insofern diese sprachlich vermittelt und konstituiert ist; die lettristische Grundidee, aus Buchstaben eine mikrokosmische Welt zu bauen, welche Abbild oder Modell des Makrokosmos wäre, motiviert das "konkrete" Schreiben, auch wenn es sich im einzelnen gerade nicht als Repräsentation begreift. Die in konkreter Dichtung vorgeführten "muster möglicher welten" verstehen sich als mögliche Muster von Welt.[77] Wie ein Mikrokosmos bildet das konkrete Gedicht den Makrokosmos ab, reproduziert es Segmente aus diesem in verkleinertem Maßstab. Es will eine Schule des Sehens (im akustischen Medium: des Hörens) und der Deutung sein. Mancher konkrete Text wäre zu befragen auf "Lehrsätze über das Weltall".[78]

---

[76] Vgl. vor allem die Texte Heinz Gappmayrs über "raum" und "zeit" in: konkrete Poesie. S. 47. S. 51. Zu den verschiedenen Strategien der Thematisierung von Zeit in visuellen Texten vgl. meinen Aufsatz: Schrift als Aufhebung der Zeit (in: arcadia 26. H. 1. 1991).

[77] "muster möglicher welten" ist der Titel einer Anthologie für Max Bense. Hg. v. Elisabeth Walther und Ludwig Harig. Wiesbaden o. J. (1970) - Vgl. auch Franz Mon: hören ohne aufzuhören. Linz 1982, S. 60: "Diese prästabilierte Harmonie, die immer wieder zwischen künstlerischem Experiment und der Realstruktur unserer Welt aufgedeckt werden kann, macht vielleicht auch für den Skeptiker die Beschäftigung mit diesen Vexierspielen lohnend. Sie sind auch Spiegel für die Verfassung unserer Welt (...)."

[78] Vgl. Gerhard Rühm: Lehrsätze über das Weltall. (Abgedruckt bei Emmett Williams: an anthology.)

Demonstriert wird am Textmodell mit besonderer Vorliebe das komplexe Zusammenspiel von Ordnung und Unordnung, und das heißt auf dem Fundament der Analogie von Erfahrungswelt und Text immer auch: von Lesbarem und Unlesbarem.[79]

Die theoretischen Darlegungen "konkreter" Autoren thematisieren neben der künstlerischen Arbeit selbst vielfach die Tatsache, daß das Subjekt der Erfahrung auch unabhängig von aller künstlerischen Aktivität primär in einer Zeichenwelt lebt, daß die Grenzen seiner Zeichenrepertoires die Grenzen seiner Welt sind. Oft nun wird diese Zeichenwelt auch als Konglomerat zivilisatorischen Schutts wahrgenommen, als eine bedrückende Welt von Signalen und Namen, unter denen die unmittelbare Erfahrung widerständiger Objekte begraben liegt. Vor allem aber sind es die Risse und Brüche im Kontinuum der Erfahrung, welche zum Anlaß genommen werden, sie am "konkreten" Modell zu demonstrieren. Die vom zeitgenössischen Welt-Leser erkundete Wirklichkeit weist Leerstellen und Abwesenheitslöcher auf; darum werden diese auch für den Mikrokosmos des schriftlichen Artefakts konstitutiv. Mehr noch als für den 'Zusammenhang' der Dinge interessiert sich konkrete Dichtung für die Falten und Risse in der Textur der Dinge und für das jeweilige Legendum in seiner Vereinzelung. Mon geht so weit, jedem aus einem Kontinuum herausgefallenen "Konkretum" allein wegen seiner Isolation eine zumindest virtuelle poetische Qualität zuzuschreiben.

> "diese in unserer zivilisation ständig anfallenden sachen, die mir ins auge fallen, weil sie aus ihrem verwendungszusammenhang herausgefallen sind, erscheinen mir nicht als bilder, sondern als eine art von gedichten, die sich in sehr großer entfernung befinden und daher nur mehr sichtbar, jedoch nicht hörbar oder lesbar sind."[80]

---

[79] Zu diesem Anspruch konkreter Dichtung vgl. etwa Timm Ulrichs' Ordnung-Unordnung-Text (in: konkrete poesie. S. 142). Ferner Claus Bremer: "lesbares in unlesbares übersetzen" (in: konkrete poesie. S. 29) oder Claus Bremer: "was dem einen text fehlt macht den anderen lesbar" (in: konkrete poesie. S. 31).

[80] Mon: hören ohne aufzuhören. S. 52. - Die bei Mon mehrfach vollzogene Analogisierung von Gedichten und unbrauchbar gewordenen, aus Zweckzusammenhängen gefallenen Objekten erinnert an die Kantische Bestimmung des Schönen mittels der Formel von der "Zweckmäßigkeit ohne Zweck". Vgl. ebda. auch: "wörter und sachen": "ununterbrochen fallen sa-

Der Schnitt oder Riß, der das einzelne Wort oder Ding aus seinem einstigen Kontext heraustrennt, wäre demnach zwar Anlaß zur Irritation, aber auch Ursprung und Bedingungsgrund des Poetischen. Dichtung wird zur Herstellung und Exponierung von Bruchkanten, mit denen sich der Rezipient auseinanderzusetzen hat, indem er das Zerrissene zusammenfügt oder weiter segmentiert, sei es lustvoll, sei es verzweifelt.[81] Wenn aber dem Leser überhaupt die Chance gegeben wird, eigene Kontexte aus vorgegebenem Zeichenmaterial herzustellen, so deswegen, weil dieses zerrissen ist. Darum tritt in vielen konkreten Texten, die diesem Gedanken einer produktiven Synthese durch den Leser verpflichtet sind, an die

---

chen aus ihren zusammenhängen, büßen ihre verwendungen ein, heißen auf einmal nicht mehr, wie sie bis dahin geheißen haben, sondern zeigen sich als ein konglomerat von anmutungen, spuren, geschichten, an denen der name nur noch als etwas beiläufiges hängt, das nicht mehr viel besagt. unaufhörlich geraten wörter aus ihrem zusammenhang, verlieren den halt, den ihnen die brauchbarkeit gegeben hatte, purzeln uns zwischen die füße und verschwinden zwischen erinnerungen, die niemand mehr hat." Daß gerade die Dichtung sich mit jenen Bedeutungsdimensionen der Zeichen auseinandersetzt, welche nurmehr als "Spur" ehemaligen Gebrauchs an ihnen haften, daß Zeichen gleichsam ein "Gedächtnis" besitzen, in dem ihre diversen Verwendungen gespeichert sind, ist ein für die neostrukturalistische Poetik maßgeblicher Gedanke. Vgl. u. a.: Manfred Frank: Was ist Neostrukturalismus? Frankfurt 1984.
[81] Vgl. Mon: hören ohne aufzuhören. S. 24: "der besitzerstolz weicht der sensibilität für anzeichen, für rudimentäres, für informationen aus den zwischenräumen. fragmentarisch sind diese anzeichen, projektionen, details, und ihre bruchkanten stossen an die anderen bruchstücke, ohne mit ihnen mehr als die zeitliche oder räumliche nachbarschaft gemein zu haben (...). der empfänger muss mit den bruchkanten zurechtkommen, ja für ihn besteht die substanz in der beziehung, die er trotz augenscheinlicher zusammenhanglosigkeit zwischen den fragmenten herzustellen vermag (...)." - Zum Bild einer "löchrigen" Realität vgl. Franz Mon: Literatur zwischen den Stühlen. In: Akademie für Sprache und Dichtung. Jahrbuch 1985. S. 152. - Den innovatorischen Wert der Destruktion für die Verfassung der Sprache betont Mon in einem Aufsatz mit dem programmatischen Titel: "An eine Säge denken". "Die Negation (...) arbeitet die Bruchkante heraus, an der sich eine neue, 'unerhörte' Sprachfassung konturiert. Diese Bruchkante gibt es nur im destruierend-konstruktiven Prozeß, nicht als kartographischen Befund einer Sprachlandschaft. Sie bedeutet die Chance der Innovation, den Moment von Spontaneität, Erfindung, Einfall (...)." (In: Kopfermann: Theoretische Positionen. S. 31)

Stelle der schriftlich vermittelten "Information", welche der Text ja auch aus anderen Gründen nicht zu liefern wünscht, die Desorientierung.[82] Die Schriftcollage, entstanden aus zerschnittenen oder zerrissenen Texten, besitzt hier exemplarischen Charakter; gerade sie reflektiert vielfach die Irritation über die Inkohärenz und Unlesbarkeit von ursprünglich Lesbarem, gerade sie löst Bestürzung aus über den Verlust der Kontextualität von Erscheinungswelt und Geschichte. Andererseits geht gerade die Collage auch immer auf Impulse zur Umstrukturierung zurück, auf eine Neugier auf andere Ordnungen, die bei der Zersetzung geläufiger Kontexte entstehen könnten. Die "Unlesbarkeit" von Schriftcollagen stellt immer auch einen Protest gegen naive Lesbarkeitswünsche dar; insistiert wird auf dem Recht kombinatorischer Freiheit im Umgang mit Zeichen. Manifest der Un-Ordnung oder der Um-Ordnung in jedem Fall versteht sich die Collage als Strukturmodell des zu entziffernden Wirklichkeits-Textes selbst.[83] Darüberhinaus erweist sie sich als flexible und aussagekräftige Metapher für die "Informationsexistenz" des modernen Subjekts (der Mensch lebt nicht nur mit, sondern förmlich "in" Texten, er ist selbst Bestandteil einer mo-

---

[82] Vgl. dazu Franz Mon: ainmal nur das alphabet gebrauchen. Stuttgart 1967 (zit. nach Dencker: Text-Bilder. S. 82): "die erschwernis der lesbarkeit kann bis zur auflösung des/letternmaterials gehen/dabei werden die kleinsten zeichenelemente sichtbar/die am aufbau eines textes mitwirken können/und es zeigt/sich dass auch zeichenfragmente noch lesbar sind/ wenn sie in ihrem kontext erfasst werden". - Illustrativ ist hier ein Buch-Objekt, nämlich Konrad Balder Schäuffelens "Haus der Bienenkönigin" (abgebildet bei Adler/Ernst: Text als Figur. S. 304). Es besteht aus einem Kasten, der Jean Paul Sartres autobiographisches Werk "Die Wörter" in Gestalt auseinandergeschnittener Einzelwörter enthält. Dieses Objekt erinnert also an die Zerrissenheit eines Lebensbuches, das gleichwohl durch den Leser prinzipiell rekonstruierbar wäre - nichts ist verloren außer dem Zusammenhang.
[83] Zum Thema Collage: prinzip collage. Hg. v. Institut für moderne Kunst Nürnberg. Redaktion: Franz Mon und Heinz Neidel. Neuwied/Berlin 1968. - Ferner: Herta Wescher: Die Collage. Geschichte eines künstlerischen Ausdrucksmittels. Köln 1968. - Jürgen Wissmann: Collagen oder die Integration von Realität im Kunstwerk. In: Immanente Ästhetik - Ästhetische Reflexion. Lyrik als Paradigma der Moderne (= Poetik und Hermeneutik II). S. 327ff. - Die Collage besitzt insofern Schwellenfunktion zwischen Alltagswelt und ästhetischem Artefakt, als sie zumeist aus außerkünstlerischen Materialien besteht. Vgl. dazu Faust: Bilder werden Worte. S. 56.

numentalen Text-Collage, die seine zivilisatorische Realität ausmacht), sowie für das Ich selbst, welches gleichfalls als Konstrukt
aus Angelesenem interpretiert werden kann.[84] Collagen sind selbst
Grenz- und Schwellenphänomene, denn schließlich gehören ihre
Bestandteile ja meist der außerkünstlerischen Realität an, um dann
zum künstlerischen Artefakt arrangiert zu werden;[85] sie beziehen
ihre Effekte darüberhinaus aus jenen Grenzen und Schwellen, welche sie selbst durchziehen. Heterogenes trifft in der Collage aufeinander, grenzt sich gegeneinander ab oder geht durch Bildung
eines neuen Kontextes ineinander über. Daß Risse und Schwellen

---

[84] Zum Thema Collage als Reflexion über die zeitgenössische Realität vgl.
u. a. Franz Mon: alle buchstaben waren bilder. In: hören ohne aufzuhören.
S. 24. Vgl. auch Mon: Collage in der Literatur. In: prinzip collage. Hier S.
58: "die grundstruktur von collage ist in unserer zivilisatorischen realität
selbst angelegt, nämlich im unvermittelten nebeneinander des nichtzusam-
mengehörigen, im harten schnitt zwischen dem benachbarten und umgekehrt in der engen beziehung zwischen entferntem." - In seinem Aufsatz
über "Collagetexte und Sprachcollagen" (in: Texte über Texte. S. 116ff.)
charakterisiert Mon die Collage, wie sie von Raoul Hausmann und Hanna
Höch entwickelt wurde: "Bildfragmente aus den verschiedenartigsten Reali-
tätsbereichen schießen darin zu einer neuen kompositorischen Einheit zusammen, die der Sprunghaftigkeit und Disparatheit der Realität entspricht,
aus der die Fotos stammen. Die Collagetechnik erweist sich dieser Realität
auf den Leib geschnitten: heterogenes Material erscheint eng benachbart,
wird simultan aufgenommen, bildet eine funktionale Einheit, aber keine
thematische. An die Stelle des geschlossenen Sinnzusammenhangs ist das
Funktionengeflecht getreten (...)." - Zur Collage als Modell des Ichs vgl. die
vielzitierte Gebrauchsanweisung Tristan Tzaras zur Herstellung von "Gedichten" aus zerschnittenen Zeitungsfetzen: "Das Gedicht wird Ihnen gleichen." (Zitat nach Karl Riha: Cross-Reading. S. 39; die Passage stammt
aus: The Dada Painters and Poets. Hg. v. R. Motherwell. New York 1951.)
- Vgl. ferner Dietrich Mahlow: prinzip collage. In: prinzip collage. S. 8: "es
reizt ein vergleich [der Collage] mit unserem ich, das als ein agierendes und
manipulierbares keineswegs erschöpfend erklärt werden kann - denn in uns
setzen sich ständig reste des tages ab, häufen sich, werden wieder hinaus-
geworfen (...)."
[85] Vgl. dazu Franz Mon: hören ohne aufzuhören. S. 54: "im konzept von
collagen, wie ich sie verstehe, steckt, daß dinge und wörter ein kaum mehr
trennbares konglomerat bilden. dies betrifft vor allem dinge und wörter, die
im laufe der zeit aus ihrem verwendungszusammenhang geraten sind."
Demnach wäre die Collage aus Dingen und Wörtern insbesondere eine
Schwelle zwischen Realität und Sprachwelt.

für das künstlerische Gebilde konstitutiv sind, und daß dies seiner Funktion als Riß oder Schwelle in der erfahrenen Wirklichkeit selbst korrespondiert, wird hier am "Konkretum" demonstriert. Die Collage illustriert darüberhinaus - als Modell der Realität genommen - zum einen die Instabilität all jener Kontexte, aus denen die Erfahrungswelt (samt ihrem Leser) besteht, zum anderen die Möglichkeit, aus Disparatem neue Zusammenhänge zu konstruieren. Insofern sind sie Paradigmen der Kunst, die laut Mon in den "verschiedenen methoden" besteht, "das, was es noch nicht gibt, sich zeigen zu lassen".[86] Dieser Satz ist prägnante Formel für den schon aus anderem Anlaß erhobenen Befund, mit der Kunst gehe es um Abwesendes: eine Auffassung, welche ja keineswegs nur den Anspruch und das Selbstverständnis konkreter Kunst betrifft. Der Riß oder Schnitt an der Textkante, der in der Schriftcollage sichtbar bleibt, kann zur grundlegenden Metapher der Schwelle zwischen Geläufigem und Neuem, zwischen Gegenwärtigem und Absentem werden, und er ist von den Vertretern des "Prinzips Collage" als eine solche Metapher interpretiert worden. Zwischenräume im Schriftgebilde werden konstruiert, Zwischenräume der Leere ebenso wie Zwischenräume 'anderer', heterogener Schrift:[87] Sie sind Verweise auf die "Zwischenräume" in den "Text"-Partikeln der Welt, die es erlauben, deren Bestandteile gegeneinander zu verschieben.[88] Verweise damit auch auf die Abwesenheit als ein Korrelat der Gegenwart, von dem alle Erneuerung ausgeht.

---

[86] Mon: texte in den zwischenräumen. In: konkrete poesie. S. 171.

[87] Franz Mons eigene Collagen versuchen die konstitutive Bedeutung von Rissen und Zwischenräumen für die künstlerisch intendierte "Entdeckung" zu demonstrieren. Eine Reihe dieser Collagen wirken wie Konstrukte aus sich überlagernden Textschichten, deren untere dort sichtbar werden, wo die oberen zerrissen oder zerschnitten sind: Das Neue und Andere wird dort sichtbar, wo ein Loch in der Oberfläche sich auftut.

[88] "Die Collage tendiert in die (...) Richtung: nicht ein gegebenes Weltbild mit tausend Mosaiksteinchen zu belegen, bis es stimmt, sondern durch die frappierende Kombination des Unvereinbaren Neues, Unerwartetes aufscheinen zu lassen, das vorher und mit anderen Mitteln nicht vorstellbar war." (Mon: Collagetexte und Sprachcollagen. In: prinzip collage. S. 130). Die Collage "gibt die Zwischenräume frei" (S. 130). Entscheidend ist das dialektische Zusammenspiel von Destruktion und Konstruktion: "Destruktion wird, sobald man sich auf die zivilisatorische Realität einläßt (...), zur unentbehrlich korrespondierenden Methode von Konstruktion." (S. 131)

Konkrete Reflexionen über Unbestimmtheitsstellen in Sprache und Realität

Konkrete Dichtung ist ihrem Selbstverständnis nach eine Form poetischer Reflexion über die Sprache und ihre Zeichen, und das heißt auch: über die Ursprünge und Bedingungen von "Bedeutung", virtueller wie aktueller, über Eindeutigkeit oder Vieldeutigkeit von Worten und Texten. In welchem Maße die Sprache das Generalthema konkreter Autoren ist, illustrieren exemplarisch die theoretischen Standortbestimmungen etwa Ernst Jandls, der dazu neigt, sein gesamtes Schreiben als Erkundung sprachimmanenter Möglichkeiten zu begreifen.[89] Nicht die Eindeutigkeit von Zeichen wird dabei vorausgesetzt oder postuliert, sondern deren Polyvalenz - die Unbestimmtheit ihres Sinnes, welche sich, je nach Erklärungsmodell, aus der Assimilierbarkeit an verschiedenste Kontexte oder aus einer inneren Dynamik der sprachlichen Phänomene selbst ergibt.[90] Die nächstliegende Strategie zum Aufweis der virtuellen Vieldeutigkeit von Zeichen ist deren verfremdender Gebrauch; hier gilt für das sprachliche "Material" das gleiche wie für jenes Realitäts-Material, das in verfremdeter Form Eingang in die Collage findet und dadurch jeden Anschein von Eindeutigkeit verliert.[91] Da aus "konkreter" Perspektive keine kategoriale Differenz zwischen den als Konkreta zu nehmenden Sprachzeichen und anderen Elementen der Erfahrungswelt besteht, führt die Reflexion über die Polyvalenz jener Zeichen mittelbar zur Einsicht in die Uneindeutigkeit der Dinge selbst. Franz Mon setzt das Uneindeutige und das Konkrete sogar explizit gleich; das Eindeutige gilt ihm als entwirklicht bis zur Nichtigkeit: "das uneindeutige ist das konkrete. was identifiziert ist, ist auch bereits verschwunden."[92] Diese

---

[89] Vgl. dazu Monika Schmitz-Emans: Poesie als Sprachspiel. Überlegungen zur Poetik Ernst Jandls. In: Zeitschrift für deutsche Philologie. Bd. 109 (1990).

[90] Vgl. dazu u. a. Siegfried J. Schmidt: 'Negation' und 'Konstitution'. S. 411.

[91] Vgl. dazu Faust: Bilder werden Worte. S. 56.

[92] Mon: texte in den zwischenräumen. In: konkrete poesie. S. 170.

Feststellung trägt vor allem jener inneren Paradoxie aller Zeichen Rechnung, welche gerade am Paradigma der Schrift immer wieder erörtert wurde: Zeichen wollen repräsentieren, doch sie bekräftigen nur die Abwesenheit ihres Signifikats. Soll das Konkrete konkret bleiben, so muß es sich der Absorption durch bruchlose Bezeichnungen entziehen.

Nur was sich seine Uneindeutigkeit erhält, könnte sich demnach gegen das "Verschwinden" sperren; dies gilt nicht nur für außersprachliche Phänomene, sondern auch für alle Zeichen. Sie nämlich werden dem Betrachter gleichfalls in dem Maße "präsent", als sie nicht eindeutig decodierbar sind. Dieser Gedanke zieht sich wie ein Leitfaden durch die semiologisch geprägte Poetik des 20. Jahrhunderts.[93] Daß sich gerade konkrete Dichtung auf die Spur des Uneindeutigen begibt, statuiert Franz Mon in seinem Aufsatz über "texte in den zwischenräumen". Er charakterisiert das Interesse am Unbestimmten als ein Interesse an den "Zwischenräumen" scheinbar festgefügter Kontexte, an Sinn-Zwischenräumen also. Wo anders hätte das Uneindeutige seinen Ort als im "Dazwischen"? Dem Unbestimmten kann schließlich keine positive Chiffre zugeordnet werden, da es durch diese einem Bestimmungsprozeß unterläge; allein der Zwischenraum als negative Chiffre kann hinweisen, ohne den Gegenstand seiner Verweisung zu identifizieren. In den "Zwischenräumen" des Lesbaren hätte insbesondere jenes Un-Eindeutige seinen Ort, das Möglichkeitsbedingung aller Innovation ist, weil es aus dem Rahmen des Bestimmbaren und Bestimmten herausfällt und dessen Verschiebung oder Erweiterung fordert. Darum kommt das Medium des Flächentextes den Intentionen poetischer Arbeit so sehr entgegen: Mit seinem Zusammenspiel von Lettern und Leerzonen provoziert und illustriert er ein Zuhalten auf etwas, das noch ungelesen, noch ungeschrieben ist.[94] Harald Weinrich hat die Strategie konkreter Text-

---

[93] Siegfried J. Schmidt statuiert als Kriterien der "Ästhetizität" eine "Polyfunktionalität auf der Werkseite, [ein] polyperspektivisches Sehen auf der Rezipientenseite". ('Negation' und 'Konstitution'. S. 426.) - Das Werk muß offen für divergente Deutungen sein, aber der Betrachter und Leser muß sich auf diese Offenheit auch einlassen.

[94] Mon: texte in den zwischenräumen. In: konkrete poesie. S. 171f.: "daran unterscheiden wir uns: wer darauf besteht, auch 'dies da' zu erfahren, und nicht ruhe gibt, bis es tatsächlich hervortritt, und wer 'sonst was' vermittelt

gestaltung generalisierend als die einer verdoppelten Negation charakterisiert. Die Determination der Wortbedeutung in den alltagssprachlichen Kontexten stelle als eine Reduktion des Bedeutungspotentials eine einfache Negation dar; durch die Auflösung jener Kontexte im konkreten Gedicht vollziehe sich eine Negation dieser Negation. Die konkrete Poesie lebe, so Weinrich, "von der Annahme, daß diese doppelte Negation eine große und vielleicht grenzenlose Affirmation freisetzt."[95] Als Bedingung jener verdoppelten Negation und als charakteristisches Moment konkreter Dichtung wird hier jedenfalls die Herauslösung des Einzelwortes aus seinen Kontexten, also seine Isolierung betrachtet - eine Isolierung, welche nur durch dezidierten Einbezug der leeren Fläche ins Artefakt möglich ist. Diese leere Fläche ist Möglichkeitsbedingung und Ausdruck negierter Negation (sprich: aufgehobener Bestimmung) und darum für das Gedicht ebenso wichtig wie die Zeichen selbst, wenn nicht gar wichtiger.

---

haben möchte. 'sonst was' beansprucht mich dauernd; 'dies da' gibt es fast nicht, oder besser: ich bin nicht bei ihm, weil ich mich von dem ihm aufsitzenden 'sonst was' weglocken und abführen lasse. in allem, was mir begegnet, sind beide momente da, am wirksamsten das 'sonst was' in den zu verweisenden zeichen verkürzten bildern und besonders den schriftzeichen. sie leisten ihre sache am besten, wenn ihr 'dies da' völlig verschwunden ist vor dem 'sonst was', auf das abgezielt ist. (...) es ist nun ein maß der bewußtseinsanreicherung denkbar, bei dem (...) angesichts der universalen verfügbarkeit und gegenwärtigkeit der inhalte sich das verlangen nach ihren 'zwischenräumen' meldet. da diese sich nicht abermals als bestimmte inhalte zeigen können, muß ich mich an den prozeß halten, der sie mir zugeführt hat (...) die sprache verschwindet unter der schrift. die schriftzeichen bleiben einen augenblick wie petrifizierte gerüste, doch nur solange sie nicht beansprucht werden. das 'm' wird nie wieder 'wasser', aber es ist auch plötzlich nicht mehr das eindeutig handhabbare 'm' mit seiner festen stellung im lautsystem, je nachdem, was ihm auf dem weg zu einer neuen textur, nämlich der 'zwischenräume', zustößt, flimmert es in einer bedeutsamkeit, die durch nichts anderes als es selbst an der gegenwärtigen stelle wiederzugeben ist: es ist jetzt zeichen und mitteilung zugleich."
[95] Harald Weinrich: 'Konkrete' Negativität. In: Harald Weinrich (Hg.): Positionen der Negativität (= Poetik und Hermeneutik VI). München 1975. S. 554. Hier auch die Bemerkungen zur Aufhebung von kontextuellen Bestimmungen als eine Form negierter Negation.

"der leerraum die entfernungen die positionen der buchstaben sind
ebenso wesentlich wie diese selbst".[96]

Die positiven Lettern und Schriftpartikel sind Modelle jenes Ra-
sters von (sprachlichen) Bestimmungen, das im Erfahrungsprozeß
dem noch Unbestimmten sich überlagert; das, was die Zeichen
nicht abdecken, also die leerbleibende Fläche, signalisiert das Un-
bekannte und die von ihm ausgehenden Irritation. Die Absenz von
Zeichen, insofern sie indirekt wahrnehmbar gemacht wird, fordert
heraus zur Erkundung neuer Terrains, zum Ausgreifen auf noch
ungespurtes Gelände im Reich der Dinge wie in dem der Zeichen
selbst. Die Leer- und Zwischenräume erinnern daran, daß das Geschriebene (wie das "Beschreibliche") immer nur einen Ausschnitt
aus einem umfassenden - einem unendlichen ? - Ungeschriebenen
darstellt, und sie sind, insofern sie den an Linearität und Entziffer-
barkeit von Texten gewöhnten Leser irritieren, Verweise vor allem
auf die Widerständigkeit des jeweils noch Unerkundeten.

Als (negative) Chiffren des Nicht-Festgestelltseins - im Sinne
der Polyvalenz wie in dem der "Mobilität" - erinnern die Zwischenräume vor allem daran, daß die Sprache selbst als geschlos-
senes System festgelegter Signifikat-Signifikant-Zuordnungen ihren Funktionen nicht gerecht werden kann. Das Nichtbezeichnete,
Nichtartikulierte ist Möglichkeitsbedingung jener Geschichtlichkeit der Sprache, welche ihrerseits die Geschichtlichkeit und Va-
riabilität von Erfahrung bedingt.[97] Geschichte ist nur denkbar als
Bewegung auf ein noch Unerkundetes zu, und sie kann folglich
nur in einer Sprachbewegung sich artikulieren, die ebenfalls auf
Unfestgestelltes zuhält. Es geht gerade in der konkreten Dichtung
um ein "Agieren" der Texte aus ihren Zwischenräumen heraus; der
konkrete Text versteht sich als Auslöser eines Geschehens, das

---

[96] Mon: texte in den zwischenräumen. In: konkrete poesie. S. 173. Indem
der Betrachter die Zeichen zusammen mit dem "negativen leerraum" wahrnimmt, wird er dazu provoziert, "ihren möglichen beziehungen nachzugehen und in der einfachsten anordnung die vielfalt der bezüge zu erkennen."
(S. 174)
[97] Vgl. zum Thema Geschichtlichkeit der Sprache und zur Destruktion
sedimentierter Bezeichnungskonventionen als Voraussetzung der Innovation u. a. Mons Aufsatz: An eine Säge denken. In: Kopfermann (Hg.): Theoretische Positionen. S. 30.

sich auf dem Papier abspielt, sich abspielen kann, weil dieses freie Flächen aufweist. Insofern die Texte zugleich Segmente und Modelle der Realität sind, geht es mit ihrem "Leben" zugleich um die innere Dynamik der Erfahrungswelt selbst, deren Bedingung die relative Isolation ihrer Einzelelemente oder doch die Veränderbarkeit von deren "Kontexten" ist. Die Zwischenräume des Uneindeutigen und Unidentifizierten verhindern eine Sedimentierung des Faktischen, die der Aufhebung von Geschichte gleichkäme: Dies wird durch das "konkrete" Modell nicht besprochen, sondern demonstriert. Der poetische Text eröffnet einen Spiel-Raum, gerade indem er leere Flächen umschließt, einen Spiel-Raum der Deutung, welcher aus der Perspektive des Lesers gesehen einem Handlungsspielraum gleichkommt, denn im Zusammenlesen über jene Freiräume hinweg wird der Text immer wieder hergestellt. Als mögliche Metaphern der Freiräume des Handelns schlechthin interpretiert, kommen die leerbleibenden Textflächen natürlich vor allem jenem emanzipatorischen Selbstverständnis entgegen, wie es die Literatur der 60er und frühen 70er Jahre für sich beanspruchte.[98] Als Frei-Räume und Spiel-Räume der Sinnkonstitution, als paradigmatische Unbestimmtheitsstellen, verweisen sie auf die konstitutiven Momente von Unbestimmtheit in allen Texten wie in der Sprache insgesamt. "der text der ausbleibt ist der text" - diese Zeile ist Leitformel auch für die "konkrete" Erkundung des (noch) Unbestimmten, das einst vielleicht beschreiblich sein wird. Aus den Zwischenräumen des Lesbaren kommen Antworten, die niemand erwartet hat, da sie nicht einmal erfragbar waren.[99] Einige Kabbalisten glaubten einst an die noch unsichtbare Tora als das Medium unbekannter Offenbarungen.[100] Zwischen diesem Vertrauen in den unsichtbaren Text als den Ausgangspunkt des

---

[98] Einen Zusammenhang zwischen der Uneindeutigkeit konkreter Texte und deren emanzipatorischem Selbstverständnis stellt Siegfried J. Schmidt her ('Negation' und 'Konstitution'. S. 415).
[99] Vgl. Mon: texte in den zwischenräumen. In: konkrete poesie. S. 171: "das eben noch stumpf lesbare zittert in der erwartung des textes, der nicht vorgesehen war. das plakat ist plötzlich etwas zerreißbares, es widersteht meinen händen und singt plötzlich. es antwortet auf fragen, die ihm noch nie gestellt worden sind."
[100] Vgl. dazu Gershom Scholem: Zur Kabbala und ihrer Symbolik. Frankfurt, 6. Aufl. 1989. S. 111 (Text) und S. 273 (Anmerkung).

schlechthin "Neuen" und der Affinität konkreter Dichtung für den ausgesparten Zwischenraum im Geschriebenen besteht eine deutliche Analogie. Gemeinsamer Nenner ist die Idee einer Komplementarität von präsenter und absenter Schrift: Aus deren Spannungsverhältnis resultiert jegliche Veränderung.

STATT EINES NACHWORTS: GESCHICHTEN ÜBER SPRACHE

Die Geschichte der Sprachreflexion steht im Zeichen der Metasprachenproblematik: Man kann die Sprache nicht von einem Standort jenseits ihrer selbst thematisieren; zumindest kann man nichts über sie sagen, ohne sich bereits auf ihrem eigenen Gelände zu bewegen. Eine mögliche Konsequenz daraus wäre, nicht theoretisch über Sprache sprechen zu wollen und auf die trügerische Suggestion distanzierender Abstraktionen zu verzichten - um stattdessen vielmehr Sprache vorzuführen, zu zeigen, wie sie funktioniert, indem man sich bewußt und demonstrativ auf ihrem Gelände bewegt. Dies ist etwa die Strategie Wittgensteins, der jener Unhintergehbarkeit dessen, was er "Sprachspiele" nennt, dadurch Rechnung trägt, daß er sie als Sprachspiele inszeniert, ohne so zu tun, als könne er sich über diese erheben. Vor dem Hintergrund der Einsicht in die Unhintergehbarkeit der Sprache sind auch die Sprachexperimente der literarisch-poetischen Autoren zu sehen. Die Formel von der "Sprache der modernen Dichtung" darf dabei als mehrdeutig gelten: Zum einen wäre sie interpretierbar als Bekräftigung des Anspruches von Dichtung, ihre eigene Sprache zu sprechen - eine, die nicht mit der außerpoetischen, der Alltags- oder Wissenschafts-Sprache deckungsgleich ist und nicht an deren Maßstäben bemessen werden darf, eine Sprache, welche sich dem reibungslosen Funktionieren verweigert. Andererseits erinnert diese Formel aber auch daran, daß Sprache schlechthin von der modernen Literatur zu ihrem Anliegen gemacht wird: nicht nur diejenige Sprache, welche der einzelne Text jeweils spricht, sondern alles, was mit Sprachlichkeit zusammenhängt - als deren Manifestation, Möglichkeitsbedingung und Effekt.

Wenn man das Terrain der Sprache nun auch nicht verlassen kann, wo es darum geht, Sprachliches und Sprachlichkeit zu erhellen (was natürlich nicht besagen soll, daß es kein Gelände jenseits der Sprache gäbe), so erscheint es doch verlockend, sich in Randzonen, auf Randstreifen zu begeben, auf weniger gut oder noch gar nicht erkundetes Sprachgelände. Dorthin etwa, wo nicht so recht klar ist, welche Sprachspielregeln gelten oder nach welchen Regeln gespielt wird. Oder dorthin, wo etwas nicht "funktioniert", weil Regeln verletzt werden oder keine Orientierungshilfe bieten. Oder dorthin, wo Un-Erhörtes vernehmbar wird. Zu solchen Erkundungen gehört die Bereitschaft zur Verfremdung, ja die Lust am Verfremden des Vertrauten. Verkehrte Sprach-Welten sind oft brauchbare, wenn auch verzerrende Spiegelbilder dessen, was normalerweise mit scheinbarer Selbstverständlichkeit gespielt wird.

Sprach-Abenteuer in einer verkehrten Welt

In eine durch und durch verkehrte Welt verschlägt es vor allem eine wichtige Protagonistin der modernen Literatur, deren Geschichten durchgängig auch Abenteuer mit Sprache sind, meist weniger lustig als beklemmend: Lewis Carrolls Alice.[1] Alices erste Reise

---

[1] Die Geschichten aus dem "Wonderland" erschienen 1865, die Fortsetzung durch die Abenteuer im Spiegelland 1871. Die folgenden Angaben beziehen sich auf die englischen Originaltexte sowie auf je eine deutsche Übersetzung: "Alice's Adventures in Wonderland" / "Through the Looking-Glass" in: The Complete Works of Lewis Carroll. With an introduction by Alexander Woollcott and the Illustrations by John Tenniel. London (Penguin Books) 1988 (im folgenden abgekürzt: CW). - Lewis Carroll: Alice im Wunderland. Mit zweiundvierzig Illustrationen von John Tenniel. Übers. u. mit einem Nachwort versehen von Christian Enzensberger. Frankfurt/M. 1973 (im folgenden abgekürzt: AW). - Lewis Carroll: Alice hinter den Spiegeln. Mit einundfünfzig Illustrationen von John Tenniel. Übers. v. Christian Enzensberger. Frankfurt/M. 1974 (im folgenden abgekürzt: AS). Im laufenden Text auftauchende Zitate sind der deutschen Übersetzung entnommen; da viele Sprachspiele des Originaltextes durch eine Übersetzung nicht wiederzugeben sind, werden die englischen Entsprechungen der zitierten Stellen gelegentlich in den Fußnoten oder im Anhang wiedergegeben.
   Forschungsliteratur: The Annotated Alice. Alice's Adventures in Wonderland (1865) and Through the Looking-Glass (1872) by Lewis Carroll. Illustrated by John Tenniel. With an introduction and notes by Martin Gardner. Harmondsworth 1965 (im folgenden: Gardner). - The Philosopher's Alice. Alice's Adventures in Wonderland & Through the Looking-

führt sie durch ein Kaninchenloch ins "Wunderland", die zweite durch einen Spiegel hindurch ins Spiegelland - und was Alice in beiden Ländern erlebt, ist dazu angetan, ihre Begriffe von der Ordnung der Welt durcheinanderzubringen, insbesondere auch ihr Vertrauen in sprachliche Ordnungsmuster. Die Sprache scheint nicht wie gewohnt zu funktionieren im Wunder- und im Spiegelland.

Sprachliche Etiketten sind unzuverlässig (wie Alice schon beim Fall durchs Kaninchenloch feststellen muß, bei dem ihr ein Glas in die Hand gerät, dessen Aufschrift Orangenmarmelade verheißt, obwohl das Glas leer ist); manches, was da so oder so heißt, ist höchst unkonventionell "etikettiert". Und dabei nehmen die Wunderland-Bewohner doch gern sogar metaphorische Redensarten buchstäblich, so als gebe es zwischen metaphorischer und "eigentlicher" Redeweise keine Differenz (was Alice vor allem irritiert, als eine Maus versucht, eine Gruppe von durchnäßten Zuhörern mithilfe einer "trockenen" Geschichte trockenzulegen).[2] Eben diese Maus ist es auch, die gleichklingende Wörter als Synonyme traktiert und die jeweils gleich benannten Gegenstände gleichsetzt, indem sie - stimuliert durch den Gleichklang von "tail" (Schwanz) und "tale" (Geschichte) - eine schwanzförmige Geschichte erzählt (3. Kap.).[3] Ein interessanter Wunderland-Bewohner ist die blaue Raupe, welche keine Regel sprachlicher Interaktion ungefragt akzeptiert (5. Kap.). Die sprichwörtlich grinsende Cheshire-Katze demonstriert durch ihre Insistenz auf Wörtlichkeit die Nähe von Pedanterie und Irrsinn (6. Kap.). Eine verrückte Teegesellschaft erlaubt sich sinnlose und manchmal bis zur Verstörung irritierende Scherze mit Redensarten und konventionellen Dialogmustern (7. Kap.). Und dann ist da die Herzogin, welche den Versuch einer Deutung von Sätzen als Träger sinnvoller Aussagen durch Überspitzung ad absurdum führt (9. Kap.). Immer wieder wird beim Wort genommen, was man normalerweise nicht wörtlich verstehen würde - so daß die Idee der Wörtlichkeit selbst in Mißkredit gerät, das Vertrauen in die Referentialität von Wörtern als zumindest ge-

---

Glass by Lewis Carroll. Introduction and Notes by Peter Heath. New York 1974 (im folgenden: Heath).
[2]   CW 32 / AW 28.
[3]   CW 35 / AW 33.

linde Form des Irrsinns erscheint. Und doch hat solches Insistieren auf dem "Wörtlichen" auch einen utopischen Zug. Wie schön wäre es doch, wenn wir den Wörtern glauben dürften, wenn Redensarten Wahrheiten verkündeten, wenn die Ordnung der Sprache ein Abbild der Ordnung der Dinge wäre! Aber genau dieser Wunsch ist unerfüllbar: Die Ordnung der Sprache hat nichts mit einer wie auch immer beschaffenen Ordnung der Dinge zu tun. Wenn Sprache überhaupt Regeln unterliegt, so sind dies höchst eigensinnige. Dabei sind alle möglichen Gestalten in jenen merkwürdigen Ländern, die Alice bereist, fasziniert von Sprachlichem, auf Wörter versessen; sprechen im Wunderland schon - wie ganz selbstverständlich - die Tiere, so reden im Spiegelland selbst die Blumen mit (womit sie natürlich wiederum eine Redensart, nämlich die von der "Sprache der Blumen", beim Wort nehmen). Eindringlicher noch als im Wunderland wird Alice im Spiegelland von Belehrungen über Sprache, Wörter und Wortbedeutungen verfolgt - von Belehrungen, die allesamt Desorientierung statt Orientierung erzeugen, ja dazu angetan sind, durch ihren Aberwitz anzustecken.

Carrolls Alice-Romane können aus einer doppelten Perspektive gelesen werden: Erstens als Schilderungen eines Reichs der Phantasie, also als Demonstration der Möglichkeit, mit literarisch-poetischen Mitteln Gegenwelten zu entwerfen. Zweitens aber auch als ästhetische Reflexionen über die sogenannte Realität selbst, über Gesetze und Verfaßtheiten des "Wirklichen", über die vermeintliche Ordnung der Dinge. Beide Lesarten widersprechen sich nicht: Gerade vom "Anderen" der Gegen-Welt her kann vielleicht das Vertraute in den Blick genommen und erhellt werden. Die Alice-Romane sind Romane über die empirische Welt und die Modalitäten ihrer Erfahrung - und zwar nicht obwohl, sondern weil sie Romane über phantastische Reiche sind. Sie beleuchten das sogenannte Wirkliche, weil sie Unerhörtes schildern: das Un-Erhörte, das in dieser Weise über unsere Wirklichkeit noch nie gesagt worden ist.

Das Grundkonzept beider Romane besteht in der Störung von "Ordnung", der Inszenierung von "Unordnung". Alle Störungen funktionieren nur vor einem - und sei es höchst fragwürdigen - Hintergrund von "Normalität". Zugleich aber stellen sie deren Ordnungen und Gesetze radikal in Frage. Dies gilt auch und gerade für sprachliche Normen und Konventionen. Die Störung, der Regelverstoß, provoziert einen Erkenntnisprozeß.

Was vorübergehend suspendierbar erscheint, handle es sich um Naturgesetze, Wahrnehmungsregeln oder Spielregeln sozialen Verhaltens, verliert seine angemaßte Selbstverständlichkeit, erscheint mit einemmal als kontingent - etwa als letztlich unbegründete historisch-gesellschaftliche Konvention. Der Ausdruck "Konvention" impliziert dabei mindestens zweierlei: erstens den Setzungscharakter dessen, was da "konventionell" heißt - man hat sich ausdrücklich oder unausdrücklich geeinigt, etwas *solle* so oder so sein, aber eigentlich hat dieses So-Sein keinen Grund außer eben der Konvention. Und zweitens kommt die Konvention gelegen, sie ist (engl.) "convenient". Man braucht Konventionen, um sich in der Welt zurechtzufinden und um miteinander auszukommen; die Gesellschaft als solche beruht auf Konventionen. Dieses Thema ist vor allem in der englischen Philosophie immer wieder abgehandelt worden, etwa als Theorie über den "Gesellschaftsvertrag" oder über Funktionen und Möglichkeitsbedingungen der Sprache als Inbegriff menschlicher Setzung. Wer sich auf die letztlich beliebigen, aber folgenreichen Spiel-Regeln des Miteinanders nicht einläßt oder sich mit ihnen nicht auskennt, ist zur Einsamkeit verdammt. Alices Abenteuer nehmen sich deshalb manchmal so beklemmend aus, weil sie Abenteuer einer einsamen Gestalt in einer durch und durch befremdlichen Welt sind.

Zu den eindringlichsten Erfahrungen des um Erkenntnis bemühten Subjekts gehört es nun, daß der Versuch, in die Tiefe der Erkenntnisgegenstände vorzudringen, um dort den "Grund" dessen, was ist, aufzuspüren, die Erfahrung von Grundlosigkeit nach sich ziehen kann. Die Geschichte der Erkenntnistheorie und der Wissenschaft von den Objekten ist sogar lesbar als die Geschichte eines progressiven Verlusts von Gründen. In diesem Punkt ist Alice eine ausnehmend moderne Figur - Alice, die durch ein Loch ins Wunderland fällt und die im Spiegelland in jeder Hinsicht den Boden unter den Füßen verliert. Gerade moderne Literatur macht die scheiternde Suche nach Gründen und das daraus resultierende Bewußtsein von Grundlosigkeit - die Erfahrung von Kontingenz - zu einem ihrer Generalthemen. Jene Kontingenzerfahrungen betreffen, wie bei Carroll, alle Bereiche der Wirklichkeit: die Außenwelt und das eigene Ich, die Natur und die Gesellschaft. Allenthalben sind die Gründe abhanden gekommen oder als Fiktionen entlarvt worden.

Dies gilt auch - mit besonderem Nachdruck - für die Sprache und den Sprachgebrauch, deren Begründung sich als ein unmögliches Unternehmen erweist. Die Theoretiker eines göttlichen ebenso wie die eines natürlichen Sprachursprungs hatten die Sprache auf ihre jeweilige Weise zu begründen versucht: nicht allein die Tatsache, daß es Sprache gibt, sondern vielfach auch deren Gestalt, die Wörter, die Grammatik - sie hatten unterstellt, für den Klang der Wörter gebe es Ursachen in der Beschaffenheit der Dinge selbst, hatten die Grammatik als Abbild einer Ordnung der Dinge begriffen. Die nominalistischen und empiristischen Sprachtheoretiker hatten diese Prämissen zwar nicht geteilt, sondern vielmehr den Setzungscharakter von Sprache betont - und doch hatten auch sie einen Grund der Sprache zu bestimmen gesucht: Für sie hatte er in den Zwecken und Funktionen der Sprache, in ihrer Bedeutung als Integrationsmedium für die menschlichen Gesellschaften gelegen. In dem Moment, da an die integrative Kraft der Sprache nicht mehr geglaubt werden kann, wird auch dieser Begründungsansatz problematisch.

Alice erfährt alle möglichen Irritationen, die aus der Bodenlosigkeit von Sprache und Rede resultieren, am eigenen Leib. Schon bald nach ihrem Sturz ins Kaninchenloch wird der Gebrauch von Sprache problematisiert, und zwar anläßlich einiger Wörter, deren Sinn Alice nicht kennt, was sie nicht hindert, diese zu benutzen:[4] Mit Ausdrücken wie "Latitude" und "Longitude" ("Längengrad" und "Breitengrad") läßt sich gut glänzen, ebenso wie mit der altklugen Rede von "Antipathies" (bzw. "Antipoden"). Alice spricht noch nicht die Sprache der Erwachsenen; sie ist noch nicht fertig dressiert, bemüht sich erst noch um die Aneignung der Terminologie systematischen Schulwissens. Ihr fehlerhaft-eigenwilliges Sprechen erscheint einerseits als Defizit an Kompetenz, andererseits als Ausdruck einer Offenheit für Dinge, die kein Lehrstoff in richtigen Schulen sind - einer Offenheit für das Un-Erhörte. Kein Zufall, daß Alice gern mit Wörtern spielt; hier ist sie dem Autor

---

[4]   CW 17 / AW 13.

Carroll selbst verwandt.[5] Kein Zufall auch, daß sie mit Wörtern spielt, während sie nach unten, ins Bodenlose fällt. An irgendetwas muß man sich ja halten, wenn man den Boden unter den Füßen verloren hat. Die Frage ist nur, woran man sich da hält. Wer meint, sich durch Sprache einen Boden unter den Füßen verschaffen zu können, ähnelt fatal dem legendären Baron von Münchhausen bei seinem Versuch, sich am eigenen Zopf aus dem Sumpf zu ziehen.

Carrolls Alice-Romane sind lesbar als so kuriose wie belehrende Geschichten über die Abenteuer, die man mit der Sprache erleben kann. In dieser Eigenschaft antizipieren sie die Inszenierung verwandter Abenteuer durch die Literatur des 20. Jahrhunderts. Sie demonstrieren an und durch sich selbst die Unmöglichkeit, "hinter" die Sprache zurückzufinden oder "über" sie hinaus zu gelanden, demonstrieren - anders gesagt - daß Sprachreflexion selbst sich notwendigerweise als Sprach-Spiel vollzieht. Und sie ziehen daraus bereits die Konsequenz, in deren Zeichen die Dichtung unseres Jahrhunderts stehen wird: Das sprachreflektorische Spiel um Wörter und ihren Gebrauch wird ans Medium Literatur delegiert.

Herausforderungen durch das Unverständliche

Die Sprache hat in ihrem alltäglichen und scheinbar - aber nur scheinbar - selbstverständlichen Gebrauch drei allgemeine Grundfunktionen zu erfüllen: Erstens die der Benennung von Dingen und Sachverhalten, also von äußerer "Wirklichkeit", zweitens die der

---

[5]   AW 14. Alice treibt im englischen Originaltext (CW 17f.) ein Spiel mit den ähnlich klingenden Wörtern "cats" und "bats", "Katzen" und "Fledermäuse" - "Do cats eat bats? Do cats eat bats? (...) Do bats eat cats?" Da Alice weder weiß, ob Katzen Fledermäuse, noch ob Fledermäuse Katzen fressen, sind ihr beide Frageformen gleichwertig, obwohl, wie sie später lernen wird, die Verkehrung von Satz-Subjekt und -Objekt keineswegs immer möglich ist, ohne daß Sätze ihren Sinn verlieren. "(...) as she couldn't answer either question, it didn't much matter which way she put it." Hierzu bemerkt Heath, S. 16, der sich auf eine Analyse des Carroll-Forschers Peter Alexander bezieht: "Alexander (...) suspects Alice of flirting here with logical positivism, that is, of rejecting questions that admit of no empirical answer as meaningless."

Selbst-Mitteilung, des Selbst-Ausdrucks, also der Artikulation innerer Wirklichkeit, drittens die eines Vehikels zur Kommunikation mit anderen. In den Alice-Romanen werden alle diese Funktionen radikal in Frage gestellt. Schon ihre Voraussetzungen und Implikationen erscheinen trügerisch, so etwa die Existenz einigermaßen stabiler Referenzbeziehungen, die Möglichkeit, "sich selbst" zu artikulieren, sowie die Befähigung und die Bereitschaft von Sprachbenutzern, sich mit anderen zu verständigen.

Das schlechthin Unverständliche macht sich breit inmitten der Sprache - und dies, obwohl diese doch ein Medium der Verständigung und Selbst-Verständigung sein sollte. Zu betonen ist, daß man im Wunder- und Spiegelland, trotz aller sonstigen Unterschiede, im großen und ganzen dieselbe Sprache spricht wie in Alices Heimat; Verständigungsprobleme, wie man sie im Ausland hat und wie sie Swifts Lemuel Gulliver im Land der "Houyhnhnms" erlebt, kommen kaum vor.

Eine Ausnahme bildet das berühmte "Jabberwocky"-Gedicht, das allerdings besonders modern wirkt - wie eine Antizipation dadaistischer oder "konkreter" Sprachexperimente; es ist abgefaßt in einer Phantasiesprache, die allerdings an Bekanntes anklingt und deshalb zur Interpretation provoziert. Alice, die es zu interpretieren versucht, kommt über die vage Umschreibung eines "Irgendwas" und "Irgendwie" nicht hinaus und muß sich später erklären lassen, was die Wörter heißen.[6] (Ob wir diesen Erklärungen trauen sollten, sei dahingestellt.) Man könnte den "Jabberwocky", unabhängig von seiner Ähnlichkeit mit späteren poetischen Sprach-Experimenten, als Gleichnis der Sprache moderner Dichtung lesen: Änigmatisch auf der Ebene des Wörtlichen, zudem in Spiegelschrift verfaßt und nur mittels Reflexion überhaupt in seiner Buchstäblichkeit entzifferbar, changiert dieser Text zwischen Verständlichem und Unverständlichem, zu Entzifferungsversuchen provozierend und diese dabei doch in ihrer ganzen Unzulänglichkeit brüskierend, auf Bekanntes bauend und doch ins Un-Erhörte hinein deutend. Vor diesem Text steht Alice - und stehen wir - wie vor einem Stück fremder, unbekannter Sprache. Ist es mit dem Lernen von Vokabeln getan, wo der Abgrund überwunden werden soll, der uns von einer fremden Sprache trennt?

---

[6]   CW 140ff. und CW 197f. - Vgl. AS 27f. und AS 87f.

Die Verständigungsprobleme, in die Alice verwickelt wird, sind ansonsten aber meist solche, die man im "Inland" haben kann und hat. Es geht gerade anläßlich des Problemkomplexes "Sprache" um das Gewöhnliche, das scheinbar Normale und Selbstverständliche als etwas, das plötzlich nicht mehr selbstverständlich erscheint und funktioniert.[7]

Immer wieder kommt es in den Alice-Geschichten zum förmlichen Stolpern über scheinbar harmlose Ausdrucksweisen, zur Irritation über Formeln, Floskeln und alltägliche Sätze. Die Wörter erweisen sich vor allem dann als tückisch, wenn man sie buchstäblich nimmt (um nicht zu sagen: wenn man sie ernst nimmt), wenn man ihnen eine Sachhaltigkeit abverlangt, die sie als Repräsentanten von "etwas" zwar versprechen mögen, meist aber nicht einzulösen vermögen.

Eine charakteristische fatale Störung des Gesprächsablaufs ergibt sich beispielsweise durch das Beim-Wort-Nehmen eines unpersönlich gemeinten "es". Dieses konventionelle, häufig gebrauchte neutrale Versatzstück wird von einer Ente, die Alice im Wunderland trifft, als Aussage über ein Etwas namens "es" fehlinterpretiert. Das dahintersteckende Sprachmodell ist simpel gestrickt, aber verführerisch: Jedem Wort - so die sprachrealistische Konzeption der Ente - muß eine Wesenheit entsprechen. Wörter, auf die dies nicht zutrifft, sind bedeutungsleer und folglich zu meiden. Solches Insistieren auf der zu fordernden Substanzialität aller Ausdrücke löst eine interessante, dabei aber fruchtlose Diskussion über Semantik aus. (Der metasprachliche Diskurs, so zeigt sich

---

[7] Den Hintergrund der Sprachreflexion bei Carroll bildet eine lange Geschichte des kritischen Nachdenkens über Sprache, wie es vor allem in England Tradition besitzt; Sprache wird dabei vorrangig unter dem Aspekt ihres Gebrauchs zu verschiedenen Zwecken thematisiert. Könnte man Francis Bacon, John Locke und George Berkeley als die wichtigsten "Vorfahren" des Sprachkritikers Carroll betrachten, so gehören zu seinen "Nachfahren" vor allem Vertreter der sogenannten Ordinary language philosophy. Auch diesen geht es vorrangig darum zu zeigen, "how to do things with words", zu zeigen, wie etwas mit Wörtern funktioniert. Charakteristisch, aber auch plausibel erscheint dabei das Interesse an Mißverständnissen, wie sie durch den Sprachgebrauch ausgelöst werden können, sowie die Sensibilität für irreführende oder unsinnige philosophische Begriffe und ontologische Konzeptionen, die durch den (philosophischen oder alltäglichen) Sprachgebrauch suggeriert werden.

dabei schon, eignet sich nicht dazu, in die Sprache und ihren Gebrauch eine Ordnung hineinzubringen. Es gibt auch ausgesprochene Vertreter des Nominalismus bei Carroll - aber plausibler werden deren Anschauungen auch nicht.)

> '"Ich darf fortfahren. >Die Unterhandlungen mit Sachsen, Braunschweig und Sachsen-Weimar waren ins Stocken gekommen. Aber Kurfürst Max Joseph von Bayern lenkte voller Mißtrauen gegen die österreichischen Absichten auf die Seite Napoleons. Er fand es klüger -<'
>
> '*Was* fand er?' fragte die Ente. / '>Es< antwortete die Maus etwas spitz. 'Was >es< ist, wirst du ja wohl noch wissen.' / 'Wenn ich etwas finde, weiß ich ganz genau, was >es< ist', sagte die Ente, 'nämlich im allgemeinen ein Frosch oder ein Wurm. Aber hier geht es darum, was der Kurfürst von Bayern fand.'"[8]

Auch Alices Gespräch mit der grinsenden Katze zeigt, zu welchen Problemen es führen kann, die Sprache beim Wort zu nehmen. Die Katze nämlich hält es mit der Präzision: präzise Fragen, Benennungen und Auskünfte sollen dem Gespräch scheinbar einen soliden Grund in einer sachlichen Referenz verschaffen und seinen regel-gerechten Ablauf sichern. Alice muß die Erfahrung machen, daß es auf der Basis solch rigider Klärungsversuche gar nicht erst zu einer brauchbaren Auskunft kommt. Deutlich wird dem Leser durch diese Szene ex negativo (also durch den Verstoß gegen diese übliche Spielregel des Gesprächs), daß in jede Unterhaltung, jede Verständigung über etwas stets eine Fülle von Unausgesprochenem mit hinein spielt. Sprachspiele funktionieren nicht so, daß erst jede Regel festgelegt werden und eine Vorverständigung über die gesamte Rahmensituation erfolgen müßte; sie funktionieren, wenn man das Nichtgesagte (oder nicht ausdrücklich Gesagte) als konstitutiven Bestandteil der Kommunikation akzeptiert. Pointiert gesagt: Das Ausdrückliche in der Sprache funktioniert nur auf der

---

[8] AW 29. Zu den Zwischenbemerkungen der Ente vgl. Heath. S. 30: "The Duck is a sort of illogical positivist. The word *it* has meaning for him only by standing for some concrete, verifiable, an usually edible object of experience. Holding such a view requires either the dismissal of many ordinary expressions as unintelligible, or a peopling of the world with anonymous agencies, responsible for raining, snowing, and so forth, and with equally mystifying items of the kind supposed here (...)."

Basis von Unausdrücklichem. Darum aber läßt sich das Funktionieren von Sprache auch nicht völlig tranparent machen: Der Versuch, das Unausdrückliche ausdrücklich zu machen, ist bereits ein Akt der Verfremdung und führt zu heillosen Verknäuelungen des sprachlichen Prozesses.

> "'Edamer Mieze', begann sie [Alice] ein wenig stockend, (...) 'Würdest du mir bitte sagen, wie ich von hier aus weitergehen soll?'
>
> 'Das hängt zum großen Teil davon ab, wohin du möchtest', sagte die Katze.
>
> 'Ach, wohin ist mir eigentlich gleich - ', sagte Alice.
>
> 'Dann ist es auch egal, wie du weitergehst', sagte die Katze.
>
> ' - solange ich nur *irgendwohin* komme', fügte Alice zur Erklärung hinzu.
>
> 'Das kommst du bestimmt', sagte die Katze, 'wenn du nur lange genug weiterläufst.' (...)"[9]

Wo der Gebrauch von Sprache seine vermeintliche Selbstverständlichkeit einbüßt, da nehmen sich Wörter und Redensarten fremd und befremdlich aus. Führen sie gar über die Köpfe ihrer auf Sprach-Beherrschung dringenden Benutzer hinweg eine Art Eigenleben? Alice erlebt jedenfalls mehrfach eine Art von Verselbständigung der Sprache, die bis zur regelrechten Verdrehung der Rede in ihrem Mund führt, zu einem Aufstand der Wörter, die da gesagt werden sollen, scheinbar aber nicht gesagt werden "wollen", - und komplementär zu einem Vordringen solcher Wörter, die sie gar nicht sagen möchte, die ihr gegen ihren Willen entfahren.

Es beginnt mit Kleinigkeiten wie einer falschen Ausdrucksweise, einem falsch konstruierten Komparativ, der Alice entschlüpft, als sie sich plötzlich teleskopartig in die Länge zieht: Sie hat vergessen "how to speak good English".[10] "Good English" erscheint als das sprachliche Äquivalent einer Welt, in der alles ordentlich und geregelt abläuft. Welche Sprache aber könnte einer Wirklichkeit ent-sprechen, in der die wichtigsten Gesetze nicht mehr gelten und das Ungewöhnliche, Unordentliche an der Tagesordnung ist?

---

[9]   AW 67 (vgl. CW 64f.).
[10] CW 23 / AW 19.

Auch kann Alice einst auswendiggelernte und damit von ihr beherrschte Gedichte - Inbegriff einer scheinbar beherrschten Sprache - plötzlich nicht mehr aufsagen. Die Wörter eines früher vertrauten Textes verdrehen sich in ihrem Mund, bis sie rein gar nicht mehr versteht, was sie da sagt. Anlaß für den scheiternden Versuch, sich als eines Textes mächtig zu beweisen, ist Alices Gespräch mit einer Raupe, das sich vor allem um die Unfeststellbarkeit und Unausdrückbarkeit von Identität dreht. Diese Raupe macht Alice aufmerksam auf den Zusammenhang, der zwischen ihrem Gefühl besteht, eine andere geworden zu sein, also ihre Identität verloren zu haben, und der Erfahrung, nicht mehr so reden zu können wie zuvor.

Schon vor ihrem Gespräch mit der Raupe hatte Alice auf das Gefühl der Entfremdung von sich selbst mit dem Versuch der Rekapitulation auswendiggelernter Gedichte reagiert; die Kontinuität des Erinnerns an irgendetwas sollte als Stütze ihrer angenommenen Identität dienen. Aber genau dies hatte nicht funktioniert: ein Indiz dafür, daß Sprachverlust und Ichverlust innerlich zusammenhängen, daß andererseits aber auch die Überzeugung, "jemand Bestimmtes" zu sein, im wesentlichen auf "auswendiggelernten" Sprachregelungen, auf einstudierten Sprachspielen, beruht.

> "'Ich will einmal aufsagen: >Wie emsig doch das Bienelein<'; und sie faltete die Hände im Schoß, wie wenn sie ihre Schulaufgaben hersagen müßte, und fing mit dem Gedicht an; aber ihre Stimme klang heiser und fremd, und die Worte kamen nicht so heraus wie sonst: (...) 'Nie und nimmer sind das die richtigen Worte!' sagte die arme Alice, und ihre Augen füllten sich mit Tränen, während sie weitersprach: 'Dann bin ich also jetzt wahrhaftig Mabel und muß auch in ihrem schäbigen kleinen Haus wohnen (...)'".[11]

Noch ein weiteres Mal werden die eigensinnigen Wörter der armen Alice falsch aus dem Mund kommen.[12] Und zwar ausgerechnet bei dem Versuch, das Befremden anläßlich der ersten sprachlichen Fehlleistung in eine Geschichte zu kleiden und so gleichsam zu entschärfen. Nicht einmal dies gelingt. Als Alice, die der Falschen Suppenschildkröte (Mock Turtle) und dem Greif von ihrem

---

[11] CW 26 / AW 23.
[12] CW 100f. / AW 106-108.

Mißgeschick mit dem falsch vorgetragenen Gedicht erzählt hat, den beiden ein anderes Gedicht aufsagen soll, verselbständigen sich die Wörter erneut. Und Alice fragt sich, ob jemals wieder irgendetwas mit rechten Dingen zugehen wird.[13] Der Rat der unduldsamen Zuhörer Alices klingt übrigens reichlich rabiat: Wer nicht mehr Herr der Wörter ist, sollte besser mit dem Sprechen aufhören.[14]

Die Entstehung von Wesen aus dem Wort

Obwohl in Carrolls Welten die Wörter in mancher Hinsicht nicht - oder doch nicht so "richtig" - funktionieren, funktionieren sie in anderer Hinsicht sogar besonders gut: Es kommt mehrfach zur regelrechten Entstehung von Figuren aus sprachlichen Wendungen oder Redensarten. Ein besonders instruktives Beispiel dafür bietet ein Wesen wie die Falsche Suppenschildkröte (die übrigens erzählt, sie sei einst "echt" gewesen)[15]. Carroll erlaubt sich einen Scherz, der auf einem absichtsvollen Fehlschluß beruht: Wenn man aus echten Suppenschildkröten echte Schildkrötensuppe macht, dann muß falsche Schildkrötensuppe (engl: mock turtle soup) aus falschen Suppenschildkröten gemacht sein.[16] Die Erfindung einer "Mock Turtle" beruht auf einer den Wörtern immanenten Möglichkeit gezielter Fehl-Interpretation; die Mock Turtle ist gleichsam das Derivat eines (Suppen-)Namens.

Produkte der Sprache sind auch diverse andere Figuren, mit denen Alice zusammentrifft. Teilweise handelt es sich um Gestalten aus volkstümlichen Liedern und Kinderreimen; teilweise sind sie

---

[13] CW 102 / AW 107f.

[14] CW 102 / AW 108.

[15] CW 93 / AW 97.

[16] Das "mock" im englischen Suppennamen bezieht sich natürlich nicht auf die "Falschheit" von Schildkröten, sondern auf die der Suppe selbst: mock turtle soup ist ein Imitat echter Schildkrötensuppe, welches normalerweise aus Kalbfleisch hergestellt wird. (Darum zeichnet der Illustrator der Alice-Bücher, John Tenniel, die Mock Turtle Carrolls mit Kalbskopf, Hinterhufen und Kalbsschwanz.) Ein der Mock-turtle-Erfindung analoger Fehlschluß wäre: Wenn man aus Schweinen Schweineschnitzel macht, dann müssen Jägerschnitzel aus Jägern gemacht sein.

von Carroll auf der Basis von Redensarten und gebräuchlichen Vergleichen erfunden worden, so etwa der "Mad hatter" und der Märzhase: "Verrückt wie ein Hutmacher", "verrückt wie ein Märzhase" sind geläufige Ausdrücke (mit unterschiedlichem kulturgeschichtlichem bzw. biologischem Hintergrund);[17] Carroll nimmt sie beim Wort, und daraus entstehen seine Gestalten. "Grinsen wie eine Katze aus Cheshire" ist ja ebenfalls eine solche Redensart, und Carroll denkt sich dazu eine Katze, von der hin und wieder allein ein Grinsen zurückbleibt, während die Katze selbst verschwindet: Das Sprich-"Wörtliche" an der Katze hat Bestand, der Rest löst sich in nichts auf.

Derlei abstruse Erfindungen von "Wesen" zu Namen sind nicht so kindisch, wie sie auf den ersten Blick erscheinen mögen. Man kann sie als Hinweis auf den atavistischen und doch nie ganz preisgegebenen Glauben an eine Magie des Wortes betrachten - einer Magie, mittels derer die Sprache ihre eigene Wirklichkeit hervorbringt und ins Leben ruft.

Der Glaube an die Wörter erscheint insgesamt als eine höchst ambivalente Haltung: Zum einen erscheinen diese bei Carroll immer wieder als so "realitätshaltig" und wesenhaft, daß ganze Sippschaften von Fabelwesen aus ihren bloßen meist redensartlichen Namen hervorgehen, wortgezeugt und dabei höchst "lebendig"; zum anderen erscheint der Glaube an die Existenz sprachlicher Referenten immer wieder als bodenlose Naivität.

Zu besonders intrikaten und dabei erhellenden Mißverständnissen kommt es, wenn die Teilnehmer von Sprachspielen irrigerweise negative Ausdrücke wie "nichts" oder "niemand" als Namen für positive Wesenheiten (fehl-)interpretieren. Ansatzweise macht sich Carroll diesen Effekt schon zunutze, als er im ersten Alice-Buch den König über einen an "Niemand" geschriebenen Brief sinnieren läßt.[18] Der Weiße König im Spiegelland dann ist von der Idee eines "Nobody" regelrecht besessen; er unterstellt die positive Existenz eines "Niemand" anläßlich solcher Ausdrucksweisen wie:

---

[17] Die "Verrücktheit" von männlichen Junghasen im März ist auch im Deutschen sprichwörtlich. Die "Verrücktheit", welche man Hutmachern zuschrieb, ging zurück auf Quecksilbervergiftungen bei der Arbeit; diese verursachten den sogenannten "hatter's shake", einen pathologischen Tremor, sowie Sprechstörungen. Vgl. dazu auch Gardner. S. 90.
[18] CW 114 / AW 121.

"ich sehe niemanden" oder "niemand ist schneller". Als Alice in einem Gespräch mit ihm bemerkt, sie sehe niemanden, da lobt der König sie wegen der Schärfe ihrer Augen - so als müsse man einfach besser sehen können, um neben einem "Jemand" auch einen "Niemand", neben dem Wirklichen auch das Nichts zu schauen:

> "'Auf der Straße sehe ich niemand', sagte Alice. 'Ach, wer solche Augen hätte!' bemerkte der König wehmütig, 'mit denen man selbst Niemand sehen kann! Noch dazu auf die Entfernung! Und *ich* muß schon froh sein, wenn ich in diesem Licht noch die wirklichen Leute sehen kann!'"[19]
>
> (Vgl. Anhang, Text 2)

Der "Niemand" wird zum Mitspieler deklariert, wie später ein weiteres Gespräch zwischen Alice und dem König bestätigt. Weil er einen Namen hat, so die Logik, die solches Spiel bedingt, muß er auch "sein" - denn wie könnte er sonst "heißen"?

> "'Wem bist du auf dem Weg begegnet?' sagte der König und streckte die Hand nach einer zweiten Portion Heu aus.
>
> 'Niemand', sagte der Läufer.
>
> 'Ganz recht', sagte der König; 'die junge Dame hat ihn auch beobachtet. Das heißt also, Niemand läuft langsamer als du.'
>
> 'Ich tue, was ich kann', sagte der Läufer mürrisch. 'Aber so viel weiß ich, daß niemand viel schneller läuft als ich.'
>
> 'Das wohl kaum', sagte der König, 'sonst hätte er ja vor dir hier sein müssen. (...)'"[20]
>
> (Vgl. Anhang, Text 3)

Der König hat - um das Carrollsche Wortspiel fortzusetzen - offensichtlich Nichts im Kopf. Und doch: Unverbindlicher Blödsinn ist dergleichen nicht. Hinter der Niemand-Episode verbirgt sich die Problematik des Negativen und der Negation schlechthin - die Pro-

---

[19] AW 96. Vgl. Heath. S. 201: "This passage, and its reprise a page or two later, are a perennial standby for philosophers who wish to horrify their readers with the dangers of hypostatizing the null class, and so fabricating nonentities (...)."

[20] AW 99.

blematik seiner Darstellbarkeit und Denkbarkeit, ja die fruchtbare Beunruhigung der Moderne durch das Nichts. Der Nobody erinnert an den namenlosen Gott der Juden und natürlich auch an den Zyklopen Polyphem, dem sich Odysseus listig als "Niemand" vorstellte, um dem Zugriff der Rache entzogen zu bleiben (Homer: Odyssee. Buch 9). Man könnte sogar so weit gehen, die Generierung eines Wesens namens "Niemand" aus dem bloßen Wort als Parabel über die poetische Schöpfung von Imaginärem mit ausschließlich sprachlichen Mitteln zu lesen: Imaginäre Wesen als Funktionen und Derivate der Wörter sind "nichts" und "niemand" - und doch laufen sie schneller als wir alle...

Unsinnsetymologien als Reflexionen über die Unbegründbarkeit von Sprache

Werden diverse imaginäre Wesen in den Alice-Romanen dadurch begründet, daß sie einen Namen - im Extremfall sogar einen negativen Namen wie "Niemand" - besitzen, so stellt sich demgegenüber der umgekehrte Versuch einer Begründung von Worten in Wesenheiten als zwecklos dar. Sprache mag anderes begründen, doch sie selbst ist grundlos - und auch dies ist aus Alices Abenteuern ablesbar. Eine traditionsreiche (wenn auch höchst fragwürdige) Methode, den Gebrauch von Wörtern und Wendungen zu begründen, ist die etymologische. Was ein Wort bedeutet, soll anhand seiner Geschichte und letztlich seines Ursprungs erläutert werden - ein Ansatz, der in mehr als einer Hinsicht auf problematischen Voraussetzungen beruht. Erstens nämlich besteht kein zwingendes Bedingungsverhältnis zwischen der geschichtlichen Herkunft eines Ausdrucks und seiner aktuellen Bedeutung (die nur durch den Gebrauch bestimmt wird), und zweitens ist die Herkunft der Wörter immer nur ein Stück weit zurückverfolgbar - niemals aber bis zu einem wirklichen Ursprung, einem seinerseits Voraussetzungslosen und Un-Bedingten. Die Bedeutung von Wörtern gar in der Beschaffenheit der bezeichneten Gegenstände selbst verankern zu wollen (etwa durch die Unterstellung einer Analogie zwischen Dingen und Sprachklängen), ist ein spekulatives, ja phantastisches Unternehmen, das zum Teil abstruse Ergebnisse zeitigt. Pseudo-Etymologien spielen im Gespräch Alices mit der Falschen

Suppenschildkröte und dem Greif eine wichtige Rolle; sie sind zu deuten als Anspielungen auf obsolete philosophische Ideen über den Ursprung der Wörter. Kap. IX und X des Spiegelland-Buches sind lesbar als Anspielungen auf eine "Etymologie", wie sie schon bei Platon ironisch reflektiert, von einigen Zeitgenossen Carrolls aber noch betrieben wurde.[21]

Indem falsche Begründungsversuche von Sprache und Wörtern spielerisch ad absurdum geführt werden, erweist sich mittelbar die Bodenlosigkeit von Sprache - und damit hat die Unsinnsetymologie doch ihren Zweck erfüllt.

Ein Ausflug ins Namenlose

Carrolls Experimente mit und um Sprache bewegen sich gern auf Wegen der Negation; der "Nobody"-Komplex zeigt dies ebenso wie die Episode um Alices "Vergessen" von Wörtern oder die vielen Formen des Verstoßes gegen Sprach-Regeln. Was wären wir und was wäre die Welt ohne Namen? - so lautet eine andere Versuchsanordnung.

Alices Weg führt sie unter anderem in einen Wald, wo man die Dinge nicht benennt. Mittelbar wird dem Leser dadurch natürlich klar, welche Funktion Benennungen haben oder doch zu haben pflegen; wiederum erhellt die Störung des Gewöhnlichen dessen Spielregeln.

> "'Das muß der Wald sein, in dem nichts einen Namen hat', sagte sie nachdenklich. 'Was wohl aus *meinem* Namen wird, wenn ich hineingehe? Verlieren möchte ich ihn gar nicht gern - denn dann müßten sie mir einen anderen geben, und der wäre aller Wahrscheinlichkeit nach häßlich. Das Lustige wäre dann nur noch, nach dem Wesen zu suchen, das meinen alten Namen bekommen hat! Wie in einer Suchanzeige,

---

[21] "The remainder of this chapter, and the next, contain, what is probably the direst collection of bad puns [Wortspiele] and false etymologies since Plato's *Cratylus*. A more probable source, however, is Horne Tooke's once-famous *Diversions of Purley*, which Carroll was reading in 1855. Tooke believed the meaning of words to be contained in their etymologies, a theory now utterly refuted, but still quite popular in Carroll's days." (Heath. S. 91)

nicht wahr, wenn ein Hund entlaufen ist: >Hört auf den Namen Schwupp und trägt ein Messinghalsband<. - Stell dir nur vor, man müßte alles mit >Alice< anreden, bis man schließlich einmal die Antwort bekommt: >Ja bitte?< Und wenn sie dann noch klug wären würden sie überhaupt nicht antworten.'

So schwatzte sie vor sich hin, bis sie an den Wald gekommen war; von draußen sah er sehr kühl und schattig aus. 'Nun, einen Vorteil hat es wenigstens', sagte sie, während sie zwischen die ersten Bäume trat, 'man kommt dabei von der Hitze in den - in den - in den *was*?' fragte sie, ganz überrascht, daß ihr das Wort nicht einfallen wollte. 'Ich meine, zwischen die - die - nun, *das* da eben!' und faßte dabei einen Baumstamm an. 'Wie *heißt* das nur? Ich glaube fast, es hat gar keinen Namen - nein, tatsächlich, es hat keinen!'"[22]

Eigentlich werden die Dinge im Wald nicht namenlos, sondern man vergißt ihre Namen bloß.[23] Das impliziert aber auch, daß man vergißt, was die - sonst unterschiedlich benannten - Dinge und Wesen voneinander trennt. Die Utopie der Namenlosigkeit ist eine Utopie der Differenzlosigkeit; ob es sich um eine positive oder um eine negativ konnotierte Utopie handelt, sei dahingestellt. Alice jedenfalls empfindet ihren Namensverlust nicht als allzu schmerzhaft, denn er bringt sie einem Wesen nahe, das sonst vor ihr fliehen würde und sich beim Verlassen des Waldes dann auch davonmacht.

'"Wie heißt du?' fragte das Reh schließlich. Und was für eine sanfte, freundliche Stimme es hatte!

'Wenn ich es doch selber wüßte!' dachte die arme Alice und antwortete recht bedrückt: 'Im Moment heiße ich gar nicht.'

'Denk einmal scharf nach', sagte das Reh, 'das genügt nicht.'
Alice dachte nach, so scharf sie konnte, aber ohne Erfolg. 'Bitte, könntest *du* mir sagen, wie du heißt', sagte sie zaghaft. 'Vielleicht hilft mir das ein wenig weiter.'

'Ich will es dir sagen, wenn du ein Stück mitkommst', sagte das Reh. 'Hier fällt es mir nicht ein.'

---

[22] CW 162 / AS 50/51.

[23] Vgl. Heath. S. 158: "The nameless wood is not in fact a place where things have no names; it is a place where visitors forget the names that *they* customarily give to things."

Und somit gingen sie zusammen durch den Wald, und Alice schlang dem Reh die Arme zärtlich um den weichen Hals. Schließlich erreichten sie ein zweites offenes Feld, und da sprang das Reh plötzlich mit einem Satz in die Höhe und machte sich von Alice los. 'Ich bin ein Reh!' rief es fröhlich. 'Und du - du meine Güte! - du bist ja ein Menschenkind!' In seine schönen braunen Augen trat ein erschreckter Blick, und im nächsten Augenblick war es auch schon davon gesprungen, so schnell es konnte."[24]

Namen erzeugen Differenzierungen, und so ist der Preis der Wiederfindung des eigenen Namens der Verlust jener mystischen Einheit mit den Dingen, die Alice kurzfristig erleben durfte. Namen und Differenzierungen sind nützlich, aber sie bezeugen auch einen Sündenfall (den der Trennung zwischen Subjekt und Objekt), selbst wenn sich dieser im Fall Alices ein wenig komisch ausnimmt.[25] Die Episode mit dem Rehkitz antizipiert den Jahrzehnte später entstehenden Chandosbrief Hugo von Hofmannsthals: Sprache - so erfährt auch dieser - bedeutet Trennung, Aufhebung von Einheit, während umgekehrt All-Einheitsgefühle oft mit Sprachverlust einhergehen.

Warum man überhaupt einen Namen haben muß, erörtert Alice im Gespräch mit einer Schnake. Komplementär zu diesem Gespräch verläuft eine Unterhaltung mit Humpty Dumpty über dasselbe Thema (Kapitel 6). Das hochmütige Ei, ansonsten ein Verfechter radikaler Beliebigkeit bei der Benennung von Gegenständen, erwartet hier ausgerechnet von Eigennamen, daß sie ihre Träger charakterisieren:

---

[24] CW 163f. / AS 52.

[25] Vgl. zur Wald-Szene auch Gardner. S. 227: "The wood in which things have no name is in fact the universe itself, as it is apart from symbol-manipulation creatures who label portions of it because - as Alice earlier remarked with pragmatic wisdom - 'it's useful to the people that name them.' The realization that the world by itself contains no signs - that there is no connection whatever between things and their names except by way of a mind that finds the tags useful - is by non means a trivial philosophic insight. The fawn's delight in recalling its name reminds one of the old joke about Adam naming the tiger the tiger because it *looked* like a tiger."

"'Steh nicht herum und gackere vor dich hin', sagte Goggelmoggel [= Humpty Dumpty] und blickte sie zum ersten Mal an, 'sondern sag, wie du heißt und was du willst.'

'Ich heiße Alice, aber -'
'Albern genug für einen Namen!' unterbrach sie Goggelmoggel unwirsch. 'Was soll der denn bedeuten?'

'Muß denn ein Name etwas bedeuten?' fragte Alice zweifelnd.

'Das ist doch klar', sagte Goggelmoggel, kurz auflachend: '*Mein* Name zum Beispiel bedeutet meine Leibesform - eine sehr ansehnliche Form übrigens. Mit einem Namen, wie du ihn hast, könntest du jede x-beliebige Form haben, beinahe.'"[26]

Humpty Dumptys sprachlicher Solipsismus

Kann man sich der Sprache, ihren Verselbständigungstendenzen entgegen, so bemächtigen, daß man ihr Herr und Meister wird? - diese Frage begründet eine weitere Versuchsanordnung. Ein Kapitel für sich - buchstäblich und sachlich - bildet die Auseinandersetzung Alices mit Humpty Dumpty (in der dt. Übers. Enzensbergers: Goggelmoggel) über Wörter und ihre Bedeutungen. Von Anfang an unterhalten sich die beiden über Redeweisen: Humpty Dumpty entsteht aus einem zuvor von Alice gekauften Ei; als dem Mädchen die Bemerkung entschlüpft, er ähnele einem Ei, ist Humpty Dumpty beleidigt. Alice stellt notgedrungen klar, sie habe doch nur gesagt, er sehe aus wie ein Ei (nicht aber, er sei eines). Das ist aber ebenso naiv, wie ihr anschließender Versuch, ihn mit der Bemerkung zu beschwichtigen, es gebe doch sehr hübsche Eier.[27] Übrigens ist auch dieses Eier-Wesen literarisch-sprachlich präformiert: Alice weiß etwas über den kuriosen Burschen, weil die-

---

[26] CW 192 / AS 82/83. Vgl. Heath. S. 82.

[27] Vgl. dazu Heath. S. 187: "To assert of someone - even an apparently inanimate someone - that he ist exactly like an egg is to say more than he looks like one, and yet it is not to say that he *is* one. Nor is it to call him one, though it offers some justification for doing so. For if two things are *exactly* alike, they normally go by the same (general) name. Alice may not have intended to draw this conclusion, but on past form her chances of confusing sameness of resemblance with sameness of identity are certainly not negligible. Humpty Dumpty's suspicions have some excuse."

ser "in einem Buch" vorkommt. Kein Wunder, daß ihr gegenüber einen engen Bezug zur Wörtlichkeit hat. Wie andere Wesen aus dem Wunder- und Spiegelland insistiert Humpty Dumpty gern pedantisch auf buchstäblichen Wortbedeutungen.[28]

Ihre Diskussion mit dem mißmutigen Ei erscheint Alice wie eine "Unterhaltung nach Spielregeln"; der Wittgensteinsche Begriff des "Sprachspiels" scheint sich aufzudrängen.

> "'Wenn es sich so verhält, können wir neu anfangen', sagte Goggelmoggel, 'und diesmal bin ich an der Reihe und darf das Thema auswählen -'
>
> ('Er tut genauso, als ginge eine Unterhaltung nach Spielregeln', dachte Alice.) 'Also, als erstes eine Frage an dich. Wie alt bist du, hast du gesagt?'
>
> Alice rechnete schnell nach und sagte: 'Siebeneinhalb Jahre.'
> 'Falsch!' rief Goggelmoggel triumphierend. 'Kein Wort hast du davon gesagt.'
>
> 'Ich dachte Sie meinten, wie *alt* ich bin', erklärte ihm Alice.
>
> 'Wenn ich das gemeint hätte, hätte ich es auch gesagt', versetzte Goggelmoggel. Alice wollte nicht schon wieder Streit anfangen und schwieg also lieber still."[29]

Alices Unterhaltung mit Humpty Dumpty über Namen ist einerseits Musterfall eines metasprachlichen Dialogs, erzeugt andererseits, wie alle metasprachlichen Szenen, weniger Klarheit als neue Konfusion. Dies gilt auch für den zentralen Diskurs über das Bedeuten von Wörtern; Humpty Dumpty erweist sich als reichlich anmaßend. Er drückt sich nämlich aus, wie er will - auf un-erhörte Weise also:

> "[Humpty Dumpty:] 'Wenn das keine Glocke ist!'

---

[28] "...'Nur singe ich es freilich nicht', fügte er erklärend hinzu. 'Das seh ich', sagte Alice. 'Wenn du *siehst*, ob ich singe oder nicht, mußt du ungewöhnlich scharfe Augen haben', bemerkte Goggelmoggel streng. Alice schwieg. ..." (AS 91. Vgl. CW 200)

[29] AS 85 (vgl. CW 194). - Vgl. Heath. S. 190: "An early example of the notion of a 'language game,' later made fashionable by Wittgenstein."

'Ich verstehe nicht, was Sie mit >Glocke< meinen', sagte Alice.

Goggelmoggel lächelte verächtlich. 'Wie solltest du auch - ich muß es dir doch zuerst sagen. Ich meinte: >Wenn das kein einmalig schlagender Beweis ist!<'

'Aber >Glocke< heißt doch gar nicht ein >einmalig schlagender Beweis<', wandte Alice ein.

'Wenn *ich* ein Wort gebrauche', sagte Goggelmoggel in recht hochmütigem Ton, 'dann heißt es genau das, was ich für richtig halte - und nicht mehr und nicht weniger.'

'Es fragt sich nur', sagte Alice, 'ob man Wörter einfach etwas anderes heißen lassen kann.'

'Es fragt sich nur', sagte Goggelmoggel, 'wer der Stärkere ist, weiter nichts.'"[30]

Hinter dieser hochmütigen Äußerung steckt mehr als der Eigensinn eines sprechenden Eies; berührt ist die alte philosophische Grundsatzfrage, wie Benennungen und Sprachgebrauch zustandegekommen sind und worin demnach die Bedeutungen der Wörter gründen.[31] Übrigens bleibt Humpty Dumpty gar nicht konsequent

---

[30] AS 87ff. (vgl. CW 196).

[31] "This famous passage has immortalized Humpty Dumpty among philosophers of language as the leading exponent of what might be called 'subjective nominalism', a theory in which two familiar views about language are somewhat extravagantly amalgamated. Ever since the issue between physis and nomos (nature and law, or custom) was first fully joined in Plato's Cratylus, dissension has continued between those who believe that the meanings of words are rooted in the nature of things, and those who see them as a product of human choice and convention. Humpty Dumpty is on this point clearly a conventionalist, and to that extent a nominalist, since he believes it is words, and not things, that possess meaning. But he also claims that words mean just what he chooses them to mean. He is the master, they the servants; the conventions that govern his employment of them are arbitrarily laid down by himself, and he sees no reason for informing anyone beforehand what his stipulations are to be. His language is not private in the sense of referring only to private objects or in disdaining the use of the ordinary vocabulary, but it is in making word-meaning dependent on private acts of choice. Wittgenstein (...) persistently assails this view of meaning, whose extremer forms would manifestly be fatal, in practice, to any form of verbal communication. Conventions imply agreement and a willingness to conform with others, though not the oppos-

bei seiner Theorie, daß die Wortbedeutung allein vom Willen des Benutzers abhänge - könnte er doch dann die Wörter anderer auch gar nicht verstehen, ja er dürfte sie streng genommen nicht einmal verstehen wollen. Als Exeget des "Jabberwocky"-Gedichts tritt Humpty Dumpty beispielsweise gar nicht als diktatorischer "master" auf, sondern als jemand, der gegebene Wortbedeutungen kommentiert. Doch auch diese "Jabberwocky"-Interpretation führt auf dieselben Grundsatzfragen zurück: Wie entstehen Wortbedeutungen? Worauf gründet der Gebrauch von Wörtern?

Wenn Humpty Dumpty meint, "seine" Sprache zu beherrschen, so klingt dies nach Kampf und Unterwerfung. Sprach-Beherrschung und Ausübung von Macht hängen eng miteinander zusammen - dies zumindest können wir dem redenden Ei glauben. Seine Einstellung zur Sprache kommt im übrigen einem recht eigenwilligen (und wiederum scheiternden) Begründungsversuch gleich: Humpty Dumpty statuiert seinen eigenen Willen als den "Grund" der Bedeutungen sprachlicher Ausdrücke.

> '"Sie sind ja recht widerspenstig, manchmal - besonders die Verben, die bilden sich am meisten ein - Adjektive lassen ja alles mit sich geschehen, aber die Verben haben ihre Zicken - bei *mir* allerdings muckst sich keins! Ununterscheidbarkeit! Das ist *meine* Meinung!'
>
> 'Würden Sie bitte so gut sein und mir sagen', bat Alice, 'was das heißt?'
>
> 'So läßt sich schon eher mit dir reden', sagte Goggelmoggel mit sichtlicher Befriedigung. 'Mit >Ununterscheidbarkeit< meine ich, daß wir nunmehr lange genug über dieses Thema gesprochen haben und das es nicht verfrüht wäre, wenn du dich langsam über deine weiteren Absichten äußern wolltest, da kaum anzunehmen ist, daß du hier herumstehen willst bis an dein seliges Ende.'

---

ing folly of attributing word-meanings to a ceremonial compact between language-users. For most purposes, obviously, such meanings are social products, created unwillingly by many generations of choice and conformity among other users of language. / Once they are established, the individual has to accept them as if they were part of the natural order, and departs from them only at his peril. Nevertheless (or so Carroll thought) he still has a right of departure, either in creating new words, or in attaching new meanings to old ones; and so long as he exercises this right in sparingly and announces his intention in advance, logicians, at least, can have no quarrel with him (...)." (Heath. S. 192)

'Dieses Wort hat jetzt aber sehr viel auf einmal heißen müssen', sagte Alice nachdenklich.

'Wenn ich ein Wort so schwer arbeiten lasse wie jetzt eben', sagte Goggelmoggel, 'dann gebe ich ihm auch eine Zulage.'

'Ach!' sagte Alice, denn für eine längere Bemerkung war sie viel zu durcheinander.

'Ja, am Samstag abend solltest du einmal sehen, wie sie da bei mir anstehen', sagte Goggelmoggel und wiegte den Kopf gewichtig hin und her, 'weil - da haben sie nämlich Zahltag.'

(Alice hatte nicht den Mut, zu fragen, womit er sie bezahlte; und deswegen auch, das versteht ihr schon, kann ich es *euch* auch nicht sagen.)

'Sie sind doch so geschickt darin, Wörter zu erklären, Herr Goggelmoggel', sagte Alice. 'Könnten Sie mir da freundlicherweise sagen, was das Gedicht >Der Zipferlake<[32] bedeutet?'

'Nur heraus damit', sagte Goggelmoggel. 'Ich kann alle Gedichte erklären, die jemals erdacht worden sind - und außerdem noch eine ganze Menge, bei denen das Erdenken erst noch kommt.'"[33]

Humpty Dumptys Irrsinn ist offenbar besonders sinnschöpferisch. Daß er alles auf seine Weise erklären will, impliziert die Annahme, daß nichts - kein Wort, kein Text, keine Redensart - einen festgelegten Sinn besitze. Und dies bestätigt sich im Wunder- und im Spiegelland allenthalben. Tatsächlich hat hier nichts eine bestimmte Bedeutung, nichts ist eindeutig oder trägt auch nur Kriterien zur Unterscheidung zwischen richtiger und falscher Deutung in sich. Worte, Wesen und Ereignisse sind so offen für Sinnprojektionen, daß sie alles und nichts besagen. Und so wird zugleich mit dem Funktionieren von Sprache auch das Prinzip der Interpretation als solches in Frage gestellt - spielerisch, aber nicht um des bloßen Blödelns willen. Die Grenze zwischen Sinn und Unsinn erscheint ebenso aufgehoben wie die zwischen "richtigen" und "falschen" Interpretationen. Wie anders könnte dies geschehen als im Medium des Spiels?

---

[32] Im Original: "Jabberwocky".
[33] AS 88f. (vgl. CW 197f.).

Grund- und bodenlose Sinn-Suche

Zeichen, so lernen wir im Wunder- und Spiegelland, haben keinen tragenden Sinn-Grund. Wer sie auf diesen hin zu befragen sucht, trifft auf blanke Leere oder aber auf abstrusen Unsinn. Besonders manifest wird die Abwesenheit von Sinn dort, wo man nach einem "Sinn" sucht, wo man etwa, gemäß den Spielregeln des konventionellen und geordneten Denkens, hinter Ereignissen (sprachlichen oder außersprachlichen) ein Prinzip, eine Botschaft, eine Moral zu entdecken hofft. Um die Fragwürdigkeit dieses Ansatzes sowie der Sinn-Hypothese selbst, auf der er basiert, geht es mittelbar in Alices absurdem Dialog mit der Herzogin:

> "'Du bist in Gedanken, meine Liebe, und deswegen vergißt du, etwas zu sagen. Ich bin im Moment nicht ganz sicher, was die Moral davon ist, aber es fällt mir schon wieder ein.'
>
> 'Vielleicht hat es keine', wandte Alice vorsichtig ein.
>
> 'Schnickschnack, mein Kind!' sagte die Herzogin. 'Alles hat seine Moral, man muß nur ein Auge dafür haben.'"[34]

Anschließend werden alberne "Moralen" ausprobiert, doch gerade als Entwürfe von "Sinn" führen sich diese selbst ad absurdum; sie haben mit dem zuvor besprochenen Thema nichts zu tun und erscheinen entweder trivial oder völlig unsinnig. Das Irritierendste am Wunderland - über alles Fabelhafte und Ungewöhnliche im einzelnen hinaus - ist wohl, daß man hier nicht eigentlich etwas "lernen" kann. Dies freilich wird besonders deutlich dann, wenn sich die Wunderland-Figuren bemühen, Alice etwas zu lehren - etwa wie man "richtig" spricht oder wie man "richtig" versteht.

> "'Wie wahr!' sagte die Herzogin; 'Flamingo und Senf, das hat gar scharfe Zähne! Und die Moral davon ist: >Trau keinem Vogel, bevor er nicht singt.<
>
> 'Nur daß Senf kein Vogel ist', warf Alice ein.

---

[34] AW 91 (vgl. CW 88).

'Du hast Recht wie immer', sagte die Herzogin, 'wie klar du dich ausdrücken kannst!'

'Sondern ein Bodenschatz - glaube ich', sagte Alice.

'Freilich ein Bodenschatz', sagte die Herzogin, die Alice offenbar in
allem recht geben wollte; 'hier in der Gegend wird sogar sehr viel Senf
gestochen. Und die Moral davon ist: >Was du nicht willst, daß man dir
tu, das füg auch keinem andern zu.<

'Ach, jetzt weiß ich es wieder!' rief Alice, der diese Bemerkung entgan-
gen war. 'Senf ist eine Pflanze. Er sieht zwar nicht so aus, ist aber trotzdem eine.'

'Ich bin ganz deiner Meinung', sagte die Herzogin; 'und die Moral davon
ist: >Scheine, was du bist, und sei, was du scheinst< - oder einfacher
ausgedrückt: >Sei niemals unterschieden von dem, als du jenem in dem,
was du wärst oder hättest sein können, dadurch erscheinen könntest,
daß du unterschieden von dem wärst, was jenen so erscheinen könnte,
als seiest du anders!<'

'Ich glaube, das könnte ich leichter verstehen', erwiderte Alice sehr höflich, 'wenn ich es geschrieben vor mir hätte; beim bloßen Zuhören komme ich leider nicht ganz mit.'

'Das ist noch gar nichts gegen das, was ich alles sagen könnte, wenn ich
nur wollte!' sagte die Herzogin geschmeichelt.

'Bitte, geben sie sich keine Mühe, es noch länger auszudrücken', sagte
Alice.

'Aber wer wird denn da von Mühe sprechen!' sagte die Herzogin. 'Ich
schenke dir hiermit alles, was ich bisher gesagt habe.'"[35]

So führt - einmal mehr - der Versuch, sich über etwas zu verständigen, zu immer neuem Aberwitz und Mißverstand. Um die Fragwürdigkeit einer Abgrenzung zwischen Sinn und Unsinn geht es
vor allem anläßlich eines Dialogs, den Alice mit der Schwarzen
Königin führt und bei dem es zu einer irritierenden Gleichsetzung
von Hügel und Tal kommt:

"'Weil du gerade von Hügeln sprichst', fiel ihr die Königin ins Wort, 'so
könnte *ich* dir Hügel zeigen, dagegen käme dir das wie das reinste Tal
vor.'

---

[35] AW 93 (vgl. CW 88f.).

'Nein', sagte Alice, die ihr vor lauter Verblüffung nun doch widersprach, 'ein Hügel *kann* doch gar nicht wie ein Tal sein. Das wäre ja Unsinn -'

Die Schwarze Königin wiegte das Haupt. 'Du magst das 'Unsinn' nennen, wenn du willst', sagte sie, 'aber *ich* habe schon Unsinn gehört, dagegen ist das so logisch wie das Einmaleins!'"[36]

Carrolls Alice-Bücher führen an Grenzen heran: an Grenzen der Sprache und ihrer Brauchbarkeit, an Grenzen des Gerade-noch-Denkbaren, an die Grenze zwischen Benennbarem und Namenlosem, zwischen sogenannter Wirklichkeit und dem Nichts. Alices Abenteuer stehen im Zeichen der Grundspannung zwischen dem Glauben an die Macht, ja die Magie der Wörter einserseits, radikaler Sprachskepsis andereseits. Wörter erscheinen als "Täter" und als "Opfer" zugleich, und Entsprechendes gilt für die, welche Wörter benutzen: Sie spielen mit Wörtern, aber die Wörter spielen auch mit ihnen.

Die Literatur des 20. Jahrhunderts konnte und kann aus den Abenteuern im Wunder- und im Spiegelland manche Anregung beziehen: die Idee des Fremdwerdens der Wörter im Mund der Sprecher, die der "Materialisierung" und Verdinglichung von Wörtern und Redensarten, die Behandlung von sprachlichem Material als beliebige Verfügungsmasse, das spielerisch-parodistische Ernstnehmen von Wörtlichem, das subversive Spiel mit den Regeln und den Grenzen von Interpretation. Alles, was dazu einladen könnte, nach seiner "Bedeutung", nach seinem "Sinn" zu fragen - die Wörter, Sätze und Texte ebenso wie die gemeinhin als "Zeichen" interpretierten Bestandteile des Wirklichkeit -, erweist sich seit Alices Zeiten als unendlich und auf widersprüchliche Weise interpretierbar. Keine Wahrheit kommt ans Licht, wenn man deutet, sondern immer nur neue Rätsel, Nicht-Selbstverständlichkeiten, Irritationen.

Die Suche nach einem "Sinn" ist eine Reise zu einem unfeststellbaren, rein imaginären Ziel. Dies vor allem demonstrieren die Episoden um die Auslegung und das vermeintliche "Verstehen" von Sprachlichem in den Alice-Romanen. Und Gedichte, so zeigt sich dabei, können besondere Sprengkraft entfalten; sie provozieren die Frage nach Verstehbarkeit - nach ihrer eigenen Verstehbar-

---

[36] AS 36 (vgl. CW 149f.).

keit sowie nach Verstehbarkeit schlechthin - besonders nachdrücklich. Dies zeigt nicht nur der Diskurs um das "Jabberwocky"-Poem. Auch im Prozeß um die gestohlenen Törtchen am Ende der Wunderland-Abenteuer wird unter anderem ein unverständliches, weil allzu vieldeutiges Gedicht verlesen. Der König - er steht dem Gericht vor - akzeptiert das Gedicht zwar dennoch als wichtigen Beweis im Prozeß; Alice aber erhebt Einspruch.

> "'Wenn mir das auch nur einer von ihnen erklären kann', sagte Alice (...), 'dann will ich Hans heißen. *Meiner* Meinung nach ist darin keine Spur von Sinn.' Die Schöffen schrieben alle auf ihre Täfelchen: >*Ihrer* Meinung nach ist darin keine Spur von Sinn<, aber keiner machte den Versuch, das Gedicht zu erklären."[37]

Und da formuliert der König eine bemerkenswerte hermeneutische Maxime.

> "'Wenn es keinen Sinn hat', sagte der König, 'können wir uns sehr viel Mühe sparen, denn dann brauchen wir ihn gar nicht erst zu suchen.'"[38]

Ob dies das letzte Wort zur Sinnfrage ist, dürfte unentscheidbar bleiben. Einleuchtend erscheint hingegen die Idee, daß sich über die Frage nach dem "Sinn" von Texten wie nach dem "Sinn" überhaupt nicht von einem Standort jenseits der Sprachspiele her diskutieren läßt - und daß die Literatur ein Forum eröffnet, auf dem sie immerhin gestellt werden kann. Die Sprache der modernen Dichtung möchte - wenn überhaupt - so "verstanden" werden.

Anhang:

Text 1:

"'I proceed. >Edwin and Morcar, the earls of Mercia and Northumbria, declared for him; and even Stigand, the patriotic archbishop of Canterbury, found it advisable -<'
'Found *what?*' said the Duck.

---

[37]   AW 123 (vgl. CW 115).
[38]   AW 123 (vgl. CW 115f.).

'Found *it*,' the Mouse replied rather crossly: 'of course you know what >it< means.'

'I know what >it< means well enough, when *I* find a thing,' said the Duck: 'it's generally a frog, or a worm. The question is, what did the archbishop find?"' (CW 32)

Text 2:

"'I see nobody on the road,' said Alice.

'I only wish *I* had such eyes,' the King remarked in a fretful tone. 'To be able to see Nobody! And at that distance too! Why, it's as much as *I* can do to see real people, by this light!"' (CW 205)

Text 3:

"'Who did you pass on the road?' the King went on, holding out his hand to the Messenger for some hay.

'Nobody,' said the Messenger.

'Quite right,' said the King: 'this young lady saw him too. So of course Nobody walks slower than you. '

'I do my best,' the Messenger said in a sullen tone. 'I'm sure nobody walks much faster than I do!'

'He can't do that,' said the King, 'or else he'd have been here first."' (CW 207)

LITERATURVERZEICHNIS

Einleitung: Sprache - ein Problem

Primärtexte

Gottfried Benn: Gesammelte Werke. Hg. v. Dieter Wellershoff. Wiesbaden 1960. Bd. III.

Michel Butor: Improvisationen über Michel Butor. Schreibweise im Wandel. Aus d. Frz. v. Helmut Scheffel. Graz/Wien 1996. Kap. XII: Die Gabe der Sprachen. S. 179ff.

Johann Georg Hamann: Schriften zur Sprache. Hg. u. eingel. v. Josef Simon. Frankfurt/M. 1967.

Hugo von Hofmannsthal: Ein Brief. In: Gesammelte Werke. Erzählungen. Erfundene Gespräche und Briefe. Reisen. Hg. v. Bernd Schoeller in Beratung mit Rudolf Hirsch. Frankfurt/M. 1979. S. 461ff.

Die sprachphilosophischen Werke Wilhelm's von Humboldt. Hg. u. erklärt v. Heymann Steinthal. Berlin 1884.

Wilhelm von Humboldt: Gesammelte Schriften. Hg. v. Albert Leitzmann. Berlin 1903ff.

Maurice Maeterlinck: Der Schatz der Armen. (Orig.: Le trésor des humbles.) Jena 1925.

Friedrich Nietzsche: Werke. Hg. v. Karl Schlechta. München, 6. Aufl. 1969. Bd. I-III.

Jean-Paul Sartre: Situationen. Hamburg 1965.

Jonathan Swift: Gullivers Reisen. Übers. v. Franz Kottenkamp. Frankfurt/M. 1974.

Paul Valéry: Werke. Frankfurter Ausgabe. Bd. 3: Zur Literatur. Hg. v. Jürgen Schmidt-Radefeldt. Frankfurt/M. 1989.

Wittgenstein und der Wiener Kreis. Von Freidrich Waismann. Aus d. Nachl. hg. v. B. F. McGuiness. Frankfurt/M. 1967.

Ludwig Wittgenstein: Philosophische Untersuchungen. Frankfurt/M. 1971. (=Wittgenstein-Werkausgabe. Bd. 3)

Anthologien

Karlheinz Daniels (Hg.): Über Sprache. Erfahrungen und Erkenntnisse deutscher Dichter und Schriftsteller des 20. Jahrhunderts. Bremen 1966.

Klaus Schuhmann: Lyrik des 20. Jahrhunderts. Materialien zu einer Poetik. Reinbek 1995.

Forschungsliteratur, Monographien zur Sprachproblematik, philosophische Abhandlungen

Karl-Otto Apel: Die Idee der Sprache in der Tradition des Humanismus von Dante bis Vico. 2 Bde. Bonn 1963. (=Archiv für Begriffsgeschichte. Bd. 8)

Karl-Otto Apel: Art. "Sprache". In: Handbuch philosophischer Grundbegriffe. Hg. v. Hermann Krings, Hans Michael Baumgartner, Christoph Wild. München 1974. Bd. 5.

Hans Arens: Sprachwissenschaft. Der Gang ihrer Entwicklung von der Antike bis zur Gegenwart. Freiburg/München, 2. Aufl. 1969.

Helmut Arntzen: Zur Sprache kommen. Studien zur Literatur- und Sprachreflexion, zur deutschen Literatur und zum öffentlichen Sprachgebrauch. Münster 1983.

Hans-Peter Bayerdörfer: Poetik als sprachtheoretisches Problem. Tübingen 1967.

Theodor Benfey: Geschichte der Sprachwissenschaft und orientalischen Philologie in Deutschland seit dem Anfange des 19. Jahrhunderts mit einem Rückblick auf frühere Zeiten. München 1869.

Hans Blumenberg: Sprachsituation und immanente Poetik. In: Poetik und Hermeneutik II. Immanente Ästhetik - Ästhetische Reflexion. Lyrik als Paradigma der Moderne. Hg. v. Wolfgang Iser. Zuerst München 1966. Neudruck 1983. S. 145-155.

Hans Blumenberg: Arbeit am Mythos. Frankfurt/M. 1979.

Arno Borst: Der Turmbau von Babel. Geschichte der Meinungen über Ursprung und Vielfalt der Sprachen und Völker. Bd. I-IV. Stuttgart 1957-1963. Neudruck: München 1995.

Ernst Cassirer: Philosophie der symbolischen Formen. Erster Teil: Die Sprache. Zuerst Berlin 1923. Fotomechan. Nachdruck: Darmstadt 1956.

Eugenio Coseriu: Die Geschichte der Sprachphilosophie von der Antike bis zur Gegenwart. Bd. 1/2. Tübingen 1969/1972.

Eckehard Czucka/Thomas Althaus/Burkhard Spinnen (Hg.): 'die in dem alten Haus der Sprache wohnen'. Beiträge zum Sprachdenken in der Literaturgeschichte. Helmut Arntzen zum 60. Geburtstag. Münster 1991.

Umberto Eco: Semiotik und Philosophie der Sprache. Übers. v. Christiane Trabant-Rommel u. Jürgen Trabant. München 1985. (Orig.: Semiotica e filosofia del linguaggio. Turin 1984.)

Umberto Eco: Die Suche nach der vollkommenen Sprache. Übers. v. Burkhart Kroeber. München 1994.

Hans-Georg Gadamer: Wahrheit und Methode. Grundzüge einer philosophischen Hermeneutik. Tübingen, 3. Aufl. 1972.

Hans-Martin Gauger: Sprachbewußtsein und Sprachwissenschaft. München 1976.

Hans-Martin Gauger: Über Sprache und Stil. München 1995.

Manfred Geier: Das Sprachspiel der Philosophen. Von Parmenides bis Wittgenstein. Reinbek 1989.

Helmut Gipper: Denken ohne Sprache? Düsseldorf, 2. Aufl. 1978.

Helmut Gipper/Peter Schmitter: Sprachwissenschaft und Sprachphilosophie im Zeitalter der Romantik. Tübingen 1979.

Dirk Göttsche: Die Produktivität der Sprachkrise in der modernen Prosa. Frankfurt/M. 1987.

Christian L. Hart Nibbrig: Rhetorik des Schweigens. Versuch über den Schatten literarischer Rede. Frankfurt/M. 1981.

Erich Heintel: Einführung in die Sprachphilosophie. Darmstadt, 2. Aufl. 1975.

Helmut Heißenbüttel: Über Literatur. München 1970.

Hans Jürgen Heringer: Sprachkritik - die Fortsetzung der Politik mit besseren Mitteln. In: H. J. Heringer (Hg.): Holzfeuer am hölzernen Ofen. Aufsätze zur poetischen Sprachkritik. Tübingen 1982. S. 3-34.

Pierre Juliard: Philosophies of language in eighteenth-century France. Den Haag 1970.

Steven T. Katz (Hg.): Mysticism and Language. New York 1992.

Erich Kleinschmidt: Gleitende Sprache. Sprachbewußtsein und Poetik in der literarischen Moderne. München 1992.

Franz von Kutschera: Sprachphilosophie. München 1971.

Alfred Liede: Dichtung als Spiel. Studien zur Unsinnspoesie an den Grenzen der Sprache. Bd. 1/2. Berlin 1963.

Niklas Luhmann/Peter Fuchs: Reden und Schweigen. Frankfurt/M. 1989.

Hans-Joachim Mähl: Die Mystik der Worte - Zum Sprachproblem in der modernen deutschen Dichtung. In: Wirkendes Wort 13 (1963). S. 289ff.

Werner Marx: Absolute Reflexion und Sprache. Frankfurt/M. 1967.

Bimal Krishna Matilal: Mysticism and Ineffability: Some Issues of Logic and Language. In: Steven T. Katz (Hg.): Mysticism and Language. New York 1992. S. 143ff.

Hans Mayer: Das Geschehen und das Schweigen. Aspekte der Literatur. Frankfurt/M. 1969.

Bodo Müller: Der Verlust der Sprache. Zur linguistischen Krise in der Literatur. In: Germanisch-Romanische Monatsschrift. NF. Nr. 16 (1966). S. 289ff.

Dianna C. Niebylski: The Poem on the Edge of the Word: The Limits of Language and the Uses of Silence in the Poetry of Mallarmé, Rilke, and Vallejo. New York 1993.

Cecil A. M. Noble: Sprachskepsis. München 1978.

Uta Maria Oelmann: Deutsche poetologische Lyrik nach 1945: Ingeborg Bachmann, Günter Eich, Paul Celan. Stuttgart 1980.

Max Picard: Die Welt des Schweigens. München 1988 (Erstausgabe 1948).

Rik Pinxten (Hg.): Universalism versus Relativism in Language and Thought. Den Haag 1976.

Andreas Poenitsch: Bildung und Sprache zwischen Moderne und Postmoderne. Humboldt, Nietzsche, Ballauff, Lyotard. Essen 1992.

Helmut Prang: Der moderne Dichter und das arme Wort. In: Germanisch-Romanische Monatsschrift. NF. Nr. 7 (1957). S. 130ff.

Hilary Putnam: Von einem realistischen Standpunkt. Schriften zu Sprache und Wirklichkeit. Reinbek 1993.

Thomas Reich: Die Ästhetik des Unbewußten. Zum Verhältnis von Psychoanalyse, Kunst und Sprache zwischen Moderne und Postmoderne. Münster 1995.

Karl Riha: Prämoderne, Moderne, Postmoderne. Frankfurt/M. 1995.

R. H. Robins: A short history of linguistics. London 1967.

Volker Roloff: Reden und Schweigen. Zur Tradition und Gestaltung eines mittelalterlichen Themas in der französischen Literatur. München 1973.

Günter Saße: Sprache und Kritik. Untersuchungen zur Sprachkritik der Moderne. Göttingen 1977.

Wolfgang Schemme: Die Sprache zwischen Versagen und Aussagen. In: Wirkendes Wort 19 (1969). S. 115ff.

Siegfried J. Schmidt (Hg.): Sprache und Denken als sprachphilosophisches Problem von Locke bis Wittgenstein. Den Haag 1968.

Monika Schmitz-Emans: Schrift und Abwesenheit. Historische Paradigmen zu einer Poetik der Entzifferung und des Schreibens. München 1995.

Wolf Schneider: Wörter machen Leute. Magie und Macht der Sprache. München/Zürich 1986.

Jochen C. Schütze/Hans Treichel/Dietmar Voss (Hg.): Die Fremdheit der Sprache. Studien zur Literatur der Moderne. Hamburg 1988.

Josef Simon (Hg.): Aspekte und Probleme der Sprachphilosophie. Freiburg/München 1974.

Josef Simon: Sprachphilosophie. Freiburg/München 1981.

George Steiner: Sprache und Schweigen. Essays über Sprache, Literatur und das Unmenschliche. Frankfurt/M. 1969.

Eduard Hugo Strauch: How Nature Taught Man to Know, Imagine, and Reason: How Language and Literature Recreate Nature's Lessons. New York 1995.

Allen Thiher: Words in Reflection. Modern Language Theory & Postmodern Fiction. Chicago 1987.

Jürgen Trabant (Hg.): Sprache denken. Positionen aktueller Sprachphilosophie. Frankfurt/M. 1995.

Silvio Vietta: Sprache und Sprachreflexion in der modernen Lyrik. Bad Homburg/Berlin/Zürich 1970.

Harald Weinrich: Wege der Sprachkultur. München 1988 (zuerst Stuttgart 1985).

Benjamin L. Whorf: Language, Thought, and Reality. Cambridge/Mass. 1956. (Dt.: Sprache - Denken - Wirklichkeit. Beiträge zu Metalinguistik und Sprachphilosophie. Reinbek 1963.)

Peter Winch: Persuasion. In: Peter A. French/Theodore E. Uehling Jr./Howard K. Wettstein (Hg.): The Wittgenstein Legacy. Notre Dame (IN) 1992. S. 123ff.

Günter Wohlfart: Sprache und Dichtung. In: Jürgen Trabant (Hg.): Sprache denken. Positionen aktueller Sprachphilosophie. Frankfurt 1995. S. 112ff.

Dieter E. Zimmer: So kommt der Mensch zur Sprache. Über Spracherwerb, Sprachentstehung, Sprache & Denken. Zürich 1986.

Hans Dieter Zimmermann: Der babylonische Dolmetscher. Zu Franz Kafka und Robert Walser. Frankfurt/M. 1985.

Raimar Zons: Beredtes Schweigen. In: Norbert Bolz/Willem van Reijen (Hg.): Ruinen des Denkens - Denken in Ruinen. Frankfurt/M. 1996. S. 147ff.

Bi- und multilinguale Dichtung: Experimente an Sprach-Grenzen und ihr poetologischer Sinn

Theodor W. Adorno: Wörter aus der Fremde. In: Noten zur Literatur II. Frankfurt/M. 1973. S. 110ff.

Guillaume Apollinaire: Der neue Geist und die Dichter. In: Ars poetica. Texte von Dichtern des 20. Jahrhunderts zur Poetik. Hg. v. Beda Allemann. Darmstadt 1971. S. 76ff.

Aleida Assmann: Schriftspekulationen und Sprachutopien in Antike und früher Neuzeit. In: Eveline Goodman-Thau u.a. (Hg.): Kabbala und Romantik. Tübingen 1994. S. 23-41.

Ingeborg Bachmann: Werke. München/Zürich, 3. Auflage 1984. Bd. 1.

Walter Benjamin: Über Sprache überhaupt und über die Sprache des Menschen. In: Gesammelte Schriften. Hg. v. Rolf Tiedemann u. Hermann Schweppenhäuser. Frankfurt/M. 1991. Bd. II/1. S. 140-157.

Walter Benjamin: Die Aufgabe des Übersetzers. In: Gesammelte Schriften. Hg. v. Rolf Tiedemann u. Hermann Schweppenhäuser. Frankfurt/M. 1972. Bd. IV/1. S. 9ff.

Das Lachen DADAs. Die Berliner Dadaisten und ihre Aktionen. Hg. v. Hanne Bergius. Gießen 1993.

Carl Blümlein: Zur Geschichte der maccaronischen Poesie. In: Berichte des Freien Deutschen Hochstifts. NF. Nr. 13 (1897). S. 215ff.

Jorge Luis Borges: La Biblioteca de Babel. In: J. L. Borges: Obras completas de Jorge Luis Borges. Bd. 5 = Ficciones. Buenos Aires 1956. S. 5ff.

Arno Borst: Der Turmbau von Babel. Geschichte der Meinungen über Ur-sprung und Vielfalt der Sprachen und Völker. 4 Bde. Stuttgart 1957-1963.

Gesualdo Bufalino: Der Ingenieur von Babel. In: Der Ingenieur von Babel. Erzählungen. Aus d. Ital. v. Maja Pflug. Frankfurt/M. 1989. [Orig.: L'ingegnere di Babele. In: L'uomo invaso. Milano 1995. S. 69-76. (= I Grandi Tascabili. Romanzi & Racconti 433)]

Michel Butor: Improvisationen über Michel Butor. Schreibweise im Wan-del. Aus d. Frz. v. Helmut Scheffel. Graz/Wien 1996. Kap. XII: Die Ga-be der Sprachen. S. 179ff.

Italo Calvino: Il barone rampante. Milano 1993. (Dt.: Der Baron auf den Bäumen. Übers. v. Oswalt von Nostitz. München, 7. Aufl. 1992.)

Elias Canetti: Aufzeichnungen 1942-1948. München 1969.

The Complete Works of Lewis Carroll. With an Introduction by Alexander Woollcott and the Illustrations by John Tenniel. London 1982.

Paul Celan: Gesammelte Werke. Hg. v. Beda Allemann. Frankfurt 1986.

H. J. Chaytor: From Script to Print. Cambridge 1945.

Timothy Clark: Renga: Multi-Lingual Poetry and Questions of Place. In: SubStance. A Review of Theory and Literary Criticism 21/2 (1992). S. 32ff.

Jean-Pierre Denis: Glossolalie, langue universelle, poésie sonore. In: Lan-gages 91 (Sept. 1988). S. 75ff.

Umberto Eco: Il Nome della Rosa. Milano 1980. (Dt.: Der Name der Rose. Übers. v. Burkhart Kroeber. München/Wien 1983.)

Umberto Eco u.a.: La ricerca della lingua perfetta nella cultura europea. Prima parte: dalle origini al rinascimento. Universitá di Bologna. Dis-pense della cattedra di semiotica. Bologna 1990-91.

Umberto Eco u.a.: La ricerca della lingua perfetta nella cultura europea. Se-conda parte: XVI-XVII secolo. Universitá di Bologna. Dispense della cattedra di semiotica. Bologna 1991-92.

Umberto Eco: Die Suche nach der vollkommenen Sprache. Übers. v. Burk-hart Kroeber. München 1994.

Thomas Stearns Eliot: The Waste Land. In: T. S. Eliot: The Complete Poems and Plays. London 1969.

W. Th. Elwert: Fremdsprachliche Einsprengel in der Dichtung. In: Fest-schrift Wilhelm Giese. Hamburg 1972. S. 513ff.

W. Th. Elwert: L'emploi de langues étrangères comme procédé stylistique. In: Revue de Littérature Comparée XLIII (1960). S. 409ff.

Hans Magnus Enzensberger: Weltsprache der modernen Poesie (1960; rev. 1962). In: H. M. Enzensberger: Einzelheiten II. Poesie und Politik. Frankfurt/M., 3. Aufl. 1970. S. 7-28.

Paolo Fabbri: La Babele felice 'Babelix, Babelux (...) ex Babele lux'. In: L. Preta (Hg.): La narrazione delle origini. Rom/Bari, 2. Auflage 1991. S. 230ff.

Leonard Forster: The Poet's Tongues. Multilingualism in Literature. (The de Carle Lectures at the University of Otago 1968). Cambrigde 1970. (Dt.: Dichten in fremden Sprachen. Vielsprachigkeit in der Literatur. Übers. v. Jörg-Ulrich Fechner. München 1974.)

Michel Foucault: Les mots et les choses. Paris 1966. (Dt: Die Ordnung der Dinge. Eine Archäologie der Humanwissenschaften. Frankfurt 1971.)

Friedrich Wilhelm Genthe: Geschichte der maccaronischen Poesie. Halle/ Leipzig 1829. Neudruck: Wiesbaden 1966.

Eugen Gomringer: vom vers zur konstellation. In: konkrete poesie. deutschsprachige autoren-anthologie von eugen gomringer. Stuttgart 1972.

Franz Grillparzer: Sämtliche Werke. Hg. v. Albert Zipper. Leipzig o.J. Bd. VI.

Rainier Grutman: Le Bilingualisme littéraire comme relation intersystémique. In: Canadian Review of Comparative Literature. Bd. 17 (1990). S. 118ff.

Claude Hagège: Babel: du temps mythique au temps du langage. In: Revue philosophique de la France et de l'étranger CIII/168 (Le langage et l'homme) 1992. 465ff.

Rom Harre: Solving and Dissolving: Patrolling the Boundaries of Language. In: Rom Harre/Roy Harris (Hg.): Linguistics and Philosophy. The Controversial Interface. Oxford 1993. S. 109ff.

Harald Hartung (Hg.): Luftfracht. Internationale Poesie. 1940 bis 1990. Frankfurt/M. 1991.

Friedrich Hölderlin: Sämtliche Werke. Stuttgarter Ausgabe. Hg. v. Friedrich Beissner. Bd. 2, 1: Gedichte nach 1800. Erster Teil. Stuttgart 1951.

Felix Philipp Ingold: Der Autor am Werk. München/Wien 1992.

Wilhelm von Humboldt: Ueber die Verschiedenheiten des menschlichen Sprachbaues. In: Gesammelte Schriften. Berlin 1903ff. Photomechan. Nachdruck: 1968. Bd. VII. S. 1-344.

Ernst Jandl: Das Öffnen und Schließen des Mundes. Frankfurter Poetik-Vorlesung. Darmstadt/Neuwied 1985.

Ernst Jandl: Gesammelte Werke. Bd. 1-3. Hg. v. Klaus Siblewski. Frankfurt/M. 1985.

James Joyce: Finnegans Wake. Deutsch. Gesammelte Annäherungen. Hg. v. Klaus Reichert und Fritz Senn. Frankfurt/M. 1989.

Edith Kern: Beckett's Multi-Lingual Existence. In: Centerpoint. A Journal of Interdisciplinary Studies 4/2 (Fall 1980). S. 133ff.

Joseph Kinskill: The Poems of the Trobadour Raimbaut de Vaqueiras. Den Haag 1964.

Babel ist überall. Lesebuch. Hg. v. Hanspeter Krellmann. München 1989.

Friederike Mayröcker: Ausgewählte Gedichte. Frankfurt/M. 1986.

Ossip Mandelstam: Essays. Leipzig/Weimar 1991.

Thomas Mann: Der Erwählte. In: Königliche Hoheit/Der Erwählte. Frankfurt/M. 1967 (Taschenbuchausg. in 12 Bden. Das erzählerische Werk. Bd. 2).

Richard Moritz Meyer: Künstliche Sprachen. In: Indogermanische Forschungen 12 (1901). S. 33ff. und S. 242ff.

Helmut Minkowsky: Turris Babel. Mille anni di rappresentazioni. In: Rassegna 16. S. 8ff.

Maurice Olender: Les langues du Paradis. Paris 1989.

Maurice Olender: L'Europe, ou comment échapper à Babel? In: L'Infini 42 (1993).

Die Lieder Oswalds von Wolkenstein. Hg. v. K. K. Klein. Tübingen 1962. (=Altdeutsche Textbibliothek 55)

Oskar Pastior: Der Krimgotische Fächer. Lieder und Balladen. Mit 15 Bildtafeln des Autors. München 1985.

Luigi Pirandello: Sei personaggi in cerca d'autore. In: Maschere nude. 31 Bde. Bd. 3. Florenz 1921.

Ezra Pound: Cantos. New York 1970.

Klaus Reichert: Nacht Sprache. Zur Einführung. (Einleitung zu James Joyce: Finnegans Wake. Deutsch. Gesammelte Annäherungen. Hg. v. Klaus Reichert und Fritz Senn. Frankfurt/M. 1989. S. 7ff.)

Karl Riha: Prämoderne, Moderne, Postmoderne. Frankfurt/M. 1995.

Oskar Schade: Über die maccaronische Poesie in Deutschland. In: Weimarer Jahrbücher 2 (1855). S. 385ff.

Arno Schmidt: Der Triton mit dem Sonnenschirm. (Überlegungen zu einer Lesbarmachung von Finnegans Wake von James Joyce.) In: Bargfelder Ausgabe. Zürich 1991.

Gustav Friedrich Schmidt: Die frühdeutsche Oper und die musikdramatische Kunst Georg Caspar Schürmann's. Regensburg 1933/34. Bd. I (1934).

Monika Schmitz-Emans: Lesen und Schreiben nach Babel. Über das Modell der labyrinthischen Bibliothek bei Jorge Luis Borges und Umberto Eco. In: arcadia 27 (1992). Heft 1-2. S. 106ff.

Schuldt (Hg.): LiteraturMagazin 18: Glossolalie-Magazin. Frankfurt 1986.

George Steiner: Nach Babel. Aspekte der Sprache und der Übersetzung. Dt. v. Monika Plessner u. Henriette Beese. Frankfurt/M. 1981.

Andreas Thalmayr (Hg.): Das Wasserzeichen der Poesie. Nördlingen 1985.

Allen S. Weiss: La Glossolalie et la glossographie dans des délires theologiques. Übers. v. Chantal Thomas. In: Langages 91 (Sept. 1988). S. 105ff.

Wahlverwandtschaft im Zeichen des Unsinns

Friedmar Apel: Die Phantasie im Leerlauf. Zur Theorie des Blödelns. In: Die Sprache im technischen Zeitalter. Heft 64 (1977). S. 359ff.

Otto Behaghel: Humor und Spieltrieb in der deutschen Sprache. In: Neophilologus 8 (1922). S. 180ff.

Walter Blumenfeld: Sinn und Unsinn. München 1933.

Jurij Borew: Über das Komische. Berlin 1960.

William Brashear: Hocus Pocus. In: The Language Quarterly 19/1 (Summer 1992). S. 1ff.

Emile Cammaerts: The poetry of nonsense. Folcroft 1971. (Reprint der Ausgabe London 1925.)

Albert Camus: Der Mythos von Sisyphos. Hamburg 1959.

Gilberth Keith Chesterton: A defence of nonsense. (From: The defendant, 1901.) In: Selected English Essays. Hg. v. George G. Loane. London o. J.

Klaus Peter Dencker (Hg.): Deutsche Unsinnspoesie. Stuttgart 1978.

Eduard Eckardt: Über Wortspiele. In: Germanisch-Romanische Monatsschrift 1 (1909). S. 674ff.

Günter Eich: Botschaften des Regens. Frankfurt 1948.

Günter Eich: Gesammelte Werke. Hg. vom Suhrkamp Verlag in Verbindung mit Ilse Aichinger und unter Mitw. v. Susanne Müller-Hanpft u.a. Frankfurt 1973.

Bergen Evans: The natural history of nonsense. London 1949.

Leonhard Forster: Poetry of significant nonsense. An inaugural lecture. Cambridge 1962.

Gottlob Frege: Über Sinn und Bedeutung. In: Zeitschrift für Philosophie und philosophische Kritik. NF. Nr. 100 (1892). S. 25ff. Wieder abgedruckt in: G. Frege: Funktion, Begriff, Bedeutung. Göttingen 1969. S. 40ff.

Paul Geyer/Roland Hagenbüchle (Hg.): Das Paradox. Eine Herausforderung des abendländischen Denkens. Tübingen 1992.

Ulrich Gumbrecht/K. Ludwig Pfeiffer (Hg.): Schrift. München 1993.

Johan Huizinga: Homo ludens. Vom Ursprung der Kultur im Spiel. Hamburg 1965.

Gunther Ipsen: Zur Theorie des Erkennens. Untersuchungen über Gestalt und Sinn sinnloser Wörter. In: Neue psychologische Studien 1 (1926). S. 297f.

Jean Paul: Vorschule der Ästhetik. In: Werke. Hg. v. Norbert Miller. Bd. 5. München, 4. Aufl. 1980.

Kurt Kusenberg: Über den Unsinn. In: Merkur 1 (1947). S. 956f.

Albert Laffay: Anatomie de l'humour et du nonsense. Paris 1970.

Alfred Liede: Dichtung als Spiel. Studien zur Unsinnspoesie an den Grenzen der Sprache. Bd. 1/Bd. 2. Berlin 1963.

Will Lütgert: Notiz zum Verhältnis von Nonsense und Creativität. In: mobile. Versuch im Gespräch. Heft 7. Hg. v. Dieter Baacke, Walter Lück u.a. Göttingen o. J. S. 16ff.

Franz Heinrich Mautner: Das Wortspiel und seine Bedeutung. In: Deutsche Vierteljahresschrift für Literaturwissenschaft und Geistesgeschichte 9 (1931). S. 679ff.

Ernst Meister: Ausgewählte Gedichte 1932-1979. Darmstadt/Neuwied 1979.

Ernst Meister: Prosa 1931 bis 1979. Hg. v. Andreas Lohr-Jasperneite. Heidelberg 1989.

Peter Horst Neumann: Die Rettung der Poesie im Unsinn: der Anarchist Günter Eich. Stuttgart 1981.

George Orwell: Nonsense poetry. In: Shooting an elephant and other essays. London 1950.

Marnie Parsons: Touch Monkeys: Nonsense Strategies for reading Twentieth-Century Poetry. Toronto 1994.

Diane Ponterotto: Rule-Breaking and Meaning-Making in Edward Lear. In: Revista Alicantina de Estudios Ingleses 6 (Nov. 1993). S. 153ff.

Alison Rieke: The Sense of Nonsense. Iowa City 1992.

Monika Schmitz-Emans: 'Ich habe nichts zu sagen / Und ich sage es'. Ernst Jandls produktive Auseinandersetzung mit John Cages Ästhetik. In: Sprachkunst. Jg. XXI. 2. Halbbd. 1990. S. 285ff.

Monika Schmitz-Emans: Poesie als Antimechanik. Zur Modellfunktion des Zufälligen bei Hans Arp. In: Jahrbuch der Deutschen Schillergesellschaft 38 (1994). S. 283-310.

Monika Schmitz-Emans: Schrift und Abwesenheit. Historische Paradigmen zu einer Poetik der Entzifferung und des Schreibens. München 1995.

Monika Schmitz-Emans: Närrische Sprachspiele. Zu den Nonsense-Gedichten Ernst Meisters. Beitrag zum Ernst-Meister-Kolloquium. In: [Sammelbd.] Ernst Meister und die lyrische Tradition. 3.-5. Nov. 1993 in Münster. Hg. v. Helmut Artnzen. Aachen 1996. S. 327-351.

W. D. Snodgrass: Disgracing Are Verse: Sense, Censors, Nonsense, and Extrasensory Deception. In: The Southern Review. Baton Rouge/LA 1995. S. 309ff.

Reinbert Tabbert: Zum literarischen Nonsens. Versuch einer Orientierung. In: Der Deutschunterricht 27 (1975). S. 5ff.

Wolfgang F. Taraba: Nonsense literature and E. Mörike. In: Modern Philology 65 (1967/68). S. 233ff.

Siegfried Unseld (Hg.): Günter Eich zum Gedächtnis. Frankfurt/M. 1973.

David Wellbery: Contingency. In: Ann Fehn u. a. (Hg.): Neverending Stories. Toward a critical narratology. Princeton/New Jersey 1992.

David Wellbery: Die Äußerlichkeit der Schrift. In: Hans Ulrich Gumbrecht/ K. Ludwig Pfeiffer (Hg.): Schrift. München 1993. S. 337-348.

Rainer Weller: Nonsense-Literatur als Gestaltungsaufgabe auf Unter- und Mittelstufe. In: Der Deutschunterricht 22 (1970). Heft 5. S. 39ff.

Hans Weis: Spiel mit Worten. Deutsche Sprachspielereien. Bonn 1965.

Ralph-Rainer Wuthenow: Poesie des Unsinns. In: mobile. Versuch im Gespräch. Heft 7. Hg. v. Dieter Baacke, Walter Lück u.a. Göttingen o. J. S. 16ff.

Lautdichtung zwischen Sprachutopie und lyrischer Diagnostik

Theodor W. Adorno: Ästhetische Theorie. Frankfurt, 2. Aufl. 1974.

Beda Allemann: Gibt es abstrakte Dichtung? In: Definitionen. Essays zur Literatur. Hg. v. Adolf Frisé. Frankfurt 1963. S. 157ff.

Ingeborg Bachmann: Frankfurter Vorlesungen. München/Zürich, 2. Aufl. 1984.

Hugo Ball: Die Sprache Gottes. In: Byzantinisches Christentum. Drei Heiligenleben. München/Leipzig 1923.

Hugo Ball: Die Flucht aus der Zeit. Zürich 1946.

(Katalog:) Hugo Ball 1886-1986. Leben und Werk. Berlin 1986.

Hugo Ball: Der Künstler und die Zeitkrankheit. Ausgewählte Schriften. Frankfurt 1988.

Ernst Bloch: Geist der Utopie. Frankfurt 1962.

Ernst Bloch: Das Prinzip Hoffnung. Bd. 1. Frankfurt, 4. Aufl. 1977.

Paul Celan: Werke. Hg. v. Beda Allemann und Stefan Reichert. Frankfurt 1986.

Peter Demetz: Worte in Freiheit. Der italienische Futurismus und die deutsche literarische Avantgarde 1912-1934. München 1990.

Jacques Derrida: Grammatologie. Übers. v. Hans-Jörg Rheinberger u. Hanns Zischler. Frankfurt 1983.

Manfred Geier: Das Sprachspiel der Philosophen. Von Parmenides bis Wittgenstein. Reinbek 1989.

Ernst Jandl: Laut und Luise. Stuttgart 1980.

Ernst Jandl: der gelbe hund. Darmstadt/Neuwied 1980.

Ernst Jandl: Das Öffnen und Schließen des Mundes. Frankfurter Poetik-Vorlesungen. Darmstadt/Neuwied 1985.

Dietmar Kammler: Nietzsche in Zürich. Ein Versuch zur künstlerisch-philosophischen Begründung des dadaistischen Lautgedichts bei Hugo Ball. In: Hugo Ball-Almanach 1981. S. 39ff.

Dietmar Kammler: Die Auflösung der Wirklichkeit und Vergeistigung der Kunst im 'inneren Klang'. Anmerkungen zum Material-, Künstler- und Werkbegriff bei Wassily Kandinsky und Hugo Ball. In: Hugo-Ball-Almanach 1983. S. 17-55.

Dietmar Kammler: Das sprachliche Be-Stimmen der Welt. In: Hugo-Ball-Almanach 1985/86. S. 234ff.

Wassily Kandinsky: Über das Geistige in der Kunst. Bern-Bümpliz, 8.Aufl. 1965.

Hans-Georg Kemper: Das Lautgedicht. In: Kemper: Vom Expressionismus zum Dadismus. Eine Einführung in die dadaistische Literatur. Kronberg 1974. S. 149-205.

Thomas Kempf und Manfred Kratz: Die 'Lautgedichte' Hugo Balls als Erkenntnisgegenstand kultursemiotischer Texttheorie. In: Hugo Ball-Almanach 1985/86. S. 247ff.

Frank Klingler: Zu den Lautgedichten von Hugo Ball. In: Hugo Ball-Almanach 1982. S. 153ff.

Dieter Lamping: Moderne Lyrik. Eine Einführung. Göttingen 1991.

Jaap Mansfeld: Die Offenbarung des Parmenides und die menschliche Welt. Assen 1964.

Winfried Menninghaus: Walter Benjamins Theorie der Sprachmagie. Frankfurt 1980.

Andeheinz Mößer: Hugo Balls Vortrag über Wassily Kandinsky in der Galerie Dada in Zürich am 7.4.1917. Deutsche Vierteljahresschrift. 51. Jg. (1977). Heft 4. S. 676ff.

Christian Morgenstern: Alle Galgenlieder. Frankfurt 1972.

(A. Müller:) Artikel "Enthusiasmus" im Historischen Wörterbuch der Philosophie. Bd. 2. Sp. 525ff.

Robert Musil: Werke. Hg. v. Adolf Frisé. Bd. 8. Reinbek, 2. Aufl. 1981.

Novalis: Schriften. Hg. v. Richard Samuel in Zus.arb. mit Hans-Joachim Mähl und Gerhard Schulz. Bd. II. Darmstadt 1965.

Novalis: Schriften. Hg. v. Richard Samuel in Zus.arb. mit Hans-Joachim Mähl und Gerhard Schulz. Bd. III. Darmstadt 1968.

Wilhelm Perpeet: Von der Zeitlosigkeit der Kunst. In: Ästhetik. Hg. v. Wolfhart Henckmann. Darmstadt 1979. S. 13-51.

Karl Riha: Prämoderne - Moderne - Postmoderne. Frankfurt 1995.

Monika Schmitz-Emans: Poesie als Sprachspiel. Überlegungen zur Poetik Ernst Jandls. In: Zeitschrift für deutsche Philologie 109 (1990). S. 551ff.

Monika Schmitz-Emans: "Ich habe nichts zu sagen / und ich sage es (...)". Ernst Jandls produktive Auseinandersetzung mit John Cages Ästhetik. In: Sprachkunst. Jahrgang XXI. 2. Halbbd. 1990. S. 285ff.

Monika Schmitz-Emans: Lebens-Zeichen am Rande des Verstummens. Motive der Sprachreflexion bei Johann Georg Hamann und Ernst Jandl. In: Poetica 24 (1992). Heft 1-2. S. 62ff.

Monika Schmitz-Emans: Ernst Jandl. In: Hartmut Steinecke (Hg.): Deutsche Dichter des 20. Jahrhunderts. Berlin 1994. S. 676ff.

Christian Scholz: Hugo Ball und die Lautdichtung nach 1945. In: Hugo-Ball-Almanach 1981. S. 151ff.

Gerd Stein: Die Inflation der Sprache. Dadaistische Rebellion und mystische Versenkung bei Hugo Ball. Königstein 1975.

Erdmute Wenzel White: Hugo Ball und Novalis: Vom Bewußtsein der Sprache. In: Hugo-Ball-Almanach 1985/86. S. 295ff.

Positive und negative Schrift. Aspekte einer Poetik konkreter Dichtung

Friedrich Achleitner: prosa, konstellationen, montagen, dialektgedichte, studien. Reinbek 1970.

Jeremy Adler/Ulrich Ernst: Text als Figur. Visuelle Poesie von der Antike bis zur Moderne. Wolfenbüttel/Weinheim 1987.

Berold van der Auwera: Theorie und Praxis konkreter Poesie. In: Konkrete Poesie II München 1971. S. 33ff. (=Text+Kritik 30).

Klaus Baumgärtner: Linguistik und Konkreter Text. In: Siegfried J. Schmidt (Hg.): Konkrete Dichtung - Konkrete Kunst. Karlsruhe 1968. S. 46ff.

Max Bense: Konkrete Poesie. In: Sprache im technischen Zeitalter. Heft 15 (1965). S. 1236ff.

Claus Bremer: Texte und Kommentare. Zwei Vorträge. Steinbach 1968.

Claus Bremer: ANLAESSE. kommentierte poesie 1949 bis 1969. Neuwied/Berlin 1970.

John Cage: Silence. Aus dem Amerikanischen von Ernst Jandl. Neuwied/Berlin 1969.

Bob Cobbing: Die Grenzen verwischen sich. Über experimentelle und konkrete englische Lyrik. In: Akzente 16 (1969). Heft 6. S. 558f.

Julian Cowley: Performing the Wor(l)d: Contemporary British Concrete Poetry. In: C. C. Barfoot (Hg.): In Black and Gold. Contiguous Traditions in Post-War British and Irish Poetry. Amsterdam 1994. S. 179ff.

Klaus-Peter Dencker (Hg.): Text-Bilder. Visuelle Poesie international. Von der Antike bis zur Gegenwart. Köln 1972.

Giovanna Wedel De Stasio: Beyond the Word. Italian Visual Poetry and Its French Antecedents. In: Comparative Literature Studies 26/2 (1989). S. 135ff.

Katalog der documenta 6. Kassel 1977. Bd. 3.

Reinhard Döhl: Unvollständiger Bericht. Das Experiment mit der Sprache. In: nesyo. Jg. 2/1967. Heft 7. S. 19ff.

Reinhard Döhl: Poesie zum Ansehen, Bilder zum Lesen? Notwendiger Vorbericht und Hinweise zum Problem der Mischformen im 20. Jahrhundert. In: Gestaltungsgeschichte und Gesellschaftsgeschichte. Literatur-, kunst- und musikwissenschaftliche Studien. In Zusammenarbeit mit Käte Hamburger hg. v. Helmut Kreuzer. Stuttgart 1969. S. 554ff.

Reinhard Döhl: Konkrete Literatur. In: Dieter Borchmeyer/Viktor Zmegac (Hg.): Moderne Literatur in Grundbegriffen. Tübingen 1994. S. 231ff.

Theo van Doesburgs: Manifest der Konkreten Kunst. Zuerst 1930. Wieder abgedruckt in: "serielle manifeste". St. Gallen 1966. Manifest XI. S. 5f.

Nicolas Einhorn: Zeigen was gezeigt wird. In: Text+Kritik 25 (1970). S. 1ff.

Wolfgang Max Faust: Bilder werden Worte. Vom Anfang der Kunst im Ende der Künste. München/Wien 1977.

Manfred Frank: Was ist Neostrukturalismus? Frankfurt 1984.

Hugo Friedrich: Die Struktur der modernen Lyrik. Reinbek 1973.

Heinz Gappmayr: Zeichen. Visuelle Gedichte. Innsbruck 1962.

Heinz Gappmayr: Zeichen II. Visuelle Gedichte. Innsbruck 1964.

Heinz Gappmayr: Zeichen III. Visuelle Gedichte. Innsbruck 1968.

Heinz Gappmayr: aspekte der visuellen poesie. In: Siegfried J. Schmidt (Hg.): Konkrete Dichtung - Konkrete Kunst. Karlsruhe 1968. S. 11ff.

Heinz Gappmayr: Was ist Konkrete Poesie? In: Text+Kritik 25 (1970). S. 5ff.

Eugen Gomringer: die ersten Jahre der konkreten poesie (1967). In: Helmut Heißenbüttel (Hg.): eugen gomringer: worte sind schatten. die konstellationen 1951-1968. Reinbek 1969. S. 295-198.

Eugen Gomringer: Poesie als Mittel der Umweltgestaltung. Itzehoe 1969. (= Vorspann. Nr. 5)

Eugen Gomringer: Manifeste und theoretische Texte. In: Helmut Heißenbüttel (Hg.): eugen gomringer. worte sind schatten. die konstellationen 1951-1968. Reinbek 1969. S. 275ff.

konkrete poesie. deutschsprachige autoren. anthologie von eugen gomringer. Stuttgart 1972.

Eugen Gomringer: vom vers zur konstellation. In: konkrete poesie. deutschsprachige autoren. anthologie von eugen gomringer. Stuttgart 1972.

Eugen Gomringer: konstellationen, ideogramme, stundenbuch. mit einführungen von helmut heißenbüttel und wilhelm gössmann. Stuttgart 1977.

Helmut Hartwig: Schrift und Nichtschrift - kritische Notizen zur Konkreten Dichtung. In: Sprache im technischen Zeitalter 15 (1965). Sonderheft: Texttheorie und konkrete Dichtung. S. 1228ff.

Helmut Heißenbüttel: Kombinationen. Gedichte 1951-1954. Esslingen 1954.

Helmut Heißenbüttel: Topographien. Gedichte. Esslingen 1956.

Helmut Heißenbüttel (Hg.): eugen gomringer. worte sind schatten. die konstellationen 1951-1968. Reinbek 1969.

Helmut Heißenbüttel: Das Textbuch. Neuwied/Berlin 1970.

Helmut Heißenbüttel: Über Literatur. München 1970.

Helmut Heißenbüttel: Anmerkungen zur konkreten poesie. In: Text+Kritik 25 (1970). S. 19ff.

Dick Higgins: Visual Poetry, Today and in my own eyes. In: Visuelle Poesie [Katalog/Begleitband]. Eine Fernsehproduktion des Saarländischen Rundfunks (1984)/Visuelle Poesie: Bücher und Buchobjekte. Universität des Saarlandes. Universitätsbibliothek. Saarbrücken 1984. S. 22f.

Walter Höllerer: Movens und Parabel. In: movens. Dokumente und Analysen zur Dichtung, bildenden Kunst, Musik, Architektur. In Zus.arbeit mit Walter Höllerer und Manfred de la Motte hg. v. Franz Mon. Wiesbaden 1960. S. 103-106.

Hugo von Hofmannsthal: Ein Brief. In: Erzählungen, Erfundene Gespräche und Briefe, Reisen. Hg. v. Bernd Schoeller in Beratg. m. Rudolf Hirsch. Frankfurt 1979.

Ernst Jandl: sprechblasen. Gedichte. Neuwied/Berlin 1969.

Ernst Jandl: Der künstliche Baum. Gedichte. Neuwied/Berlin 1970.

Ernst Jandl: Voraussetzunge, Beispiele und Ziele einer poetischen Arbeitsweise. In: Protokolle '70. Wiener Jahresschrift für Literatur, bildende Kunst und Musik. Wien/München 1970. Heft 2. S. 25ff.

Ernst Jandl: Das Öffnen und Schließen des Mundes. Frankfurter Poetik-Vorlesungen. Darmstadt/Neuwied 1985.

Ernst Jandl: Gesammelte Werke. Bd. 1-3. Hg. v. Klaus Siblewski. Frankfurt 1990.

Wassily Kandinsky: Essays über Kunst und Künstler. Hg. u. kommentiert v. Max Bill. Bern, 3. Aufl. 1973.

Wassily Kandinsky: Über das Geistige in der Kunst. Mit einer Einf. v. Max Bill. Bern, 4. Aufl. 1952.

Wassily Kandinsky: Punkt und Linie zu Fläche. Bern, 4. Aufl. 1959.

Dieter Kessler: Untersuchungen zur Konkreten Dichtung. Meisenheim am Glan 1976.

Thomas Kopfermann (Hg.): Theoretische Positionen zur konkreten Poesie. Tübingen 1974.

Thomas Kopfermann: Konkrete Poesie - Fundamentalpoetik und Textpraxis einer Neoavantgarde. Frankfurt/Bern 1981.

Dietrich Mahlow: prinzip collage. In: prinzip collage. Hg. v. Institut für moderne Kunst Nürnberg. Redaktion: Franz Mon und Heinz Neidel. Neuwied/Berlin 1968.

Stéphane Mallarmé: Préfaces. Avant-dire au Traité du Verbe de René Ghil. Oeuvres complètes. Pléiade-Ausgabe. Paris 1945.

(Robert) Massin: Buchstabenbilder und Bildalphabete. Ravensburg 1970.

Franz Mon: artikulationen. Artikulatorische und theoretische Texte. Pfullingen 1959.

Franz Mon: movens. Dokumente und Analysen zur Dichtung, bildenden Kunst, Musik, Architektur. In Zus.arbeit mit Walter Höllerer u. Manfred de la Motte hg. v. Franz Mon. Wiesbaden 1960.

Franz Mon: Der Negationscharakter der Poesie - Die Sprache als eigene Realität. In: Akzente. Jg. 8 (1961). Heft 1. S. 38ff.

Franz Mon: Collage in der Literatur. In: prinzip collage. Hg. v. Institut für moderne Kunst Nürnberg. Redaktion: Franz Mon und Heinz Neidel. Neuwied/Berlin 1968.

Franz Mon: Sehgänge. textpläne, sequenzen, permutationen, textbilder. Berlin 1968. (=schritte. Nr. 8)

Franz Mon: Texte über Texte. Neuwied/Berlin 1970.

Franz Mon: Schrift als Sprache. In: Texte über Texte. Neuwied/Berlin 1970. S. 48ff.

Franz Mon: zur poesie der fläche - texte in den zwischenräumen - buchstabenkonstellationen. In: Eugen Gomringer (Hg.): konkrete poesie. Stuttgart 1972. S. 167ff.

Franz Mon: An eine Säge denken. In: Thomas Kopfermann (Hg.): Theoretische Positionen zur konkreten Poesie. Tübingen 1974. S. 30ff.

Franz Mon: Lesebuch. Mit einem Nachwort von H. Heißenbüttel. Neuwied/Berlin 1976.

Franz Mon: hören ohne aufzuhören. Linz 1982. S. 60.

Franz Mon: Literatur zwischen den Stühlen. In: Deutsche Akademie für Sprache und Dichtung. Jahrbuch 1985. Darmstadt 1985.

Novalis: Monolog. In: Schriften (= Die Werke Friedrich von Hardenbergs). Bd. 2 (= Das philosophische Werk I). Hg. v. Richard Samuel in Zusammenarbeit mit Hans-Joachim Mähl und Gerhard Schulz. Stuttgart 1965. S. 672f.

Ulrich Ott (Hg.): Katalog: Literatur im Industriezeitalter. Eine Ausstellung des Deutschen Literaturarchivs Marbach. Marbach 1987.

Platon: Phaidros. In: Platon: Sämtliche Werke. Bd. 4. Hg. von Walter F. Otto, Ernesto Grassi, Gert Plamböck. Hamburg 1958. S. 7-60.

prinzip collage. Hg. v. Institut für moderne Kunst Nürnberg. Redaktion: Franz Mon und Heinz Neidel. Neuwied/Berlin 1968.

Karl Riha: Cross-Reading und Cross-talking. Zitat-Collagen als poetische und satirische Technik. Stuttgart 1971.

Karl Riha: Prämoderne - Moderne - Postmoderne. Frankfurt 1995.

Eino Ruutsalo: Kinetisches Wort und Bild. In: Visuelle Poesie [Katalog/Begleitband]. Eine Fernsehproduktion des Saarländischen Rundfunks (1984)/Visuelle Poesie: Bücher und Buchobjekte. Universität des Saarlandes. Universitätsbibliothek. Saarbrücken 1984.

(Katalog:) Schrift. Von Hans Schmidt. Obertshausen 1988.

Siegfried J. Schmidt (Hg.): Konkrete Dichtung - Konkrete Kunst '68. Karlsruhe 1968.

Siegfried J. Schmidt : Konkrete Poesie. Ergebnisse und Perspektiven. In: Wort und Wahrheit. Jg. 24. Heft 4 (1969). S. 324ff.

Siegfried J. Schmidt: Konkrete Dichtung. Theorie und Konstitution. In: Poetica 4 (1971). Heft 1. S. 13ff.

Siegfried J. Schmidt: Ästhetische Prozesse. Beiträge zu einer Theorie der nicht-mimetischen Kunst und Literatur. Köln/Berlin 1971.

Siegfried J. Schmidt: konkrete dichtung. texte und theorien. München 1972.

Siegfried J. Schmidt: 'Negation' und 'Konstitution' als Kategorien konkreter Dichtung. In: Poetik und Hermeneutik VI. Positionen der Negativität. Hg. v. Harald Weinrich. München 1975. S. 393-433.

Monika Schmitz-Emans: Poesie als Sprachspiel. Überlegungen zur Poetik Ernst Jandls. In: Zeitschrift für deutsche Philologie 109 (1990). S. 551ff.

Monika Schmitz-Emans: Schrift als Aufhebung der Zeit. Zu Formen der Temporalreflexion in visueller Poesie und ihren spekulativen Voraussetzungen. In: arcadia 26 (1991). Heft 1. S. 1ff.

Monika Schmitz-Emans: 'Ich habe nichts zu sagen/und ich sage es (...)'. Ernst Jandls produktive Auseinandersetzung mit John Cages Ästhetik. In: Sprachkunst. Jg XXI. 2. Halbband 1990. S. 285ff.

Gershom Scholem: Zur Kabbala und ihrer Symbolik. Frankfurt, 6. Aufl. 1989.

Mary Lewis Shaw: Concrete and Abstract Poetry. The World as Text and the Text as World. In: Leonard M. Trawick (Hg.): World, Self, Poem: Essays on Contemporary Poetry from the 'Jubilation of Poets'. Kent 1990. S. 163ff.

Daniel Spoerri (Hg.): kleine anthologie konkreter dichtung. Darmstadt 1960.

George Steiner: Nach Babel. Aspekte der Sprache und der Übersetzung. Deutsch von Monika Plessner unter Mitw. v. Henriette Beese. Frankfurt 1981.

Charles Suhor: Quancrete Poetry. In: World Ways. The Journal of Recreational Linguistics 26/4 (1993). S. 223ff.

Paul Valéry: Die beiden Dinge, die den Wert eines Buches ausmachen. In: Paul Valéry: Über Kunst. Essays. Frankfurt 1959. S. 15ff.

Visuelle Poesie [Katalog/Begleitband]. Eine Fernsehproduktion des Saarländischen Rundfunks (1984)/Visuelle Poesie: Bücher und Buchobjekte. Universität des Saarlandes. Universitätsbibliothek. Saarbrücken 1984.

Eric Vos: On Concrete Poetry and a 'Classification of the Visual in Literatur'. In: Tijdschrift voor Recente Semiotische Teorievorming en de Analyse van Teksten. Review for Semiotic Theory 18/1 (1990). S. 241ff.

Christian Wagenknecht: Proteus und Permutation. Spielarten einer poetischen Spielart. In: Text+Kritik 30 (1971). S. 1ff.

muster möglicher welten. (Anthologie für Max Bense.) Hg. v. Elisabeth Walther und Ludwig Harig. Wiesbaden o. J. (1970).

Harald Weinrich: Linguistische Bemerkungen zur modernen Lyrik. In: Akzente. 15. Jg. (1968). Heft 1. S. 29ff.

Harald Weinrich: 'Konkrete' Negativität. In: Poetik und Hermeneutik VI. Positionen der Negativität. Hg. v. Harald Weinrich. München 1975. S. 554-555.

Christina Weiss: Konkrete Poesie - Visuelle Poesie - Sehtexte. In: Visuelle Poesie [Katalog/Begleitband]. Eine Fernsehproduktion des Saarländischen Rundfunks (1984)/Visuelle Poesie: Bücher und Buchobjekte. Universität des Saarlandes. Universitätsbibliothek. Saarbrücken 1984.

Herta Wescher: Die Collage. Geschichte eines künstlerischen Ausdrucksmittels. Köln 1968.

Wolfgang Wieland: Platons Schriftkritik und die Grenzen der Mitteilbarkeit. In: Volker Bohn (Hg.): Romantik. Literatur und Philosophie. Frankfurt 1987. S. 24ff.

Emmett Williams: an anthology of concrete poetry. New York 1967.

Jürgen Wissmann: Collagen oder die Integration von Realität im Kunstwerk. In: Poetik und Hermeneutik II. Immanente Ästhetik - Ästhetische Reflexion. Lyrik als Paradigma der Moderne. Hg. v. Wolfgang Iser. München 1966. S. 327-360.

Statt eines Nachworts: Geschichten über Sprache

Peter Alexander: Logic and the humour of Lewis Carroll. Leeds 1951.

(Lewis Carroll:) Alice's Adventures in Wonderland / Through the Looking-Glass. In: The Complete Works of Lewis Carroll. With an introduction by Alexander Woollcott and the Illustrations by John Tenniel. London (Penguin Books) 1988.

Lewis Carroll: Alice im Wunderland. Mit zweiundvierzig Illustrationen von John Tenniel. Übers. u. mit einem Nachwort versehen von Christian Enzensberger. Frankfurt/M. 1973.

Lewis Carroll: Alice hinter den Spiegeln. Mit einundfünfzig Illustrationen von John Tenniel. Übers. v. Christian Enzensberger. Frankfurt/M. 1974.

Stuart Dodgson Collingwood: The life and letters of Lewis Carroll. London, 2. Aufl. 1899.

Gilles Deleuze: Logik des Sinns. Aus d. Frz. v. Bernhard Dieckmann. Frankfurt/M. 1993. (Orig.: Logique du sens. Paris 1969.)

(Martin Gardner:) The Annotated Alice. Alice's Adventures in Wonderland (1865) and Through the Looking-Glass (1872) by Lewis Carroll. Illustrated by John Tenniel. With an introduction and notes by Martin Gardner. Harmondsworth 1965.

(Peter Heath:) The Philosopher's Alice. Alice's Adventures in Wonderland & Through the Looking-Glass by Lewis Carroll. Introduction and Notes by Peter Heath. New York 1974.

Rolf Hildebrandt: Nonsense-Aspekte der englischen Kinderliteratur. Hamburg 1962. Weinheim 1968.

Bernd-Peter Lange: Der Meisterdiskurs. Symbolische Herrschaft in Lewis Carrolls Through the Looking-Glass. In: Arbeiten aus Anglistik und Amerikanistik 18/1 (1993). S. 91ff.

Eric Partridge: The nonsense words of Edward Lear and Lewis Carroll: here, there and everywhere. Essays upon language. London 1950.

Dieter Petzold: Formen und Funktionen der englischen Nonsense-Dichtung im 19. Jahrhundert. Nürnberg 1972.

Donald Rackin: Alice's Adventures in Wonderland and Through the Looking-Glass: Nonsense, Sense, and Meaning. New York 1991.

Klaus Reichert: Lewis Carroll: Studien zum literarischen Unsinn. München 1974.

Annemarie Schöne: Humor und Komik in Lewis Carrolls Nonsense-Traummärchen. In: Deutsche Vierteljahresschrift für Literaturwissenschaft und Geistesgeschichte 28 (1954). S. 102ff.

Elizabeth Sewell: The field of nonsense. Folcroft 1973. (Reprint der Ausgabe London 1952.)

Für ihre Unterstützung bei der Erstellung der Literaturverzeichnisse danke ich Frau Dr. Christiane Leiteritz (Bochum), für ihre Mitarbeit bei der Erstellung des Namens- und Sachregisters Frau Isabel Beisenkötter (Bochum).

Namensregister

Eingeklammerte Zahlen verweisen auf die Fußnoten.

Spinoza, Baruch 147 (43)
Stein, Gerd 153 (53)
Steiner, George 21 (14), 65, 67 (37), 85 (76), 92, 189
Stern, S. M. 60
Swift, Jonathan 9, 10, 232
Szondi, Peter 156

Tenniel, John 226 (1), 237 (16)
Thomkins, André 49 (1)
Toch, Ernst 64, 65
Tolstoj, Leo 81
Tooke, John Horne 241 (21)
Tzara, Tristan 132, 217 (84)

Ulrichs, Timm 214 (79)

Valéry, Paul 36, 138, 191
Vico, Giambattista 138

Wackenroder, Wilhelm Heinrich 167
Walcott, Derek 99
Walpole, Horace 49 (1)
Weckherlin, Rudolf 57 (15)

Weinrich, Harald 220, 221 (95)
Weisgerber, Leo 28
Weiss, Christina 176 (3)
Wellbery, David 107 (3), 108 (4), 109 (6), 110 (9), 111 (10), 114 (16)
Wescher, Herta 216 (83)
White, Erdmute W. 140 (21), 155 (61)
Whorf, Benjamin Lee 28
Wieland, Wolfgang 182 (15)
Williams, Emett 202 (54), 204 (59), 207 (64), 209 (68)
Williams, Jonathan 209 (71)
Wissmann, Jürgen 187 (25), 216 (83)
Wittgenstein, Ludwig 7, 29, 37, 38, 41, 42, 161, 169, 225, 245 (29), 246 (31)
Wolfram von Eschenbach 86 (76)
Wordsworth, William 73, 74
Zons, Raimar 18 (6)
Zürn, Unica 49 (1)

SACHREGISTER

Eingeklammerte Zahlen verweisen auf die Fußnoten.